MASCULIN/FÉMININ DANS L'EUROPE MODERNE
COMITÉ DE DIRECTION
Colette H. Winn, Myriam Dufour-Maître,
Catriona Seth et Damien Zanone
31
Série *XVIIIe siècle*
dirigée par Catriona Seth
13

Les Morlaques

Ouvrage publié avec le soutien de l'université d'Augsbourg

Giustiniana Wynne

Les Morlaques

Édition critique par Rotraud von Kulessa et Catriona Seth

PARIS
CLASSIQUES GARNIER
2021

Rotraud von Kulessa, professeure ordinaire de littérature française et italienne à l'université d'Augsbourg, est spécialiste des auteures du XVIIIe siècle, notamment de Françoise de Graffigny, Marie Leprince de Beaumont, Anne-Marie du Boccage, Elisabetta Caminer Turra et Luisa Bergalli Gozzi. Elle a co-dirigé le projet ANR/DFG EDULUM (Éducatrices des Lumières) avec Catriona Seth.

Catriona Seth, titulaire de la chaire Maréchal Foch à l'université d'Oxford, est membre de l'Académie britannique, de l'Academia Europaea et de l'Académie Royale de Belgique. Elle est l'auteure de nombreux travaux sur la littérature française et l'histoire culturelle du XVIIIe siècle.

ISBN 978-2-406-10588-6 (livre broché)
ISBN 978-2-406-10589-3 (livre relié)
ISSN 2111-6970

INTRODUCTION

Unique roman publié par Giustiniana Wynne, née à Venise, en 1737, de père anglais et de mère vénitienne, et qui est devenue comtesse de Rosenberg Orsini (ou Rosenberg des Ursins) par son mariage avec un diplomate autrichien, *Les Morlaques* paraît en Italie en 1788. L'ouvrage relate le destin d'une famille appartenant à une tribu de bergers vivant dans l'arrière-pays de la Dalmatie, en s'intéressant, dans la lignée d'autres textes fictifs exotiques des Lumières, aux mœurs et coutumes d'un peuple alors très peu connu. Grâce à la romancière, les Balkans, et plus particulièrement le peuple morlaque, font leur entrée dans la littérature de l'Europe occidentale, dans un rôle proche de celui des bons sauvages d'outre-mer[1].

Même si l'édition originale n'a pas connu la plus large des diffusions, au point où certains bibliographes ont supposé qu'elle n'avait pas été mise dans le commerce[2] et où la plupart des commentaires se répètent sans fondement[3], *Les Morlaques* a connu un certain succès dont témoignent des traductions en allemand et en italien ainsi que diverses adaptations et réécritures, notamment en Italie, en France et dans les pays germanophones, jusque vers le milieu du XIXe siècle. Au-delà de la fiction, cette œuvre nous invite à réfléchir sur le regard porté en cette fin de siècle sur l'autre et l'ailleurs.

---

1 Beŝker, Inoslav, *I Morlacchi nella letteratura europea*, Roma, Il Calamo, 2007, p. 184.

2 Selon Antoine-Alexandre Barbier, *Dictionnaire des ouvrages anonymes et pseudonymes composés, traduits ou publiés en français, avec les noms des auteurs, traducteurs et éditeurs* (1806-1809), Paris, Paul Daffis, 1875, t. III, col. 358 : « Cet ouvrage, imprimé pour l'auteur, n'a point été mis dans le commerce. »

3 Charles Nodier relève ainsi : « tout le monde répète d'après la *Biographie* [*des contemporains*], que les *Morlaques* sont un livre fort mal écrit, qui n'offre rien de bien neuf, et de toutes ces assertions, il n'y en a point qui m'étonne davantage. » Charles Nodier, « Rectifications de quelques méprises bibliographiques sur un livre précieux. – Considérations sur les Poésies primitives. – Exemples tirés de la Littérature slave », *Mélanges tirés d'une petite bibliothèque, ou variétés littéraires et philosophiques*, Paris, Crapelet, 1828, p. 187-194.

GIUSTINIANA WYNNE, COMTESSE DE ROSENBERG ORSINI

Giustiniana (ou Justine et même parfois Justinienne) Wynne naît le 21 janvier 1737 à Venise et meurt le 22 août 1791 à Padoue. Son père, Richard Wynne (1700-1751), gentilhomme britannique, veuf en premières noces, trompe son ennui à l'occasion d'un voyage sur le continent. En 1735, à Venise, il tombe amoureux d'Anna Gazzini (1713-1780), qui est née dans l'île grecque de Levkas et dont le père est un commerçant vénitien. Giustiniana est la première des six enfants du couple. Il n'est pas clair si ses parents étaient déjà secrètement mariés à sa naissance ou s'ils ont légitimé leur union par la suite[4].

Nous ne disposons guère d'informations sur l'enfance de Giustiniana Wynne, qu'elle passe à Venise. En 1751, l'année du décès de son père, elle fait la connaissance, dans la maison du consul anglais Joseph Smith[5], bibliophile et mécène, fort ami de sa famille, d'un jeune Vénitien, Andrea Memmo (1729-1793[6]). Anna Wynne, la mère de Giustiniana, résolue à réclamer l'héritage paternel de ses enfants, part avec eux, en 1752, pour un voyage à travers l'Europe qui les mène à Londres où Lord Holland aurait été le tuteur des orphelins[7], puis à Paris et de nouveau à Venise.

De retour dans sa ville natale, l'aînée noue une « intrigue vénitienne[8] » illicite avec Andrea Memmo. Ce dernier est de haute lignée et les conventions de la noblesse locale ne lui permettent pas d'entretenir une relation légitime avec une jeune femme de naissance moins élevée. Soucieuse de la réputation de sa fille et désirant parfaire l'éducation de

4 Voir Montecuccoli degli Erri, Federico, « Cammei Casanoviani. Personaggi ed eventi legati a Giacomo Casanova visti e narrati in base a documenti inediti », *L'intermédiaire des Casanovistes*, n° 6, Genève 2006, p. 75-81. Voir aussi Faber, Eva, « Die Ehe der Gräfin Giustiniana Rosenberg-Wynne (1737-1791) », *Adel im 'langen' 18. Jahrhundert*, éd. Gabriele Haug-Moritz, Hans Peter Hye et Marlies Raffler, Wien, Österreichische Akademie der Wissenschaften, 2009, p. 289-310.

5 Voir Montecuccoli degli Erri, art. cité, p. 83-97.

6 Voir la biographie romancée d'Andrea di Robilant, *Un amore veneziano*, Milan, Mondadori, 2003.

7 Alfred-Auguste, baron Ernouf, « Notice sur la vie et les écrits de Justine Wynne, comtesse des Ursins et de Rosenberg » *Bulletin du Bibliophile*, 1858, p. 997-1012. Ici p. 998.

8 Voir le titre de l'original du roman de Robilant : *A Venetian Affair.*

ses fils, Anna Wynne entreprend un deuxième voyage vers l'Angleterre et quitte la République avec ses enfants en 1758.

Durant le périple, Giustiniana Wynne entretient avec son amoureux resté à Venise un échange épistolaire dans lequel elle raconte des détails minutieux sur les nombreux prétendants qui la courtisent avec des intentions plus ou moins honorables et lui proposent soit leur protection soit le mariage, comme dans le cas d'Alexandre Le Riche de la Pouplinière (1693-1762), un fermier général fortuné[9]. La famille de ce prétendant français s'oppose à l'union et envisage de faire expulser de Paris Giustiniana Wynne[10]. Casanova parle de la jeune femme dans ses *Mémoires* en la désignant comme « Mlle XCV ». Elle a requis son soutien pour l'aider à avorter un enfant, conçu peut-être avec Memmo, peut-être avec un amant de passage[11]. L'aventurier s'est engagé à l'aider mais l'a dupée en lui faisant consentir à des relations sexuelles avec lui.

Les tentatives pour procurer l'accouchement spontané du fœtus ayant échoué, « Mlle XCV » feint de ne pas vouloir se rendre au projet d'épouser La Pouplinière et s'enfuit à Conflans, dans un couvent dont l'abbesse complaisante, Henriette-Marguerite de Mérinville, amie de Mme de Rumain, elle-même proche de Casanova, se charge d'arranger l'affaire : Giustiniana Wynne fera ses couches en secret et sera renvoyée auprès de sa mère avec un certificat de bonne conduite de la religieuse. L'aventurier vénitien connaît des démêlés avec la justice du fait de la disparition de la jeune femme et de l'accusation qu'il aurait consulté avec elle une faiseuse d'anges. La fugitive accouche clandestinement en mai puis retrouve comme prévu sa mère quelques semaines plus tard, munie d'un sauf-conduit de l'abbesse.

Dans ses lettres, Giustiniana Wynne n'évoque pas l'épisode, dont Casanova souligne certains aspects traumatisants, et, dans le chapitre intitulé « Mes premiers voyages » de ses *Pièces morales et sentimentales* (1785), elle dédramatise considérablement sa relation avec Memmo[12]. À

9 Wynne, Giustiniana, *Caro Memmo, mon cher frère. Seduzioni epistolari di una giovane Angloveneziana in viaggio per l'Europa nel tempo di Casanova. L'inedito carteggio di Giustiniana Wynne ad Andrea Memmo* (1758-1760), éd. Nancy Isenberg, Treviso, Editrice Elzeviro, 2010, p. 26.

10 *Un amore veneziano*, *op. cit.*, p. 200-201.

11 Casanova, Giacomo, *Histoire de ma vie*, éd. Gérard Lahouati et Marie-Françoise Luna, avec la collaboration de Furio Lucchichenti, Alexandre Stroev et Helmut Watzlawick, Paris, Gallimard, « Bibliothèque de la Pléiade », 2013, t. II, *passim*.

12 *Pièces morales et sentimentales* de Madame J.W. C-T-SSE DE R-S-G. *Écrites à une campagne, sur les Rivages de la Brenta, dans l'État Vénitien*, Londres, Chez J. Robson, New Bond Street, 1785, p. 32-47.

ce propos, Bruno Capaci parle de « maquillage » d'écriture que Wynne aurait pratiqué dans le but de sauver sa réputation[13].

En septembre 1759, Anna Wynne et les siens partent à Bruxelles d'où ils se rendront à Londres. Ils rentrent en Italie en novembre 1760, d'abord à Padoue, ensuite à Venise. Les deux amants paraissent ne plus s'être rencontrés, sauf à l'occasion de manifestations officielles. Memmo s'engage dans la carrière diplomatique et politique au service de la Sérénissime et Giustiniana Wynne épouse secrètement, le 4 novembre 1761, Philipp Joseph von Rosenberg Orsini (1691-1765), ambassadeur d'Autriche à Venise de 1754 à 1764. Comme dans sa relation avec Memmo, la naissance de l'auteure pose problème. Le diplomate a du mal à faire accepter son épouse par la cour de Vienne[14].

Lorsque sa mission diplomatique prend fin, l'ambassadeur regagne, avec son épouse, la Carinthie, région dont il est originaire. Après plusieurs mois de maladie, il décède en 1765. Dans un premier temps, sa veuve continue de vivre à Klagenfurt dans le palais familial[15]. Elle effectue ensuite un voyage à Paris, avec la femme de son frère William, la musicienne viennoise Cassandra Gronemann[16], avant de retourner à Venise.

Dans les années 1780, Giustiniana Wynne, qui a toujours entretenu d'importantes correspondances, commence à écrire des œuvres destinées à être publiées, peut-être dans l'espoir de gagner ainsi un peu d'argent – ses finances ne sont guère reluisantes. Casanova note à propos de celle qu'il a connue, toute jeune, à Paris : « elle brille dans sa patrie par sa sage conduite, par son esprit, et par ses vertus sociales portées au suprême degré. Tout le monde dit d'elle que le seul défaut qu'elle a est celui de n'être pas riche[17]. »

L'ambassadrice est encouragée à ses débuts littéraires par ses proches, en particulier l'homme de lettres Bartolomeo Benincasa (1746-1816),

---

13 Capaci, Bruno, « 'Che vuoi che io faccia della tua sola ammirazione, se ti amo ?', Epistolario e autobiografia di Giustiniana Wynne », in *I cantieri dell'Italianistica. Ricerca, didattica e organizzazione agli inizi del XXI secolo.* Atti del XVIII congresso dell'ADI, éd. G. Baldassarri *et al.*, Rome, Adi Editore, 2016, p. 1-8.

14 Voir Faber, art. cité, p. 298.

15 Nous possédons relativement peu d'informations sur la vie de l'auteure en Autriche, exception faite de ce qui figure dans l'article d'Eva Faber. Les archives familiales des Rosenberg à Klagenfurt contiennent sans aucun doute nombre d'éléments permettant de développer nos connaissances.

16 Voir Faber, art. cité, p. 302-305.

17 Casanova, *Histoire de ma vie*, éd. citée, t. I, p. 1065.

rencontré alors qu'elle séjournait en Autriche, et le sénateur Angelo Quirini (1721-1796), mécène et amateur d'art. Ce dernier tenait des assemblées littéraires et culturelles dans sa villa près de Padoue. Il recevait entre autres, outre Benincasa, le voyageur Alberto Fortis et le poète Ippolito Pindemonte. Né à Modène, Bartolomeo Benincasa[18] arrive à Venise avant 1780. Une sorte de correspondance triangulaire s'installe entre lui, Wynne et un jeune gentilhomme anglais William Beckford (1760-1844[19]). Le noble anglais, de vingt ans plus jeune que Wynne, est un personnage très en vue de la haute société d'Outre-Manche, qui a la réputation d'être bisexuel. En 1780, son Grand tour l'amène à Venise où Wynne et Benincasa lui servent de guides. À la suite d'un scandale – sa relation avec un jeune membre de la famille Vendramin[20] –, l'Anglais doit quitter la Sérénissime. Si Giustiniana Wynne qualifie son rapport avec Beckford d'« amitié tendre[21] », leurs lettres contiennent des envolées passionnées comme dans cet extrait d'un envoi de l'aînée au cadet : « Qu'avez-vous fait B. ? Ma vie ressemblait à ces vastes lacs de certaines contrées lesquels ne contiennent que des eaux mortes. [...] et dont lorsque l'on jette une pierre on trouble la tranquillité au point de susciter les plus horribles tempêtes. [...] Vous avez jeté cette pierre et tout mon être n'est plus que fermentation, qu'orage[22]. » L'étroitesse des relations entre Wynne et Beckford explique que Quirini sollicite secrètement ce dernier lorsqu'il s'agit de trouver une solution à la situation financière désastreuse de la comtesse[23].

Benincasa aurait été au service de l'ambassadeur d'Autriche, Cesareo Giacomo Durazzo, le successeur du défunt mari de Giustiniana Wynne,

18 Sur Bartolomeo Benincasa, voir *Dizionario biografico degli Italiani*, Roma, Istituto dell'Enciclopedia italiana, Treccani, 1960, p. 518-522.

19 Lettres de Giustiniana Wynne à William Beckford, Biblioteca Nazionale Firenze, carte varie, 56-96. La correspondance qui contient, de la part de la jeune femme, environ 80 lettres rédigées dans les années 1780 et 1783, démontre la nature quasi passionnelle de leur relation.

20 Beckford, William, *Dreams, Waking Thoughts and Incidents*, éd. Robert G. Gemmet, Rutherford, Fairleigh Dickinson University Press, 1971, p. 16.

21 Lettre de Giustiniana Wynne à William Beckford du 16 novembre 1780, Biblioteca Nazionale di Firenze, carte varie, 60.

22 Lettre de Giustiniana Wynne à William Beckford, s.l.n.d, probablement de 1781, Biblioteca Nazionale di Firenze, carte varie, 88.

23 Voir la lettre d'Angelo Quirini à William Beckford (Venise, 11 décembre 1784). Bodleian Library, Oxford, MS Beckford C 34, 93-96. La lettre sera incluse dans le volume d'échanges entre Beckford et Wynne actuellement en préparation.

si nous en croyons Bruno Brunelli. De la relation entre la veuve et l'homme de lettres, le biographe écrit : « Giustiniana tenait à sauver les apparences et à ne pas compromettre son statut, qu'elle avait acquis avec tant d'efforts. Pour cette raison, elle faisait passer Benincasa pour son administrateur. [...] La Comtesse ne pouvait rester longtemps sans chevalier servant[24] [...]. En fait, Benincasa fut l'ultime amour de Giustiniana. Il l'accompagna jusqu'à la tombe[25]. » Brunelli tient sans doute ses informations des rapports et courriers de l'abbé Pedrini, espion au service de l'Inquisition de la République de Venise[26]. Dans une lettre à Aurelio Bertola, Wynne parle de Benincasa en des termes qui traduisent une affection solide : « [...] en vérité, il est le plus doux, le plus honnête, le plus adorable des hommes. Je l'aime infiniment[27]. »

Nous savons, grâce aux correspondances de Giustiniana Wynne, que Benincasa l'a aidée dans son travail littéraire en recopiant ses manuscrits. Cela vaut notamment pour *Les Morlaques* ainsi que pour la seconde version de l'*Alticchiero*, la description de de la villa de leur ami Angelo Quirini[28].

Nous trouvons d'autres traces de cette collaboration dans une missive de Benincasa à Alberto Fortis, l'auteur de l'ouvrage viatique, intitulé *Viaggio in Dalmazia*, qui a servi de source principale pour les détails ethnologiques des *Morlaques*[29]. Les lettres que l'auteure écrit durant les années de la genèse du roman à ses amis Aurelio Bertola et Elisabetta Mosconi nous permettent de retracer les étapes de la naissance de son roman et notamment sa manière de concevoir le statut de la femme auteur[30].

---

24 Il n'est absolument pas clair ce que Brunelli entend ici par *cavaliere servente.* Pour la pratique du *cavaliere servente* ou *sigisbeo*, voir Bizzocchi, Roberto, *Cicisbei. Morale privata e identità nazionale in Italia*, Roma, Laterza, 2008.

25 Brunelli, Bruno, *Un'amica del Casanova*, Palermo, Sandron, 1923, p. 244-245 : « *Giustiniana voleva salvare le apparenze e non compromettere, almeno troppo palesemente, il suo stato, faticosamente conquistato, e perciò faceva passare il Benincasa per suo amministratore. [...] La contessa non sapeva stare a lungo senza un devoto cavalier servente. [...] Il Benincasa fu insomma per Giustiniana l'ultimo amore, che l'accompagnerà fino alla tomba.* »

26 Inquisitori di stato, Busta 622, 24 octobre 1791 / 25 ottobre 1791.

27 Lettre de Giustiniana Wynne à Aurelio Bertola de Venise, 31 octobre 1785, MS, Biblioteca Saffi, Forlì, Raccolte Piancastelli, Carta Romagna, B. 62/44.

28 Brunelli, *op. cit.*, p. 245.

29 Lettre de Bartolomeo Benincasa à Alberto Fortis, 2 décembre 1786, Bibliothèque du Musée Correr, Venise.

30 Lettres de Giustiniana Wynne à Aurelio Bertola, Biblioteca Saffi, Forlì, Raccolte Piancastelli, Carta Romagna, B. 62/39-58 et à Elisabetta Mosconi, Biblioteca Saffi, Forlì, Raccolte Piancastelli, Carta Romagna, B.59-120 ; voir aussi. p. 19-21 de la présente introduction.

Les missives que Benincasa envoie, durant les années 1791 et 1792, à Giuseppe Gradenigo, inquisiteur de l'État vénitien, livrent elles aussi quelques informations au sujet des rapports entre l'épistolier, espion de la République[31], chargé notamment de rapporter les informations qu'il pouvait tirer de ses nombreuses relations avec les étrangers, diplomates et autres, parmi lesquels les émigrés français, et la veuve de l'ambassadeur d'Autriche. Dès 1788, l'abbé Pedrini avait pensé à recruter Benincasa et Wynne pour les services de l'Inquisition d'État, en raison de leur situation financière précaire[32]. À ce propos, l'abbé mentionne le penchant de la jeune femme pour le jeu, un vice qu'elle dénonce elle-même dans ses *Pièces morales et sentimentales*[33]. Dans sa correspondance avec l'Inquisition, Benincasa évoque régulièrement son amie qui semble collaborer à ses activités d'espionnage, comme le démontre la lettre du 26 mai 1791 : « Ce matin, de retour à Vicenza. L'ambassadeur d'Espagne avec son inséparable Signor Campos a fait une longue visite à la Dame [Giustiniana Wynne] avec laquelle je suis et j'ai l'honneur de vous résumer la conversation que nous avons eue[34] » Benincasa reçoit bon nombre d'illustres étrangers dans la maison de Wynne qui, à son tour, entretient des relations étroites avec l'ambassadeur de France[35].

31 Pour l'espionnage au sein de la République de Venise, voir Preto, Paolo, *I servizi segreti di Venezia. Spionaggio e controspionaggio ai tempi della Serenissima*, Milano, Il saggiatore, 2016.

32 Inquisitori di stato, Busta 622, Abbé Pedrini à M. von Colmo, Venise, 11 mars 1788 : « *[...] Tuttavolta riandando meco le persone, che veggono i diplomatici, non credo del tutto inutile il nominarle, sebben le creda presenti al Tribunale. Il Conte Minelli ; ma sembrami decaduto di credito, e forte sospetto. Il Conte Benincasa, ma siamo da Vienna intrinseci amici, e lo credo inetto a questa man-d'opera. E la Contessa di Rosemberg, ch'io credo capacissima, ch'è povera, ch'è giocatrice, e che di consequenza spesso è in bisogno.* » « À Chaque fois que je vois autour de moi les gens qui fréquentent les diplomates, je crois qu'il n'est pas inutile de les nommer, bien qu'ils soient probablement connus au tribunal. Le comte Minelli me semble avoir perdu son crédit et être fort suspect. Le comte Benincasa, mais sommes amis proches depuis Vienne, et je crois qu'il est incapable de ce travail. Et la comtesse de Rosenberg que je crois très capable. Elle est pauvre et elle joue, par conséquent elle est dans le besoin. » [notre traduction].

33 *Pièces morales et sentimentales*, *op. cit.*, p. 153-172.

34 Lettre de Bartolomeo Benincasa à Giuseppe Gradenigo, Padoue, 26 mai 1791, Archivio di Stato, Venezia, Inquisitori di stato, 551 : « *Questa mattina di ritorno da Vicenza. L'ambasciatore di Spagna coll'inseparabile suo Sig. Campos ha fatto una lunga visita alla Dama, con cui sono, e la nostra conversazione mi ha somministrato ho l'onore di rassegnare.* »

35 Giustiniana Wynne à son amie Elisabetta Mosconi-Contarini, du 24 juin 1790, bibliothèque du Musée Correr, Venise : « L'ambassadrice et l'ambassadeur de France sont ici, je vis beaucoup avec eux au milieu de leurs enfants et de mes petites nièces. J'ai besoin de vivre un peu avec vous et de me trouver dans l'amitié des consolations qui me sont

Dans ses rapports aux Inquisiteurs, Benincasa emploie, pour évoquer Giustiniana Wynne, des termes du plus grand respect, notamment quand il demande[36] à Gradenigo de pouvoir rester à Padoue afin d'être en mesure d'accompagner son amie désormais agonisante. Ainsi, nous avons une description assez minutieuse des derniers jours de l'Anglo-Italienne durant lesquels Benincasa fut un compagnon fidèle ; la relation se termine par une nécrologie élogieuse le lendemain de son décès[37], le 22 août 1791, probablement des suites d'une tumeur à l'utérus. L'enterrement de Wynne est célébré à l'église San Benedetto de Padoue. L'ami Quirini fait dresser dans son parc d'Alticchiero un monument célébrant ses mérites[38].

L'œuvre littéraire de Wynne, rédigée en français et datant des années 1780, comporte une narration du séjour à Venise des comtes du Nord (le fils et la belle-fille de Catherine II de Russie[39]) conçue à l'origine comme une lettre à son frère Richard, qui réside en Angleterre. Elle fournit aussi, en se fondant sur un envoi à Jean Huber, une description originale de la Villa d'Angelo Quirini, l'Alticchiero, avec les fabriques du parc[40]. Dans ses *Pièces morales et sentimentales*[41], elle réunit des réflexions personnelles de nature très diverse. Elle y développe notamment ses idées au sujet de la position de la femme dans la société et du rapport entre les sexes. Dans le chapitre dédié à ses premiers voyages, Wynne dresse de sa relation avec Memmo et de son voyage à Paris et Londres un récit qui constitue un résumé remanié de sa correspondance avec l'amant. Le volume contient aussi la *Nouvelle vénitienne plébéyenne*, publiée séparément par la suite dans différentes éditions[42]. Wynne fait égale-

---

partout ailleurs refusées. Querini et Benincasa vous font leurs compliments. Embrassez pour moi vos charmantes filles. » [Notre traduction]

36 Lettres de Bartolomeo Benincasa à Giuseppe Gradenigo, Padoue, 15 juin 1791, 17 juin 1791, 18 juin 1791, 26 juin 1791, Archivio di Stato, Venezia, Inquisitori di stato, 551.

37 Voir annexe, p. 281-282.

38 Voir Brunelli, *op. cit.*, p. 274. – Nous avons retenu, dans cette introduction, l'orthographe correspondant au titre de l'ouvrage de Wynne, *Alticchiero* (qui désigne désormais un quartier de Padoue) étant le plus souvent écrit sans redoublement de consonne de nos jours.

39 Wynne, Giustiniana, *Du séjour des comtes du Nord à Venise en janvier MDCCLXXXII. Lettre de Mme la comtesse douairière des Ursins, et Rosenberg à M.r Richard Wynne, son frère à Londres*, Venise, 1782.

40 Wynne, Giustiniana, *Alticchiero*. Par Mad.^e J.W.C.D.R. à Padoue, Venise, Nicolò Bettinelli, 1787.

41 *Pièces morales et sentimentales*, *op. cit.*

42 Une édition critique de cette nouvelle par Rotraud von Kulessa est en préparation.

ment paraître un poème écrit à l'occasion du mariage de la fille de son ancien amant[43], Andrea Memmo. En tant qu'auteure, cependant, Wynne doit avant tout sa renommée à son roman de mœurs, *Les Morlaques*[44]. Casanova, à Dux, rend hommage dans ses mémoires aux œuvres de la défunte ambassadrice : « Elle est morte à l'âge de cinquante ans [...] après avoir brillé dans sa patrie [...] par son esprit qui parut au grand jour dans plusieurs petits ouvrages écrits en langue française dans le style le plus noble exempt de toute prétention[45]. »

UN ROMAN ETHNOLOGIQUE DES LUMIÈRES

Les Morlaques paraît en 1788 en deux volumes, sans indication de lieu et d'éditeur, avec les initiales de son auteure, J.W.C.D.U. & R. Sur la page de la dédicace – le roman est en effet dédié à Catherine II, Impératrice de toutes les Russies – figure le nom de l'auteure, J. Wynne, Comtesse des Ursins et Rosenberg, suivi des paroles en latin « *Sublimi seriam sidera vertice*[46] » et d'une date précise : 22 janvier 1788. La même année, une deuxième édition italienne est publiée à Modène, auprès de la Société typographique[47]. L'intitulé comprend alors un sous-titre *Les Morlaques. Roman historique, descriptif et poétique en prose.* Et le nom de J. Wynne, Comtesse des Ursins et Rosenberg est suivi des initiales B.B., celles de Bartolomeo Benincasa. L'édition ne diffère cependant pas de la première[48].

43 Wynne, Giustiniana, *À André Memmo Chevalier de l'Étoile d'or et procurateur de St Marc, à l'occasion du mariage de sa fille aînée avec Louis Mocenigo.* Venise, Stamperia Giuseppe Rosa, 1787.

44 Wynne, Giustiniana, *Les Morlaques, roman historique, descriptif et poétique en prose*, Modène, Société typographique, 1788.

45 Casanova, *Histoire de ma vie*, éd. citée, t. I, p. 637.

46 Horace, *Odes*, livre 1. Voir la note p. 57. Cette citation manque dans la deuxième édition du roman.

47 L'édition est signalée par Brunet qui renvoie au catalogue de la *Librairie d'Apollon* à Venise (1817).

48 Nous n'avons pas découvert de manuscrit du roman. Des recherches sont en cours dans les archives russes pour localiser l'exemplaire envoyé à Catherine II. La Bibliothèque de l'Ermitage, contient, selon le baron H. de Korff, un exemplaire de présentation tiré sur très gros papier avec une reliure en maroquin à tranche dorée (« Lettre sur quelques ouvrages de la comtesse des Ursins et de Rosenberg », art. cité, p. 1226-1228. Ici p. 1227).

Les Morlaques[49] compte parmi les premiers romans auxquels l'on pourrait attribuer le qualificatif d'anthropologique ou plutôt d'ethnologique[50]. Nodier, une trentaine d'années après la parution du volume se dit impressionné par le travail de la romancière et l'originalité de ce qu'elle livre :

> Les Morlaques ont des mœurs aussi tranchées, aussi singulières, aussi pittoresques, si l'on peut s'exprimer ainsi, et cependant mille fois moins connues que celles de ces peuples sauvages de la mer du Sud, dont l'histoire jette un attrait si vif sur les *Voyages de Cook*, et de ces *Natchez* de l'Amérique, dont M. de Chateaubriand nous a si poétiquement retracé les usages. Avant madame de Wynne, personne n'avait donné à la langue française des renseignements développés sur cette intéressante nation[51].

Inspirée par le *Voyage en Dalmatie* (1774) d'Alberto Fortis, par des échanges oraux et, selon ses propres dires, par un fait-divers survenu à Venise, Giustiniana Wynne raconte, dans son roman, l'histoire du couple morlaque, Jella et Jervaz, qui sert de fond à une description détaillée des mœurs et coutumes des Morlaques, peuple de l'arrière-pays de la Dalmatie, à laquelle elle associe des réflexions rousseauistes sur les avantages d'une société proche de l'état de nature. Wynne accorde généralement dans ses œuvres, comme par exemple dans son récit du séjour des Comtes du Nord à Venise, ainsi que dans sa *Nouvelle plébéyenne* (1785), une grande importance à la peinture de la « couleur locale[52] ». L'originalité du roman réside dans l'association des idées des Lumières, ainsi que d'autres qui peuvent être considérées comme proto-féministes, avec une évocation des Balkans, une aire culturelle peu abordée par les penseurs du XVIIIe siècle[53]. Avant Wynne, Carlo Goldoni était l'un

49 Voir aussi Pizzamiglio, Gilberto, « La Dalmazia tra viaggio e romanzo : da Alberto Fortis a Giustiniana Wynne », *Questioni odeporiche. Modelli e momenti del viaggio adriatico*, éd. G. Scianatico, R. Ruggiero, Palomar, 2007, p. 353-369.

50 Voir Wynne, *Caro Memmo*, (2010), *op. cit.*, p. 13 et Duchet, Michèle, *Anthropologie et histoire au siècle des Lumières*, Paris, Albin Michel, 1971. – Selon Jean Poirier, l'exotisme du XVIIIe siècle, tel qu'il se manifeste par exemple dans les récits de voyage dans le Nouveau Monde, aurait joué un rôle important dans le développement de l'ethnologie moderne. Voir Poirier, Jean, *Storia dell'etnologia*, Roma, Lucarini, 1987 (Paris, PUF, « Que sais-je », 1985), p. 14-21.

51 Nodier, *op. cit.*, p. 190.

52 Voir Bešker, *op. cit.*, p. 184.

53 Pour la présence de la Croatie et des Slaves dans la littérature italienne, voir Zorić, Mate, « Croati e altri slavi del sud nella letteratura italiana del '700 », *Revue des études sud-est européennes*, X/2, 1972, p. 289-321.

des rares à avoir trouvé une inspiration littéraire dans la région avec sa comédie *La Dalmatina* (1758[54]), une réécriture très libre de la tragédie *Les Amazones* de Mme du Boccage (1749), traduite en italien par Luisa Bergalli Gozzi en 1756[55]. Dans un registre différent, plusieurs vignettes et récits biographiques concernent le brigand morlaque Stanislav (ou « Stanko ») Sočivica (c. 1715-1777[56]) et ont contribué à inscrire dans l'imaginaire occidental la figure du bandit dalmate.

GENÈSE DU ROMAN

La correspondance privée de l'auteure avec son amie Elisabetta Mosconi Contarini et avec l'amant de cette dernière, Aurelio de' Giorgi Bertola[57], conservée à la Bibliothèque Saffi à Forlì[58], nous permet de retracer, du moins en partie, la genèse des *Morlaques* ainsi que d'éclaircir le mystère d'une éventuelle collaboration de Bartolomeo Benincasa à l'œuvre. La rédaction du roman s'étend de 1785 à 1787. Giustiniana Wynne écrit de préférence le matin, à l'Alticchiero, l'après-midi étant en principe réservée à des activités de sociabilité :

> [...] dans l'histoire de mes Esclavons, je passe toute la matinée à écrire, l'après-dîner je vois du monde ou je me promène, le soir je lis ou je gronde mes

54 Pour cette pièce de Carlo Goldoni, voir Wolff, Larry, « Venice and the Slavs of Dalmatia : The Drama of the Adriatic Empire in the Venetian Enlightenment », *Slavic Review*, vol. 56, 3, 1997, p. 428-455.

55 Voir Kulessa, Rotraud von, « La traduction italienne de la tragédie *Les Amazones* de Mme du Boccage par Luisa Bergalli Gozzi », in, *La traduction du discours amoureux 1660-1830*, éd. Annie Cointre, Florence Lautel et Annie Rivara, Metz, Centre d'Études de la Traduction 2006, p. 255-267 ; pour *La Dalmatina* de Carlo Goldoni, voir Wolff, *op. cit.*

56 Fortis et Lovrich évoquent le bandit rendu célèbre par l'ouvrage de Marc Chapuis paru en 1777, *Histoire de Socivizca fameux brigand de la nation des Morlaques appelés Monténégrins qui s'est rendu formidable de nos jours aux Turcs des frontières du comté de Zara.*

57 Pour les lettres d'Elisabetta Mosconi à Bertola voir Ricaldone, Luisa (éd.), *Al mio caro ed incomparabile amico. Lettere di Elisabetta Mosconi Contarini all'abate Aurelio De' Giorgi Bertola*, Padova, Editoriale Programma, 1995.

58 Lettres de Giustiniana Wynne à Aurelio de' Giorgi Bertola, Biblioteca Saffi, Forlì, Raccolte Piancastelli, Carta Romagna, B. 62/39-58 ; Lettres de Giustiniana Wynne à Elisabetta Mosconi, Biblioteca Saffi, Forlì, Raccolte Piancastelli, Carta Romagna, B. 62/59-120. Les lettres qui ne sont pas toutes datées vont de 1785 jusqu'en 1788. Pendant cette période Giustiniana Wynne vit principalement entre Venise, Padoue et l'Alticchiero de Quirini. En raison de l'écriture de l'auteure qui est plutôt difficile à déchiffrer, nous n'avons pas réussi pour l'instant à transcrire l'intégralité des lettres. Les passages douteux, voire illisibles sont mis entre crochets. Nous modernisons l'orthographe pour le confort du lecteur.

> amis ou nous faisons ensemble de l'esprit, mais de cet esprit à bon marché qui n'est amusant que pour la petite société qui le voit dans un instant étinceler et s'éteindre. Ma manière de vivre est extrêmement exemplaire. Je me lève à 13 heures et je me couche à 4. Je crois mon amie qu'il me sera difficile de vous voir cet automne. Je suis absolument décidée de finir mon ouvrage durant cette villégiature, et ne travaillant que quelques heures le matin, il me faut encore un grand nombre de matinées. Ensuite, il faut que Benincasa mette le tout au net. Il faut que je préside à tout cela. Je veux vous en amuser ma chère amie et vous devez être contente des efforts de votre Justine[59].

Dès l'automne 1786, les travaux de correction sont entrepris par les deux complices et la copie manuscrite du roman effectuée par Benincasa dont l'écriture est manifestement plus lisible que celle de Wynne :

> Je passe mon temps fort agréablement ici. Je me couche de très bonne heure, je me lève à 14. Je m'enferme trois ou quatre heures tous les matins. Et mon roman historique, ou conte, ou les Morlaques, est presque fini. Pour le recopier, corriger, et soigner, ouvrage dans lequel Benincasa a sa grande portion de travail, il me faudra encore six semaines, mais cela se fera à Venise[60].

L'entreprise se révèle être de longue haleine puisqu'à l'été 1787, la romancière écrit à son amie « Betty » Mosconi :

> J'ai besoin de solitude et de la plus grande tranquillité pour donner la dernière main conjointement avec Benincasa à mes Morlaques. Peut-être paraîtront-ils cet hiver. Notre ami Pindemonte[61] en a entendu lire quelques échantillons. Il m'en a paru satisfait. L'ouvrage est long, hardi, et il affiche un peu trop la prétention. Je serai beaucoup critiquée, j'en suis sûre. Qu'importe : d'avoir toujours trompé le temps, et de m'être occupée avec intérêt et c'est toujours beaucoup. Mes amis trouveront, j'espère, dans mon ouvrage quelques-uns de ces traits de la sensibilité qui m'est propre et ceux qui leur font excuser la faiblesse du reste[62].

La version finale des *Morlaques* est de plus retardée par la préparation de la deuxième édition de l'*Alticchiero* qui s'effectue simultanément.

---

59 Lettre à Elisabetta Mosconi, Alticchiero le 20 octobre 1786, Biblioteca Saffi, Forlì, Raccolte Piancastelli, Carta Romagna, B. 62/81.

60 Lettre à Elisabetta Mosconi, Alticchiero le 4 octobre 1786, Biblioteca Saffi, Forlì, Raccolte Piancastelli, Carta Romagna, B. 62/82.

61 Il s'agit d'Ippolito Pindemonte (1753-1828), homme de lettre, poète et traducteur, originaire de Vérone.

62 Lettre à Elisabetta Mosconi, Alticchiero, le 11 juillet 1787, Biblioteca Saffi, Forlì, Raccolte Piancastelli, Carta Romagna, B. 62/93.

Benincasa assume la responsabilité des travaux éditoriaux[63] et continue de recopier le roman auquel, on le sent, va l'intérêt de l'auteure :

> Voilà ma manière d'être. La réimpression d'*Alticchiero* avec des augmentations enrichies de notes érudites, ouvrage de Benincasa, retarde le dernier poli de mes *Morlaques*. Mais la villégiature de cette [*sic*] même automne ne finira pas que ce dernier travail ne soit aussi à son terme. Je m'y intéresse d'autant plus qu'on a dû céder le pas à cet *Alticchiero* son aîné pour lequel je n'ai pas autant de de prédilection[64].

Deux jours plus tard, les questions littéraires sont toujours à l'ordre du jour :

> Réellement ma chère amie, mes *Morlaques*, à la révision desquels j'ai donné un temps et des soins infinis m'ont absolument confinée à Padoue. Benincasa s'est condamné à recopier et mettre au net tout l'ouvrage, n'ayant pas trouvé un seul copiste qui sait le français. Jugez quel ennui et quel travail pour le patient Benincasa. Outre cela tout en recopiant l'on ne peut s'empêcher d'ajouter ou de retirer sur le total du livre. J'en suis passablement contente, ma chère amie. Et plus cet ouvrage me coûte des peines, plus je m'y attache[65].

La romancière souligne à plusieurs reprises son engagement personnel pour cet ouvrage dont elle revendique d'ailleurs pleinement la maternité :

> Le dernier des enfants des vieilles femmes est toujours, dit-on, celui qu'elles chérissent le plus, parce qu'il pourrait les rajeunir. Mes *Morlaques* en effet, à mon jugement, par leur hardiesse, et leur air exotique, vont me donner toutes les apparences de la fraîcheur et de la jeunesse. Vous les verrez des premiers, ma chère Betty, vous m'en parlerez librement, et le genre d'impression qu'ils

---

63 Si certains ont supposé que Benincasa avait collaboré à la rédaction des *Morlaques*, Ernouf propose une comparaison stylistique et cite la prose de l'ami de Wynne avant d'ajouter : « Ce pathos amphigourique n'a rien de commun, ni avec la diction spirituellement incorrecte des pièces détachées, ni avec le sentiment pathétique qui domine dans les scènes principales des Morlaques. ». Voilà qui, selon le critique, suffit amplement « pour justifier Justine Wynne de tout soupçon de plagiat à l'égard de son cavalier servant. » (Ernouf, art. cité, p. 1004). Le même Ernouf observe cependant plus loin (*ibid.*, p. 1009) que certaines tirades ampoulées, notamment dans les passages concernant Catherine II, pourraient trahir « des interpolations de l'éditeur Benincasa ».

64 Lettre à Elisabetta Mosconi, Padoue, le 15 octobre 1787, Biblioteca Saffi, Forlì, Raccolte Piancastelli, Carta Romagna, B. 62/97.

65 Lettre à Elisabetta Mosconi, Padoue le 17 octobre 1787, Biblioteca Saffi, Forlì, Raccolte Piancastelli, Carta Romagna, B. 62/98.

> vous feront sera à la mesure de celle que je pourrais me flatter de faire naître dans les âmes sensibles[66].

Cette métaphore de la maternité revient à plusieurs reprises dans la correspondance de Wynne :

> C'est la mère qui chérit plus l'enfant les couches duquel ont été les plus difficiles. Le public jugera un jour si ma partialité était juste. J'ignore encore quand je mettrai le public à portée de me contredire ou de me favoriser. Certainement pas avant le printemps prochain. J'ai la tête totalement remplie de mon sujet au point de vous en parler un peu trop. Excusez-moi ma chère Betty[67].

Malgré son attachement à son roman, l'auteure constate le peu de ressemblance de son ouvrage avec elle-même :

> D'abord que le tout sera en ordre, quoique mes Amis ne soient pas d'avis de le débiter ici, vous en recevrez un exemplaire de ma main. Je vous demande dès à présent toute votre indulgence pour cette production de votre amie. Très indulgente pour mes enfants, Quirini prétend que je suis une véritable marâtre pour celui-ci. As-t-il raison ? Jugez-en ma très chère. C'est de mes enfants celui qui me ressemble le moins. Il est sérieux et je suis ordinairement gaie, il est sententieux[68], et sa mère n'est que sentiment. Nous n'allons encore pas trop bien ensemble. J'ai taché de lui donner pour compagne la légèreté afin de lui procurer une morale aisée et délicate. [Avec ?] tout cela Alticchiero ne peut cesser d'être ce qu'il est. [...] Que Quirini ne sache jamais le peu d'intérêt que m'a inspiré ce travail tel qu'il est pourtant il ne manquera point de faire quelques admirateurs et j'en suis contente[69] [...].

Comme le démontre la lettre du 15 octobre 1787, l'auteure fait lire des parties du roman à des amis, dont Pindemonte, afin de connaître leur opinion. Elle se montre orgueilleuse de son ouvrage et soucieuse de la réaction du public comme en témoignent des échanges avec différents amis au cours de l'hiver :

---

66 Lettre à Elisabetta Mosconi, Padoue, le 15 octobre 1787, Biblioteca Saffi, Forlì, Raccolte Piancastelli, Carta Romagna, B. 62/97.

67 Lettre à Elisabetta Mosconi, Padoue le 17 octobre 1787, Biblioteca Saffi, Forlì, Raccolte Piancastelli, Carta Romagna, B. 62/98.

68 L'une des caractéristiques des *Morlaques* est en effet la présence de nombreux aphorismes et sentences soit du narrateur, soit de tel ou tel personnage qui rajoutent à l'effet de fatalisme présent dans certains aspects de l'ouvrage.

69 Lettre à Elisabetta Mosconi, Padoue, le 3 octobre 1787, Biblioteca Saffi, Forlì, Raccolte Piancastelli, Carta Romagna, B. 62/99.

> Oh mes *Morlaques* mes *Morlaques* [...]. C'est ni roman, ni histoire, ni poème, mais c'est tout cela ensemble. J'en suis folle et ma folie va jusqu'à perdre toute retenue, toute décence. C'est un ouvrage audacieux, et j'ai la hardiesse de vous le répéter. Mes *Morlaques* auront l'effet du chant de Pacchierotti[70] : ou on les goûtera à l'excès, ou ils ne plairont point. Je crois que je n'écrirai jamais plus à l'avenir. C'est le chant du cygne que vous allez lire. Pardon de mon sot orgueil. J'ai pris sur moi d'être vraie avec mes intimes amis, je vous dis librement ce que je sens[71].

Benincasa est toujours en train de recopier le manuscrit alors que Giustiniana Wynne a résolu d'envoyer son « enfant » à Catherine II afin de lui demander la permission de lui dédier son ouvrage :

> Le pauvre Benincasa s'est mis en tête de tirer lui seul une copie correcte et d'une belle écriture de ces éternels *Morlaques*. L'entreprise est longue et du plus grand ennui. Mon bon ami s'est pour cela déterminé à passer plusieurs soirées au logis, il est juste que du moins je lui tienne compagnie. Libre comme je suis, tantôt c'est un rhume, tantôt c'est une comédie à laquelle je ne vais point, tantôt c'est une disposition de laquelle je me rends compte qui me fait devenir invisible. Seul dans sa chambre il écrit, et je lis sans interruption. Cette manière de vivre nous porte à nous coucher de meilleure heure, et nous profitons du temps d'une manière étonnante. Tout est de longue haleine, et B[enincas]a s'est mis en tête de le compléter pour la fin de décembre. J'ai des projets pour la facilité desquels il est nécessaire que ce manuscrit soit en état de sortir de mes mains pour le commencement de janvier. B[enincas]a est heureusement d'une obstination édifiante, sans lui je ne viendrais jamais à bout de rien. À propos de ce projet, je ne veux point vous en faire un secret, lisez les lettres ci-jointes du Duc de Gloucester[72], et vous y verrez, ma chère amie, le désir que je médite. Mes *Morlaques* feront un grand voyage avant que je sache leur destinée. Il faut que la plus illustre des femmes à laquelle je désire en faire hommage, les examine et les agrée. Voilà mon secret que je vous conjure de garder pour vous seul. Il pourrait ne pas avoir lieu et donner à mon désir un air de ridicule qu'il est bon d'esquiver[73].

---

70 Gasparo Pacchiarotti, né en 1740 à Fabriano (Marches) et mort en 1821 à Padoue, est le castrat italien le plus célèbre de la fin du XVIIIe siècle.

71 Lettre à Bertola, Venise, janvier [1788], Biblioteca Saffi, Forlì, Raccolte Piancastelli, Carta Romagna, B. 62/43.

72 William, duc de Gloucester (1743-1805) était l'un des frères cadets du roi George III. Il a séjourné à plusieurs reprises en Italie, en 1770-1772, 1775-1777 et 1786-1787. Nous ignorons quand Wynne est entrée en contact avec lui. Les lettres de Gloucester ne se trouvent pas dans le fonds de la Biblioteca Saffi.

73 Lettre à Elisabetta Mosconi, s.l.n.d., Biblioteca Saffi, Forlì, Raccolte Piancastelli, Carta Romagna, B. 62/101.

La requête aboutit. Une lettre datée du 3 juin 1788 montre l'impératrice demandant à un proche d'agir pour elle auprès de la romancière : « Dites au cte Czernischen, que je le prie de remercier la comtesse de Wynne Rosenberg de sa lettre, de ses sentiments pour moi et de son livre : Les Morlaques. Si je puis trouver du temps, je tâcherai de le lire. Présentement je suis trop occupée[74]. » Les remerciements parviennent à Wynne qui s'en réjouit lorsqu'elle écrit à son amie Elisabetta Mosconi le 22 juillet 1788 :

> Vous serez bien aise d'apprendre, ma chère amie, que l'Impératrice de Russie a reçu de la meilleure grâce du monde mon manuscrit et m'a permis de lui dédier son ouvrage. Faites-le savoir à notre chevalier Pindemonte, je suis sûre qu'il sera satisfait de l'honneur qu'est [*sic*] accordé à mes *Morlaques* puisque cet honneur justifie son opinion, la première à laquelle j'ai voulu les soumettre. J'ai fait un voyage de trois jours à Bassano[75] pour l'impression de mon ouvrage. Mes amis ont choisi les caractères, le papier, le format etc. Tout sera propre. point magnifique, mais de très bon goût[76] [...].

Nous apprenons au passage le lieu où s'imprime le roman. C'est à Bassano, dans le Veneto, que des proches de l'auteure négocient les aspects matériels de l'édition du livre qui se prépare dans des conditions discrètes. Rappelons que cette première publication, probablement à faible tirage, omet toute indication de lieu et d'éditeur. En avril, la romancière se plaint à Bertola des difficultés rencontrées :

> C'est incroyable que tous les retards que j'ai dû essuyer pour l'impression de cet ouvrage [*Les Morlaques*]. C'est au point que j'en ai perdu tout l'intérêt d'auteur et c'est tout dire. Je compte pourtant qu'il me parviendra dans le courant du mois une fois sorti des guenilles de la presse[77].

Malheureusement, les lettres ne nous fournissent pas plus de détails sur les conditions de publication apparemment compliquées. Néanmoins, cette correspondance nous permet d'élucider quelques points obscurs

---

74 *Sobstvennoruchnye pis'ma i zapiski Imperatritsy Ekateriny II k A.B. Khrapovitskomu, 1783-1793*, Moscou, 1872, p. 28. Cité par Barbara W. Maggs, « Three Phases of Primitivism in Portraits of Eighteenth-Century Croatia », *Slavonic and Eastern Review*, vol. 67 n° 4 (1989), p. 557.

75 Bassano fut un des centres de l'imprimerie en Vénétie, voir Mario Infelise, *L'editoria veneziana nel'700*, Milano, Franco Angeli, 1989.

76 Lettre à Elisabetta Mosconi, Alticchiero, le 22 juillet 1788, Biblioteca Saffi, Forlì, Raccolte Piancastelli, Carta Romagna, B. 62/111.

77 Lettre à Bertola, Venise le 12 avril 1788, Biblioteca Saffi, Forlì, Raccolte Piancastelli, Carta Romagna, B. 62/58.

de la naissance des *Morlaques*. Elle confirme que Wynne en est bien l'auteure et éclaire la question de la dédicace.

LE PEUPLE DES MORLAQUES

Comme le souligne Inoslav Beškér, c'est avec Voltaire que les Morlaques font leur entrée dans les littératures européennes[78]. *La philosophie de l'histoire* mentionne en effet ce peuple à côté des Islandais, des Lapons, et des Hottentots, tous restés à l'état sauvage. Selon le philosophe, ces autochtones de régions de l'Europe en quelque sorte en voie de développement demandent à être civilisés et éclairés :

> Par quelle loi, par quels liens secrets, par quel instinct, l'homme aura-t-il toujours vécu en famille, sans le secours des arts, et sans avoir encore formé un langage ? C'est par sa propre nature, par le goût qui le porte à s'unir avec une femme ; c'est par l'attachement qu'un Morlaque, un Islandais, un Lapon, un Hottentot sent pour sa compagne, lorsque son ventre grossissant, lui donne l'espérance de voir naître de son sang un être semblable à lui ; [...][79].

Mais ce n'est qu'avec l'ouvrage d'Alberto Fortis, *Le voyage en Dalmatie* (1774) et ensuite avec le roman de Giustiniana Wynne en 1788, que les Morlaques, et ainsi les Balkans, deviennent vraiment un sujet des littératures européennes[80]. Le terme de « *morlacchismo* » ou *morlaquisme* est, comme le souligne Beškér, une invention de l'Occident, et résulte du travail de l'imaginaire littéraire sur ce peuple méconnu d'Européens orientaux. Il peut ainsi être considéré comme une sous-catégorie de l'Orientalisme[81]. Pour Giulio Bajamonti, le premier à parler de « *morlacchismo* », il s'agit avant tout d'un concept anthropologique, qui résume la mentalité des Morlaques, donc leur « *morlacchità*[82] ». Bajamonti publie, en 1797, dans le *Nuovo Giornale enciclopedico* d'Elisabetta Caminer Turra, un essai intitulé « Il Morlacchismo d'Omero[83] », dans lequel, en adepte de

78 Beškér, *op. cit.*, p. 91.

79 Voltaire, *La philosophie de l'histoire*, éd. J. H. Brumfitt, in Voltaire, *Œuvres complètes*, vol. 59, Oxford, Voltaire Foundation, 1969, p. 109.

80 Beškér, *op. cit.*, p. 7.

81 *Ibid.*, p. 8.

82 *Ibid.* – Il n'existe pas de terme équivalent en français mais on pourrait rendre l'idée par le néologisme *morlaquitude*.

83 Bajamonti, Giulio, « Il morlacchismo d'Omero », *Nuovo Giornale Enciclopedico d'Italia*, Venezia, marzo 1797.

Giambattista Vico, il cherche à établir un lien entre la poésie d'Homère et celle du peuple morlaque.

L'imaginaire européen à propos des Morlaques ne coïncide pas avec l'autoreprésentation de cette peuplade[84] qui fait partie des Valaques – des pasteurs nomades, adeptes de la religion orthodoxe[85]. Pour les Serbes, ce serait un peuple immigré dans l'arrière-pays dalmate et qui s'étend, aujourd'hui, de l'Istrie jusqu'au Monténégro voire en Albanie[86]. Selon Larry Wolff, les Morlaques du XVIIIe siècle correspondent aux Monténégrins actuels[87]. En ce qui concerne les origines et les nombreuses pérégrinations de ces gens, nous sommes confrontés à beaucoup d'incertitudes[88]. Une chose paraît cependant être sûre : le terme « *Morlacco* », en italien, se réfère aux Valaques des Balkans, proches des territoires dominés par Venise, à savoir le littoral de la Dalmatie et de l'Istrie[89].

Le peuple des Morlaques, selon Fortis, serait issu de la migration des peuples de Scythes, de Wisigoths, de Croates, d'Abares, de Vandales et d'autres vers les territoires dits illyriques à l'époque de la chute de l'Empire romain[90]. Or, son destin semble intrinsèquement lié à la République de Venise qui domine la Dalmatie au moins depuis le XIIe siècle. Il est vrai que les Morlaques constituaient, pour les Vénitiens, en quelque sorte un rempart contre de possibles invasions turques et la progression de l'Islam[91]. Pour la Sérénissime, le rôle stratégique de la Dalmatie n'était pas négligeable. La région assurait en effet la sécurité des voies maritimes dans le golfe de Venise[92] et présente donc un intérêt économique et militaire. Mais, jusqu'à l'avènement d'hommes de science comme Fortis, les Morlaques sont le plus souvent méprisés des Vénitiens, comme le sont d'ailleurs les Dalmatiens ainsi que les Albanais[93]. Les

84 Beškег, *op. cit.*, p. 15.
85 Beškег, *op. cit.*, p. 17.
86 *Ibid.*, p. 11.
87 Wolff, Larry, « The Innocence and Natural Liberty of Morlacchia : European Identity, Enlightenment Anthropology and the Ambivalent Significance of Gender among North Savages », *Dialectic Anthropology*, 27, 2003, p. 93-104, ici p. 93.
88 *Ibid.*, p. 22.
89 *Ibid.*, p. 24.
90 Fortis, Alberto, *Viaggio in Dalmazia*, éd. Gilberto Pizzamiglio, Venezia, Marsilio, 1987, p. 37 ; Bešker, *op. cit.*, p. 40.
91 Bešker, *op. cit.*, p. 50.
92 *Ibid.*, p. 49.
93 *Ibid.*, p. 62.

Morlaques sont employés comme soldats dans les guerres contre les Turcs et comme producteurs de vivres que les Vénitiens exploitent à leurs fins[94]. Bien évidemment, le discours officiel de la République vénitienne est tout autre. La Sérénissime se donne le beau rôle en s'affichant comme protecteur contre les continuelles attaques turques[95] dans cette région. Il est vrai que durant la guerre de Morée (1684-1699), les Morlaques qui s'étaient retrouvés sous la domination du Sultan avaient demandé le soutien de la Sérénissime[96]. Avec la Paix de Carlowitz (1699), Venise arrive à garder les territoires conquis, exception faite de la région à côté de Raguse qu'elle a dû restituer aux Turcs[97].

Dans la « petite guerre » ultérieure (1714-1718), les troupes de la Sérénissime, essentiellement composées de Dalmates, continuent à conquérir de nouvelles terres et s'avancent même sur les territoires turcs[98]. Ainsi, Venise a encore réussi à accroître sa domination sur les côtes orientales de l'Adriatique et sur presque tout le territoire alors appelé Morlaquie, seulement soixante-quinze ans avant la chute de la *Repubblica*[99].

SOURCES

Dans l'introduction à son roman, Wynne indique ses sources, à savoir un fait-divers survenu à Venise (mentionné par Gaspare Gozzi dans la *Gazetta Veneta* du 18 juin 1760[100]) et surtout *Le voyage en Dalmatie* (*Viaggio in Dalmazia*) d'Alberto Fortis publié en 1774 par l'imprimeur vénitien Alvise Milocco. Elle s'inspire également de l'ouvrage de Giovanni Lovrich rédigé en 1776 en réponse à l'essai de Fortis, les *Observations sur diverses parties du Voyage en Dalmatie de l'Abbé Alberto Fortis, avec la vie de Soçivizca* (*Osservazioni sopra diversi pezzi del Viaggio in Dalmazia del Signor Abate Alberto Fortis, coll'aggiunta della vita di Soçivizca*[101]) qu'elle ne cite cependant pas explicitement.

94 *Ibid.*, p. 71.
95 *Ibid.*, p. 71.
96 Bešker, *op. cit.*, p. 78.
97 *Ibid.*, p. 81.
98 *Ibid.*, p. 88.
99 *Ibid.*, p. 89.
100 Zorić, *op. cit.*, p. 295.
101 Lovrich, Giovanni, *Osservazioni sopra diversi pezzi del Viaggio in Dalmazia del Signor Abate Alberto Fortis, coll'aggiunta della vita di Soçivizca, A sua Eccelenza S. Maffei Albrizzi, Gravissimo Senatore Veneto*, Venezia, Francesco Anzoni, 1776.

Alberto Fortis (1741-1803), qui est originaire de Padoue, entre en contact avec les idées des Lumières dès sa jeunesse : le salon de sa mère est fréquenté par des penseurs comme Cesarotti[102]. Après avoir entamé une carrière cléricale, il se rend rapidement compte que cette voie est difficilement compatible avec son attachement aux idées libérales de l'époque. Il réussit à s'installer à Venise, au monastère de Santo Stefano, et à devenir censeur de la République[103]. Il fait alors partie du cercle d'adhérents aux Lumières parmi lesquels figurent également le sénateur Angelo Quirini, amateur d'arts et mécène, mais aussi Andrea Memmo et Bartolomeo Benincasa, tous trois, à différents moments de leur vie, intimes de Giustiniana Wynne. Comme d'autres collaborateurs du *Giornale Enciclopedico*[104], le périodique qui est alors dirigé par Elisabetta Caminer Turra, Fortis est marqué par son engagement en faveur du progrès et de la connaissance.

Fortis entreprend son premier voyage en Istrie en 1765[105], poussé par ses intérêts en matière de sciences naturelles et plus particulièrement en biologie. Ce séjour est suivi de deux autres voyages dans les îles de Cherso et de Lussino alors en terre dalmate. Une quatrième visite en Dalmatie, financée par une commission vénitienne composée de Giovanni Ruzzini, Filippo Farsetti et Carlo Zenobio et destinée à l'examen de la possibilité d'acheminer des poissons des eaux dalmates jusqu'à Venise, ainsi qu'un déplacement ultérieur commandé par Andrea Memmo, alors Président des Commission extraordinaire des Arts, donnent naissance à un ouvrage viatique, le *Viaggio in Dalmazia*.

L'ouvrage de Fortis est conçu comme un travail scientifique, fondé sur des recherches effectuées sur le terrain[106]. Cependant, sous l'influence des

102 Bešker, *op. cit.*, p. 98. Melchiorre Cesarotti, né en 1720 à Padoue et mort en 1808 dans la même ville, fut un homme de lettres et traducteur. Parmi ses traductions figurent les poèmes d'Ossian, des odes de Pindare et des tragédies de Voltaire, dont *Mahomet*.

103 *Ibid.*, p. 99.

104 Sur le *Giornale Enciclopedico*, voir Kulessa, Rotraud von, « Elisabetta Caminer Turra. Traductrice, médiatrice et "organisatrice culturelle" », *Femmes écrivains à la croisée des langues 1700-2000*, éd. A. Fidecaro, H. Partzsch et S. van Dijk et al., Genève, MétisPresses, 2009, p. 55-66 ; Kulessa, Rotraud von, « Elisabetta Caminer Turra (1751-1796) e *L'Europa letteraria* : alcune riflessioni sulla traduzione », *Circula : revue d'idéologies linguistiques*, Les Éditions de l'Université de Sherbrooke (ÉDUS) 1-2 (2015) ; Pizzamiglio, Gilberto, « Introduzione », in Fortis, *op. cit.*, p. XXVI-XXVII.

105 Pour la genèse du *Voyage en Dalmatie* d'Alberto Fortis, voir Bešker, *op. cit.* p. 98-121 et Pizzamiglio, « Introduzione », in Fortis, *op. cit.*, p. XXI-XXX.

106 Bešker, *op. cit.*, p. 106.

idées des Lumières et notamment de celles de Rousseau, Fortis cherche à combattre les préjugés enracinés dans l'imaginaire des Vénitiens[107]. La connaissance immédiate et directe des Morlaques lui a inspiré une véritable admiration pour ce peuple[108] qui se distinguerait des Européens de l'Ouest avant tout par sa morale[109]. Celle-ci, décrite comme naturelle et simple, les rendrait tellement bons qu'ils se laisseraient exploiter par les Occidentaux[110]. Motivé par ses relations personnelles et ayant été bien accueilli lors de ses voyages, Fortis essaie de convaincre le gouvernement vénitien d'améliorer la situation des Dalmates[111].

Fortis opte pour le genre épistolaire – les chapitres sont en effet rédigés sous forme de lettres, adressées à ses mécènes[112] – probablement dans l'objectif de satisfaire le goût littéraire de ses contemporains. L'ouvrage fait à la fois l'objet de critiques et de louanges au sein du lectorat en Italie ainsi que dans le reste de l'Europe. Une version allemande voit le jour à Berne en 1776 sous le titre *Reise in Dalmatien.* Deux années plus tard paraissent une traduction en français, le *Voyage en Dalmatie*, et une en anglais, *Travels into Dalmatia*[113].

Le chapitre consacré aux mœurs, « De' costumi de' Morlacchi », connaît un succès particulier – il sera d'ailleurs publié séparément un peu partout en Europe[114]. C'est celui dont Wynne s'est le plus nettement inspirée – elle va parfois jusqu'à le citer quasiment mot pour mot[115]. Elle tire aussi du récit viatique sa connaissance des *Haiduchi*[116], une tribu de brigands, opposants des « bons » Morlaques. Outre les éléments folkloriques, la veine rousseauiste du récit de Fortis se retrouve dans le roman de Giustiniana Wynne[117] qui, par ailleurs, l'approfondit considérablement. Le voyageur a surtout servi de source à la romancière pour la description

107 *Ibid.*, p. 97.
108 *Ibid.*, p. 107.
109 *Ibid.*, p. 112.
110 *Ibid.*, p. 113.
111 *Ibid.*, p. 103.
112 Le chapitre consacré aux mœurs des Morlaques est ainsi dédié à John Stuart, comte de Bute, mécène de l'expédition de 1770 dans les îles de Cherso et Orsero.
113 Fortis, Alberto, *Voyage en Dalmatie*, Berne, Société typographique 1778 ; Fortis, Alberto, *Reise in Dalmatien*, Berne, Typographische Gesellschaft, 1776 ; Fortis, Alberto, *Travels into Dalmatia*, Londres, Robson, 1778.
114 Bešker, *op. cit.*, p. 104.
115 Voir l'annotation du texte.
116 Fortis, *op. cit.*, p. 41-42.
117 Pizzamiglio, *op. cit.*, p. XX.

des habits, des fêtes, notamment celles qui accompagnent les noces[118] (chapitre IV), de la musique et des chansons, des superstitions, comme les sorcières et les vampires, mais aussi pour la peinture de la condition féminine, l'éducation des enfants et les pratiques obstétriques[119]. Ajoutons que dans le chapitre consacré aux vertus morales, Fortis donne le modèle du personnage de Pervan[120], qui sera l'un des protagonistes du roman.

Parmi les sujets de prédilection du voyageur italien se trouvent l'extraordinaire sens de l'amitié dont font preuve les Morlaques[121], mais aussi leur esprit de vengeance[122] et leur culture de la poésie « naturelle[123] ». Ce sont notamment ces deux derniers éléments qui vont faire la fortune de l'ouvrage à l'époque romantique. Ethnologue avant la lettre, ses travaux précédant ceux de Louis-François Jauffret et de Constantin-François de Volney ainsi que ceux de la Société des observateurs de l'homme, fondée en 1799 à Paris[124], Fortis a fait découvrir à ses contemporains un peuple jusqu'alors à peu près complètement méconnu[125].

Malgré son succès général, l'ouvrage d'Alberto Fortis suscite aussi la critique de quelques contemporains comme par exemple de Giovanni Lovrich qui fait publier à Venise, en 1776, chez Francesco Anzoni, les *Osservazioni di Giovanni Lovrich sopra diversi pezzi del Viaggio in Dalmazia del Signor Abate Alberto Fortis coll'aggiunta della Vita di Soçivizca*. S'il se limite, pour la description géographique, au cours de la Cettina, l'auteur propose de corriger les erreurs qu'il a trouvées dans l'étude de Fortis, notamment au sein du chapitre portant sur les mœurs des Morlaques. Les informations données par l'abbé voyageur sont non seulement rectifiées, mais aussi complétées, comme par exemple dans la partie consacrée aux superstitions : Lovrich y ajoute la foi dans le pouvoir prémonitoire des songes, ou la peur des serpents, tous deux des éléments repris par Giustiniana Wynne. Lovrich approfondit également l'aspect des chants et de la poésie morlaques, en ajoutant quelques exemples au-delà de la chanson d'Azan-Aghiniza. Wynne s'en inspire notamment pour les épithalames.

---

118 Beŝker, *op. cit.*, p. 191-192.
119 *Ibid.*, p. 58-59.
120 Fortis, *op. cit.*, p. 43.
121 *Ibid.*, p. 114.
122 *Ibid.*, p. 117.
123 *Ibid.*, p. 118.
124 Voir Moravia, Sergio, *La scienza dell'uomo nel Settecento*, Roma, Laterza, 1978.
125 Beŝker, *op. cit.*, p. 94.

La critique la plus virulente de l'ouvrage de Fortis se trouve cependant dans un texte postérieur à la publication du roman de Giustiniana Wynne, les *Mémoires inutiles* (*Memorie inutili*, 1797) de Carlo Gozzi, ennemi déclaré des idées des Lumières. Ayant effectué son service militaire en Dalmatie, le dramaturge consacre un chapitre de son ouvrage autobiographique à la description des Morlaques, qu'il dépeint comme des « sauvages anthropophages[126] » ou encore comme des « bestiaux déraisonnables ». Selon Gozzi les idées de Fortis et la représentation qu'il fournit de la peuplade doivent être jugées pour le moins « chimériques » :

> On trouvera dans des livres, ceux de l'abbé Fortis par exemple, des relations de plus grand poids. Cet ecclésiastique a inventorié dans la Dalmatie de grandes merveilles et échafaudé de mirifiques projets pour en tirer des richesses considérables. Saluons ces projets : peu importe qu'ils soient pour moitié chimériques [...] pour induire Dalmatie et Albanie vénitienne à produire tant de belles choses, il faudrait commencer par y répandre dans les mœurs et les habitudes quelques ferments moraux qui préparent les gens à accepter la raison et l'obéissance. Si l'on commençait par-là, on obtiendrait peut-être, dans un siècle et demi, le dixième des résultats escomptés par les faiseurs de projets[127].

LES MORLAQUES ET LE CONTEXTE DES LUMIÈRES

En guise d'introduction à son roman, Giustiniana Wynne explique le « Sujet de l'ouvrage ». Elle se livre à une contextualisation géographique et historique et expose son objectif. Selon Beŝker, la description géographique comporte quelques erreurs[128] : la vallée de la Cettina est déplacée à Dizmo et un certain nombre de lieux cités sont introuvables.

Les critiques ne s'accordent pas dans leur jugement de l'approche de la romancière. Si Beŝker juge qu'elle offre une représentation « mythifiée » des Morlaques[129], Maixner souligne au contraire : « [...] que l'auteur n'a pas poussé l'image de la nature en société primitive jusqu'à une admiration aveugle de la béatitude de ces bergers[130]. » Il est vrai que Giustiniana Wynne tend à mettre l'accent sur le caractère primitif de la culture de ses personnages, tout en faisant le lien avec l'exotisme

126 Gozzi, Carlo, *Mémoires inutiles*, Paris, Phébus, 1987, p. 104.
127 *Ibid.*, p. 110-111.
128 Beŝker, *op. cit.*, p. 187.
129 Beŝker, *op. cit.*, p. 187.
130 Maixner, *op. cit.*, p. 67.

tant exploité par la littérature française des Lumières. Elle remplace ainsi par les Morlaques les peuples d'Outre-Mer qui, chez Diderot, Voltaire ou Graffigny, entre autres sont mis au service du mythe du « bon sauvage[131] » :

> Les îles, le littoral et les villes se ressentent des avantages de la civilisation, que la société nombreuse et le commerce attirent à leur suite ; partout ailleurs ce vaste pays, quoique si près de l'Italie et en grande partie sujet à la république de Venise, offre l'image de la nature en société primitive, telle qu'elle a dû être dans les temps les plus reculés, et telle qu'on l'a trouvée au milieu des habitants les plus inconnus de quelques îles de la mer *pacifique*[132].

Or, dans la littérature des Lumières, ce mythe sert à faire la critique de la société elle-même, considérée comme civilisée, mais corrompue par ce même processus de civilisation[133]. Dans l'ouvrage de Giustiniana Wynne, ce motif est repris avec l'opposition rousseauiste entre la vie à la campagne, proche de l'état de nature et la ville, lieu du luxe et de la corruption des mœurs. La romancière retrace ensuite l'histoire des Morlaques, en insistant sur la multiethnicité de ce peuple et donc sur son caractère pour ainsi dire transculturel :

> Elle [la Morlaquie] fait partie du pays qu'on nomme génériquement Esclavonie ou pays des Slaves, dont la vaste étendue depuis l'Albanie remontant jusqu'à la Hongrie peut difficilement être marquée par des limites fixes et constantes. Les nations qui l'habitent sont un mélange confus de peuples indigènes, de colonies Latines, de Scythes, de Goths, de Vandales et de tout ce qui bouleversa l'Europe à la chute de l'Empire Romain[134].

L'auteure explique alors le véritable objectif de son roman : livrer à travers une histoire narrée une peinture sensible des mœurs et coutumes du peuple morlaque, afin d'éviter la description « froide » d'un récit de voyage. Elle prend ainsi ses distances en termes génériques avec un ouvrage comme celui de Fortis :

> La suite naturelle des événements ordinaires dans une famille morlaque va nous mettre au fait des mœurs et usages de la nation d'une manière plus

131 Notons que dans l'*Alticchiero*, Wynne fait référence aux « Othaïtiens » rendus célèbres par Bougainville.

132 Voir p. 59-60.

133 Duchet, Michèle, *Anthropologie et histoire au siècle des Lumières*, Paris, Maspero, 1971, p. 10.

134 Voir p. 60.

> sensible que la relation froide et méthodique d'un voyageur. On n'a pas cru avoir besoin de recourir au romanesque ou au merveilleux. Les faits sont vrais et les détails nationaux fidèlement exposés. Mœurs, habitudes, préjugés, caractères, circonstances locales, tout résultera des événements et des personnages mêmes mis en action. C'est peut-être la plus agréable façon de donner une idée juste d'un peuple, qui pense, parle et agit d'une manière très différente de la nôtre[135].

L'aspect novateur du roman est mis en évidence par Nodier qui condamne les critiques dont l'ignorance les trahit : « Ce livre [*Les Morlaques*], qui n'offre rien de bien neuf [d'après les critiques ignorants], est le tableau le plus piquant et le plus vrai des mœurs les plus originales de l'Europe, et j'ose dire qu'il n'existe rien d'aussi complet en aucune langue sur cette matière[136]. »

Comme le constate Bešker, l'intrigue elle-même, ainsi que la qualité littéraire du roman, s'effacent en quelque sorte face à l'intérêt de la romancière pour l'histoire culturelle de l'Europe[137]. Il est vrai que les Balkans, pour les Occidentaux de l'époque, sont à la fois géographiquement proches, et en même temps très éloignés par l'étrangeté de leurs mœurs. Au souci de donner une description « sensible » des Morlaques, Giustiniana Wynne ajoute la véracité et le « réalisme » de sa narration, en indiquant, comme nous l'avons vu, ses sources.

L'intrigue peut être résumée de la manière suivante : au cœur du récit, nous avons un triangle amoureux qui mènera par la suite au règlement de comptes inspiré du fait-divers vénitien évoqué précédemment. L'union d'un jeune couple, Jervaz et Jella, suscite la jalousie de Marcovich, également épris de l'épouse. Absent pour des motifs de guerre lors du mariage du jeune couple, Marcovich n'a pas été en mesure d'empêcher cette alliance et lors d'un voyage de Jervaz sur la côte dalmate, il tue ce dernier dans un duel. Ainsi, il manque de provoquer entre les deux familles une guerre qu'une intervention du vieux sage Toposnich empêche d'éclater. Le dénouement met l'accent sur la vengeance de sang, thème qui fait l'objet d'un long développement et semble confirmer le côté primitif et « sauvage » des Morlaques. La partie centrale du récit s'attarde sur la représentation des mœurs et de

135 *Ibid.*, p. 61.
136 Nodier, *op. cit.*, p. 189.
137 Bešker, *op. cit.*, p. 191.

la vie courante. La catastrophe arrive de manière précipitée. Elle est le fait d'une rencontre de hasard mais qui a pour toile de fond l'attraction pernicieuse exercée par la vie citadine et le luxe sur des gens simples et bons. La trame est ainsi relativement pauvre. Elle joue avant tout sur des motifs stéréotypés de rivalité, de vengeance, de violence et de corruption qui se retrouveront souvent associés aux peuples des Balkans dans la littérature romantique. Chez Wynne, cependant, c'est la raison qui l'emporte sur les sentiments.

Le roman est narré à la troisième personne et de nombreux discours rapportés y sont introduits, comme les histoires racontées par Pervan qui se transforme ainsi par endroits en narrateur intradiégétique. De cette manière, une certaine vivacité et une illusion d'authenticité sont conférées au récit. Contrairement à Alberto Fortis, dont l'ouvrage ethnologique est composé d'une série de lettres, Giustiniana Wynne renonce à exploiter les genres romanesques qui jouent sur l'authenticité fictive, comme le roman épistolaire ou les pseudo-mémoires. Elle cherche néanmoins à réduire la distance entre le lecteur et le narrateur par l'introduction de maints dialogues et par le récit intra-diégétique, afin d'augmenter la dimension réflexive de la simple description des mœurs.

Dès le départ, à travers sa description du paysage de la vallée de la Cettina, la romancière esquisse la menace qui plane sur l'existence idyllique de la tribu de Pervan :

> Au pied la montagne de Crisiza la belle vallée de Dizmo étend ses champs fertiles et ses riches pâturages vers les bords de la Cettina. De toute la vaste Morlaquie c'est le canton le plus agréable par son heureuse position et par les dons de la nature. Des montagnes horribles, des rochers escarpés contrastent par leur nudité, par leur aspect effrayant avec la parure des campagnes cultivées et avec la nombreuse population, qui y jouit d'un repos obscur et constant[138].

La narration à la troisième personne est plus d'une fois interrompue par le discours direct des protagonistes, comme c'est le cas dans le premier chapitre : Pervan, l'un des personnages principaux, prend la parole et révèle le caractère proprement patriarcal de sa société. Afin d'assurer la vraisemblance et l'authenticité de sa description, l'auteure se sert à plusieurs reprises de termes croates, comme ici : « Le respectable

138 *Les Morlaques*, p. 63.

Pervan [...] est le *Staréscina* ou vieux Chef[139]. » Elle exploite de cette manière la technique littéraire du regard étranger, tant utilisée dans le roman français du XVIIIe siècle, comme dans les *Lettres persanes* (1721) de Montesquieu ou les *Lettres d'une Péruvienne* (1747/1752) de Graffigny,

Le discours que le vieux Pervan adresse à sa tribu offre au lecteur une contextualisation politique et historique. Il y développe notamment l'opposition entre les tribus morlaques pacifiques, qui utilisent leurs forces uniquement pour se défendre contre les animaux sauvages ou contre leurs ennemis, et les tribus de guerriers, comme les Haïducs, réputés comme brigands. Fortis avait déjà décrit ces derniers comme de violents assassins.

Les adversaires les plus redoutables des Morlaques, si nous en croyons Giustiniana Wynne, sont cependant les Turcs[140]. Ils partagent ainsi avec les Vénitiens une méfiance pour l'adversaire ottoman. La vision géopolitique développée dans le roman oppose les peuples slaves sous l'égide de la Russie et Catherine II aux « vrais ennemis » de l'Europe, à savoir les Turcs musulmans[141]. La romancière prend sa plume durant la septième guerre russo-turque (1787-1792) qui avait été précédée par la sixième guerre russo-turque (1768-1774). Catherine II espérait alors reconstruire l'Empire byzantin pour son petit-fils Constantin.

L'auteure s'inscrit parmi les précurseurs du panslavisme du XIXe siècle quand elle insiste sur la solidarité entre les peuples slaves et sur leur rapport de fraternité avec le peuple russe[142]. Le troisième livre du roman, d'empreinte encomiastique, est consacré en grande partie à un éloge de l'impératrice de Russie, admirée comme figure de chef d'État, mais aussi comme femme. Les louanges adressées à Catherine II et à son peuple comme alliés contre les Turcs sont repris dans le chapitre VI où Pervan érige une espèce de statue en l'honneur de l'Impératrice[143] ainsi que dans le chapitre VII dans lequel Marcovich relate ses combats au service des Russes. L'esprit philo-russe de l'ouvrage, fondé sur le rejet de l'ennemi

139 *Ibid.*, p. 63.

140 *Ibid.*, p. 65.

141 Bešker, *op. cit.*, p. 194.

142 À ce propos, Arturo Cronia (*La conoscenza del mondo slavo in Italia*, Padova, Officine grafiche Stediv, 1958, p. 312-313) nie l'existence d'une conscience de l'unité des peuples slaves au XVIIIe siècle.

143 Parmi les objets décoratifs de la villa d'Angelo Quirini, il y avait, si nous en croyons Wynne, un buste de l'impératrice envoyé de Saint Pétersbourg (*Alticchiero*, *op. cit.*, p. 4).

commun turc – n'oublions pas que Wynne est Vénitienne – a sans doute été consolidé par les rapports personnels de la romancière avec la famille impériale à l'occasion de la visite des « comtes du Nord[144] ». Notons, cela dit, l'intérêt général porté à Catherine II dans l'Italie du XVIIIe siècle[145].

Afin de réinstaurer l'équilibre et de rendre justice à sa patrie, Wynne met cependant en valeur le rôle protecteur de la République vénitienne pour les Morlaques :

> Quelque temps après eux, les puissants de l'Italie traversèrent la mer et parurent sur nos côtes. Nous les repoussâmes plusieurs fois, mais leurs armes, leur manière d'attaquer et leur opiniâtreté l'emportèrent sur notre bravoure : et nos anciens vécurent longtemps sous leur loi, qui nous rendit riches, dit-on et heureux[146].

L'invasion des Italiens se serait révélée utile et Venise aurait empêché l'invasion de la Morlaquie par les Turcs. La romancière met ainsi en valeur le rôle de la Sérénissime en Dalmatie, forçant à l'occasion le trait[147] :

> En même temps, sur les côtes de l'Italie, *Venise* florissait riche au-dedans et puissante au dehors. Revenue du premier étourdissement que l'inondation des barbares lui avait causé en usurpant plusieurs pays de notre littoral qui lui appartenaient, elle s'opposa aux progrès des féroces *Ottomans*, reprit ce qu'ils lui avaient ôté et offrit aux peuples subjugués son secours et sa protection. Le croissant des infidèles fut abattu par nos mains. Nous mîmes à sa place le glorieux lion pacifique et bienfaisant et nous nous couvrîmes de ses ailes contre les efforts des *Musulmans*. Une rétribution modique nous vaut la paix et la liberté, dont nous jouissons[148].

Si le rejet de l'ennemi turc pouvait être vu comme une cause commune des Vénitiens et des Russes, l'attachement marqué à l'impératrice ne pouvait pas plaire aux autorités de la Sérénissime. Il n'est guère surprenant de noter que tous ces passages sont omis dans la traduction italienne.

Le roman de Wynne est marqué par le vocabulaire de la sensibilité qui domine alors dans la littérature française[149]. Jervaz est ainsi un « cœur sensible » dont l'innocence et la sincérité sont salués : « Extraordinairement

---

144 Bešker, *op. cit.*, p. 196.

145 Cronia, *op. cit.*, p. 313-315. Il ne cite cependant pas l'ouvrage de G. Wynne.

146 Voir p. 96.

147 Bešker, *op. cit.*, p. 92.

148 Voir p. 97.

149 Voir Baasner, Frank, *Der Begriff der ‚sensibilité' im 18. Jahrhundert. Aufstieg und Niedergang eines Ideals*, Heidelberg, Universitätsverlag Winter, 1988 et Kulessa, Rotraud von,

sensible pour un Morlaque, l'âme élevée par l'amour, il entrevoyait un bonheur d'une espèce bien plus délicate : celui que la nature simple et innocente indique dans l'union de deux cœurs qui se conviennent[150]. » Cet idéal va de pair avec la veine rousseauiste présente en particulier dans de nombreuses réflexions sur l'homme proche de l'état de nature :

> [...] souvent le Morlaque, enfant de la nature, occupe la sensibilité de son âme et ne la tourmente point par des désirs sans bornes : son imagination et sa verve poétique lui font goûter des jouissances tranquilles et pures que l'ambition et l'envie d'une renommée se proposent en vain[151].

Des idées analogues sont déjà formulées par Wynne dans sa *Nouvelle plébéyenne* en guise d'introduction de la description des régates et des gondoliers vénitiens :

> Tout est peuple dans l'état de nature ; et tout était peuple dans l'origine des nations, et pendant tout le temps que la consistance, l'agrandissement, l'industrie, et l'ambition, n'amenèrent point l'inégalité des conditions. À mesure qu'elles se sont policées, le peuple est devenu plus ignoré, plus condamné au mépris de l'obscurité[152].

La vision de l'homme proche de l'état de nature est associée à l'opposition entre la corruption de la ville, et la vie innocente et vertueuse à la campagne, une idée qui fait bien évidemment partie des *topoi* des Lumières.

> [...] l'homme absolument sauvage qui se procure la subsistance par les seuls moyens pénibles de la chasse et de la pêche, abandonne son enfant, dès que celui-ci est en état d'en faire autant : errant dans les forêts et au bord de la mer, il le rencontre et le méconnaît. La société au contraire en multipliant ses idées, les sensations et par conséquent les besoins, a inventé ou trouvé les moyens de les satisfaire. Cet échange réciproque de soins, ce secours mutuel, cette communauté de jouissances a été le premier lien de la société, et il en est encore la base chez l'homme à la campagne. Mais dans la ville l'esprit et pour ainsi dire l'abus de la sociabilité a dénaturé les hommes ; portant à l'excès le nombre de besoins factices, il ne leur a laissé que le dehors d'une liaison mutuelle très serrée, tandis que réellement il les a ramenés à l'état insouciant et égoïste du sauvage[153].

« Amour », *Dictionnaire des femmes des Lumières*, éd. H. Krief et V. André, Paris, Honoré Champion, 2015, t. 1, p. 61-65.

150 Voir p. 89.

151 Voir p. 89.

152 *Pièces morales et sentimentales*, *op. cit.*, p. 215.

153 Voir p. 133.

De la même manière le détournement du terme « sauvage », appliqué ici aux citadins, supposément civilisés, mais en réalité pervertis par les mœurs corrompues de la ville, fait partie des lieux communs de la littérature du XVIIIe siècle. Dans le roman de Wynne, le motif de la ville comme lieu de la dénaturation est repris au niveau de l'intrigue : si Jervan n'était pas parti en voyage attiré par l'idée de découvrir Venise, il n'aurait pas été tué[154]. De même, le commerçant Draganich n'aurait pas été victime d'un naufrage, s'il n'avait pas été aussi avide d'or et de richesses.

Le motif de la ville corruptrice est étroitement lié à la question du luxe et du superflu. Le personnage de Pervan donne ainsi à Giustiniana Wynne l'occasion d'approfondir ses réflexions au sujet de la relation entre la pauvreté et la richesse :

> Le sauvage ou l'indigent qui doit lutter contre trop d'obstacles à la fois pour suppléer à ses besoins, en rétrécit le nombre le plus qu'il peut. C'est le désespoir qui le rend paresseux. La masse de ses privations l'effraye et il aime mieux se condamner à les souffrir toutes que d'entreprendre de les détruire une à la fois. L'homme riche, de l'autre côté, pouvant tout avoir, se laisse entraîner par la foule de ses désirs qui renaissent en plus grand nombre à mesure qu'ils sont contentés, et détruit bientôt sa fortune[155].

Comme avant elle Rousseau dans son *Discours sur les sciences et les arts* (1750) et son *Discours sur l'origine et le fondement de l'inégalité parmi les hommes* (1755), ainsi que Françoise de Graffigny dans ses *Lettres d'une Péruvienne*, un ouvrage très lu dans l'Italie du XVIIIe siècle[156], Wynne dénonce les dangers qui menacent de corrompre la société :

> Le désir des superfluités rend les hommes rusés : quand on les ignore et que l'on a tout ce qu'il faut pour suppléer abondamment aux premiers besoins, on ne calcule pas le superflu, on ne se soucie pas d'attacher une idée juste à sa valeur. Le peu de variété dans ce superflu même dispense les Morlaques de l'industrie d'évaluer leur propre superflu d'une manière à se procurer une plus grande quantité et diversité dans les articles du superflu étranger. Ce peu de variété empêche aussi qu'il ne s'élève parmi eux des sujets de jalousie ou de nouvelles envies à contenter[157].

---

154 Voir Bešker, *op. cit.*, p. 191.

155 Voir p. 115.

156 Voir Kulessa, Rotraud von, « Les *Lettres d'une Péruvienne* de Françoise de Graffigny en Italie et la Querelle des femmes », *Revisiter la Querelle des femmes : Les discours sur l'égalité/inégalité des femmes et des hommes, à l'échelle européenne de 1400 à 1800*, éd. R., A. Dubois-Nayt et Marie-Elisabeth Henneau, Saint-Étienne, PUSE, 2015, p. 193-204.

157 Voir p. 135-136.

Quand nous lisons la description du système d'échanges commerciaux, à l'occasion de l'arrivée du commerçant Draganich, nous avons l'impression d'entendre parler Zilia, la protagoniste des *Lettres d'une Péruvienne*[158] : « Il [Draganich] n'échangeait pas valeur contre valeur, car il ne connaissait point les rapports entre les prix des choses qu'il fournissait et l'argent ou les objets des pays où le marchand les transportait. Il donnait du superflu pour du nécessaire et de l'utile ; et recevait bonnement la loi de son correspondant[159]. » S'il ne figure pas parmi les œuvres prises en compte dans la grande étude d'André Morize[160], étant à l'opposé à la fois en termes chronologiques et philosophiques du « Mondain », le roman de Giustiniana Wynne ne manque cependant pas de donner sur le luxe et le consumérisme caractéristiques de la fin des Lumières un avis de cosmopolite sans doute marqué par sa connaissance de périodes fastes et d'autres de pénurie.

Un autre débat caractéristique des Lumières sur lequel le roman prend position est celui de l'égalité et de la justice sociale. Des rapports harmonieux unissent Jella et sa domestique :

> Nika était une des servantes de la maison ou plutôt l'amie favorite de Jella. Née dans une famille nombreuse du district, Pervan, selon l'usage, l'avait soulagée pour sa part en prenant cette fille chez lui, dans cet esprit d'heureuse égalité, qui n'attache aucune idée d'esclavage ou de servitude avilissante à la condition des domestiques[161].

La sensibilité de Giustiniana Wynne se manifeste également quand elle décrit les principes d'éducation du peuple morlaque :

> L'enfant du Morlaque doit être fort. C'est tout ce qu'on demande de toi. Baigne-le dans l'eau fraîche à peine qu'il sera hors de ton corps et plonge le dans le ruisseau voisin. L'eau froide endurcira ses membres ; [...] Nourris-le abondamment de ton lait : méprise ses caprices, ne te laisse pas attendrir par ses plaintes [...] Lorsque tu iras laver le linge à la fontaine ou traire les vaches dans la prairie, prends ton enfant avec toi, abandonne-le tout seul

158 Voir aussi Françoise de Graffigny, *Lettres d'une Péruvienne* (1752), éd. citée, p. 163 : « Pour peu qu'on les [les Français] interroge, il ne faut ni finesse, ni pénétration pour démêler que leur goût effréné pour le superflu a corrompu leur raison, leur cœur, et leur esprit ; qu'il a établi des richesses chimériques sur les ruines du nécessaire [...] »

159 Voir p. 117.

160 André Morize, *L'Apologie du luxe au* XVIII*e siècle et « Le Mondain » de Voltaire*, Genève, Slatkine, 1970 [1909].

161 Voir p. 121.

> sur l'herbe. Il commencera par s'y rouler, il s'y traînera ensuite. Bientôt il se dressera et s'étonnera de l'aspect du ciel et des étoiles. Si l'envie le prend de rentrer dans la Cettina, laisse-le faire. La nature dans le risque lui apprendra à nager, comme elle lui aura appris à ne pas tomber en marchant. Tout animal nage dans le besoin et l'homme de même avant le temps de la réflexion. [...] Que sa poitrine et sa tête soient toujours découvertes au soleil et à la gelée : que son âme et son imagination soient toujours fermées aux impressions de la peur. Enfin, Jella, sache qu'il faut élever un homme et un homme *Slave*[162].

Pervan met ici les idées de Rousseau, comme la défense de l'allaitement par la mère, d'une éducation basée sur l'expérience et du libre développement du corps, entre autres, au service des besoins particuliers du peuple des Morlaques.

En associant son intérêt pour l'ethnologie aux idées philosophiques des Lumières, Wynne semble relativiser la vision des Morlaques comme société primitive. Il est vrai, cela dit, que les personnages principaux, Jervaz et Pervan, sont décrits comme des individus d'exception[163], et la petite société composée de leur famille et de leur tribu constitue une sorte d'utopie sociale à la manière de Clarens dans le roman épistolaire de Rousseau, *La Nouvelle Héloïse* (1761).

LE PROTO-FÉMINISME DE GIUSTINIANA WYNNE

Dans son roman, Giustiniana Wynne affiche, comme d'autres auteures de son époque, un certain proto-féminisme. Dès le premier chapitre, elle met l'accent sur la description de la condition féminine en général et celle des femmes morlaques en particulier – dont Fortis avait déjà souligné le sort peu enviable. Ces dernières semblent valoir moins que les bêtes pour les hommes de leur nation :

> Les deux femmes [Jella et Dascia] aussi aimables qu'aimées surent s'affranchir du joug horrible du mépris et de mauvais traitements, dont le *Morlaque* plus chasseur et guerrier en général que pasteur et agricole, accable sa compagne. On dirait qu'il ne la croit pas de la même espèce que lui et qu'il lui préfère le cheval avec lequel il poursuit sa proie ou son ennemi[164].

---

162 Voir p. 120.

163 Barbara Maggs (art. cité, p. 555) met en évidence ce processus d'exceptionnalisation par lequel Wynne introduit une distance entre les traditions morlaques présentées par Fortis et les caractères et caractéristiques de ses personnages principaux.

164 Voir p. 69.

Conformément aux codes de sensibilité occidentaux du temps, le roman réserve cependant à ses protagonistes, Jella et Dascia, un traitement hors du commun de la part de leurs maris qui font preuve d'un certain respect à l'égard de l'autre sexe :

> Le ménage [de Dascia et Stiepo] se distinguait parmi tous les autres par un esprit d'égalité entre hommes et femmes inconnu partout ailleurs en *Morlaquie.* Elles faisaient, il est vrai, tous les services fatigants auxquels les femmes *Morlaques* sont condamnées. C'était la bonne *Dascia* qui devait chaque jour réduire en pâte les grains pour en faire des gâteaux. Mais *Stiepo*, son mari, cherchait à la soulager dans d'autres travaux. *Jella* plus belle et plus jeune soignait ses enfants, entretenait la propreté dans la cabane, présidait à l'habillement de la famille. Mais *Jervaz* son époux portait l'eau et le bois, travaillait aux champs et aux étables[165].

Afin d'étayer sa réflexion au sujet du rôle de la femme dans la société, Giustiniana Wynne insère, dans le troisième livre, un dialogue entre deux vieux Morlaques qui sert à souligner le rôle important de Catherine II dans le processus de la civilisation des peuples slaves :

> *Catherina*, *Catherina*, elle seule, a porté la puissance et la gloire de son empire à un degré que le plus grand des hommes n'aurait osé envisager. [...] *Catherina* parut comme le soleil. À son aspect de vastes pays inféconds et déserts ont pu nourrir des habitants nouveaux. Elle leur a enseigné à y passer des jours tranquilles, en se soumettant aux lois qu'elle leur a tracées elle-même pour leur bonheur. Éclairés, conduits par elle, dirigés par ses soins maternels, ils ont marché rapidement sur les traces qu'elle leur a indiquées : ils ont aperçu, ils ont connu les richesses de la nature et des arts. La source intarissable de la lumière et de la chaleur vivifiante, *Catherina* porta son heureuse influence jusqu'aux extrémités de la terre[166].

Dans ce passage proprement encomiastique, l'Impératrice est dépeinte comme au-dessus de tous les hommes, par sa culture et par sa sensibilité, et érigée en exemple de la supériorité du sexe féminin, une description d'ailleurs soutenue par un des deux interlocuteurs :

> Ô sage Caloyer, les merveilles que tu m'as contées m'éblouissent comme l'éclair au milieu de la nuit. Une femme peut surpasser à ce point toutes les femmes et tous les hommes ? – Ô Pervan, est-ce qu'on peut comprendre les

165 Voir p. 69.
166 *Ibid.*, p. 99-100.

> prodiges ? *Catherina* est une femme, mais elle n'a du sexe que les charmes et la tendre sensibilité. Elle sait aimer et souffrir : elle sent, elle plaint le malheur qu'elle ne peut empêcher. Ses plaisirs chéris sont les surprises de la bienfaisance, avec laquelle elle a su quelquefois les ingrats. La compassion, l'amitié habitent dans son cœur[167] [...].

L'allusion à Catherine est reprise dans les chapitres VI et VIII. L'impératrice fait figure de femme exceptionnelle, donc d'*exemplum*, un procédé caractéristique, entre autres, de textes s'inscrivant dans la Querelle des femmes.

Dans le troisième livre du roman, à l'occasion d'une distinction entre deux types de sauvages, le nomade et le guerrier, Giustiniana Wynne aborde les rapports entre les sexes dans le cadre d'un développement philosophique au sujet de la guerre :

> Oui, le sauvage purement Nomade aimera sa compagne : c'est là l'homme de la nature. Le sauvage guerrier la méprisera sans doute. Il ne connaît que les armes et la force. Tout être pacifique et doux est ignominieux pour lui. Ce n'est pas l'homme de la nature. C'est le descendant des peuples belliqueux accoutumés à oublier leurs femmes qu'ils voyaient peu et qu'ils abandonnaient aux services les plus abjects. Tels avaient été anciennement les Slaves : leurs mœurs commençaient à s'adoucir par une longue paix et par l'influence d'un gouvernement modéré[168].

Le discours sur la relation entre les sexes est ensuite repris au début du chapitre IX. Marcovich, jaloux de voir Jella mariée avec Jervan, rencontre Erze, fils du commerçant Draganich, qui s'étonne de l'hostilité de son interlocuteur envers la famille des Narzevizca. Erze se met à parler des relations entre hommes et femmes et de leur rôle dans l'évolution d'une civilisation :

> L'idée qu'on conçoit du mérite d'une nation ne serait peut-être pas mal calculée sur le genre de respect que l'on y a pour le sexe. Il y a eu des peuples qui ont pensé qu'elles [les femmes] avaient quelque chose de divin dans leur essence. La vue étonnante qui perce l'avenir, la science de composer les charmes irrésistibles, le don de la féerie qui les rend si puissantes, paraissent leur appartenir plutôt qu'aux hommes[169].

---

167 *Ibid.*, p. 100-101.
168 *Ibid.*, p. 70.
169 *Ibid.*, p. 177-178.

Erze associe le discours sur le mépris qu'ont les Morlaques généralement pour leurs femmes à celui sur la critique du luxe. Dans une société dépravée, la femme serait dévalorisée :

> L'or et l'argent ont été tirés des entrailles de la terre pour être l'équivalent de tout objet recherché. – Les femmes de même n'ont plus cette valeur intrinsèque et individuelle qu'elles avaient du temps de nos pères. Elles jouissent, il est vrai, de plus de marques extérieures de considération, mais elles n'excitent plus ce noble feu dont les hommes étaient embrasés autrefois pour leurs intérêts. Elles ont, pour ainsi dire, cessé d'avoir ce prix qu'on attachait à la personne et ne sont plus que le représentant de ce qu'elles ont valu, comme l'or est le représentant des besoins de la vie[170].

Or, ce raisonnement qui s'apparente à une critique du capitalisme avant la lettre, est poursuivi par une comparaison entre la condition des femmes européennes et celle des femmes orientales inspirée de Montesquieu et de réflexions tirées de son ouvrage *De l'Esprit des lois* (1748[171]). Le manque de liberté des femmes asiatiques serait dû à une libido démesurée des hommes orientaux qui serait à son tour causée par les circonstances de vie dans ces pays qui invitent à l'opulence :

> L'*Asiatique* porté à jouir par la beauté du sol, par la douce ardeur du climat, par toute sorte de productions naturelles et de raffinements ingénieux pour exciter et flatter les sens, peut se livrer d'autant plus aisément au plaisir qu'il a moins d'obstacles et de peines pour l'obtenir à cause de la grande facilité avec laquelle il satisfait aux premiers besoins de l'existence. Exempt de tout

170 *Ibid.*, p. 179-180.

171 Montesquieu, *De l'Esprit des lois*, t. 1, éd. Victor Goldschmidt, Paris, Garnier Flammarion, 1979, p. 411, Livre XVI, chapitre III : « Que la pluralité des femmes dépend beaucoup de leur entretien », « "La polygamie est moins un luxe, que l'occasion d'un grand luxe, chez des nations puissantes". Dans les climats chauds, on a moins de besoins : il en coûte moins pour entretenir une femme et des enfants. On y peut donc avoir un plus grand nombre de femmes. » ; p. 411, Livre XVI, chapitre IV, « De la polygamie. Ses diverses circonstances », « La loi d'une seule femme en Europe, et celle qui en permet plusieurs en Asie et en Afrique, ont donc un certain rapport au climat. » ; p. 413 : « La possession de beaucoup de femmes ne prévient pas toujours les désirs pour celle d'un autre ; il en est de la luxure comme de l'avarice, elle augmente sa soif par l'acquisition de trésors. » ; p. 414 : Chapitre VIII, « De la séparation des femmes d'avec les hommes », « C'est une conséquence de la polygamie, que, dans les nations voluptueuses et riches, on ait un très grand nombre de femmes. Leur séparation d'avec les hommes, et leur clôture, suivent naturellement de ce grand nombre. [...] Il y a de tels climats où le physique a une telle force, que la morale n'y peut presque rien. Laissez un homme avec une femme ; les tentations seront des chutes, l'attaque sûre, la résistance nulle. Dans ce pays, au lieu de préceptes, il faut des verrous. »

> souci pénible, de tout exercice fatigant, plongé dans la paresse, tous ses désirs ont pour premier objet le plus vif des plaisirs. Tous les autres qu'il imagine, qu'il cherche à varier, à prolonger, en sont des suites et y ont des rapports constants. De là la fausseté de son goût et le dérèglement de son imagination dans la quantité de femmes qu'il croit nécessaires à la quantité des plaisirs qu'il souhaite et qu'il envisage. Paresseux et ignorant signifient la même chose. L'ignorance traîne après elle la crainte, le soupçon, la méfiance[172].

Le roman de Giustiniana Wynne, qui donne par ailleurs une épaisseur particulière aux personnages féminins mis en scène, de l'épouse et mère à l'accoucheuse, à la servante ou à la prophétesse, témoigne donc de l'intérêt que l'auteure porte à la cause des femmes, ce qui se manifeste également dans ses *Pièces morales*. Son approche souvent mesurée rencontre des observations présentes dans les écrits philosophiques de son temps.

LA COULEUR LOCALE

Dans son roman, Giustiniana Wynne accorde une importance majeure à la peinture du folklore et des mœurs, une tendance de l'ethnologie naissante du tournant du siècle[173]. Elle fait ainsi figure de précurseur en matière de couleur locale, inaugurant un intérêt dont on sait l'importance pour nombre d'écrivains de la période romantique[174].

Font objet de description leurs vêtements, leur nourriture, mais aussi leurs fêtes – notamment à l'occasion de mariages. Outre la vie quotidienne et l'hospitalité, sont évoquées, à plusieurs reprises, les superstitions des Morlaques, en particulier la croyance aux sorcières et aux fées, la peur des serpents qui portent malheur et surtout des vampires, ainsi que la foi accordée dans leur culture aux prémonitions et présages. L'imaginaire de la littérature occidentale devait être marqué par les possibilités d'intrigue offertes par les vampires[175].

---

172 Voir p. 180.

173 Moravia, Sergio, *op. cit.*, p. 163.

174 On notera que Martin, Mylne et Frautschi, dans leur Bibliographie (p. 327), relèvent parmi les caractéristiques du roman (n° 88.106) sa « forte couleur locale ».

175 Wynne puise dans les écrits de Fortis (avec un sous-chapitre sur les superstitions des Morlaques) et de Lovrich (qui détaille entre autres la peur des serpents et la croyance aux songes). – Sur la fortune littéraire de la figure du vampire, voir : Valls de Gomis, Estelle, *Le vampire au fil des siècles : enquête autour d'un mythe*, Coudrey-Macouart, éd Cheminements, 2005.

Les pratiques musicales constituent l'un des autres sujets de prédilection de l'auteure. Les chants morlaques[176], accompagnés de la *guzla*, une sorte de guitare traditionnelle monocorde, ressemblent à des ballades et sont de nature plutôt mélancolique. Les dix chansons insérées dans le roman sont en grande partie de l'invention de l'auteure mais s'enracinent par endroits dans des textes traditionnels recueillis au milieu du XVIIIe siècle par le Croate Andrija Kačić-Miošić (1704-1760) dans son ouvrage *Razgovor ugodni naroda slovinskog* (*L'Entretien agréable des peuples slaves*, 1756) qui comprend des exemples de chants traditionnels destinés à une importante postérité. Wynne accorde une place particulière aux chansons, qui sont répertoriées dans une table. Certaines d'entre elles servent d'analepses au récit, comme c'est le cas pour l'histoire d'Anka. Elles représentent l'expression d'une poésie spontanée et naturelle, inspirées de la sincérité et de la simplicité du peuple morlaque. L'auteure rejoint ici les idées de contemporains comme Vico, Rousseau ou Herder, pour lesquels la poésie serait un langage naturel et primitif[177].

En termes littéraires, les chansons du roman s'inscrivent dans la mouvance d'Ossian, le barde écossais légendaire révélé au monde grâce aux fragments publiés au milieu du siècle par James Macpherson et qui devaient marquer durablement les esprits dans toute l'Europe. Wynne, à l'instar de Parny, dans ses *Chansons madécasses* (1787) livre des pseudo-traductions qui entendent donner au lecteur une idée de la sensibilité d'un peuple étranger. Cela lui permet de faire passer dans son propos des réalités qui pourraient sembler bizarres à ses contemporains. Le narrateur souligne ainsi lors de l'évocation du mariage de Jervan et Jella : « Des vers Morlaques en impromptu dans une telle occasion n'auraient paru licencieux qu'à l'homme corrompu et soumis aux lois de la bienséance. Ces bonnes gens n'imaginent point que ce qui est bon et honnête à faire ne le soit pas à dire[178]. »

Beškér met en évidence le peu de ressemblance des créations de Giustiniana Wynne avec les chansons balkaniques[179], ce qui vient indirectement confirmer leur importance pour l'intrigue et l'effet d'ensemble.

176 Pour les chants voir aussi Pavlovic, Cvijeta, *Morlacchism according to the Novel 'Les Morlaques' by Justine Wynne the Countess Rosenberg-Orsini (Venice, 1788)*, « Croatian Journal of Ethnology and Folklore Research », XXXV, 1, 1998, p. 255-274.

177 Cocchiara, *op. cit.*, p. 26.

178 Voir p. 112.

179 Bešker, *op. cit.*, p. 198.

La chanson d'Anka est mentionnée par Fortis qui n'en donne cependant pas le texte[180] : il ne livre dans son ouvrage qu'un morceau destiné à devenir célèbre la chanson d'*Asan-aghiniza*[181], présentées en croate avec la traduction italienne en parallèle[182]. Lovrich est la source d'inspiration des épithalames ainsi que du chant qui honore le héros national, Marco Karlovich[183].

Destinés à une fortune littéraire importante, les chants morlaques et la figure du *guzlari*, le musicien qui les chante, arrivent à la connaissance de nombreux lecteurs par l'intermédiaire des *Morlaques*. Le mérite de Giustiniana Wynne est donc d'associer les idées des Lumières ainsi que du proto-féminisme à la description d'un peuple jusqu'alors inconnu des contemporains et absent de l'imaginaire collectif européen. Elle procède, à sa manière, à une transformation du roman exotique, souvent rédigé à l'époque sous forme épistolaire. Le genre romanesque devient alors un prétexte pour proposer un récit ethnologique nourri de réflexions philosophiques et politiques.

RÉCEPTION DU ROMAN

Dans le *Nuovo Giornale Enciclopedico* de juillet 1789, Melchiorre Cesarotti offre un résumé du roman, accompagné de commentaires élogieux[184]. Il vante l'originalité de l'ouvrage ainsi que la véracité et la vraisemblance du récit, mais aussi le sublime de l'expression poétique[185].

---

180 Fortis, *op. cit.*, p. 150.

181 Pour l'histoire et la circulation de cette chanson, voir Bešker, *op. cit.*, p. 160-173. Comme le souligne Bešker, cette chanson est la première chanson dite morlaque à être rentrée dans la littérature européenne, sans être cependant une chanson vraiment morlaque. Elle relève en fait de la tradition musulmane : voir Inoslav Bešker, *op. cit.*, p. 165.

182 Fortis, *op. cit.*, p. 68-70.

183 Lovrich, *op. cit.*, p. 97-98. Comme le montre l'anthologie de Geoffrey N. W. Locke, (*The Serbian Epic Ballads. An Anthology.* Translated into English Verse by Geoffrey N. W. Locke, Belgrade, Tanesi, 2011), il existe un certain nombre de ballades serbes en l'honneur du héros national Marco Kralovich (« Marko Kralyevich » comme il l'écrit).

184 Cesarotti, Melchiorre, « Les Morlaques », *Nuovo Giornale Enciclopedico*, Venezia, luglio 1789, p. 37-64.

185 *Ibid.*, p. 38.

Le compte rendu est repris, en traduction française, dans l'*Esprit des journaux* de juillet 1790[186]. Le roman semble n'avoir guère circulé[187]. Nous manquons de témoignages sur les premières lectures, ce qui rend d'autant plus précieuses les pages consacrées aux *Morlaques* par Charles Nodier, dont l'exemplaire avait été offert par la romancière à Lord Glenbervie avant de passer au prince d'Essling. « Je connais peu de livres plus neufs, plus piquants et plus curieux. C'est un tableau très vrai des mœurs les plus originales de l'Europe, et j'ose dire qu'il n'existe dans aucune langue un ouvrage aussi complet sur cette matière[188]. »

LES TRADUCTIONS

Le roman de Giustiniana Wynne a rencontré un certain succès et a notamment laissé des traces dans la littérature européenne du Romantisme. Il fait l'objet, relativement rapidement après sa parution, d'une traduction en langue allemande, par S. G. Bürde, publiée par Gottlieb Löwe à Breslau. L'introduction de Wynne y est reproduite et est suivie d'une préface du traducteur. Ce dernier loue l'auteure du roman et sa description vraisemblable des Morlaques qui échapperait à l'idéalisation habituelle des « sauvages[189] ».

L'introduction de cette traduction est suivie d'une brève notice bio-bibliographique de l'auteure. Comme l'a déjà observé Rudolf Maixner[190], la traduction de Bürde est de caractère érudit et relativement fidèle à l'original. Elle omet cependant les épisodes en l'honneur de Catherine II que le traducteur a sans doute jugés hors sujet. Il manque donc la fin du chapitre III, et l'épisode de la statue dans le sixième livre. En outre, les louanges adressées par Marcovich à l'impératrice dans le chapitre VIII sont réduites. Cette omission affaiblit sensiblement l'empreinte proto-féministe

186 L'auteur du compte rendu n'est pas cité dans la version française, mais la source donnée (*Esprit des journaux*, juillet 1790, p. 225-249) est le *Nuovo Giornale Encyclopedico di Vicenza* [*sic*].

187 Ernouf en signale trois ou quatre exemplaires en France, et un à Venise (art. cité, p. 1010). Le baron de Korff, dans sa « Lettre sur quelques ouvrages de la comtesse des Ursins et de Rosenberg », *Bulletin du Bibliophile* 1858, p. 1226, en signale encore deux dans des bibliothèques russes.

188 Nodier, *op. cit.*, p. 188.

189 Rosenberg-Orsini, Justine von, *Die Morlaken*, Breslau, Gottlieb Löwe, 1790, Introduction du traducteur, s. p.

190 Maixner, art. cité, p. 64-79.

du roman. Une réédition pirate de la traduction de Bürde voit le jour à Leipzig, en 1797, sous le titre *Jella, oder das Morlakische Mädchen* et sans la préface du traducteur[191].

Selon Maixner[192], la première traduction des *Morlaques* en langue italienne aurait été celle (introuvable) de l'évêque de Hyar, Giandomenico Stratico. Une seconde version en langue italienne paraît, en 1798, à Padoue, sous un titre qui fait clairement allusion à l'ouvrage de Fortis, à savoir *Costumi dei Morlacchi*[193]. L'introduction de l'auteure est remplacée par une préface du traducteur anonyme qui reprend en partie le discours de Giustiniana Wynne, notamment la partie consacrée à ses objectifs, à savoir la peinture des mœurs des Morlaques, mais a également recours à Alberto Fortis afin de donner plus de poids à son argumentation. Le traducteur souligne, conformément à l'original, que cette description donnée est insuffisante et qu'il serait souhaitable de développer certaines informations. Un grand nombre de notes explicatives sont ajoutées dans le texte même. La plupart des précisions apportées proviennent de l'ouvrage de Lovrich. Le traducteur se plaît par ailleurs à tracer des parallèles avec les Indiens et à accentuer ainsi la veine exotique du roman. Il supprimer en revanche les chansons ainsi que les parties consacrées aux louanges de Catherine II dans les chapitres III, IV et VIII (à l'instar de ce qui se passe dans la traduction allemande).

L'introduction insiste sur le débat autour de la traduction, une polémique très présente dans l'Italie de la fin du XVIIIe siècle[194]. Le traducteur souligne l'importance de la fidélité au texte original ainsi que la nécessité de respecter le caractère propre à la langue de réception – et abstraction faite des passages omis, il respecte cette règle. En outre, il mentionne l'utilité de la connaissance d'autres peuples pour la connaissance de sa propre culture, enchaînant ainsi sur le discours des Lumières[195].

Nous avons trouvé une troisième version en langue italienne, sous la forme d'un manuscrit, qui n'a selon toute vraisemblance jamais été

191 Cette édition est annoncée dans la *Deutsche Montasschrift*, 3, 1798, s.p. ainsi que dans *Intelligenzblatt der Allgemeinen Literatur-Zeitschrift* 1798, p. 1451 et dans *Athenäum*, 1, 1793, s.p.

192 *Ibid.*, p. 70-72.

193 *Costumi dei Morlacchi*, Padova, 1798.

194 On peut en trouver les traces par exemple dans le journal d'Elisabetta Caminer Turra *L'Europa letteraria*, déjà évoqué. Voir « Elisabetta Caminer Turra (1751-1796) e *L'Europa letteraria* », art. cité.

195 *Costumi dei Morlacchi*, *op. cit.*, p. vii.

imprimé[196]. Il s'agit d'une traduction d'une extrême fidélité, qui reprend l'introduction de l'autrice pour ainsi dire mot pour mot, reproduit tous les chants et inclut les parties du troisième livre consacrées aux louanges de Catherine II, omises dans toutes les autres traductions. L'ancien propriétaire du manuscrit, le collectionneur Emmanuele Antonio Cicogna (1789-1868), fait précéder le document des remarques suivantes :

> L'original de cet ouvrage a été rédigé en français par la célèbre Giustiniana Wynne, comtesse d'Orsini Rosenberg. Il en existe une traduction italienne, publiée en 1789 à Padoue chez Conzatti, intitulée *Coutumes des Morlaques*. La présente traduction sous forme manuscrite diffère de celle qui a été imprimée et je n'en connais pas l'auteur. En outre, cette traduction comporte des parties qui manquent dans l'édition imprimée, comme par exemple le sixième livre[197].

Le roman, né dans le contexte vénitien, d'une République déjà en pleine décadence à la veille du traité de Campo Formio (1797), rédigé en français à l'origine, est donc d'abord divulgué en langue allemande avant d'être accessible à un public italien non francophone. Il offre ainsi un bel exemple du rôle de Venise comme carrefour des cultures en cette fin de siècle.

ADAPTATIONS ET RÉÉCRITURES

Outre des traductions en italien et en allemand, le roman fait l'objet d'un certain nombre de réécritures et d'adaptations dans les littératures européennes au cours de la première moitié du XIXe siècle. Le contexte du Romantisme favorise sa réception : l'empreinte rousseauiste de l'ouvrage ainsi que le folklore qu'on peut y trouver sont en parfait accord avec la redécouverte des traditions populaires à l'époque. Les adaptations recouvrent une multitude de genres littéraires : de la comédie et des textes narratifs jusqu'au livret d'opéra et au ballet.

196 Le manuscrit, consulté le 23.4.2018, se trouve à la Bibliothèque du Musée Correr à Venise (Cigogna 1360).

197 « *L'opera originale è in francese e ne è autrice la celebre Giustiana Wynne Contessa degli Orsini Rosemberg. Ne fu fatta una traduzione italiana e fu [impregnata] a Padova nel 1798 per il Conzatti in [800] col titolo Costumi dei Morlacchi. La presente ms. è traduzione diversa dalla [Impregnata] e non ne conosco l'autore. Inoltre questa ms. traduzione ha varii prezzi che mancano nel volgarizzamento impregnato, come nel libro sesto ec.* » Cicogna, 19, 1844 [notre traduction]. – Notons que l'écriture présente quelques similarités avec celle de Benincasa.

En Italie, Camillo Federici (pseudonyme de Giovanni Battista Viassolo), qui est originaire de Padoue, publie ainsi une comédie, intitulée *Le nozze de' Morlacchi*[198], inspirée à la fois du *Voyage en Dalmatie* d'Alberto Fortis et du roman de Giustiniana Wynne. Selon Bešker, la comédie aurait été représentée au théâtre Sant'Angelo à Venise lors du carnaval de l'année 1793. L'action en est assez éloignée de celle du roman de Wynne. Camillo Federici reprend le motif de la jalousie entre deux rivaux et celui de la vengeance qui en résulte, ainsi que quelques noms comme Marcovich et Elena, version italienne de Jella. L'action est située au bord de la Cettina et l'auteur essaie de reprendre la couleur locale du roman[199].

La mode dérivée du roman de Wynne se décèle dans plusieurs représentations données au cours des ans dans différentes villes d'Italie. En 1794, le ballet inclus comme intermède lors de la représentation d'*Oro non compra amore o sia il barone di Moscabianca* [L'Or n'achète pas l'Amour ou le baron de Moscabianca], un *dramma giocoso per musica* d'Angelo Anelli, au Teatro Venier de la paroisse San Benedetto à Venise s'intitule *Lo Sposalizio de' Morlacchi*[200] [Le Mariage des Morlaques]. Le début du siècle suivant voit fleurir des spectacles morlaques dont les arguments sont souvent transmis par les livrets.

Le Nozze de'Morlachi [Les Noces des Morlaques], une farce de l'abbé Giulio Artusi, extraite de la comédie du même titre de Federici, et mise en musique par Vittorio Trento, est représentée pour la première fois sur la scène du nouveau théâtre de Padoue lors de la foire en 1802. Nous trouvons dans l'ouvrage des toponymes présents chez Wynne dont le fleuve Cettina et le Dabar avec un paysage de cavernes et de montagnes qui rappelle le roman de l'Anglo-vénitienne. L'intrigue réinvestit certains topoi dont la jalousie ou la violence des Morlaques et leur courage contre les Turcs[201]. C'est sans doute soit la comédie de

198 Maixner, *op. cit.*, p. 76; voir aussi Bešker, *op. cit.*, p. 202. La comédie de Federici est introuvable et nous devons nous fier à Bešker en ce qui concerne le contenu.

199 Bešker, *op. cit.*, p. 203.

200 *Oro non compra amore o sia il barone di Moscabianca, dramma giocoso per musica* de rappresentaris nel nobilissimo Teatro Venier in San Benedetto L'Autunno dell'Anno 1794, Venise, Modesto Fenzo, 1794. – Nous connaissons l'existence du ballet grâce à une page intermédiaire dans le livret (p. 45), mais aucun détail n'est donné.

201 *Le Nozze de'Morlachi* farsa del Signor Abate Giulio Artusi tratta di una commedia di questo titolo del Signor Federici e posta in musica dal Signor Maestro Vittorio

Federici, soit la farce d'Artusi qui se trouve à l'origine de toute une série d'autres représentations.

En 1803, *Asteria, e Teseo* [Astérie et Thésée], un *dramma favoloso per musica* est monté au Real Teatro di San Carlo à Naples à l'occasion de l'anniversaire de Marie-Caroline, reine des Deux-Siciles. L'ouvrage est dédié à son époux Ferdinand IV[202]. En guise d'intermède on donne *I Morlacchi, o sia L'Accidente impensato* [Les Morlaques ou l'Accident imprévu], un ballet de caractère en cinq actes de Gaetano Gioja, *Primo Ballerino, e Compositore de Balli.* L'argument affirme qu'il s'agit d'un sujet choisi pour émouvoir le public mais aussi pour permettre de recourir à des costumes originaux. L'action se déroule dans un village morlaque sur les confins des États ottomans. La catastrophe qui représente le point culminant d'une intrigue fondée sur la jalousie amoureuse comprend l'écroulement d'un pont sur la Cettina et sera reprise pour nombre de spectacles ultérieurs.

Gli Antichi Slavi ossia Le Nozze dei Morlacchi [Les Anciens Slaves ou les Noces des Morlaques], un ballet composé et dirigé par Gaetano Gherardini (qui jouait également le rôle du père de l'héroïne, le chef de tribu, Marcovich), et publié en 1805 à l'intérieur du livret de *La Virginia*, un *dramma serio in musica* avec ballets, extrait de la composition dramatique de Federici, *Gli antichi Slavi* [Les Anciens Slaves], est représenté lors du carnaval de cette année-là au Teatro Comunale de Ferrare[203] ainsi qu'au théâtre de Reggio au moment de la Foire[204]. Une autre version du même argument sert de base à un ballet sans doute donné à Varese en

---

Trento da rappresentarsi per la prima volta nel nobilissimo nuovo teatro di Padova la fiera del Santo l'anno 1802, Padoue, 1802. Un des personnages se nomme Marcovich et est chef d'une tribu mais ne ressemble guère au personnage du même nom chez Wynne.

202 *Asteria, e Teseo, dramma favoloso per musica*, da rappresentarsi nel Real Teatro di S. Carlo la sera de 13 Agosto 1803, festeggiandosi la nascita di S.M. la Regina ed alla real Maestà di Ferdinando IV. Nostro Amabilissimo Sovrano dedicato, Naples, Stamperia Flautina [1803].

203 *Gli Antich Slavi* occupe les pages 25-28 de *La Virginia dramma serio in musica con balli* da rappresentarsi in Ferrara nel Teatro Comunale il Carnevale dell'anno MDCCV, Ferrare, Gli Eredi di Giuseppe Rinaldi, 1805. Il s'agit vraisemblablement de ce qui a été donné comme intermède entre les deux actes de *Virginia*.

204 *La Virginia dramma serio in musica con balli* da rappresentarsi nel Teatro di Reggio la Fiera dell'anno 1805. – La page de titre de l'exemplaire consulté (Fondazione Giorgio Cini, Venise, ROL.0905.03) est incomplète ce qui nous empêche de donner l'adresse d'impression.

1831, *I Morlacchi ossia Le Nozze interrote. Ballo serio in Quattro atti* [Les Morlaques ou les Noces interrompues. Ballet sérieux en quatre actes], composé et dirigé par Giovanni Fabbris, et dont l'intrigue est située « en Morlaquie près des confins de la Bosnie turque[205] ».

Le succès des ballets morlaques ne s'est pas démenti. *I Morlacchi* [Les Morlaques] en 4 actes de Gaetano Gioja est repris après son décès par son frère Ferdinando au Nobil Teatro di Apollo lors du carnaval en 1830[206], puis au Teatro San Carlo à Naples le 15 octobre 1837 pour la fête de Marie-Thérèse, reine des Deux-Siciles[207]. Le livret de 1830 comprend une petite note « au respectable public » dans laquelle Ferdinando Gioja évoque le succès rencontré par son frère grâce à ce ballet et l'impossibilité de refuser les nombreuses requêtes reçues de ceux qui souhaitaient voir remonter le spectacle[208].

Selon Bešker, deux autres mélodrames auraient été composés par la suite : un premier sur une musique d'Édouard de Lannoy et un livret de Giuseppe Augusto Rossi avec le titre *Die Morlaken*. Il est représenté en 1817 en présence de l'Empereur François Ier d'Autriche et sa femme à Graz[209] ; une dernière trace des *Morlaques* mis en musique est livrée par *I Morlacchi* de Romualdo Sapio, sur un livret de G. Sapio, mis en scène à Palerme[210].

En 1843, Marco de Casotti publie *Il berretto rosso ossia Scene della vita morlacca* à Venise[211]. Le narrateur de ce petit roman (sept chapitres en 145 pages) s'adresse aux lecteurs à la deuxième personne du pluriel et

---

205 *I Morlacchi ossia Le Nozze interrote. Ballo sèrio in Quattro atti.* Composto e diretto dal Signor Giovanni Fabbris, à la suite de *Il Falegname di Livonia* melodramma del Signor Felice Romani da' rappresentarsi nel Teatro di Varese L'Autuno dell'anno 1831, Milano, Dalla Stamperia di Carlo Dova [1831], s.p.

206 *I Morlacchi ballo di carattere in quattro atti* d'invenzione di Gaetano Gioja ed ora composto da Ferdinando Gioja da rappresentarsi nel nobil Teatro di Apollo il carnevale MDCCCXXX, Roma Bernardino Olivieri [1830].

207 *I Morlacchi ballo in 4 atti* inventato dal fu Gaetano Gioja ed ora riprodotto e diretto dal suo fratello Ferdinando Gioja da rappresentarsi nel Real Teatro S. Carlo la sera del 15 Ottobre 1837. Per festeggiare il giorno onomastico di Sua Maestà Maria Teresa Regina del Regno delle due Sicilie, Naples, Tipografia Flautina, 1837.

208 *I Morlacchi ballo di carattere in quattro atti* d'invenzione di Gaetano Gioja ed ora composto da Ferdinando Gioja, *op. cit.*, p. 5.

209 Bešker, *op. cit.*, p. 208.

210 *Ibid.*, p. 209.

211 Maixner, *op. cit.*, p. 76-77. Marco de Casotti, *Il berretto rosso ossia scene della vita morlacca*, Venezia, Gio. Cecchini, 1843.

reprend le genre du roman de mœurs de Giustiniana Wynne comme le suggère le sous-titre. L'ouvrage raconte le destin d'un jeune Morlaque qui semble persécuté par le destin. Les nombreuses péripéties servent à avancer des réflexions au sujet de la providence et avant tout à décrire les mœurs et le caractère de la peuplade dont est issu le protagoniste. Comme chez Wynne, une large place est accordée aux chansons populaires qui sont en partie reproduites.

Au cours du XIXe siècle, ce sont avant tout les auteurs du Romantisme français qui s'inspirent des personnages dépeints par Giustiniana Wynne. Germaine de Staël, dans son roman *Corinne ou l'Italie* (1807), montre l'héroïne encourageant Lord Nelvil à tourner ses regards vers l'Istrie et la Dalmatie, lorsqu'ils se trouvent à Venise au sommet du clocher Saint-Marc[212]. Charles Nodier exploite le sujet des Morlaques pour son petit roman *Jean Sbogar* (1818), l'histoire d'amour du personnage éponyme, un brigand istrien au grand cœur, et de la belle Antonia. Comme Bartolomeo Benincasa avant lui, l'auteur a été journaliste au *Télégraphe officiel* à Zara, et son intérêt pour la Dalmatie est en partie nourri de son expérience personnelle. Nodier, que nous avons eu l'occasion de citer plus haut, s'étend sur *Les Morlaques* dans ses *Mélanges tirés d'une petite Bibliothèque, ou Variétés littéraires et philosophiques* (1829). Au milieu du siècle Ernouf offre un article monographique publié en deux temps par le *Bulletin du Bibliophile* en 1858 sous le titre « Notice sur la vie et les écrits de Justine Wynne, comtesse des Ursins et de Rosenberg[213] ».

Prosper Mérimée, en 1827, consacre son ouvrage *La Guzla ou choix de poésies illyriques, recueillies sans la Dalmatie, la Bosnie, la Croatie et l'Hertzegowine* [*sic*] aux chants folkloriques des Balkans. Comme dans le roman de Giustiniana Wynne, les chansons relèvent avant tout de l'invention de l'auteur, exception faite de la désormais célèbre chanson d'Asan-aghiniza.

Dans le monde germanophone, Goethe, avec son article « Über Serbische Lieder » (1824[214]), rend populaires les chants des Balkans et

212 Voir Germaine de Staël, *Corinne ou l'Italie* livre XV, chapitre IX in *Œuvres*, éd. Catriona Seth, Paris, Gallimard, « Bibliothèque de la Pléiade », 2014, p. 1330-1331 et p. 1639.

213 Baron Ernouf, art. cité.

214 Goethe, Johann Wolfgang von, *Über Serbische Lieder* (1824), *J. W. Von Goethe, Ästhetische Schriften* 1824-1832, éd. A. Bohnenkamp, Frankfurt/M., Deutscher Klassiker Verlag, 1999, p. 124-132.

rappelle le souvenir de Wynne qui est vue comme la promotrice du genre. Un autre divulgateur de la culture des Balkans et des Morlaques en Allemagne est J. S. Neigebaur avec son ouvrage *Die Südslaven und deren Länder in Beziehung auf Geschichte, Kultur und Verfassung* (1851[215]).

Au XXe siècle les Morlaques font notamment leur retour sur la scène littéraire avec « Le sourire de Marko Kraliévitch » dans les *Nouvelles orientales* (1938) de Marguerite Yourcenar[216].

PRINCIPES DE CETTE ÉDITION

Les Morlaques n'a jamais été réédité depuis le XVIIIe siècle. La présente édition est due au souhait de faire connaître à un public plus large l'œuvre de Giustiniana Wynne. Comme texte de base, nous avons choisi la première édition du roman, parue avec les initiales de son auteure, J.W.C.D.U. & R. en deux volumes, sans indication de lieu et de maison d'édition, mais rehaussée de la date du 22 janvier 1788. La seconde édition, parue la même année, à Modène, auprès de la Société typographique, ne diffère de la première que par la mention du nom de l'auteure, accompagné des initiales B.B. (Bartolomeo Benincasa) et l'ajout du sous-titre *Roman historique, descriptif et poétique en prose*. Dans son article du *Bulletin du Bibliophile*, Ernouf évoque *Les Morlaques*, « œuvre capitale » de Wynne, en soulignant sa rareté. Il décrit notre texte de base comme un volume grand in-8° de 358 pages, divisé en deux tomes et ajoute : « L'impression de ce livre a été visiblement fort négligée ; les fautes typographiques y sont aussi nombreuses que les incorrections grammaticales[217]. »

Afin de faciliter la lecture, nous avons modernisé l'orthographe et la ponctuation selon les principes suivants :

- Les accents et les accords ont été normalisés selon les règles modernes.
- Les terminaisons de l'imparfait et du conditionnel ont été adaptées à l'usage moderne : -ois, -oit, deviennent -ais, ait, etc.

215 Neigebaur, Johann Daniel F., *Die Südslaven und deren Länder in Beziehung auf Geschichte, Kultur und Verfassung*, Leipzig, Costenoble & Remmelmann, 1851.

216 Yourcenar, Marguerite, *Nouvelles orientales*, Paris, Gallimard, 1938.

217 Ernouf, art. cité, p. 1009.

- Les esperluettes ont été développées.
- L'orthographe moderne a été adoptée (*vampire* et non *vampir* par exemple).
- Nous avons distingué *plutôt* et *plus tôt*.
- Nous avons modernisé la ponctuation.

Nous avons, en revanche, maintenu les italiques de l'édition originale, utilisés en particulier pour distinguer les noms propres.

Les notes de l'éditeur en bas de page apportent avant tout des explications du contexte historique, géographique et littéraire. Elles renvoient notamment aux références intertextuelles.

L'annexe fournit trois sortes de documents :

- Des documents d'ordre biographique pour la plupart accessibles seulement sous forme de manuscrits.
- Des extraits des adaptations, de réécritures et de documents de réception qui, pour la plupart, n'ont pas été réédités.

Les travaux dans les archives vénitiennes (Biblioteca del Museo Correr, Archivio di stato, Fondazione Cini), à la bibliothèque Saffi à Forlì et à la Bibliothèque Nationale de Florence nécessaires à l'établissement de cette édition, ont pu être réalisés grâce à des séjours de recherche accordés par l'Università di Ca' Foscari de Venise et à l'accord TORCH-Fondazione Giorgio Cini. Nous exprimons notre reconnaissance aux institutions ainsi qu'aux membres du personnel qui ont soutenu nos démarches.

Rotraud VON KULESSA
et Catriona SETH

LES MORLAQUES

Par J.W.C.D.U. et R.[1]

VOL. I

1788

1 Justiniana Wynne, Comtesse des Ursins et de Rosenberg. Voir p. 8.

À Catherine II
impératrice
de toutes les Russies

J. Wynne
Comtesse des Ursins et Rosenberg
sublimi feriam sidera vertice[2]
22 janvier 1788

2 Le Vers tiré des *Odes* d'Horace (I, 1), littéralement « Je frapperai les étoiles du sommet de ma tête exaltée », est un lieu commun de la culture classique, cité à l'occasion par Voltaire ou D'Alembert entre autres, pour dire « Je serai au comble de mes vœux. » L'écrivain romain affirme que la condition pour cela est de se voir compté parmi les poètes lyriques. – L'épigraphe, tout comme l'illustration et la date sont absentes de l'édition de Modène. La date du 22 janvier 1788 pose problème dans la mesure où la correspondance de Wynne paraît indiquer qu'elle travaillait encore à son roman en cours d'année.

SUJET DE L'OUVRAGE

Le Comté de *Zara*[1], les territoires de *Scardona*[2] et et *Knin*[3] forment la partie septentrionale de la *Morlaquie.* Vers le nord, elle confine avec la *Croatie autrichienne*[4] au-dessus du canal d'*Obrovaz*[5] et et de la rivière de *Zermagna*[6]. Au couchant, elle a la mer *Adriatique* parsemée d'un grand nombre d'îles et sur la côte les villes de *Zara* et *Nona*[7]. La *Morlaquie* méridionale est composée des territoires de *Sebenico*[8], *Traù*[9], *Macarska*[10], *Imoski*[11] et arrosée par les rivières *Kerka*[12], *Cettina*[13] et *Narenta*[14]. Du côté opposé à la mer ces deux provinces sont séparées des états Ottomans par une suite de pays déserts et montagneux[15].

Les îles, le littoral et les villes se ressentent des avantages de la civilisation, que la société nombreuse et le commerce attirent à leur suite. Partout ailleurs ce vaste pays, quoique si près de l'*Italie* et en grande partie sujet à la république de *Venise*[16], offre l'image de la nature en

---

1 Aujourd'hui Zadar, capitale de la Dalmatie, située dans le Sud de la Croatie.

2 Scardona (Skradin en croate), petite ville de Croatie.

3 Petite ville dans l'arrière-pays du Nord de la Dalmatie.

4 La Croatie et l'Autriche ont fait partie de la même union pendant près de 400 ans sous la Monarchie des Habsbourg (1527-1804).

5 Obrvac se trouve, aujourd'hui, en Serbie, dans la province de Vojvodina.

6 Fleuve de Croatie qui traverse la Dalmatie septentrionale.

7 Aujourd'hui Nin, petite ville de Croatie à 15 km au Nord de Zadar.

8 Sebenik, ville croate située sur la côte adriatique.

9 Trogir en croate, ville croate sur la côte adriatique.

10 Ville portuaire sur la côte dalmate de la Croatie.

11 Petite ville de Croatie.

12 Krka en slovène ; fleuve de 60 km de longueur, aujourd'hui en Hongrie.

13 Fleuve de la Croatie méridionale.

14 Fleuve important de la Bosnie-Herzégovine.

15 Comme l'a souligné Inoslav Bešker, G. Wynne se trompe dans ses descriptions géographiques qui comportent de nombreuses erreurs, (Inoslav Bešker, *I Morlacchi nella letteratura europea*, Roma, Il Calamo, 2007, p. 187).

16 La Morlaquie était sous la domination de la Sérénissime quand Alberto Fortis (v. Introduction, p. 24-25) et Giustiniana Wynne composent leurs ouvrages. L'intérêt de Venise pour cette région était avant tout d'ordre stratégique. La domination du golfe

société primitive[17], telle qu'elle a dû être dans les temps les plus reculés, et telle qu'on l'a trouvée au milieu des habitants les plus inconnus de quelques îles de la mer *pacifique.*

Quelle force, quel art peut tenir contre l'action continue irrésistible du temps, contre la révolution des siècles ? Cette même *Morlaquie* au temps de *Romains*[18] était une portion de la florissante *Dalmatie*, du redoutable *Illyrium*[19]. Une quantité de ruines informes répandues dans ces provinces rappellent encore, quoique faiblement, ce souvenir. Elle fait à présent partie du pays qu'on nomme génériquement *Esclavonie* ou pays de *Slaves*[20], dont la vaste étendue depuis l'Albanie remontant jusqu'à la *Hongrie* peut difficilement être marquée par des limites fixes et constantes[21]. Les nations qui l'habitent, sont un mélange confus de peuples indigènes, de colonies *Latines*, de *Scythes*, de *Goths*, de *Vandales* et de tout ce qui bouleversa l'*Europe* à la chute de l'Empire *Romain*[22]. Mais les peuples de la *Morlaquie* intérieure peuvent être regardés, comme les véritables indigènes ou du moins comme les plus anciens habitants.

Avant qu'une nouvelle révolution change la nature et l'aspect de ce pays, qu'on le voie dans son état actuel beaucoup plus intéressant que celui de la civilisation la plus achevée, dont les biens et les maux sont également connus depuis longtemps parmi nous.

---

de Venise assurait à la République le contrôle de la navigation dans cette partie de l'Adriatique. (Voir I. Bešker, *op. cit.*, p. 92).

17 Le peuple des Morlaques est ici associé à l'idéal du « bon sauvage ». (v. Inoslav Bešker, *op. cit.*, p. 95 : « *Mentre Diderot cercava il filtro della giovinezza della razza umana tra i figli della natura di lontani paesi oltremare, Alberto Fortis e dopo di lui Belsazar Hacquet introducono nello spazio aperto dal Rousseau il mito dei Morlacchi quali figli della natura, veri e vicini. Morlacchi in questione infatti soni gli Slavi, ô una parte di loro, che dal punto di vista preromantico occidentale non partecipavano alla civiltà europea.* » (Alors que Diderot cherchait le philtre de la jeunesse de la race humaine parmi les fils de la nature de pays lontains d'outre mer, Alberto Fortis, et Belsazar Hacquet après lui, ont introduit, dans l'espace ouvert par Rousseau, le mythe des Morlaques, comme véritables fils de la nature, véritables et voisins. Par Morlaques nous entendons ici les Slaves, ou du moins une partie d'eux, qui du point de vue du préromantisme occidental ne participent pas à la civilisation européenne.)

18 Pour l'histoire de la Dalmatie pendant l'Antiquité, voir Inoslav Bešker, *op. cit.*

19 Nom de la Dalmatie à l'époque des Romains.

20 Pour Alberto Fortis comme pour Giustiniana Wynne et leurs contemporains, les Morlaques font partie des peuples slaves qui ne sont pas considérés comme européens (v. Inoslav Bešker, *op. cit.*, p. 95).

21 Au cours de l'histoire différents mouvements de migration font continuellement changer la population morlaque, v. Inoslav Bešker, *op. cit.*, p. 22.

22 L'empire prend fin le 4 septembre 476 avec l'abdication du dernier empereur, Romulus Augustule.

La suite naturelle des événements ordinaires dans une famille *Morlaque* va nous mettre au fait des mœurs et usages de la nation d'une manière plus sensible que la relation froide et méthodique d'un voyageur. On n'a pas cru avoir besoin de recourir au romanesque ou au merveilleux. Les faits sont vrais et les détails nationaux fidèlement exposés. Mœurs, habitudes, préjugés, caractères, circonstances locales, tout résultera des événements et des personnages mêmes mis en actions.

C'est peut-être la plus agréable façon de donner l'idée juste d'un peuple qui pense, parle et agit d'une manière très différente de la nôtre.

Les circonstances singulières d'un fait tragique arrivé parmi des *Morlaques* à *Venise*, il y a quelques années[23], excitèrent de l'intérêt et de la curiosité sur cette nation si peu connue. Les informations de plusieurs parmi ceux que les emplois publics ou les affaires particulières ont fait demeurer dans cette contrée, quelques conversations avec les *Esclavons* des contrées voisines, la lecture du peu d'anciens écrivains sur ce sujet et celle d'un excellent moderne, Monsieur l'Abbé *Fortis* dans son *Voyage en Dalmatie*[24], ont été les sources où l'on a puisé.

23 L'auteure se serait inspirée d'un fait-divers, survenu à Venise, sur la Riva dei Schiavoni où vers 1781 : un Dalmate aurait été tué dans un règlement de comptes avec un compatriote. Voir sa note plus loin p. 262.

24 Alberto Fortis, *Viaggio in Dalmazia*, Venezia, Alvise Milocco, 1774, v. Introduction, p. 25-29. – Nous avons développé l'abréviation *Mons.*

LIVRE PREMIER

ARGUMENT.

Mœurs et usages des Morlaques. – Haïducs. –
Histoire de Pecirep. – Pobratimes et Posestrimes.

Au pied de la montagne de *Crisiza*[1] la belle vallée de *Dizmo*[2] étend ses champs fertiles et ses riches pâturages vers les bords de la *Cettina.* De toute la vaste *Morlaquie* c'est le canton le plus agréable par son heureuse position et par les dons de la nature. Des montagnes horribles, des rochers escarpés contrastent par leur nudité, par leur aspect effrayant avec la parure des campagnes cultivées et avec la nombreuse population qui y jouit d'un repos obscur et constant. Les troupeaux errants, les cabanes éparses, les habitants qui rôdent en passant de l'une à l'autre, forment le tableau le plus enchanteur. Chaque village est une seule famille parce que chaque famille, quelque nombreuse et subdivisée en plusieurs branches qu'elle soit, augmente le nombre des habitations, se répand autour d'elle-même sans éloigner les individus. Elle conserve le même nom, le même esprit d'attachement filial et fraternel. La société n'y rompt jamais les liens de la nature ; le mariage les multiple et les resserre.

Un des villages les plus apparents est celui des *Narzevizca.* Le respectable vieillard *Pervan*[3] en est le *Staréscina*[4] ou vieux Chef. Sa cabane est au centre. Elle porte sur quatre poutres son toit en chaume soutenu par des petites planches, au-dessus des autres cabanes qui l'entourent. La fumée qui sort du milieu erre en tourbillons plus élevés, et ses murs sont des cailloux grossièrement entassés sans ciment.

---

1 Montagnes de Dalmatie.

2 Vallée au pied du mont Crisiza.

3 Pervan est déjà évoqué dans l'ouvrage de Fortis (*op. cit.*, p. 52). Il s'agirait d'un personnage qui aurait réellement existé et que Fortis aurait rencontré lors de son séjour en Dalmatie.

4 Le patriarche du village impose son autorité : son âge avancé lui vaut le respect. Voir la note correspondante de la traduction italienne, *Costumi dei Morlacchi*, Padova, Conzatti, 1798, p. 4.

Le nom et la charge de *Staréscina* le constituent père commun de tous les habitants, parmi lesquels son grand âge, le souvenir de sa valeur, sa justice et sa douceur lui avaient mérité la seule distinction qui ait lieu dans la société des *Morlaques. Pervan* voyait prospérer sa famille. Ses deux fils étaient mariés. *Stiepo*, l'aîné, n'avait point d'enfants. Mais *Jervaz* avait déjà peuplé l'heureuse cabane de trois enfants, dont le premier comptait cinq ans, le second trois et le troisième était encore à la mamelle.

Au milieu d'une paix profonde, *Pervan* entretenait par la sagesse de l'ordre, l'union, l'aisance parmi les *Narzevizca*, la plus nombreuse des peuplades de la vallée. Assis à sa porte, entouré de ses fils et de jeunes gens des autres cabanes, Oh mes enfants, leur disait-il un jour, le déclin du soleil vous invite au repos. Mon âge m'y condamne. Je ne puis plus que fixer mes regards affaiblis sur vous, vous voir travailler d'accord, vous indiquer le meilleur usage des dons du ciel et de vos peines, sources communes de notre subsistance. Le temps de la récolte approche, le temps de la joie, le temps de la récompense des travaux, la réparation des forces, le renouvellement de la vie. Les bestiaux errent dans les pâturages, leurs productions remplissent nos magasins de tout ce qu'il faut pour les besoins continuels et pour les échanges nécessaires avec nos voisins. Ce sol est à nous, comme l'air que nous y respirons, comme le jour, dont nous y jouissons, comme la chaleur bienfaisante du soleil qui y anime la nature. Peut-on partager l'air, le jour, la chaleur parmi ceux qui en sont vivifiés ? Peut-on partager ce sol nourricier qui nous soutient tous, qui répond si largement à nos peines, qui présente également son fruit au bras robuste qui l'a fait éclore et aux mains faibles et timides de l'enfant et de sa jeune mère ?

Je veille sur vous, je vous chéris tous. Malheur à la brebis qui ne veut suivre le berger et qui broute seule sur le bord du fossé. Malheur au troupeau qui ne fournira point sa part au repas de nos fêtes, lorsque je bénis vos mariages. Malheur à tout *Narzevizca* qui secoue sa chevelure noire devant les cheveux blancs de son *Staréscina*. Souvenez-vous toujours que nous sommes tous frères, que nous avons le même nom, le même sang, le même père, le glorieux *Pecirep Narzevizca*. La chanson qui conserve parmi nous le souvenir de ses exploits est toujours dans vos bouches ; que son histoire soit dans vos cœurs. Écoutez-la, jeunes gens, de celui qui la tient du brave *Korotagne* notre aïeul, qui était son petit-fils et l'avait connu.

Vous avez entendu parler des *Haïducs*[5], vous en aurez quelquefois rencontré des bandes, en franchissant les sommets de la *Clapavizza*[6] qui nous séparent de nos frères du littoral ; ou lorsqu'en remontant la *Cettina* vous pénétrez par les monts *Glavaz*[7] et *Kuruzeh*[8] dans les terres des infâmes *Ottomans*[9].

Ces *Haïducs* sont de fiers *Morlaques* qui de leur bravoure indomptable et farouche font un usage aussi nuisible que barbare. La désobéissance aux lois en a fait sortir plusieurs de chez eux par un exil mérité. Quelquefois une injuste oppression en pousse d'autres à s'exiler volontairement. Souvent l'amour déréglé d'une indépendance malentendue leur fait préférer un état de guerre continuelle aussi injuste que dangereuse aux jouissances paisibles d'une vie conforme aux goûts de la nature. Mes enfants, ses goûts sont nos lois. L'exercice de nos forces doit être uniquement dirigé à entretenir notre santé et à nous conserver en état de poursuivre, d'attaquer, d'abattre l'ours monstrueux, le loup dévorateur et de repousser l'ennemi qui nous offense et cherche à nous ravir le fruit de nos peines et à troubler notre repos.

Voyez ces malheureux *Haïducs* grimper de rocher en rocher, pour y trouver un asile dans les cavernes, pour y tendre des embuscades aux caravanes des *Turcs* ; ils ne veulent, ils ne peuvent les barbares se procurer l'existence qu'au prix du sang des infortunés qu'ils en privent. Intrépides et forcés par le besoin, ils comptent pour rien le nombre de leurs ennemis ; et les *Turcs* lâches et surpris tournent le dos et tombent par centaines devant une poignée de bandits *Esclavons*. Oui, mes enfants, les *Turcs* barbares et oppresseurs à leur tour sont nos ennemis naturels. Ils méconnaissent, ils injurient notre religion, notre nation. Ils ont été de tout temps les agresseurs injustes de nos cantons. Ils nous ont souvent enlevé nos femmes, nos troupeaux[10]. Mais n'employons la force que pour repousser la force. La vie de l'*Haïduc* est celle d'un assassin.

---

5 L'orthographe habituelle est *heiduque*. Après avoir désigné les troupes hongroises qui défendaient la frontière hongroise contre les Turcs aux XVe et XVIe siècles, le terme en est venu à désigner, comme ici, un brigand ou guerrier. Voir Alberto Fortis, *op. cit.*, p. 41-42 et Giovanni Lovrich, *Osservazioni sopra diversi pezzi del viaggio in Dalmazia del Signor Abate Alberto Fortis*, Venezia, Francesco Anzoni, 1776, p. 76-79.

6 Il s'agit du col de la montagne Clapavizza.

7 Ville près de la montagne Dinara.

8 Lieu non identifiable qui n'apparaît ni dans l'ouvrage de Fortis, ni dans celui de Lovrich.

9 Les terres de l'empire ottoman, donc turc.

10 Les invasions turques étaient nombreuses, voir I. Bešker, *op. cit.*, p. 50.

Il a beau s'appeler de ce nom[11]. Il a beau étaler son courage, vanter les risques qu'il court et notre illustre origine, car nous sommes *Slaves*[12]. Il est puni de son injustice par les souffrances d'une vie pénible et souvent par une mort aussi cruelle qu'inutile à sa patrie.

Pecirep entraîné par une jeunesse fougueuse embrassa cet état et se mit à la tête d'une bande nombreuse d'*Haïducs*. Il parcourait la chaîne des montagnes depuis la pointe hérissée de *Jassikova* jusque dans l'intérieur des déserts horribles de *Glabovizza*[13], en frappant ses coups meurtriers. Il jura une haine éternelle aux *Ottomans*. Les habitations de ses pères avaient souvent éprouvé leur barbarie. Il aimait ses compatriotes. La soif du butin ne lui fit jamais attaquer ceux-ci. Il ne voulait l'éteindre que dans les dépouilles des *Turcs*, en les immolant à sa vengeance et se tint toujours, il est vrai, au milieu d'eux, pour y assouvir sa rage avec moins de remords. Mais, oh chers enfants, la faux du moissonneur peut-elle s'arrêter au milieu du coup qui tranche tout ce qu'elle rencontre ? Le chasseur des bêtes féroces qui nous dévorent, épargne-t-il le daim timide qui s'échappe devant lui ?

Pecirep devint la terreur de ses ennemis, sans rassurer ses amis. Il signala la plus grande portion de sa longue vie par les actions du courage le plus intrépide et le plus heureux. À l'âge de cinquante ans, se voyant possesseur de richesses considérables qu'il avait déposées dans les cavernes du mont *Herzovaz*, suivi d'un grand nombre de parents, de compagnons, de domestiques, entouré de plusieurs enfants qu'il avait eus de la fille du *Vaivode*[14] de *Tzentzena*[15] enlevée dans une de ses premières expéditions, il rentra dans nos pays et vint s'établir au milieu de cette vallée, dont il occupa, les armes à la main, la belle patrie que nous habitons. Sa fureur se calma, ses regards s'adoucirent ; il mit la

11 *Haïduc* veut dire *voleur – héros* ; *Slave* signifie *glorieux*. [Note de l'auteur] – Pour les Haïducs, voir aussi A. Fortis, *op. cit.*, p. 41-42. Fortis compare les membres de cette tribu, qui vivaient selon lui dans des cavernes, aux loups qui escaladent des montagnes rocheuses. Le voyageur essaie cependant de relativiser l'image qu'on avait communément de ce peuple qui est dépeint comme un peuple de brigands par Giustiniana Wynne.

12 Dans l'imaginaire du temps, comme chez G. Wynne, les Morlaques sont assimilés aux Slaves. Voir Beškeг, *op. cit.*, p. 11-33.

13 Glabovizza ne correspond pas à un toponyme identifiable mais renvoie peut-être à Clapavizza, entre Clissa et Scign. Voir A. Fortis, *op. cit.*, p. 150.

14 *Vaivode*, tiré d'un terme hongrois, désigne un gouverneur de province chez certains Slaves. Une note de la traduction italienne, *Costumi dei Morlacchi*, *op. cit.*, p. 10 propose pour synonyme *Capitaine*.

15 Village près du fleuve Cettina, voir A. Fortis, *op. cit.*, p. 156.

main sur sa poitrine et sentit un cœur. Devenu chef d'une peuplade, il sut en être le père. Les cabanes élevées, les champs défrichés, les troupeaux répandus firent fleurir dans peu de temps ce canton, à la tête duquel il vécut encore trente ans. Plus il avait détruit, plus il voulut réparer. Sa population, ses voisins même le bénissaient. Après avoir été craint, comme le tonnerre par le voyageur égaré dans les montagnes, il finit par être aimé, comme l'arc-en-ciel qui ramène la sérénité, et regretté, comme les beaux jours de l'automne aux approches de l'hiver. Nous descendons de lui et de ses trois enfants. Nous avons hérité de ses bienfaits. Il nous a transmis sa bravoure aussi, robuste et vaillante jeunesse. Chantez, mes amis, la chanson de *Pecirep*. Que nos champs, son ouvrage, en retentissent ! Entonnée par le laboureur, lorsqu'il en revient en approchant de sa cabane, que ses fils lui répondent par l'écho joyeux de leurs vois enfantines.

Les jeunes gens se mirent à chanter en chorus les couplets du cantique national avec plus de chaleur qu'à l'ordinaire et les voix lointaines des autres *Morlaques* dispersés alentour se joignant à celles de la cabane et tout le village résonna des louanges de l'auteur de leur race.

Chanson de Pecirep[16]

Pecirep *détruisit ses ennemis, comme l'on arrache l'herbe* metigla[17] *mortelle au bétail.*

Pecirep *cultiva ses amis, comme l'on cultive la vigne dont découle la rosée des Anges.*

Sa promesse et sa menace étaient infaillibles, comme les coups de son cimeterre.

*Les cavernes de l'*Herzovaz *cachaient ses trésors, et les vautours dévoraient au grand air les cadavres des* Turcs *tombés sous sa maison.*

Pecirep *aimait la belle* Plauna *et ses enfants, nos pères. Il les nourrissait de son butin. Nous sommes les enfants de sa valeur.*

---

16 Pour les chants des Morlaques, voir A. Fortis, *op. cit.*, p. 63-64 et G. Lovrich, *op. cit.*, p. 126-132. La chanson de Pecirep est, selon Bešker, plus proche de *La Chanson de Roland* que d'une quelconque chanson des Balkans (I. Bešker, *op. cit.*, p. 198). Pour qui connaît la culture littéraire de la fin du XVIIIe siècle, il est impossible de ne pas noter une proximité avec les poèmes ossianiques ou les *Chansons madécasses* (1787) de Parny. Le rapprochement avec les œuvres primitives de Macpherson s'impose d'autant plus qu'il y aurait chez Wynne une influence réelle du recueil du Croate Andrija Kačić-Miošić (1704-1760), *Razgovor ugodni naroda slovinskog* (*L'Entretien agréable des peuples slaves*, 1756) qui comprend des échantillons de chants folkloriques destinés à une importante postérité.

17 *Metigla* désigne une herbe vénéneuse, voir G. Lovrich, *op. cit.*, p. 180.

Les croissants de Klivno[18] *tremblaient devant lui. Puissent-ils disparaître devant nous !*

*Les ombres des anc*iens Morlaques *massacrés le suivaient* dans *ses courses rapides.*

Il les vengea sur les fils de Barbares. Elles s'envolèrent, après avoir sucé le sang de leurs victimes.

Les Turcs *tombent sous les coups d'un* Haïduc, *comme les fruits mûrs du pommier secoué par le jeune* Morlaque.

Pecirep *foudroyait les hordes infidèles. Ainsi l'onde écumante de la* Cettina *qui roule de* Velika Gubavizza[19], *entraîne les troncs de la fôret et les masses du rocher.*

Ainsi les eaux de la Kerka, *après avoir menacé les arcs de* Puissants[20] *et renversé les ponts de* Roncislap[21], *se répandent et se calment* dans *le lac* Proclian[22].

Le Morlaque *y jette ses filets, y plonge son hameçon, en retire sa nourriture et ne fait que rider la surface de l'eau.*

Pecirep *se reposa* dans *la vallée de* Dizmo. Mossor[23] *et* Kablian *se rangèrent autour d'elle, en serrant leurs cimes élevées.*

Les flancs des rochers qu'il franchit, retentiront toujours du nom de Pecirep.

La pierre qui couvre ses cendres, durera moins que sa mémoire. Et notre postérité marquera toujours la place de ses restes sacrés.

Pendant que les uns chantaient, d'autres animés par la joie du souvenir et invités par une soirée délicieuse, formèrent le grand cercle et se tenant hommes et femmes par les mains, se livrèrent avec transport à leur plaisir favori, la danse du *Scotzi-gori*[24]. La corde unique qu'un

18 Livno, dans l'actuelle Bosnie-Herzégovine.

19 Chute d'eau de Dalmatie.

20 Note de G. Wynne : Les *Morlaques dans leurs chansons indiquent par ce nom les anciens Romains.*

21 Ville de Dalmatie.

22 Lac de Dalmatie.

23 Montagne de Dalmatie, voir A. Fortis, *op. cit.*, p. 148-150.

24 Voir la note de la traduction italienne, p. 13 : « Scotzi-gori *ô salta-su. Le danze dei Morlacchi sono particolari. Si prendono per mani uomini e donne : il primo va girando e fa varie figure, ed appunto in ciò sta la sua bravura. Ora converte il ballo in ellissi, ora in figura di lettera S, ora si diviede il circolo in tante coppie a due a due ; si canta, si salta, si balla, e chi più resiste, si pregia di più. [...]* ». (« Scotzi-gori Ou saute-dessus. Les danses des Morlaques sont particulières. Hommes et femmes se prennent par la main. Le premier se met à tourner et prend diverses positions, c'est en cela que consiste sa compétence. Puis la danse se convertit en ellipses,

archet maladroit râcle sur la *gusla*[25], qui est le violon *Morlaque*, marque la mesure et accompagne le chant. À la chanson de *Pecirep* en succèdent d'autres que le *Morlaque* poète, et poète improvisateur, compose sur le champ pour célébrer l'adresse et la force de ceux, qui se sont signalés dans les exercices nationaux. Le saut qui a franchi le plus long espace, le bras robuste qui a pu soulever et lancer plus loin qu'aucun autre une grosse pierre, obtiennent des éloges lyriques. La danse s'anime davantage : les cris, les sauts augmentent. Enfin la lassitude sépare les danseurs.

Pervan, le vigilant *Staréscina*, attendri par l'aspect du bonheur de ses compatriotes, n'en est pas moins attentif à prévenir les accidents malheureux que l'émulation connaît pour le moment d'autres lois que celles de la nature, d'autres droits que la force.

Il n'eut pas cette fois de querelles à apaiser, de justice à rendre, de vengeance à ordonner. Il vit sortir de la danse et rentrer dans la cabane ses deux fils et ses belles-filles. Un air de contentement et de bonheur brillait sur leurs visages. La douceur des manières et du caractère dans les deux femmes s'était communiquée aux maris. Le ménage se distinguait parmi tous les autres par un esprit d'égalité entre hommes et femmes inconnu partout ailleurs en *Morlaquie.* Elles faisaient, il est vrai, tous les services fatigants auxquels les femmes *Morlaques* sont condamnées. C'était la bonne *Dascia* qui devait chaque jour réduire en pâte les grains pour en faire des gâteaux. Mais *Stiepo*, son mari, cherchait à la soulager dans d'autres travaux. *Jella* plus belle et plus jeune soignait ses enfants, entretenait la propreté dans la cabane, présidait à l'habillement de la famille. Mais *Jervaz* son époux portait l'eau et le bois, travaillait aux champs et aux étables.

Les deux femmes aussi aimables qu'aimées surent s'affranchir du joug horrible du mépris et de mauvais traitements, dont le *Morlaque* plus chasseur et guerrier en général que pasteur et agricole, accable sa compagne. On dirait qu'il ne la croit pas de la même espèce que lui et qu'il lui préfère le cheval avec lequel il poursuit sa proie ou son ennemi.

---

ou en forme de la lettre "s", ou les danseurs se divisent en cercle formé deux par deux par des couples ; on chante, on saute, on danse, et celui qui résiste le plus longtemps, acquiert le plus de prestige. ») Voir aussi A. Fortis, *op. cit.*, p. 65 selon lequel lorsque les Morlaques dansent, hommes et femmes se prennent par la main et forment une chaîne. Le premier invente les figures qui sont accompagnées de sauts et de chants.

25 Instrument comportant une seule corde et joué avec un archet, qui accompagne les chants traditionnels, voir A. Fortis, *op. cit.*, p. 63.

Sexe aimable enchanteur, toi qui fais le charme de la vie, comme tu en es la source, que ces peuples à ton égard sont barbares et dénaturés ! La fidélité conjugale de la femme n'est d'aucun mérite et cesse d'être une vertu parmi eux. La femme est une propriété, qu'on y regarde comme celle d'un bœuf, d'une jument et il est aussi difficile de séduire une *Esclavonne* que d'enlever un cheval. La religion et la crainte l'emportent toujours en elles sur l'amour illégitime qui pourrait naître dans leur cœur ; mais il surmonterait ces obstacles, comme ailleurs, s'il excitait dans les hommes le feu de la passion. Un rapt de femme mariée aurait des conséquences atroces pour les amants. Et la femme toujours occupée par des soins fatigants n'a pas le loisir d'imaginer et de filer les moyens de tromper l'homme qu'elle redoute. Le travail assidu endurcit les hommes. Le même travail flétrit les appas naturels du sexe. Il y succombe ou s'il résiste, il perd tous les moyens de plaire. Comment les idées, les affections de la simple nature peuvent – elles se concilier avec cette espèce d'opprobre, dont on couvre l'objet le plus touchant, le plus précieux aux yeux et au cœur de l'homme ? Oui, le sauvage purement Nomade aimera sa compagne. C'est là l'homme de la nature. Le sauvage guerrier la méprisera sans doute. Il ne connaît que les armes et la force. Tout être pacifique et doux est ignominieux pour lui ; ce n'est pas l'homme de la nature. C'est le descendant des peuples belliqueux accoutumés à oublier leurs femmes qu'ils voyaient peu et qu'ils abandonnaient aux services les plus abjects. Tels avaient été anciennement les *Slaves* ; leurs mœurs commençaient à s'adoucir par une longue paix et par l'influence d'un gouvernement modéré.

La famille de *Pervan Narzevizca* sur toutes les autres répandait par son exemple cet esprit d'une douce égalité sociale.

Jervaz avait brulé longtemps pour la belle *Jella Toposnich* dont le père était *Staréscina* dans une bourgade à deux lieues de *Dizmo*. Il la vit la première fois à l'église de *Perussich*[26], le jour que *Jervaz* et le frère de *Jella* se jurèrent au pied de l'autel une fraternité indissoluble, en devenant *Pobratimes*[27], nom consacré dans leurs cérémonies religieuses à ce beau lien, ainsi que *Poséstrimes*[28], au lien de même nature que deux femmes serrent entre elles à la présence de la divinité et de ses ministres. Le

---

26 Ville de Dalmatie.

27 Voir A. Fortis, *op. cit.*, p. 46 : il s'agit de frères jurés.

28 Voir A. Fortis, *op. cit.*, p. 46 : sœurs jurées.

même jour que *Jervaz* se fit *Pobratime* du frère de *Jella*, elle célébra son union de *Postestrime* avec une fille du même canton.

Aux pieds de l'autel, *Jella* grande et bienfaite passait de tout son front les compagnes qui l'entouraient. Ses grands yeux noirs étincelaient, comme le flambeau qu'elle tenait à la main. Ses lèvres saillantes et arrondies offraient le plus beau vermeil des cerises. La forme de son visage un peu carré lui donnait un air majestueux que des sourcils épais rendaient plus imposant et que le nez tant soit peu écrasé ne déparait point. Sa couleur brune annonçait la force et l'habitude des exercices de la campagne. Le bonnet de drap rouge, auquel on voyait attaché par derrière le voile virginal, était surmonté er entouré de mille ornements différents qui pendaient alentour et descendaient jusques sur le front. Les médailles d'or, d'argent, de cuivre, entremêlées aux petites croix, aux perles de verre, aux coquillages, lui formaient des couronnes en tout sens. Au moindre mouvement de *Jella* ménagé avec art, sa tête rendait un bruit pareil à celui d'un poulain qui en bondissant égaré se fait entendre au berger qui le suit. La vierge *Morlaque* se plaît à ce son. Plus il est bruyant, plus il marque la quantité des ornements, signe de son goût et de son opulence. La broderie en fil d'or et soie embellissait les bords de sa chemise autour du cou et aux poignets. Une large ceinture liée au-dessus de la gorge rendait plus saillant un sein que la nature avait préparé à la nourriture d'une famille nombreuse. Toute sa parure enfin était magnifique. *Jervaz* ne put la voir sans l'examiner d'un œil avide et sans désirer de posséder des attraits qui se montraient d'une manière si solide et si riche.

La fonction achevée et les demi-sœurs et demi-frères liés à jamais par le serment et le rituel de leur Église, tous les parents et amis des deux couples les embrassèrent tour à tour, hommes et femmes sans distinction. Une tendre joie brillait sur leurs visages ; elle exprimait, elle assurait le dévouement réciproque le plus absolu dans tous les désastres de la vie que l'on s'offrait l'un à l'autre et qu'on avait juré de passer dans la communauté de tous les intérêts possibles. *Jervaz* s'avance et ne se possédant plus serre avec transport contre sa poitrine la belle *Jella*. En la baisant sur la bouche il lui fit retenir le cri qu'elle allait jeter. Elle n'en fut point déconcertée. La honte est l'effet des premières atteintes de la malice. Elle ne fit que le repousser sans affectation et prenant sa chère *Poséstrime* par la main, elles sortirent ensemble de l'Église.

LIVRE SECOND

ARGUMENT

Amours de Jervaz *et de Marcovich pour* Jella. – *Histoire d'*Anka.

Les chevaux qui avaient mené la compagnie, remplissaient en confusion le vestibule rustique du temple campagnard. On se mit en marche vers la cabane de *Toposních*, le père de *Jella* et du nouveau *Pobratime.* C'est chez lui qu'on donnait le repas de réjouissance, suite immanquable de toute fonction religieuse. Cinquante personnes composaient la bruyante assemblée et environnaient la cabane, comme un essaim bourdonnant d'abeilles inquiètes s'agite autour de la ruche. Les jeunes gens se répandirent aux environs du lieu destiné pour le festin, Les uns se défièrent à la course, les autres à lancer des pierres et à atteindre un but avec le pistolet. *Toposních*, *Pervan* et les autres vieillards ordonnaient les apprêts du repas, racontaient entre eux les détails de leurs troupeaux et les profits qu'ils en avaient retirés l'année précédente.

La table couverte au-devant de la cabane fut occupée par les hommes assis sur leurs talons ; et les femmes se mirent en devoir de les servir. Elles leur présentèrent des moutons rôtis en entier, des agneaux, des choux aigres, du lait caillé, du lait aigri, des noix et du vin. *Jella* donnait souvent à boire à *Jervaz*, mais elle était encore plus souvent appelée par le vaillant *Marcovich* habitant d'un district peu éloigné, riche en pâturages et fort considéré dans tout le pays. Ayant été soldat dans la flotte du Général Vénitien[1], il se croyait au-dessus des autres et en imposait à plusieurs par un étalage de bravoure et par un air féroce qui lui était naturel. Revenu dans sa patrie à l'âge de quarante ans, il pensait à se marier et avait jeté les yeux sur *Jella.* Quelques présents faits à la fille en coraux et en plumes de paon lui avaient valu en retour une ceinture et un essuie-main brodés par *Jella.* Il crut trop aisément la déclaration

1 Il s'agit vraisemblablement de Francesco Morosini (1618-1694) qui fut nommé, en 1684, commandeur de la flotte destinée à combattre les Turcs.

faite et reçue. Et il ne se douta pas qu'on pût le refuser. Il n'attendait que le temps de la récolte pour la demander à son père. Ce temps lui aurait fourni les moyens de rendre la fête aussi distinguée qu'il croyait l'être lui-même.

Déjà les fumées du vin commençaient à monter à la tête des convives. Elles en sortaient en cris d'allégresse qu'on aurait pris pour des hurlements. Déjà la chanson de *Marco Kralovich*[2] était entonnée de toute part lorsque *Jervaz* s'indigna de voir que l'indiscret *Marcovich* ne donnait point de relâche à la pauvre *Jella*, se faisant toujours servir à boire et l'empêchant d'aller dîner avec ses compagnes. Réponds-moi, *Marcovich*, lui dit *Jervaz*, as-tu acheté *Jella* dans quelque Caravansérail de la *Bosnie* ou est-elle ta femme que tu t'en fais servir, comme par ton esclave ? – Que prétends-tu me dire, fils téméraire de *Pervan* ?, lui répondit *Marcovich* en relevant sa moustache et le fixant d'un œil féroce : L'hôte qui nous invite ici, n'épargne pas plus ses femmes que ses autres animaux pour nous faire honneur. Le *Staréscina* fait ce qui nous est dû. Et de quoi te mêles-tu, jeune homme ? Est-ce à toi que je dois rendre compte de mes actions ? *Jella*, dit-il avec un rire âmer, encore un coup à la santé de *Toposnich*. À cette insulte *Jervaz* se lève brusquement de table. Insolent guerrier, ma jeunesse te rend hardi. Mais quoique mon bras n'ait pas encore tourné en rond le cimeterre contre les ennemis de son souverain, il est déjà assez fort pour le teindre du sang de celui qui fait monter le mien au visage. Que le sabre de mon grand-père se heurte contre celui des anciens *Marcovich*. Nous verrons lequel des deux jetera le plus d'étincelles, ou le mien que tu crois rouillé, ou le tien fraîchement aiguisé. *Jervaz* veut sortir. Son nouveau *Pobratime* se joint à lui et la place allait être ensanglantée. *Marcovich* furieux avait tiré son sabre et s'était mis au large en s'éloignant de la table. Les femmes, quoique alarmées, faisaient place aux hommes qui se levaient confusément, lorsque les deux vieillards, *Pervan* et *Toposnich*, se jetèrent au milieu des rivaux. Arrêtez, s'écria le premier : Et toi, mon fils, de qui as-tu appris à offenser ton ancien en âge et en mérite ? Que t'importe que *Jella* serve plus ou moins à boire

2 Ici, G. Wynne s'est probabalement inspirée de Lovrich, *op. cit.*, p. 97-98. Comme le montre l'anthologie de de Geoffry N. W. Locke, (*The Serbian Epic Ballads. An Anthology.* Translated into English Verse by Geoffrey N. W. Locke, Tanesi, 2011), il existe un certain nombre de ballades serbes en l'honneur du héros national Marko Kralyevich, un personnage médiéval auquel sont prêtés des exploits surhumains, et qui est vu comme l'incarnation du courage des Serbes face à l'oppression turque.

aux hôtes de son père ? C'est à lui à se plaindre, si l'on abuse du service auquel il l'a destinée. Le reproche que tu as fait à *Marcovich*, doit plus toucher notre ami *Toposnich* que tu ne penses. Aimera-t-il qu'on croie qu'il veut ménager son vin, lorsqu'il régale ses hôtes ? Et que la fatigue de sa fille en fait le prétexte ? Regarde les bras de *Jella* : redouteront-ils le poids du *pakklara*[3] rempli qu'on lui demandera cent fois ? Observe la grosseur de ses jambes ; se lasseront-elles aisément de porter son corps autour de la table ? Ta colère est injuste, ô ô *Jervaz*. Ton père a pesé ses raisons. Cède à *Marcovich*. Je te l'ordonne. Et toi, notre brave ami, agrée les excuses de mon jeune fils trop neuf encore aux festins et ne méprise pas des marques d'un courage qui peut un jour le rendre redoutable aux Turcs nos ennemis. *Marcovich* s'adoucit. Les excuses d'un homme tel que *Pervan* flattèrent son orgueil. *Jervaz* obéit et s'incline en pâlissant. Tous s'embrassent, les chansons recommencent. Les noms de *Pervan*, de *Toposnich*, de *Marcovich* remplissent l'air et sont le sujet des vers librement composés sur le champ. Le son de la *gusla* invite à la danse. Les mains se joignent. *Jervaz* s'empare de celle de *Jella* et donne le branle au grand cercle. Les mouvements se pressent. On saute à toute force, on perd l'haleine et le souvenir de la querelle. *Marcovich* qui ne danse point, remis à table a déjà noyé sa colère dans le vin et ses amis sont obligés de le mettre à cheval. On prend joyeusement congé et par pelotons soit à pied, soit à cheval, selon les distances, on se sépare. Le bruit des coups de fusil et de pistolet qu'on tire en l'air, multipliés par les échos de la montagne, se fait entendre au loin. *Jella* sur la porte de sa cabane croit reconnaître les plus retentissants. Ils partent sûrement des armes de l'amoureux *Jervaz*.

Dès que la famille des *Narzevizca* fut rentrée chez elle, le vieux père ordonne à sa belle-fille d'allumer le sapin qui doit éclairer la cabane, de poser sur la table un demi-agneau rôti, reste de la veille, quelques gousses d'ail, l'assaisonnement favori de tout met morlaque et la grande écuelle de bois pleine de lait aigri. Il ne demanda pas de vin. L'on en avait trop bu à la fête de *Toposnich*. Pendant que l'on soupait, il adresse la parole à son fils. *Jervaz*, ta conduite chez le *Staréscina* a été trop hardie. Il n'est pas permis au plus jeune de trouver du blâme aux actions des plus âgés. *Marcovich* a reçu mes excuses. Mais s'il eût été aussi violent que

3 La traduction italienne (*op. cit.*, p. 24) donne *Bukkarà*, défini comme un gobelet en bois dans lequel on sert les boissons.

toi, des ruisseaux de sang auraient inondé la place destinée à la danse et aux jeux. Ce n'est pas chez les amis qu'on doit montrer du courage, mon fils. Et tu dois du respect à tous ceux qui ont repoussé, comme *Marcovich*, les ennemis de la patrie. Quand tu auras mérité à ton tour ce respect, tu ne souffriras pas plus que lui l'insolence du jeune homme.

Jervaz ne réplique point. Il appuie sa tête sur ses deux mains et soupire. Son père le considère un moment et se lève de table. Un lit de paille couvert de quelques peaux de mouton reçoit le bon vieillard fatigué. Et le même *kabaniza*[4] qui le garantit pendant le jour des intempéries du grand air, lui sert de couverture la nuit. *Stiepo* dans un autre coin arrangé de même se place sur un lit, au pied duquel *Dascia*[5], son épouse, s'étend sur une estrade plus basse. *Jervaz et* les domestiques couchés sur des bancs entourent la cheminée. Il plie sa *jacerma*[6], ou veste, en forme de coussin. Il fourre au milieu ses pistolets et son poignard, et y pose sa tête, enveloppé du *kabaniza* il s'endort et revoit en songe la belle *Jella* à ses côtés, comme s'il la menait à la danse.

Trois jours de suite *Pervan* occupe continuellement son jeune fils, en le prenant avec lui à la visite des bestiaux, à celle des champs, des greniers, à la chasse, à la pêche. *Jervaz* le suit ; ses pas l'accompagnent, ses bras lui obéissent, mais son cœur et ses pensées sont ailleurs. Nul désir de nourriture, beaucoup de tristesse et de silence, plus de chant à l'honneur de *Pecirep* ou de *Marco Kralovich*. *Pervan* l'observe et le matin du quatrième jour il le conduit à la pêche sur les bords de la *Cettina*. *Jervaz* était aussi muet que les poissons. Mon fils, lui dit le père en interrompant son silence, Je suis content de toi. Je t'ai éprouvé quatre jours. Tu aimes *Jella Toposnichka*, et malgré l'envie de la revoir tu n'as pas osé t'éloigner de ton père pendant tout le temps qu'il t'a occupé ailleurs. Sois tranquille, reprends ta gaieté ; tu auras *Jella*, si tu ne lui déplais pas. J'ai vu. L'on m'a parlé. Elle est forte et laborieuse. Elle entend parfaitement tous les devoirs du ménage. Elle pétrit les gâteaux, assaisonne les viandes, travaille et brode la toile. Sa mère était obéissante et douce ! La fécondité l'a bénie dans le nombre de ses enfants. Ils sont dix

---

4 Une note de la traduction italienne (*op. cit.* p. 28) indique que le terme désigne un manteau d'hiver. Voir aussi, A. Fortis, *op. cit.*, p. 62.

5 L'anthroponyme renvoie peut-être au toponyme *Dacia* qui désigne une région d'Europe de l'Est aux frontières qui ont fluctué au cours de l'histoire, mais dont le centre se trouve dans l'actuelle Roumanie.

6 Selon A. Fortis (*op. cit.*, p. 62), il s'agit d'une courte veste rouge.

qu'elle a tous abondamment nourri de son lait. Sa mère sait toutes nos plus belles chansons. Elle en composait elle-même aux festins lorsque son mari revenait de la montagne traînant après lui l'ours assommé. La fille doit ressembler à la mère. Une brave jument n'enfante pas une rosse. Va au séjour de *Toposnich*, parle à *Jella.* Et si elle consent d'être à toi, nous l'aurons, je te l'assure. *Jervaz* transporté de joie saute au cou de son père et commence déjà à courir; la longueur du chemin ne l'effraye pas. Attends, lui dit *Pervan.* Prends mon meilleur cheval, mets ton plus bel habit. Je te garde pour le jour de la noce celui que je porte aux grandes fêtes, l'un de ceux qui ont appartenu au riche *Pecirep.* Il serait indigne que la fille de *Toposnich* vît son prétendant habillé comme s'il allait labourer la terre. Apporte-moi la réponse ce soir. Je vais en attendant inviter pour demain les *Proszi*[7] qui doivent faire la demande. »

Jervaz est loin. Il a endossé son grand habit aux boutons d'argent. Ses bottines sont ornées du même métal, son poignard sort de sa large ceinture et brille par les pierres fausses qui sont enchâssées dans le manche et au bout du fourreau en laiton doré. Le sabre et les pistolets reluisent au soleil. Il tourne d'une manière élégante les coins relevés de sa moustache. Du milieu de sa tête nouvellement rasée une tresse de cheveux noirs et luisants lui descend sur la nuque. Toute sa parure embellit une taille avantageuse et relève sa contenance fière et assurée. Monté sur le beau cheval bai de son père, il vole chez *Toposnich* et ne chante pas même en chemin. À trente pas de la cabane du père de sa belle, il rencontre une femme portant sur sa tête un petit baril d'eau qu'elle était allée puiser au ruisseau voisin. Il saute en bas du cheval : C'est elle, c'est *Jella.* Elle reconnaît *Jervaz*, pose à terre son baril et s'approche de lui avec joie; il l'embrasse moins rudement que la première fois. Il était plus ému; il lui prend la main qu'elle ne retire pas et lui parle ainsi. *Jella*, je t'aime; je t'ai choisie pour être la mère de mes enfants. Mon père est riche et nous ne sommes que deux frères. Notre ménage est grand, mais nous avons des domestiques, hommes et femmes qui t'aideront dans les travaux auxquels tu es destinée. Notre terre nourrit abondamment les bras qui la remuent. Nos troupeaux ne peuvent se compter et la quantité ne nuit pas à l'ordre. Le chasseur qui descend de la pointe de *Crisiza* se repose sur les champs des *Narzevizca.* Il se

---

7 Note de G. Wynne : « C'est le nom générique des parents et amis les plus distingués d'une famille. »

désaltère au ruisseau de *Rastoch* avec nos brebis, à la vue de *Dizmo*, où mon père est *Starécina* et où notre cabane s'élève au-dessus des autres. Ma belle-sœur stérile jusqu'à présent, accablée par son infortune, se regardera comme la première de tes servantes lorsque notre cabane retentira des cris de nos enfants. Mon père te chérira come sa fille et il mettra à part les meilleures portions des mets que tu lui serviras pour t'en nourrir après nous. Il garde exprès pour ma femme les plus belles chemises qu'*Anka*, ma mère, a brodées ; la moitié de ses habits et de ses joyaux est à toi. *Jella*, ma chère *Jella*, je t'aime, je voudrais t'avoir. Réponds, seras-tu ma femme ? *Jella* sans hésiter, sans rougir, *Jervaz*, dit-elle, tu n'es pas le premier homme qui m'ait tenu ce langage, mais aucun ne m'a plu autant que toi. Oui, je suis contente de devenir la mère de tes enfants, la fille de ton père. Je ne sais si le mien m'a promise à quelqu'un. *Marcovich* a paru me désirer. Mais ne crains rien, *Jervaz*. Envoie bientôt les *Proszi*[8] me demander. Je recevrai le verre de vin et la pomme qu'ils me présenteront. Je remettrai celle-ci à mon père, et au cas qu'il la refuse. *Jervaz*, tu rassembleras les *Diveri*[9], tes frères, les *Svati*[10] et *Prozi* tes parents et amis, et tu m'enlèveras lorsque j'irai à l'Église. Tu me porteras à ta cabane et j'y vivrai toujours dans ton obéissance. Il n'est pas mauvais de changer de maître, lorsqu'un époux succède à un père. *Jervaz* au comble de la joie saute, danse, embrasse *Jella*, pousse les Oh ! Oh ! de toute sa force et dans une extase poétique compare sa belle à la fée *Bienfaisante*, *Posestrime* du Roi *Ladislas* qui l'avertissait de tous les malheurs qui le menaçaient[11]. Il tire ensuite de sa poche un couteau recourbé dont il avait lui-même sculpté le manche de bois de jasmin avec la pointe de son poignard. Un pommier chargé de feuilles et de fruits y était représenté avec beaucoup d'intelligence. Et une chaînette d'argent enrichissait le cadeau. En même temps, il fit sortir d'entre sa chemise et sa veste deux plumes de paon qui y étaient cachées dans toute leur longueur. Les présents furent offerts et reçus de la meilleure

8 Il s'agit des membres de la famille ainsi que des amis de l'époux. Voir note de la traduction italienne, *op. cit.*, p. 32.

9 Deux frères de l'époux ou à défaut, deux membres proches de sa famille qui sont censés servir la fiancée. Voir note de la traduction italienne, *op. cit.*, p. 35. Voir aussi A. Fortis, *op. cit.*, p. 55.

10 Les amis et parents invités par l'époux. Voir note de la traduction italienne, *op. cit.*, p. 35.

11 Selon la note de la traduction italienne (*ibid.*, p. 36) il s'agirait de la fée du Roi Radislavo à laquelle fait référence une chanson illyrienne.

grâce. Le soleil, s'écria-t-il, n'éclaire pas à présent un autre *Morlaque* aussi heureux que moi. *Jella* regarde le couteau et l'attache à sa ceinture. Elle aurait bien voulu placer les deux belles plumes sur son bonnet, mais elle n'osait pas l'ôter devant *Jervaz.* Ses tresses auraient paru avant le temps du mariage. La fille ne leur accorde cette liberté qu'en perdant la sienne. Elle était trop bien élevée pour demeurer en reste de générosité avec son amant. Elle ôte de son cou un morceau de linge allongé et finissant par les deux bouts en franges de coton, soie et or, brodés de sa main, et le jette au cou de *Jervaz* en lui disant : Tiens, cher homme, ce beau *marâme*[12] que je viens d'achever. Il ne t'enveloppe pas plus que mes bras ne te serreront lorsque tu m'auras dans les tiens. *Jervaz*, ivre d'amour, l'embrasse, hésite un instant entre le déplaisir de la quitter et l'impatience d'aller préparer son bonheur, frotte ses mains en fixant sa maîtresse d'un œil avide, cherche le cheval qu'il a devant lui, saute dessus, tire en l'air ses deux pistolets et disparait comme un éclair en courant chez lui.

Pervan l'attendait sur le seuil de la porte. Eh bien, *Jervaz*, le sort favorise-t-il tes souhaits ? – Mon père, appelle tout de suite les *Proszi* ; qu'ils se rendent ici demain matin de bien bonne heure. Chargez-les de provisions : qu'ils aillent préparer chez *Toposnich* un festin digne de celui qui les envoye. *Jella* consent d'être votre fille. – Que le sort, mon fils, continue à protéger ton entreprise ! Tout est ordonné. Les *Proszi* seront ici demain à la pointe du jour. Vois la quantité d'agneaux et de moutons que l'on apprête. Ta belle-sœur et les servantes préparent le reste en abondance. Le vin n'y manquera pas ; c'est le vin qui préside à la conclusion des affaires.

Le jour et les *Proszí* paraissaient à la fois autour de la cabane de *Pervan.* Toute la famille est debout. Les hôtes sont reçus à bras ouverts et le festin commence[13]. Le premier d'entre eux, le fier *Morvizza*, parle en ces termes : Dis-nous, *Narzevizca*, pour quelle raison nous as-tu appelés chez toi aujourd'hui, ô ô notre bon *Staréscina* et père ? Les *Haïducs* se sont-ils montrés dans ton voisinage ? Ne va pas leur céder la plus chétive brebis ; nous allons les combattre, les disperser. Le nom des *Narzevizca* a-t-il reçu quelque injure dans ta personne ou dans celle

12 Il s'agit d'une sorte de serviette avec des bordures. Voir G. Lovrich, *op. cit.*, p. 117, note b. – L'orthographe de l'édition originale hésite entre *marame* et *marâme.* Nous avons unifié en retenant le circonflexe.

13 Pour les cérémonies nuptiales des Morlaques, voir A. Fortis, *op. cit.*, p. 54-59 et G. Lovrich, *op. cit.*, p. 139-166.

de tes enfants ? Nos armes sont en bon état, nos bras sont prêts à s'en servir pour te venger. Nomme tes ennemis et demain tu n'en auras plus. Ou bien sommes-nous mandés pour aller chercher une épouse à ton aimable fils *Jervaz* qui doit engendrer des bons *Staréscina* comme toi, pour gouverner nos enfants ? Parle ; nos chevaux sont à ta porte, tout chemin est ouvert devant nous. Fie-toi à nos soins et nous jurons tous que le vaillant aura certainement la belle.

Pervan remercie les *Proszi* de leur empressement et annonce l'objet de sa recherche. Vers le déclin du jour vous vous mettrez en marche et vous irez chez *Toposních* lui demander *Jella* pour mon fils. À ce nom, des cris d'applaudissement s'élèvent de toute part. Le sujet et le choix inspirent l'allégresse. On commence par s'embrasser les uns les autres, on boit à la ronde, on passe presque toute la journée dans le tumulte le plus gai à table, à la danse, aux jeux, jusqu'à ce que l'impatient *Jervaz* avertit son père que le soleil approchait de la montagne et qu'il était temps d'aller. *Pervan* distribue aux *Proszi* les plumes de paon que dans une pareille occasion chacun doit placer sur son bonnet, les vins et les provisions qu'on doit porter chez *Toposnich* pour le souper. Chacun prend gaiement sa charge et la troupe au nombre de dix marche en jetant des cris mêlés aux coups des armes à feu qui partaient à tout moment.

Pervan en attendant pour calmer l'inquiétude de son fils bien aimé, car *Jervaz* l'était, s'assied hors de la cabane entre lui et *Stiepo* et propose de conter ses propres amours avec *Anka* leur mère. Le bon vieillard animait chaque fois son récit par un ton de sentiment qui le transportait ; et il y mêlait toujours de la poésie et du chant.

*HISTOIRE D'*ANKA[14]

Anka *était belle. Plusieurs* Staréscina *habitants des bords de la* Cettina *la souhaitaient pour fille. Mais son père* l'avait *promise à* Sidranich *riche en bétail et plus riche en argent.*

Spalato[15] *recevait souvent* dans *son port le vaisseau de* Sidranich. *Venise y puisait nos richesses et les remplissait des siennes qu'il nous rapportait.*

---

14 A. Fortis mentionne une chanson qui correspond à celle-ci, *op. cit.*, p. 150 : « *V'ha una canzone, conservata tradizionalmente fra' Moralcchi di que'contorni, che narra il caso dolente d'uno a cui fu rubata l'amante che avea il nome Anka.* » (« Il existe une chanson traditionnelle parmi les Morlaques de ces contrées qui raconte le triste cas d'un homme dont on a volé l'amante qui s'appelait Anka. »)

15 Aujourd'hui Split, deuxième ville de la Croatie.

Les draps de nos habits, les joyaux de nos femmes grossissaient les trésors de Sidranich.

C'est avec ceux-là qu'il avait *acheté le consentement du père, en lui offrant cent sequins*[16] *pour la dot de la fille.*

Il ne manquait que deux jours à la noce d'Anka, *et je la rencontrai. Elle pleurait, je l'aimais. Ses larmes tombèrent sur mon cœur.*

Anka, *tu n'aimes pas* Sidranich. *Ses grandes richesses, et les présents qu'il va te faire, ne retiennent pas tes pleurs.*

Oh Narzévizca, *je n'aime que toi. Que m'importent les richesses qui ne sont pas à toi ? Que m'importeraient-elles, si même étant à toi elles dussent me coûter ton absence ?*

Veux-tu être à moi, belle Anka *? – As-tu le courage de faire en sorte que je sois à toi, beau Pervan ? – Oui, je l'ai dans mon cœur, comme j'en ai la force* dans *mon bras et* dans *ceux de mes amis. –*

Nous nous séparons : je les assemble. –

Anka *veut être à moi. Craignez-vous, mes braves compagnons, les esclaves de* Sidranich *?*

Ils me répondent tous qu'ils sont prêts à enlever Anka *et que je n'ai qu'à les guider. Les armes que nous avons sont des présents de ton père. Il a partagé celles qu'il* avait *héritées du grand* Pecirep *entre nous, ses frères et ses neveux.*

Pourrions-nous nous en servir mieux que contre l'ennemi de notre parent ?

Je les place en embuscade dans *le bois qui est entre* Gliubuski *et* Vergoraz[17]. *Nous attendions tranquillement sur les bords du* Trevisat *l'arrivée des ennemis. Je montrais à mes vaillants camarades les beaux exemples à suivre que nous avions sous nos yeux.*

Voyez sur cette pierre l'enlèvement de Klia, *fille du* Ban[18] de Trebigne[19]. *La voilà sur la croupe du cheval de* Brancovich[20] *qui l'y retient de son bras robuste.*

Il laissa mort sur la place le fier Dobroslave[21] *son rival ; et il voulut que le tombeau de son ennemi fût un monument de sa victoire.*

---

16 Le *zecchino* ou *sequin* est une ancienne monnaie d'or frappée à Venise.

17 Petite ville de Croatie, appartenant à la Dalmatie.

18 Le *Ban* est à la tête d'un *banat*. Le terme, en serbo-croate, désigne le maître ou le chef.

19 Trebigne est une ville située dans l'actuelle Bosnie-Herzégovine, près de la frontière croate et non loin de Raguse.

20 La famille Branković s'est trouvée à la tête de la Serbie au Moyen Âge et est alliée à une grande partie de la noblesse de l'Europe de l'Est.

21 L'étymologie de *Dobroslav* renvoie à la bonté d'un côté et à la gloire de l'autre.

Mais les tambours grondent, les gusla *crient, les* Proszi, *les* Svati *chantent et font feu de leurs armes ; la troupe avance.*

Je laisse passer les premiers. Au moment que je vois paraître Anka et Sidranich, *je sors suivi de mes compagnons, le sabre à la main.*

Elle montait une jument blanche, comme neige. Sidranich *retenait avec peine la bride d'un barbe*[22] *superbe, présent du* Bacha *de* Bosnie. *Nous sommes sur eux. Arrête, usurpateur d'*Anka, *lui dis-je. « Elle est à moi, puisque ma volonté est la sienne. »*

*Mes amis avaient déjà écarté la plus grande partie de la suite ; mais les parents d'*Anka *voulaient s'opposer à mon entreprise. Arrêtez, vaillants* Slaves, *épargnez votre sang. Cette querelle doit se décider entre* Sidranich *et moi seul ; sa vie ou la mienne va la terminer bientôt.*

Oui, dit Sidranich, *insolent Narzevizca ; il suffit de moi seul pour réprimer ta hardiesse. Un moment, mes amis. Je me défais de l'importun et je n'arrête pas longtemps la marche. Nous allons boire un coup de plus à la punition du téméraire.*

Il saute en bas de son cheval. J'étais déjà à terre. Le sabre de l'invincible Pecirep *étincelait dans ma main.* Sidranich *était brave, robuste et irrité.*

Son sabre portait à ma tête, le mien voltigeait comme la roue d'un moulin.

Un grand coup de mon adversaire arrête ma manœuvre. Je le repousse. Les armes se croisent. Nous nous heurtons et nous sautons ens*emble en arrière pour nous rejoindre.*

*Mes yeux se tournent un in*s*tant sur* Anka *spectatrice et prix du combat. Je la vois porter d'une main tremblante le bout du* marâme *à ses yeux.*

C'est pour moi qu'elle pleure, me dis-je ; et sa douleur me rend furieux. Je vois mon ennemi sur moi prêt à me frapper d'un coup mortel. C'en était fait de ma vie. Mais je fus assez leste pour baisser à temps ma tête, la pousser contre son estomac et le renverser sur le dos. Il est à terre et son sabre étendu à côté. Je croyais le combat fini, je tournais ailleurs, lorsque je m'aperçus heureusement qu'il se relevait, le poignard à la main, pour me frapper en traître. J'eus le temps de le prévenir et de lui enfoncer le mien dans la poitrine.

Mes amis m'environnaient ; leurs cris pour la victoire épouvantèrent les amis. Ils allaient pourtant se rallier ; mais plus prompt qu'un éclair je sautai sur le bouillant cheval de Sidranich.

Je pris la bride de celui d'Anka *et me mettant au large je me tournai vers eux en m'écriant.*

---

22 Originaire du Maghreb mais répandu en particulier dans tout l'Empire romain, le cheval barbe est souvent utilisé comme une monture de guerre.

Svati, Proszi et *vous, braves amis d'Anka et de Sidranich, je n'ai point assassiné votre parent. Je l'ai attaqué et tué en vaillant* Slave. *Je vous offre le prix de son sang. Venez tous à mon habitation, où je mène* Anka. *La fête de mes noces vous y attend. Huit jours nous célébrerons cette fête par des repas continuels, par des jeux et des danses.*

Mes nombreux troupeaux pourraient suffire à vous nourrir tous pendant une année entière.

Le vin d'Istrie dont j'ai une ample provision, vous sera servi en abondance. Venez-vous réjouir.

Je promets cinquante sequins qui seront distribués aux plus proches parents de Sidranich, *pour le prix du sang que j'ai dû verser.*

Un habit complet avec des boutons d'argent à celui qui jettera le plus loin la grande pierre à l'entrée de ma cabane.

Deux beaux jeunes bœufs à celui qui arrivera le premier en courant au terme que nous marquerons.

Un sabre damasquiné à celui qui placera la balle de son pistolet dans le milieu de la planche ronde attachée au sapin de la prairie.

Venez, braves amis de Sidranich. Narzevizca *le remplace. Il vous offre son amitié et ses dons. Toute la compagnie s'arrête et délibère. Le défunt avait peu de parents* ; *(les* gens *riches n'en ont guère parce qu'ils affectent de les méconnaître) et l'héritage allait leur appartenir.*

Je m'étais comporté en homme courageux et j'avais l'air de ne vouloir pas m'en tenir là, si je rencontrais des obstacles nouveaux.

L'on accepta mes offres, et nous nous acheminâmes tous à ma cabane. J'étais à la tête, conduisant avec moi le butin le plus riche à mes yeux. Anka *paya tous mes risques par un sourire de contentement ; et j'allais la posséder.*

Je tins mes promesses. Les cérémonies de la paix entre les parents du mort et moi se firent honorablement.

Les cinquante sequins enterrèrent sa mémoire, comme le tombeau, où nous sculptâmes sa fin, renferma son corps.

Oh Anka, Anka, *nous fumes heureux alors autant que je suis infortuné depuis que je t'ai perdu.*

Oh détestable Vieschiza[23], *haineuse et malfaisante sorcière, tu me l'as enlevée, tu lui as mangé le cœur.*

---

23 Note de Giustinana Wynne : « Nom générique des Fées malfaisantes » ; voir aussi G. Lovrich, *op. cit.*, p. 195 et A. Fortis, *op. cit.*, p. 60. – Dans le texte des *Morlaques*, le terme est parfois écrit avec un « a », parfois avec un « e » final.

Oh mon Épouse, nos enfants pleureront donc ma mort à ta place et tu ne chanteras point aux noces de Jervaz.

Pervan se tut et essuya son visage baigné de larmes. Jervaz en l'écoutant avait repris tout son courage, sa *Jella* ne pouvait lui échapper ; l'exemple de son père lui indiquait les moyens de se l'approprier en cas de refus.

Au bout du temps, que le récit du père, les rêves du jeune amoureux et les reflexions de *Stiepo* et de sa bonne *Dascia* avaient rempli, les *Proszi* furent de retour à la nuit avancée. Ils annoncent que *Toposnich* les a très bien reçus ; qu'après le grand souper ils avaient exposé le sujet de leur mission. *Toposnich* content de la proposition leur avait dit de revenir, selon l'usage, dans quelques jours pour recevoir la réponse. Après quoi *Pervan* secondé par Jervaz les remercia en les congédiant et prit jour avec eux pour aller la chercher.

LIVRE TROISIÈME

ARGUMENT

Premiers apprêts de la noce. – Conversation des deux vieillards au sujet de Marcovich. – Origine et histoire des Morlaques. *– Leurs rapports avec les Russes.* – CATHERINA[1].

Le barbare absolument sauvage n'attache au choix d'une compagne, au lien le plus doux que la nature nous porte à serrer, aucune importance, aucune solennité. L'homme entièrement civilisé ne fait du mariage le plus souvent, qu'une affaire de convenance et d'intérêt ; et lors même que le cœur décide du choix, ce n'est pas ordinairement la plus grande affaire de sa vie. Mais les peuples également éloignés de ces deux états, ou un peu plus près de celui de la simple nature, regardent le mariage, comme l'époque la plus intéressante, la plus remarquable parmi tous les événements de la vie. C'est à l'occasion du mariage que leur imagination se déploie en allégories ingénieuses, en cérémonies expressives. C'est alors qu'ils célèbrent avec une profusion pompeuse des fêtes particulières et qu'ils reconnaissent et implorent la Divinité, en donnant sous ses auspices une sanction religieuse à cet engagement réciproque. Ce beau moment approchait pour la famille des *Narzevizca* et le bon vieillard brûlait de devenir grand-père. Ses vœux demandaient inutilement au ciel des enfants à son aîné. La stérilité de ce mariage faisait encore plus le malheur de *Pervan* que celui des époux. Ceux-ci s'en consolaient en partie par les charmes de leur amour mutuel. Mais le défaut de postérité tient dans l'affliction toute famille *morlaque*, comme une descendance nombreuse en fait la force et l'orgueil. *Pervan* mit toute son espérance

1 Rudolf Maixner (art. cité, p. 68) observe à propos des développements concernant la Russie et l'impératrice : « Cet intermède russe, tout à fait étranger à la matière, est sans doute à attribuer aux rapports personnels de l'auteur avec la Cour impériale de Saint-Pétersbourg qui [...] datent de la visite à Venise des 'Comtes du Nord', en 1782. C'est à coup sûr la partie la plus fictive de ce tableau de mœurs. »

dans le mariage de *Jervaz* et en sollicita les préparatifs. Il ordonne à sa belle-fille *Dascia* et aux servantes de bien laver et nettoyer la cabane et tous les vases sculptés du ménage. Il fait étendre les plus belles peaux et les grandes couvertures sur les lits. Il la mène ensuite dans une espèce de grange pratiquée sous le toit de la cabane. Là dans différentes caisses était conservé l'ancien et riche mobilier de la famille, auquel on ne touchait que dans les grandes occasions. Les habits, héritage des aïeux, les belles chemises et les *marâmes* brodés en or et en soie, les *kalpaki*[2] ou bonnets d'hommes et femmes, les ceintures et les joyaux forment une propriété commune et précieuse dont l'usage plus ou moins fréquent selon la qualité des pièces était permis aux jours de fête. La femme de *Stiepo* avec ses servantes étale par ordre sur des caisses et sur des tables toutes les richesses de la maison, comme elle l'avait vu pratiquer lorsqu'elle vint la première fois voir la cabane de son beau-père. En même temps *Pervan* et ses fils frottent avec de l'huile et de la serge les sabres, les pistolets, les fusils et les poignards qu'ils disposent avec symétrie sur les parois de la cabane. Les antiques *chioulmi*[3] ou marteaux, les arcs et les flèches, armes anciennes de la nation, étaient conservées avec vénération par les Narzecvizca et furent de même mises en vue. Que Jella et sa mère, dit *Pervan*, admirent les beaux habits et les ornements dont nous abondons. Mais que les *Toposnich*, en voyant nos armes, apprennent que les *Narzevizca* en connaissent l'usage depuis longtemps et que la valeur est aussi héréditaire chez nous que les armes mêmes. Ce sabre énorme par son poids et par la largeur de sa lame est celui du grand *Pecirep*. Hélas ! Mes enfants, je l'ai bien manié dans ma jeunesse.

À peine puis-je le soulever aujourd'hui. Ces pistolets et ce fusil ont été enlevés par mon grand-père au *Bacha de Scutari*[4] lorsqu'il lui fit sauter la tête dans une sortie sous les murs de *Coron*[5]. Ô mes enfants,

2 Il s'agit d'une espèce de bonnet de la forme d'un turban cylindrique. Voir A. Fortis, *op. cit.*, p. 62.

3 Le terme désigne un marteau avec un manche long. Voir G. Lovrich, *op. cit.*, p. 120.

4 Louis de Jaucourt rédige pour l'*Encyclopédie* les lignes suivantes : « *Scutari* est une ville de la Turquie européenne, capitale de l'Albanie, à dix lieues d'Antivari, vers le levant, entre le lac de Zenta & la petite riviere de Boiana. Elle a été le siège des rois d'Illyrie. Les Turcs en sont les maîtres depuis l'an 1478. Elle est grande, peuplée et défendue par une citadelle. Il y a un évêque latin, sous la métropole d'Antivari. C'est la résidence d'un bacha. *Long. 37. 12. latit. 42. 35.* »

5 Ville grecque fortifiée de la Morée qui fait aujourd'hui partie de la commune de Pylos-Nestoras.

pourquoi notre Lion parait-il avoir les ailes mouillées à présent ? Pourquoi ne cherche-t-il point à attaquer l'indigne Ottoman qui lui a fait souffrir tant d'injures, essuyer tant de pertes ? Avec quelle joie les vaillants Slaves ne s'empresseraient-ils pas autour des drapeaux de leur bon Souverain ? Les armes que vous voyez ici inutilement étalées et que je verrais, moi, si volontiers dans vos mains, seraient bien autrement polies, si on les trempait dans le sang des infidèles.

Tout étant ainsi préparé chez *Pervan*, voilà qu'au troisième jour on voit une petite troupe s'avancer en belle ordonnance. C'est *Jella*, c'est elle-même avec sa mère, ses sœurs, sa douce *Poséstrime*, ses amies et une escorte de ses parents, qui viennent voir l'habitation et les richesses des *Narzevizca*. Le bon vieillard leur ouvre la porte et ses bras, les guide partout et les étonne par la quantité et le bel arrangement de ses meubles. *Jella* et sa mère sont éblouies de tout ce que l'empressée ménagère *Dascia* déploie à leur vue, en habits et en joyaux. *Jervaz*, les yeux sur *Jella*, jouit de la surprise qu'il voit dans les siens. Les armes excitent l'admiration des vaillants plusieurs essayent de manier le sabre de *Pecirep*, plusieurs le soutiennent, chacun ne peut le faire tourner autour de sa tête. *Pervan* soupire ; il s'en servait dans sa jeunesse et aucun de ses enfants n'a la force qu'il avait à leur âge. Il conduit les *Toposnich*, père et fils, à cinquante pas de la maison pour leur montrer le spacieux *cimbla*[6] ou grenier, à l'usage de sa famille et des domestiques. Plus loin il leur fait voir les bœufs et les brebis qui blanchissent la plaine. Ce ne sont pas, dit-il, les seuls biens des *Narzevizca*. Depuis les bords riants de la *Cettina* jusqu'au pied raboteux du *Clapavizza*, tout est à nous. Chaque ménage a de quoi suppléer à ses besoins. Et je pourvois à tous. Ces réservoirs sont pour ma famille et pour les malheureux. Il ne doit pas y en avoir où *Pervan* est *Staréscina*. Nous sommes tous frères et nous nous secourons en frères. La joie augmentée par les plaisirs de la table se répand, s'exalte et ne fait des deux familles qu'une seule ; les embrassements, les chansons, les cris, les sauts forment le plus beau spectacle. On se quitte enfin en souhaitant une heureuse issue à cette affaire. *Jervaz* accompagne *Jella*, mais il ne lui est permis de pousser plus loin que la moitié du voyage. Il revient sur ses pas au clair de la lune, tendrement attristé de la séparation, mais heureux par l'espérance du

6 Voir G. Lovrich, *op. cit.*, p. 87 : sorte de grange faites de tuiles.

succès. Il s'abandonne à ce dernier sentiment et cherche à l'exhaler par des chansons amoureuses dont il fait retentir les bords silencieux de la paisible *Cettina*. De l'autre côté du fleuve, le passager qui retourne chez lui reprend le dernier vers du couplet achevé par *Jervaz* et en ajoute un de son invention. *Jervaz* l'interrompt et plein de l'amour qui l'inspire, fait de nouveaux couplets sur le champ. Le passager répond en improvisant de même et la lutte poétique dure entre eux jusqu'à ce que les détours de la rivière ou le sentier qui abrège un des deux chemins, sépare les voyageurs. C'est ainsi que souvent le *Morlaque*, enfant de la nature, exempt de soucis, occupe la sensibilité de son âme et ne la tourmente point par des désirs sans bornes. Son imagination et sa verve poétique lui font goûter des jouissances tranquilles et pures que l'ambition et l'envie d'une renommée se proposent en vain.

Le *Morlaque* né poète et musicien à sa guise fait et chante ses vers à l'amour par le doux besoin qui excite l'amour même. *Jervaz* avance et n'entend plus son compétiteur. Il approche du flanc escarpé *d'Ervazza*[7] ; on redit le dernier mot de son vers, quelquefois le vers entier. Il s'arrête et répète encore, tantôt traînant sa voix, tantôt la pressant. Étonné et presqu'irrité il croit qu'on se moque de lui et il défie à plus haute voix celui qui le contrefait, à se montrer. La réponse est plus sonore que les précédentes. Alors il reconnaît que ce qu'il entend n'est autre chose que l'esprit *Vada*[8], habitant caché des rochers et des cavernes, qui se plait à intimider les passants sans leur nuire. *Jervaz* connaissait l'écho de cette manière ; aussi lui cria-t-il d'un ton assuré : Tu ne m'effrayes pas, esprit solitaire – Esprit solitaire, lui répondit-on. *Jervaz* le fit répéter plusieurs fois, jusqu'à ce que plus avancé dans la plaine et n'entendant plus *Vada*, il crut l'avoir fatigué et obligé de rentrer sans sa grotte pour s'y reposer.

L'impatient garçon tourmente son père pour qu'il se hâte de renvoyer les *Proszi* chez *Toposnich*. *Pervan* lui dit d'attendre encore quelques jours. J'excuse ton ardeur. Mais il ne faut pas en montrer tant pour l'acquisition d'une femme. Cette ardeur dégrade le brave Morlaque et le fait passer pour faible. Que ferais-tu de plus s'il s'agissait d'acquérir une belle jument qui put améliorer nos haras, en nous donnant des chevaux dignes de porter nos guerriers intrépides. Sois tranquille : tu seras servi par *Jella*.

---

7 Commune en Dalmatie.

8 Voir la note de la traduction italienne, p. 58. L'écho est considéré comme un esprit par les Morlaques. Voir aussi G. Lovrich, *op. cit.*, p. 202.

Elle lavera tes pieds, peignera tes cheveux, essayera ta sueur quand tu reviendras des champs. *Jella* portera au temps de la récolte le lait aigri pour te désaltérer au milieu des travaux et dans nos festins elle présentera à tes amis du vin dans la coupe sculptée. Mais que le *Slave* dédaigne de donner à soupçonner qu'il préfère les plaisirs du ménage aux exercices de la force. *Jervaz* écoute, mais il aime. Extraordinairement sensible pour un *Morlaque*, l'âme élevée par l'amour, il entrevoyait un bonheur d'une espèce bien plus délicate ; celui que la nature simple et innocente indique dans l'union de deux cœurs qui se conviennent, celui que la nature brute et barbare cherche en vain de dégrader, celui que la nature corrompue dégrade réellement par une marche fausse et irrégulière.

Enfin tout est prêt. Le jour est arrivé et les *Proszi* sont dans la maison de *Toposnich* chargés des provisions qu'ils ont apportées. Ils soupent tous, tandis que *Jella* debout au coin de la table les éclaire avec une branche de sapin sec qu'elle tient à la main. On boit à la ronde et chacun trois fois : la première à la santé de *Toposnich*, la seconde à celle de *Pervan* et la troisième au bon succès de l'affaire. Alors le plus ancien et le plus digne parmi les *Proszi*, le majestueux *Lovrich* porte une tasse pleine de vin à la belle *Jella.* Elle la boit et fait connaître par là que ses parents agréent l'alliance. *Lovrich*, très expert dans son important ministère, tire une belle pomme de son sein et une médaille d'or de sa ceinture, et la mettant dans la pomme, l'offre à *Jella* et lui dit : Tiens, *Jella* ; vois dans cet or l'opulence qui t'est promise dans la maison de *Narzevizca.* Semblable à cette pomme tu dois y porter sa douceur, comme tu en retraces les couleurs sur ton visage. Elle prend la pomme et la présente à son père. *Toposnich* alors se tournant vers *Lovrich* et les autres leur dit : La demande que vous me faites m'est agréable. Mais en vous cédant *Jella*, je perds la propriété de sa personne et l'utilité que j'en retire pour mon ménage. Voyez ses bras ronds et nerveux. Elle plante mes choux, lave mon linge, trait mes vaches et mes brebis, dont elle sait préparer le lait de vingt façons différentes. Ses jambes fortes et droites, comme un jeune sapin, soutiennent son corps sans qu'il chancelle lorsqu'elle revient de la fontaine, le baril rempli d'eau sur sa tête. Voyez sa gorge rebondie. Nombre d'enfants pourront y puiser la santé et la force. Soumise à l'homme auquel elle va appartenir, je jure qu'elle lui obéira avec la même promptitude lorsqu'il lui ordonnera de cuire les viandes pour régaler ses hôtes, que lorsqu'il lui dira de danser en rond avec eux.

Quel prix m'offrez-vous pour ma *Jella* ? – Toi, qui connais ses bonnes qualités, quel prix y mets-tu toi-même ? répond *Lovrich.* Je ne marchande point avec mes amis, reprend *Toposnich* : Offre et si la somme ne me contente pas, tu sauras alors mes intentions. – Eh bien, dit *Lovrich*, tu sais que rarement on donne pour une femme au-delà de dix sequins. *Jella* n'a point de prix et j'apporte pour elle de la part des riches *Narzevizca* cinquante sequins d'or tous comptés dans cette bourse. *Lovrich* la tire alors de sa ceinture et la fait sonner d'un air victorieux tout auteur de la table. Tous les convives battent des mains à cette vue et un murmure joyeux remplit la cabane. *Toposnich* ordonne le silence et prenant la bourse d'une main, il tend l'autre à *Lovrich* : Serre ma main et ma promesse. Tu porteras celle-ci inviolable à ton parent. *Jella* est à lui. Ma fille, *Jervaz Narzevizca* sera ton époux ; prépare-toi à changer de maître. Que toute ma famille et mes amis se réjouissent. Dans huit jours je vous invite tous à célébrer la noce. Les cris d'allégresse recommencent, on se lève en tumulte, on chante, on saute, on se congédie. *Lovrich* à la tête de sa troupe porte la réponse à la cabane de *Pervan* ; et la gaieté, dont les *Narzevizca* sont remplis par l'heureux succès, se répand dans tout le canton avec la nouvelle que de là à huit jours le beau mariage amènera les fêtes et les plaisirs. *Jervaz*, ivre de son bonheur, court l'annoncer à ses parents, à ses amis. Toute la population, tous les *Narzevizca* sont en mouvement. Les plus apparents parmi eux, les plus distingués par les belles actions et par l'estime qu'ils ont acquise, sont aussi séparément invités à figurer dans la fête. Bienheureux les peuples, où la vertu a une réputation, où la réputation a un rang ! *Jervaz* a reçu les instructions de son père ; il les suit avec une exactitude et une bonne grâce qui enchante tout le monde. On distribue les différents emplois d'usage dans la cérémonie ; on assigne à chacun l'office qui lui convient par le degré de parenté qui le rapproche des époux, ou par la considération dont il jouit. Tous sont contents, tous se préparent. *Jervaz* partage son temps entre ces soins et les visites qu'il fait à *Jella.* Il la voit dans son ménage, il lui parle, il l'embrasse, il est déjà le fils de la maison et y est accueilli comme tel. Le grand jour approche ; les femmes et les filles brodent de nouvelles chemises, de nouveaux brodequins, changent les ficelles qui les attachent, inventent des ornements pour leurs bonnets et pour leurs tresses. Les jeunes gens se dispersent à la chasse, à la pêche. Les pères choisissent dans les troupeaux les moutons les plus gras ; les poulets, les dindons sont nourris avec du blé turc cuit dans le lait. Chacun porte des présents à la cabane de *Pervan* pour que la fête soit splendide et pour montrer combien le bon *Staréscina* est aimé de tous les *Narzevizca*. *Pervan* de son côté forme dans un coin de la cabane un compartiment en planches, destiné à renfermer le lit des époux. Il y place une caisse pour les habits ordinaires ; ceux de parade sont gardés dans le magasin commun de la famille. Avec deux morceaux de planche, chacun sur trois pieds, il garnit la petite chambre de deux chaises. Il donne à sa belle fille pour la couche nuptiale plusieurs peaux des plus blanches et les couvertures de laine, ouvrage des Turcs ses voisins.

Mais au milieu de ces occupations *Pervan* est tourmenté d'un souvenir. Il n'a pas oublié la querelle de son fils avec *Marcovich* et ce *Marcovich* lui a paru un amant de *Jella*. Que fait-il, où est-il ce bouillant rival ? Il faut qu'il s'en informe pour prévenir quelque accident funeste au jour de la noce et pour opposer au cas de quelque surprise la valeur des *Narzevizca* aux attentats des *Marcovich*. Sans en rien dire à ses fils, il selle son cheval et s'achemine vers la cabane de *Toposnich*. Il le trouve au milieu de ses enfants, donnant des ordres pour la fête qui devait commencer chez le père de l'épouse et finir dans la maison de l'époux. Un vénérable *Caloyer*[9] était chez lui, revenu depuis peu de Pétersbourg, où il avait fait un séjour de quelques mois, après y avoir accompagné un Évêque Grec. *Pervan* lui baisa respectueusement la main. C'est un de mes anciens amis, habitant autrefois de *Ulacca*[10] près de l'embouchure de *Narenta*[11]. Il a longtemps demeuré dans différents pays éloignés, lui dit *Toposnich*, et en retournant chez lui il a choisi ce chemin pour me revoir et pour bénir ma cabane, ma famille et mes amis. Les vieillards s'embrassent. Le dîner est offert et accepté. Pendant qu'on le prépare, *Pervan* propose une promenade à son ami ; il a quelque chose d'important à lui communiquer. Caloyer, dit-il au Prêtre, les pères de famille ont besoin de tes prières ; je vais parler à mon ami. Tu es le sien. Parle à ton tour au Seigneur pour tous les deux. – Allez, mes frères, leur dit le Caloyer, versez vos secrets dans le sein l'un de l'autre et que le curieux ne les pénètre jamais. Le vase de *Rakia*[12] qui n'est pas bien fermé, laisse

9 Prêtre du rite grec orthodoxe. Voir la note de la traduction italienne, *op. cit.*, p. 63.

10 Baie de l'île San Clemente dans l'embouchure du fleuve Narenta.

11 Fleuve en Dalmatie, voir la note de la traduction italienne, *op. cit.*, p. 63.

12 Le rakia (ou raki) est l'eau de vie des Balkans, produite à partir de fruits. Voir A. Fortis, *op. cit.*, p. 57.

exhaler les parties spiritueuses de la liqueur. Elle perd sa force, devient insipide et n'est d'aucun secours à l'homme affaibli qui en a besoin. » Les deux amis sortent ensemble. Ils s'éloignent en silence. À vingt pas de la cabane, *Pervan* s'arrête, prend la main de *Toposnich* et lui dit :

Toposnich, mes souvenirs me troublent. Le soupçon s'élève dans mon âme. Oui, j'ai du courage ; je me sens intrépide encore. Mais tu sais que le courage qui n'est qu'intrépide, est comme le torrent qui se précipite des monts, couvre nos prairies de ses eaux écumantes, désole nos campagnes et se perd, s'anéantit et ne laisse sur ses traces que le ravage et la dévastation ; tandis que le courage joint à la prudence ressemble à l'onde de notre *Cettina* laquelle renfermée dans ses bords est la source de mille biens pour le canton, malgré la rapidité avec laquelle elle traverse nos champs. Leurs eaux sont également bonnes à boire, mais il faut se nourrir aussi. Et comment le pourrions-nous, si nos pâturages étaient submergés, si la *Cettina* ne nous fournissait pas abondamment les poissons pour nos jours d'abstinence ? Parle-moi vrai, ô ô l'ancien ami des *Narzevizca*, éclaire ma prudence. *Marcovich* n'a-t-il jamais demandé *Jella* pour sa femme ? Te repens-tu de la lui avoir promise ou étais-tu libre de l'accorder à mon fils ? Puis-je être sûr que *Marcovich* ne nous tendra pas quelque embuscade ? Tu as vu souvent dans les chemins de *Lovreck*[13], de *Cista*[14], de *Mramor*[15] les grandes pierres sculptées. Tu sais qu'elles indiquent autant d'enlèvements de femmes faits par nos ancêtres. Tu peux te rappeler que j'ai dû moi-même suivre leur exemple. *Marcovich* pourrait-il se croire fondé à troubler les noces de mon fils ? – Je loue, ô ô *Pervan*, ta sage prévoyance. La prudence de ton esprit est comme le bâton de ta vieillesse. Mais sache que cette fois tu peux marcher sans crainte. Je connais les grandes pierres sur la route *d'Imoski*[16]. Je me suis arrêté souvent à *Dervenich*[17], à *Zakuzaz*[18], pour y regarder les tombeaux de ceux qui périrent à l'enlèvement de la belle *Jukossava*. À l'égard de notre mariage, il n'y a rien à prévoir, rien à craindre. *Marcovich* a quitté son habitation et le pays. J'ai vu, il est vrai, ses yeux ardents fixer ma fille. Il a laissé percer des désirs en partant, mais il ne m'a pas demandé

13 Aux trois endroits cités ici se trouvent des pierres tombales, voir A. Fortis, *op. cit.*, p. 55.

14 Petite ville de Croatie.

15 Il s'agit probabalement d'un quartier de la ville de Kakanj, en Bosnie-Herzégovine.

16 Petite ville de Croatie.

17 Village de Croatie.

18 Village de Croatie.

ma parole. Peu de jours après que nous nous étions réjouis ensemble et que la vivacité de ton fils manqua d'ensanglanter la fête, *Marcovich* est venu à ma cabane. Adieu, *Toponsnich* et les tiens, m'a-t-il dit. Dieu conserve toi, ta famille et ta *Jella*. J'ai cru entendre la trompette de la guerre. Les Russes, nos anciens frères, vont combattre les Turcs[19]. Leurs immenses vaisseaux sont sortis de la *Neva* que l'hiver arrête par ses glaces. Ils parcourent des espaces infinis, ils approchent de nos mers. Et ils dont amis de notre Souverain. Mon courage m'a réveillé en sursaut ; je brûle, je vais les joindre. Je connais toutes les îles de l'Archipel et les repaires de ces barbares ennemis du sang des Chrétiens. Je vais leur servir de pilote et mon bras tournera le sabre en leur faveur. Je reviendrai chargé des dépouilles des vaincus et peut-être alors, si la destinée l'aura ainsi marqué, ta *Jella* peignera mes cheveux et lavera dans les eaux de la *Cettina* mon linge teint du sang des Infidèles. – J'approuve, *Marcovich*, lui répondis-je, ta résolution. Pourquoi mon sang ne bouillonne-t-il pas, comme le tien, au cri de guerre qui a frappé nos oreilles ? Mon âge en a ralenti le cours dans mes veines. Ma vie s'est passée à gouverner, à faire prospérer ma famille, à chercher le bonheur de mes proches, dont je suis le chef. Le long repos attiédit l'âme, je le sens ; la tienne brûle, comme la forêt lorsque la foudre y a allumé l'incendie. Va, oh *Marcovich*, puisses-tu faire mordre la poussière à autant de nos cruels voisins qu'il y a de poils dans ta moustache. Va et rends-toi aussi redoutable aux infidèles que notre ancien héros *Marco Kralovich*. Sa chanson nous dit que monté sur le cheval des Rois, une vipère lui servait de bride, une autre de fouet[20]. Qu'une rage meurtrière dirige ton cheval, tandis que tes coups répandront la mort et le poison parmi les ennemis. Va et reviens, pour que tes oreilles soient chatouillées dans nos festins par la chanson de *Marcovich* remplie de ses fastes et de sa gloire. – Il reçoit mon augure, mais ne veut pas accepter le festin que je lui offre pour son départ. – Donne-moi un verre de vin, dit-il, et laisse-moi partir ; je dois rejoindre les amis que je guide à nos frères. Ils m'attendent tous dans le canal de *Trait*[21], j'ai choisi parmi nos compatriotes soixante des plus

---

19 La Russie a des désirs d'expansion, l'impératrice souhaitant recréer un empire byzantin. Une guerre l'oppose, au côté de l'Autriche, aux Ottomans à compter de 1787.

20 Note de Giustiniana Wynne : « Cette image est exactement prise d'une ancienne chanson *morlaque*. » Voir Lovrich, *op. cit.*, p. 97 et 131.

21 Traù, ville de Croatie, voir A. Fortis, *op. cit.*, p. 87 et suiv.

braves. Un plus grand nombre aurait fait du tort à nos familles ; j'en ai dix de *Palmar*, dix de *Sternez*, dix de *Minazza*, autant des montagnards courageux du *Clapavizza* et des *Vucossich* aussi nombreux qu'une fourmilière, j'en ai pris vingt. Adieu, *Toposnich*, adieu, *Jella*, dit-il en se tournant vers ma fille. Garde cette agrafe d'argent relevée par ces rosettes d'or ; qu'elle te serve dans les jours de fête à attacher ta chemise sur ton sein. En la regardant quelquefois, tu feras peut-être des vœux pour le retour de *Marcovich*. Nous l'embrassons et il part. Tu vois, mon ami, qu'il m'a laissé libre de disposer de *Jella*. Il n'est pas sûr que la guerre finisse si tôt ou que *Marcovich* nous revienne. *Jella* est mûre pour l'homme. Le fruit qui n'est pas cueilli dans son temps, sèche sur la branche ou tombe pourri et devient la pâture des animaux les plus immondes. – Tu as parlé en homme sage, oh *Toposnich*, et mes craintes sur le mariage de mon fils sont entièrement dissipées, lui répondit *Pervan*.

Mais que me dis-tu de nos frères les Russes, de leurs guerres et de leur puissance ? Tu entends le langage du papier, tu connais toutes nos anciennes chansons. Tu as parcouru dans ta jeunesse des pays lointains. Tu as passé *Venise* d'un côté, la *Bosnie* de l'autre. En suivant le cours d'immenses rivières, tu nous as dit souvent que tu avais revu les vastes pays habités autrefois par nos pères. Dis-moi ce qu'ils étaient et ce que leurs fils et nos frères sont devenus. – Oh *Pervan Narzevizca*, ma mémoire ne retient plus qu'une partie des grandes choses que j'ai vues et que j'ai entendues dans des villes habitées par les *Vaivodes*. J'ai souvent parlé à des gens qui savent tout ce qui s'est passé depuis un temps infini. Mais je ne suis plus en état de contenter ta curiosité. La longueur du temps qui s'est écoulé, les changements qui seront survenus et mon ignorance sur les derniers événements rendraient ma narration trop imparfaite. Heureusement pour nous, le *Caloyer* que tu as vu chez moi est depuis peu de retour de ces contrées. Il y a demeuré assez des temps pour nous instruire sur ce que tu aimes de savoir et sur ce que je souhaite de rappeler à mon faible souvenir. Ils rentrèrent au logis et prenant au milieu le Caloyer ils s'assirent tous les trois à la porte de la cabane.

L'agneau tourne devant la braise enflammée, les femmes découpent les choux. Veux-tu, respectable Caloyer, régaler des amis en attendant que tu sois régalé le mieux que je pourrai ? lui dit le bon *Toposnich* de l'air le plus empressé. Tu reviens, me disais-tu hier, d'un pays lointain, tu as vu des merveilles inconnues chez nous. C'est le vaste empire des *Russes* que tu as traversé. C'est en partie ce que j'ai vu moi-même autrefois. Mais le temps a passé sur ma mémoire, comme les pieds des passants marchent sur les tombeaux au-devant de l'autel et en effacent les belles sculptures. Dis-nous comment et combien les *Russes* sont nos frères[22]. Dis-nous ce que nos pères furent anciennement. Fais-nous connaître et briller à nos yeux la gloire des *Slaves*. – Oui, mes chers amis et frères, votre désir est louable ; je vais le contenter avec l'aide de Dieu, qui est l'auteur des merveilles et qui en a ébloui les yeux de son serviteur et ministre. Écoutez-moi et partagez mon étonnement. Une distance que l'on ne parcourt que dans plusieurs mois, nous sépare vers ce côté (il leur indiquait le nord) d'un pays immense, où le soleil s'élevant de travers et se plongeant de même, ne monte jamais si haut que sous notre ciel. Sa lumière y est moins brillante, sa chaleur moins forte. Autrefois les hommes y étaient aussi nombreux que les cailloux de la rivière. Ne trouvant plus assez de nourriture, un grand nombre des jeunes gens avec leurs femmes quitta le pays et descendit le long des fleuves. Les bords fertiles qui s'étendaient en vastes plaines, présentaient de bons pâturages aux bestiaux qu'ils emmenaient. Des immenses forêts les arrêtaient en leur offrant des chasses abondantes et faciles. Ils se répandirent en avançant, et firent reculer devant eux les habitants qui voulaient s'y opposer. Dans l'espace de plusieurs générations leur nombre s'étant prodigieusement augmenté, ils établirent partout des villages, ils formèrent des cantons. Enfin ayant passé le grand fleuve de *Sava*[23] et franchit les montagnes de la *Bosnie* ; ils découvriront ces plaines et occupèrent ces vallées, notre berceau, ainsi que tout le pays qui nous entoure jusqu'à la mer. Voilà comme nos ancêtres se transplantèrent ici, et y laissèrent une postérité aussi nombreuse que les feuilles de l'arbre transplanté dans sa jeunesse. Eh bien, ce pays, d'où ils étaient partis, est celui des Russes, qui descendent de ceux qui y restèrent. Vous voyez, mes amis, que notre origine est la même et que les Russes sont nos frères. Ajoutez à tout cela que d'autres peuples sont venus ensuite se mêler à nos pères, du côté où le soleil se lève, tantôt reçus amicalement, tantôt nous attaquant avec la plus grande supériorité du nombre, et se confondant après avec nous,

22 Pour la Russophilie de G. Wynne, voir ci-dessus, p. 33-34.

23 Rivière en Slovénie et Croatie qui a sa source dans les Alpes Juliennes et se jete dans le Danube près de Belgrade.

comme les eaux du torrent de *Gipalovv-Urilo*[24] se jettent avec fureur au printemps dans le lit de la *Cettina*.

Quelque temps après eux, les *Puissants* de *l'Italie* traversèrent la mer et parurent sur nos côtes. Nous les repoussâmes plusieurs fois, mais leurs armes, leur manière d'attaquer et leur opiniâtreté l'emportèrent sur notre bravoure. Et nos anciens vécurent longtemps sous leur loi, qui nous rendit riches, dit-on, et heureux. Il y eut même quelqu'un de leurs chefs qui habita parmi nous. Il y trouva le repos et le plaisir après les travaux de la guerre. Nos rivières et nos lacs fournissaient à ses repas des poissons exquis qu'il aimait à pêcher lui-même. Mais la masse du rocher se détache peu à peu et tombe au fond de la vallée. La rivière détourne son cours et la colline s'aplanit. Ainsi l'empire des *Puissants* s'écroula et disparut. Nous avons encore sous nos yeux quelques souvenirs de leur pouvoir immense. Ces grandes pierres, que tu vois enfoncées dans la terre, ont été remuées par leurs bras[25]. *Podgraje*[26], *Uragniz*[27], *Stobrez*[28] et *Morosr*[29] et tant d'autres endroits renferment des masses de marbre, qu'ils ont attachées aux entrailles des monts et qu'ils ont su élever et suspendre en l'air. Nous cherchons toujours à les détruire ; mais il en reste encore assez pour exciter la curiosité de ceux qui voudraient nous forcer au travail inutile de les transporter ailleurs. Les *Puissants*[30] du côté de la mer, attaqués par les nouveaux venus qui fondirent dans leurs états, et divisés entre eux, perdirent l'empire du monde qui leur obéissait. Ils obéirent à leur tour à des peuples qui vinrent des mêmes pays d'où nos premiers ancêtres étaient descendus. Un reste des *Puissants* du côté où le soleil se couche se soutint encore et nous les aidâmes à repousser les ennemis qui cherchaient à envahir les pays qui leur restaient.

Mais la montagne s'affaissait en entier. Nous nous renfermâmes dans nos cantons. Nous vîmes passer autour de nous les nations qui se chassaient, en cherchant à saisir quelque portion de cet immense butin. Affaiblis au-dedans par la dispersion des habitants, accablés au dehors

---

24 Torrent de Croatie.

25 Note de G. Wynne : *Asseria.*

26 Podgraja, village de Slovénie.

27 Note de G. Wynne : *Salona.*

28 Village sur la côte de Spalato, en Croatie.

29 Note de G. Wynne : *Epetium.* – Ici, l'auteure se trompe. Eptium est le nom ancien de Stobrez.

30 Les habitants de la Grèce antique.

par le nombre des peuples errants et voisins, nous fûmes tour à tour opprimés par les uns, délivrés par les autres. Mais le joug ne put jamais forcer nos têtes à se courber vers la terre. Nous nous relevâmes. Ce fut en ce temps-là que nos vaillants pères se choisirent un chef parmi eux et que dans le mélange confus des vainqueurs et des vaincus, le *Slave* glorieux inébranlable descendit et garda son pays. Regardez, mes amis, les tombeaux qui sont répandus dans les vallées de *Kozjach*[31] et *Javebizza* au pied des monts *Jassicova*[32] et *Rasdolin*[33]. Ils renferment les cendres des guerriers qui soutinrent les efforts des ennemis et périrent en les repoussant. Tu as senti, *Toposnich*, quelquefois frissonner tes membres. Tu as tressailli, en passant près d'eux, lorsqu'au plus fort des ténèbres de la nuit les ombres en sortent et voltigent autour des sources de la *Cettina*, comme la fumée au gré du vent. Je les ai vu souvent traverser la montagne devant les cavernes, où le respect me tenait immobile, jusqu'à ce qu'elles fussent rentrées dans leurs tristes demeures.

Semblables aux vagues de la *Kerka*, qui roulant du haut de *Topolye*[34] sur le dos de *Dinara*[35] parcourent en bouillonnant le fond pierreux de la vallée et se relèvent en écumant lorsqu'elles rencontrent le pied du rocher qui se prolonge et s'oppose à leur cours, nos voisins changeaient à tout moment de patrie et de maître.

En même temps, sur les côtes de l'Italie, *Venise* florissait riche au dedans et puissante au dehors. Revenue du premier étourdissement que l'inondation[36] des barbares lui avait causé en usurpant plusieurs pays de notre littoral qui lui appartenaient, elle s'opposa aux progrès des féroces *Ottomans*, reprit ce qu'ils lui avaient ôté et offrit aux peuples subjugués son secours et sa protection. Le croissant des infidèles fut abattu par nos mains. Nous mîmes à sa place le glorieux lion pacifique et bienfaisant[37] et nous nous couvrîmes de ses ailes contre les efforts des *Musulmans*. Une rétribution modique nous vaut la paix et la liberté, dont nous jouissons.

---

31 Le Kozjak est une montagne en Croatie.

32 Montagne de Croatie.

33 Montagne de Croatie.

34 Chute d'eau qui arrive dans le fleuve Kerka, voir A. Fortis, *op. cit.*, p. 81.

35 Montagne qui longe le fleuve Kerka. Voir A. Fortis, *op. cit.*, p. 71.

36 *Dictionnaire de l'Académie française*, 4e édition, 1762 : « [Inondation] se dit figurément d'une grande multitude de peuple qui envahit un pays ».

37 Il s'agit de la première d'une série d'allusions, au sein du texte, au lion de saint Marc, emblème de Venise.

Les vents impétueux ont soufflé sur nous, nous avons quelquefois plié. la grêle a dépouillé les branches, mais l'arbre n'a jamais pu être arraché. Ses racines inébranlables tiennent toujours au sol qui les embrasse et les nourrit. – Et que sont devenus, respectable *Caloyer*, après cette longue suite d'événements, reprit le curieux *Pervan*, ces *Russes*, les fils de nos pères ? – La terre s'ouvrit devant eux, répondit-il, ils en parcoururent et ils en occupèrent de vastes régions. En s'éloignant beaucoup les uns des autres, ils cessèrent de se regarder en frères. Une grande masse de l'immense nation conserva le nom de *Russes*, mais en se mêlant avec d'autres, ses lois et ses mœurs en souffrirent. Opprimée souvent par les *Tartares*, démembrée par ses voisins en *Europe*, agitée par des révolutions presque continuelles, déchirée par ses propres enfants, dont les plus puissants d'une main rebelle et sanguinaire élevaient ou renversaient ses souverains, elle offrait la plus triste image de la dévastation et du désordre. Des ruisseaux de sang coulaient à chaque événement, qui donnait lieu à la succession au trône. Le régnant avait beau désigner dans la famille le parent qu'il croyait le plus digne de le remplacer, comme nous pratiquons dans le choix de notre *Staréscina*, celui parmi les fils ou neveux qui savait mettre le plus de chefs séditieux et de guerriers turbulents dans son parti, l'emportait, en recevant la loi d'une milice téméraire et en essuyant d'elle à son tour un traitement pareil à celui auquel il devait son élévation. C'est ainsi que chez nos frères la bravoure devint férocité, la force ne fut qu'oppression violente et tyrannique et le beau nom de *Slaves* ne dénota plus la nation glorieuse qui avait conquis et peuplé une si grande partie du monde, mais un amas informe de peuples séparés, ennemis, et dans un état d'ignorance et d'abrutissement qui approchait de celui des sauvages. Dieu protecteur des *Slaves* les regarda d'un œil propice et il leur donna un souverain destiné par lui à opérer les prodiges de la création et de la toute-puissance. Son nom était *Pierre* et l'univers étonné l'appela toujours *Pierre le Grand*[38]. À peine monté sur le trône, il vit tous les maux qui couvraient la face immense de son empire et tous les biens qui manquaient à ses sujets. Après avoir frappé les premiers

38 Pierre 1er le Grand (1672-1725), empereur de toutes les Russies de 1721 à 1725, est admiré par nombre de gens de lettres des Lumières, dont Voltaire, auteur d'*Anecdotes sur le czar Pierre le Grand* (1748), puis d'une *Histoire de l'Empire de Russie sous Pierre le Grand* (1759-1763). Catherine II se considérant comme l'héritière de Pierre, de tels éloges sont aussi des manières indirectes de saluer les réalisations de l'impératrice.

coups de la force qui réprime les obstacles, qui surmonte la résistance, qui fixe les bornes aux forces subalternes, il se déroba à l'éclat de sa grandeur et visita les pays les plus florissants pour y voir par ses yeux et y apprendre par l'exercice de ses mains les arts nécessaires aux besoins de son grand état. Il les y rapporte et avec la rapidité d'un créateur, il donna un nouvel ordre à tous les éléments de la société, en détruit les entraves, lui imprima un mouvement unanime et rappela la nation à son ancienne consistance. Il réveilla en elle la valeur des ancêtres et la fit heureusement servir à venger les torts qu'elle avait essuyés de la part de ses voisins. Il reprit des provinces usurpées, il y ajouta des conquêtes, il parcourut son empire avec des armées victorieuses et ses mers avec des flottes nombreuses inconnues avant lui. Du fond d'un marais il fit sortir une ville immense et magnifique et il y plaça son trône[39]. L'éclat de la victoire l'environna, l'amour et l'union des sujets raffermirent et le plus vaste empire qui fût jamais, reçut du génie supérieur qui le gouvernait, le commencement d'une existence nouvelle et glorieuse.

Le grand homme finit sa carrière. Il laissa son ouvrage étonnant au point d'avancement auquel plusieurs souverains de suite tous également actifs, heureux, intelligents auraient pu le porter. Mais cet ouvrage demandait pour être accompli la faveur du Ciel la plus signalée. Oui, c'est du Ciel même, s'écria du ton le plus ému le *Caloyer*, c'est du Ciel que plusieurs années après une femme descendit, une femme, oh *Toposnich*, au-dessus de tout éloge, de toute comparaison. *Catherina*, *Catherina*[40] elle seule, a porté la puissance et la gloire de son empire à un degré que le plus grand des hommes n'aurait osé envisager. La rosée du matin, la chaleur du midi, la fraîcheur du soir ne sont pas plus bienfaisantes que *Catherina*. Les ténèbres épaisses qui enveloppaient cette vaste portion du monde s'étaient dissipés à l'apparition d'une aurore lumineuse. Des nuages orageux en avaient ensuite intercepté les rayons et terni l'éclat, en s'opposant aux progrès du grand jour naissant. *Catherina* parut comme le soleil. À son aspect de vastes pays inféconds et déserts ont pu nourrir des habitants nouveaux. Elle leur a enseigné à y passer des jours tranquilles,

39 Saint Pétersbourg, ville fondée en 1703 par Pierre le Grand.

40 Cathérine II de Russie, née princesse Sophia Augusta von Anhalt-Zerbst à Stettin en 1729, fut mariée à Pierre III en 1745. Impératrice de Russie de 1762 à 1796, elle est connue pour son absolutisme éclairé. Dédicataire des Morlaques, elle constitue une figure de référence pour nombre de philosophes dont Diderot et Voltaire.

en se soumettant aux lois qu'elle leur a tracées elle-même pour leur bonheur. Éclairés, conduits par elle, dirigés par ses soins maternels, ils ont marché rapidement sur les traces qu'elle leur a indiquées. Ils ont aperçu, ils ont goûté les douces jouissances d'une société bien réglée, ils ont connu les richesses de la nature et des arts. La source intarissable de la lumière et de la chaleur vivifiante, *Catherina* porta son heureuse influence jusqu'aux extrémités de la terre. Reconnaissez-vous, s'écria-t-elle du haut de son trône à cent peuple divers, braves descendants de ceux qui donnèrent autrefois la loi aux nations rivales qui vous environnent. Voyez-les sur terre et sur mer. Suivez leur pas, apprenez ce qu'ils ont inventé et appris pendant les siècles de votre dispersion et de votre oubli. Une émulation ambitieuse, encouragée par une souveraine généreuse et chérie, leur a fait faire les plus étonnants progrès. Ils ont surpassé leur ancienne gloire parce que rien ne s'était encore fait voir aux humains qui pût être comparé à *Catherina.* Sa main toute-puissante a fouillé dans les entrailles de la terre, et en a fait sortir l'or et l'argent. Elle le répand avec profusion, soit qu'elle récompense les services des siens, ou ceux que les étrangers s'empressent de lui offrir, soit qu'elle ouvre à l'enfance, à la jeunesse, au grand âge, à l'infirmité des asiles multipliés. La valeur et la victoire accompagnent ses armées, et reculent les bornes de l'empire aux dépens de nos ennemis communs. Ses voiles flottent sur les mers le plus éloignées ; mais ses bienfaits parcourent l'univers, et sa renommée le remplit. Le conquérant voit d'un œil incertain l'avenir. Ses succès périssent souvent avec lui. *Catherina* conquérante et législatrice à la fois a préparé les événements dans cet avenir même. L'éducation des peuples fixée par des institutions admirables[41], l'administration uniforme fondée sur l'ordre et sur la justice[42], assurent une durée éternelle à son grand ouvrage. Crainte par ses ennemis, respectée par ses rivaux, adorée de ses sujets, *Catherina* est un astre brillant qui embellit le Ciel et fixe les regards des habitants de la terre entière. – Oh sage *Caloyer*, les merveilles que tu m'as contées, m'éblouissent comme l'éclair au milieu de la nuit. Une femme peut surpasser à ce point toutes les femmes et

41 Catherine créa l'Hôpital des enfants trouvés, consacré à l'éducation d'orphelins. Elle réforma l'enseignement de l'élite militaire et fonda la première école pour les jeunes filles nobles, l'institut Smolny, inspiré de la Maison Royale de Saint Cyr dont s'occupait Mme de Maintenon.

42 L'impératrice engagea un certain nombre de réformes administratives et rédigea son Nakaz, qui comprenait notamment des recommandations en matière juridique.

tous les hommes ? – Oh *Pervan*, est-ce qu'on peut comprendre les prodiges ? *Catherina* est une femme, mais elle n'a du sexe que les charmes et la tendre sensibilité. Elle sait aimer et souffrir. Elle sent, elle plaint le malheur qu'elle ne peut empêcher. Ses plaisirs chéris sont les surprises de la bienfaisance, avec laquelle elle a su quelquefois punir les ingrats. La compassion, l'amitié habitent dans son cœur. Je l'ai vue avec ces propres yeux qui vous voient. Sa couronne et son sceptre inspirent moins de respect que l'air aimable de son visage n'excite d'intérêt et de confiance. Vis, *Catherina* ; que ne peux-tu être immortelle, comme ta gloire ! Vis et sois aussi heureuse que tu es grande. Porte tes armes victorieuses à la rencontre du soleil qui se lève. Chasse les barbares qui souillent par leur impiété, par leurs cruautés les belles contrées qu'il éclaire de ses premiers rayons. Répands notre religion[43], notre langue et tes bienfaits jusqu'aux montagnes de *Starnazza*. Nous en gardons les passages contre l'ennemi. Nous les traverserons un jour pour aller saluer nos frères dans les plaines opposées. Nous échangerons nos filles, elles renouvelleront nos liens.

Assis avec eux au feu de nos cabanes, nous chanterons ensemble les vieilles chansons de nos vaillants pères. Ils nous enseigneront celles où ton nom est célébré et tous nos braves *Morlaques* crieront *Vive l'immortelle Catherina*, l'amour de ses peuples, la terreur des barbares, l'admiration de la terre.

Ainsi parla le *Caloyer*. Ses yeux étaient brillants, sa voix forte, son geste animé. Ce récit fit une vive impression sur l'âme des deux *Staréscina*. L'étonnement, le respect les avaient tenus comme en extase durant le discours du prêtre. Et ils avaient quelquefois essuyé leurs yeux en écoutant les éloges de *Catherina*. Après un moment de silence, *Pervan* s'écria comme inspiré : Grande *Catherina*, divinité de la nation *Slave*, reçois aussi mes vœux et mes hommages. Je suis trop vieux pour faire le pèlerinage d'ici jusqu'à la grande ville où tu résides. Mais je te verrai, je me jetterai à tes pieds (je le jure par ce Dieu éternel qui t'a donnée à tant de nations pour leur bonheur) oui, je te verrai sur le chemin que tu sauras te frayer, en marchant à la grande ville des infidèles[44], où ta lumière éblouissante va faire disparaître le pâle croissant. Les

43 Le culte orthodoxe.

44 Il s'agit d'une allusion à Constantinople que Catherine espère ravir aux Turcs représentés ici par l'emblème du croissant.

deux vieillards s'embrassèrent. Leurs âmes attendries se rapprochèrent, se confondirent dans les vives sensations dont elles étaient pénétrées. Ils appelèrent les femmes et d'une manière douce et courtoise ils leur demandèrent à boire. Buvez aussi, mes chères, leur dit *Toposnich*, à la prospérité de *Catherina* et de ses hautes entreprises. *Catherina* est la gloire de votre sexe, l'honneur de l'humanité. Les femmes étonnées ne pouvaient comprendre comment ces transports d'acclamation avaient pour objet une femme. Elles crurent qu'il s'agissait d'une sainte et se signèrent avant de boire. *Pervan* en se congédiant de *Toposnich* fixa le jour de la noce. La dernière récolte avait été si bonne qu'il se trouvait en état de donner les fêtes d'usage quand il voulait. *Toposnich* engagea le *Caloyer* de s'arrêter chez lui pour assister au mariage et faire la cérémonie avec les autres *Caloyers* de la paroisse qu'il allait faire avertir. Et il commença par envoyer des présents à l'église de *Saint Nicolas*, un des patrons des Chrétiens du rite grec[45]. Mais il voulut aussi se concilier la faveur d'un saint latin et il en fit à une petite chapelle où l'on conservait, selon la bonne croyance des habitants, quelque chose de très sacré. On y avait découvert autrefois un bas-relief d'ancienne sculpture qui représentait une Divinité païenne et pastorale, tenant une flûte, ayant une chèvre et des fruits à ses pieds, et entourée d'autres attributs[46]. Tout bien considéré on reconnaissait aisément un Dieu *lampsaquien*[47] d'un excellent travail. Sa nudité et l'ignorance des *Morlaques* en avaient fait un Saint Roch[48]. Et l'idole en changeant d'adorateurs ne cessait pas d'être adorée. Quiconque aurait voulu les détromper par zèle, ou pour s'emparer du précieux monument, se serait inutilement exposé à la même révolte qu'éprouva un gouverneur de la Dalmatie qui voulut la faire enlever.

Pervan, l'esprit occupé des belles choses qu'il avait entendues, se trouva de retour chez lui presque sans s'en apercevoir. Sa belle-fille en l'aidant à descendre de cheval remarqua dans son visage une gaieté

---

45 Saint Nicolas de Myre (vers 270-345) est fêté aussi bien dans le rite latin que dans le culte grec.

46 L'image renvoie à Pan, dieu des bergers dans la mythologie grecque.

47 L'édition originale donne l'orthographe *lampsacien*. Priape plutôt que Pan a son principal sanctuaire à Lampsaque. Tous deux sont invoqués pour différents aspects de leurs relations avec le monde naturel.

48 Saint médiéval originaire de Montpellier, réputé pour son hospitalité envers les pauvres et son pouvoir de guérir les maldes de la peste, Saint Roch est également invoqué par les Vénitiens. Ses reliques ont été d'abord conservées à Arles, et ensuite transportées à Venise en 1485, dans l'église San Rocco.

extraordinaire. Il répondit à son attention en l'embrassant et en lui marquant une satisfaction, une sorte de civilité toute nouvelle pour elle. Les actions de *Catherina* lui avaient inspiré une idée du sexe plus grande qu'il n'avait eue jusqu'alors[49]. Il dissimula pourtant parce qu'un de ses fils avait une femme et l'autre allait l'avoir. Les jours qui précédèrent la noce furent employés à recevoir les présents et à faire le choix de toutes les provisions qui allaient être consumées pendant les fêtes. Elles devaient durer six jours. Rien ne paraissait aux yeux des *Narzevizca* pouvoir suffire à la magnificence du mariage. Si la récolte n'eût pas été abondante, on en aurait attendu une meilleure pour l'employer toute entière aux réjouissances du moment. La prévoyance s'étend sur l'avenir aux dépens du présent. Et l'homme de la nature, simple et énergique comme elle, ne pense pas à conserver, mais il jouit, en comptant sur son inépuisable reproduction.

49 Si l'ensemble du roman met en évidence une défense des qualités de la femme, la différence de ton dans cet éloge de l'impératrice conduit le baron Ernouf à se demander, dans sa « Notice sur la vie et les écrits de Justine Wynne, Comtesse des Ursins et de Rosenberg », si Benincasa ne serait pas responsable de cette partie-ci de l'ouvrage (*Bulletin du bibliophile et du bibliothécaire*, 1858, p. 1009-1010). Voir également l'introduction p. 19.

LIVRE QUATRIÈME

ARGUMENT.

Mariage de Jervaz *et Épithalames.*

L'heureux jour destiné à la célébration du mariage de *Jervaz* n'avait pas encore éclairé la plaine de *Dizmo*, lorsque tous les invités, tous les employés parurent autour de la cabane de *Pervan*. Ils n'eurent pas besoin de l'éveiller. *Jervaz* recevait dans ce moment des mains de son père l'habit nuptial, c'est à dire le plus beau, le plus ancien monument de l'opulence de la famille. L'habit à la vérité était trop grand pour la taille de l'époux, la veste trop large et d'une coupe allongée. Mais personne n'aurait jamais commis le crime d'y toucher. Les boutons étaient d'argent massif ; la ceinture un beau *shall*[1] *turc* qu'on plaçait sur celle de cuir toute marqueté en argent. *Dascia* peigna auparavant avec un peigne de bois aussi bien conservé, aussi peu usé que l'habit, les cheveux de *Jervaz* et les lui arrangea selon la règle et la fonction du jour. Elle les lui noua près de la nuque et puis les laissa tombants sur les épaules, sans les tresser. Sa coiffure devait le distinguer de toute la compagnie aussi bien que la magnificence de son habillement. Le haut de la tête n'avait, comme les autres, qu'un petit toupet à la manière des *Tartares*, anciens pères de tous les peuples de *l'Asie* et des Orientaux de *l'Europe*[2]. Le bon vieillard et *Stiepo* se soumirent aussi à une toilette plus recherchée. *Dascia* reçut en présent de son beau-père des chaînettes d'argent et quelques médailles d'or qu'elle pendit à ses tresses. Tous s'habillèrent beaucoup mieux que de coutume mais plus modestement que le majestueux *Jervaz*. La cabane s'ouvrit.

---

1 Le châle (souvent orthographié *schall* à l'époque) est destiné à une grande vogue sous le Directoire et l'Empire.

2 Au Moyen Âge les Européens désignaient par le terme « Tartares » les peuples de l'Asie centrale et septentrionale.

Au milieu de la troupe nombreuse, dont la plus grande partie était à cheval, le *Bariactar*[3] monté sur le sien annonçait son brillant ministère, en faisant flotter au vent l'ancien drapeau des *Narzevizca* au bout d'une pique, dont la pointe entrait dans une belle pomme fraîche. Les *Svati* se présentèrent et leur chef *Janco*, le plus grave et le plus respecté personnage du canton après le *Staréscina*, remplissant le poste de *Stari-Svat*[4], indiqua à *Pervan* l'emploi et la destination de chacun.

Voici le *Kuum*[5], lui dit-il, qui en qualité de compère va devenir ton parent et donnera le premier baiser à l'épouse. *Jervaz* n'a qu'un frère ; pour tenir lieu du second qui nous manque, nous joindrons à *Stiepo* le jeune *Colomir* et ils accompagneront et serviront comme *Diveri*[6] ta nouvelle fille. Voici le *Bukila*[7] avec sa provision de vin pour nous désaltérer dans la route. Avance, toi le *Zeus* de la compagnie, chargé de régler les cérémonies et d'assigner les devoirs. Relève ta masse, marque de ta dignité, et détache de la troupe le *Parvinaz*[8] qui doit la précéder en chantant. Nous voici tous prêts à nous mettre en marche. Venez au milieu de nous, digne *Staréscina*, vous, ses enfants et toi bonne *Dascia*.

Tous sautent sur les chevaux, après y avoir placé les femmes, et celles-ci prennent au milieu l'épouse de *Stiepo*. Les cris, les coups de pistolet et les chevaux partent à la fois. À peine la plaine peut-elle suffire au désordre de la troupe tumultueuse et gaie qui grossit en avançant. Parmi les acclamations et les vœux pour les nouveaux mariés, les enfants du village courant après font sonner bien haut le nom de ce qui était l'objet du culte universel chez la plupart des anciens peuples soit barbares ou policés et ce qui l'est encore parmi quelques peuples de *l'Indostan*[9]. La simple invocation qu'on entend, est tout ce qui reste d'un culte pareil qui aura probablement eu lieu chez les *Morlaques* ou chez leurs ancêtres, lorsque par une croyance toute différente on adressait des vœux, on pratiquait des actes religieux envers les principes de la vie les plus sensibles et les plus sentis.

---

3 Voir A. Fortis, *op. cit.*, p. 55 : dans chaque cortège nuptial il y a deux Bariactars qui portent chacun un drapeau attaché à une lance sur la pointe de laquelle il y a une pomme.

4 L'homme le plus important du cortège. Ce rôle revient à l'individu le plus honoré parmi les parents. Voir A. Fortis, *op. cit.*, p. 55.

5 *Ibid.*

6 Les Diveris, normalement deux frères de l'époux, servent la jeune mariée. Voir A. Fortis, *op. cit.*, p. 55.

7 *Ibid.*, p. 56.

8 Il s'agit d'un homme qui précède le cortège en chantant. Voir A. Fortis, *op. cit.*, p. 55.

9 Le terme, d'origine persane, est utilisé ici pour désigner l'Inde.

Un détachement précède le gros de la troupe et arrive au village et à la cabane de *Toposnich* pour la lui annoncer. Le vénérable vieillard sur sa porte reçoit les *Svati*[10] et s'adressant au plus distingué lui demande d'être instruit sur la distribution des divers emplois, afin d'agir convenablement selon les devoirs de la politesse *morlaque* en pareille occasion. Le *Dolibassa*[11], maître de cérémonies, paraît et avant tout offre à sa suite de la part de *Toposnich* de commencer l'exercice favori du jour en buvant tous à la prospérité de la foi, à l'honneur de leurs saints protecteurs et à la santé de leurs amis présents et absents. Alors un de la famille de *Toposnich* : Oh vieux frère, oh cher frère, dit-il au *Dolibassa*, qui sont les *Parvinszi*[12] qui nous arrivent les premiers et les *Zacioniszi*[13] qui ferment la marche ? Dis-nous leurs noms et leurs qualités. Nous allons rendre à chacun les honneurs lui sont dûs. À mesure qu'on les nommait, les *Toposnich* les félicitaient en buvant une rasade et en recevaient des remerciemens du même genre. L'immense table est déjà couverte de viandes et assiégée par les hommes. Les femmes debout les servent et *Jella* dans toute sa parure se fait remarquer par la hauteur de la taille et par les grâces de son embarras. Les yeux des convives se portaient souvent vers elle. C'est sur elle que roulaient les bons-mots et les impromptus.

Ce premier dîner du jour étant fini, on se remet en marche et les *Svati* prennent au milieu d'eux la belle fiancée et son père. À peine avait-on fait un quart de mille, *Jervaz* sort de la foule, tourne son cheval et court à bride abattue avec quelques amis vers la maison de *Toposnich* d'où l'on venait de sortir. La mère de *Jella*, exacte à pratiquer les usages, l'attendait sur le seuil de sa porte. Elle l'embrasse et lui jette au cou un riche *marâme*[14], *Jervaz* lui fait présent d'une médaille d'or de quatre sequins, en lui disant de se consoler de la perte de *Jella*. Il entre dans la cabane et trouve une des sœurs de son épouse assise sur une caisse qui contient les habits, les joyaux et tous les atouts de sa future. Moyennant un présent qu'il lui fait aussi, elle se lève et abandonne aux amis de *Jervaz* la caisse qu'ils emportent sur le champ. Toute la famille l'entoure, en reçoit des marques de générosité et l'invitation de se rendre

---

10 Voir note 10, p. 78.

11 Voir G. Lovrich, *op. cit.*, p. 148.

12 Les personnes qui précèdent le cortège. Voir la note de la traduction italienne, *op. cit.*, p. 73.

13 Les personnes qui ferment le cortège. Voir *ibid.*

14 Voir note 12, p. 79 et Fortis, *op. cit.*, p. 56.

à l'église. *Jervaz* à la tête de la famille entière des *Toposnich* rejoint le reste de la troupe. On fait halte dans une petite plaine ombragée, l'on dresse des tables et l'on apprête un second repas. La joie augmente, la raison diminue, mais elle est remplacée par la gaieté et par les seuls mouvements de l'instinct. *Jervaz* boit peu et ne mange presque point. Il dévore des yeux sa belle, et son imagination se refusant à tous les autres objets présents ne voit qu'elle et ne s'occupe que du bonheur qui l'attend. *Jella* plus harcelée, plus tourmentée par la licence des propos se possède davantage ; elle goûte les applaudissements, sans perdre un instant de vue son bien-aimé. Quoique l'éducation de la modestie ne lui ait pas appris à déguiser ses sentiments, elle a l'heureux talent du sexe. Jamais dans la femme la passion pour un homme ne lui fait oublier les intérêts de son amour-propre à l'égard de tous les autres. Plus elle se voit applaudie par la multitude, plus elle jouit de la satisfaction de plaire à celui qu'elle a préféré.

Le dîner du voyage est fini. Tous remontent à cheval en chancelant. Les cris sont plus perçants, le désordre est complet. Arrivés à l'église, l'épouse descend à la porte et y entre accompagnée des *Diveri* et précédée par les *Svati* qui présentent au *Caloyer* un mouton rôti, des bouteilles de vin et du pain, en déposant le tout sur une table dressée au milieu. *Jella* orne ces provisions d'un beau *marâme* qui les couvre. Le prêtre unit les époux en leur disant de se tenir par le petit doigt. Il les promène autour de la table suivi du *Kuum* et donne à chacun une couronne d'ormeau ou de vigne. *Jervaz* pose la sienne sur la tête de *Jella* et celle-ci couronne avec l'autre son époux. Ainsi couronnés, trois fois ils font le tour de la table à la suite du *Caloyer*, se tenant toujours par le petit doigt, tandis qu'il prononce hautement *la foi de Christ est plus forte que la forêt d'ormeau.* Chez les *Morlaques* cette sentence allégorique est la seule formule du mariage. On se hâte de quitter l'église et de se remettre en chemin. À la moitié quelques-uns des jeunes gens se défient entre eux à qui arrivera le premier à la cabane de *Pervan*, pour lui donner *la bonne nouvelle.* Le vieillard est sur sa porte : il tient en main un présent. Les voilà, les voilà, crient-ils tous ensemble, mais le premier qui donne la main au *Staréscina* est celui qui reçoit le présent. L'épouse s'arrête devant la cabane et le beau-père prend dans ses bras un enfant de trois ans, le donne à *Dascia* et celle-ci à *Jella* qui l'embrasse et le caresse avant de descendre de cheval. C'est de sa petite main ou de celle de sa belle-mère qu'elle prend un panier d'amandes, de pommes et de noisettes. Elle jette ensuite derrière ses épaules ces fruits, pour indiquer que tout jeu d'enfance est fini pour elle. Les *Diveri* l'aident à mettre pied à terre, mais avant d'entrer dans la cabane, la jeune épouse tombe à genoux et baise le seuil de la porte. Tout est bruit, tout est confusion agréable. Le troisième repas s'apprête, plus magnifique que les autres.

Une table remplit l'intérieur de la cabane ; une autre plus grande est dressée au dehors. *Jella* assise à part avec les deux *Diveri* qui ne doivent jamais la perdre de vue un moment, a l'honneur ce jour-là de dîner avec des hommes. *Jervaz* est placé ailleurs avec les *Svati*. Il ne doit et il n'ose rien couper ou servir. Le *Kuum* lui prépare jusqu'aux tranches de son pain. *Pervan*, le judicieux *Staréscina* au milieu de sa joie avait l'œil à tout. Un bœuf entier rôti, quantité d'agneaux et de moutons, toute espèce de volailles, entre autres les poulets frits accommodés à l'ail, les tourtes de lait, composaient l'immense repas. Ils étaient deux cents convives ; et il eût suffi pour quatre cents. Point de veau : le Morlaque n'en tue pas[15]. Il ne craint devoir se priver par gourmandise d'un animal qui devient si grand et si utile. Les barriques de vin se vidaient comme des bouteilles. *Radomir*, le corpulent *Radomir*, à la tête de la grande table du dehors soutenait par les éclats de la voix et par les exploits de sa voracité la réputation d'un *Morlaque* fier et spirituel. Il s'empara du *pakklara*[16] rempli de vin, cria qu'on se tût, frappa la table d'un grand coup de poing et se mit à hurler en improvisant l'épithalame aux époux.

Épithalame de Radomir *aux noces de* Jervaz.

Pourquoi le soleil a-t-il brillé d'une lumière si éblouissante sur les cabanes des Toposnich *et des Narzevizca ? Pourquoi l'azur du ciel est-il plus pur et plus foncé qu'à l'ordinaire ?* Jervaz, *ton visage est embrasé comme l'air investi des rayons brûlants qui tombent sur nos têtes, lorsque le soleil est au plus haut de sa carrière.*

Jella, *ta pudique rougeur ressemble aux rayons doux qui partent du grand astre, quand il sort derière les collines de* Cernidolaz.

15 Voir Fortis, *op. cit.*, p. 56 qui renvoie à un écrivain bosniaque, Tomco Marnavich, selon lequel les Dalmates refusaient de manger la viande de veau, la considérant comme immonde.

16 Une espèce de gobelet. Voir note 3, p. 75.

Les regards inquiets de l'époux impatient se tournent du côté d'Ucevizza. *Il cherche parmi les feuilles noires la première étoile qui ramène la nuit. Les grands arbres entrelacent leurs branches ; les fruits vont paraître et mûrir. Oh que la récolte en sera joyeuse !*

Tu n'écoutes pas mon chant, heureux Jervaz. *Ton âme est dans tes yeux, tes yeux sur Jella : le bouillonnement de ton sang les fait pétiller.*

Jella *baisse les siens, mais elle te sent ; les soupirs, les secousses du désir se rencontrent.*

Fille de Toposnich, *quand l'aurore est belle, le soleil court après. Il l'atteint, il l'enveloppe* dans *ses bras ; elle s'y évanouit et il la réveille tous les matins. Si elle ne dissipe pas les nuages, le soleil la suit tristement. Il ne se montre plus et la laisse au milieu des brouillards. Le bel incarnat de tes joues ressemble aux sillons dorés qui couronnent les portes du jour. Tes yeux humides et brillants sont la rosée du matin, dont les gouttes reluisent sur la feuille des arbres et sur les fleurs de la prairie. Ton sein s'agite par un tendre frémissement, comme la douce haleine du vent frais remue les branches souples du seule et la feuille renversée du roseau.*

Jervaz *tu as un beau cheval, un bon sabre. On te donne une jeune femme aussi ; que faut-il de plus au brave Morlaque ? Elle te servira, elle te soignera, comme tu soignes ton cheval et ton sabre. Tous les trois t'aideront dans tes fatigues, mais elle seule donnera des charmes à ton repos. Sors de l'enfance, robuste* Jervaz : *sois homme et père, comme nous. Je jure par* Jella *que nos vœux et les tiens seront accomplis. Que le plaisir abreuve ton âme, comme ce vin augmentera ma joie*[17].

Radomir se tut et avala son *pakklara* d'un trait. Tous les convives applaudirent en suivant son exemple. Après le grand souper des hommes et après celui des femmes qui les avaient servis, les *Diveri* prennent *Jella* au milieu et la conduisent dans la chambre nuptiale. *Jervaz* se jete aux genoux de *Peran* et lui dit : Je vais devenir homme. Je te demande, oh mon père, de bénir ma postérité et de prier pour que je te ressemble. *Pervan* le bénit et l'embrasse. Alors le *Kuum* le prend par la main et le conduit à la petite chambre où *Jella* l'attend. Mes enfants, leur dit-il, ôtez vos couronnes et placez-les au-dessus de votre lit, en les nouant ensemble et les attachant au plancher. Ces couronnes représentent le lien de votre mariage : puissent-elles pour votre bonheur ne se séparer, ne se détacher jamais ! Le moment où elles se casseront, où elles

17 Ce poème est omis dans la traduction italienne.

tomberont, vous êtes libres ; et votre mariage s'évanouira comme la poussière des feuilles sèches qui se répandra sur le lit[18]. *Jervaz* se dit en lui-même que les couronnes ne se sépareront jamais. *Jella* alarmée monte en tremblant sur une chaise pour atteindre au toit. Elle y applique les couronnes bien entrelacées et nouées ensemble ; et jetant sur son époux un tendre coup d'œil attristé, le prie de dissiper son épouvante, en empêchant une chute si funeste. *Jervaz* accourt à elle et attache avec des clous toutes les branches au plafond. Le *Kuum* alors renvoie les *Diveri* et ordonne aux époux de s'ôter réciproquement la ceinture qui serre leurs habits.

Jervaz dans un instant en a débarrassé son épouse. *Jella* ne sait comment s'y prendre. Elle n'ose paraître empressée. Le *Kuum* la plaisante. Elle baisse les yeux en rougissant par instinct plus encore que par malice. Le *Kuum* a fini ; il se retire et rejoint ses compagnons. On entoure la cheminée et au milieu des chansons et des hurlements, on condamne les *Diveri* à des petites peines pécuniaires pour avoir abandonné la garde de l'épouse. Les premières heures de cette nuit sont employées par les assistants à faire un bruit continuel, soit en criant, soit en battant les pincettes et les chaudrons ; et toujours buvant de l'eau de vie pour se donner des forces et prolonger autant qu'il est possible le joyeux vacarme. *Pervan* s'était retiré. *Stiepo* présidait à l'ordre et veillait pour qu'il n'arrivât quelque querelle parmi tant d'ivrognes ce qui est très rare. Le *Morlaque* se croirait déshonoré s'il se permettait de troubler une fête nuptiale. *Dascia* avait eu soin des femmes ; elle les avait menées dans sa chambrette ou placées dans le garde-meuble pour qu'elles prissent un instant de repos. À la pointe du jour elles devaient toutes recommencer à travailler pour la suite du festin. À peine l'aurore reparut-elle, les *Diveri* portèrent le déjeuner aux nouveaux mariés. Femme de *Jervaz*, disent-ils à *Jella*, voilà le déjeuner ; sers ton époux, comme tu l'as servi de ton corps ! Et toi, *Jervaz*, partage avec ta femme ce que nous t'apportons, comme tu as partagé ton lit avec elle. Le déjeuner n'est rien moins qu'une grosse poule rôtie, du pain et du vin. *Jervaz* sort du lit et va rejoindre les autres. Les femmes entrent en foule et aident *Jella* à s'habiller. *Dascia* lui tresse les cheveux et les laisse pendants. Jelly n'ose plus se parer du bonnet virginal. Sa toilette est bientôt faite. Elle court embrasser le vieux *Pervan*

---

18 Cette coutume est probabalement de l'invention de Giustiniana Wynne. Elle n'est décrite ni dans l'ouvrage de Fortis, ni dans celui de Lovrich.

qui la baise sur la bouche. Elle embrasse ensuite le *Kuum*, les *Diveri* et par ordre chacun de la compagnie. *Dascia* lui présente un peigne et *Jella* se met à peigner et à natter les cheveux des plus jeunes parmi les *Svati.* Elle mêle adroitement dans les cheveux de quelqu'un un cordon de soie cramoisi, à d'autres elle attache quelque ornement de corail et elle pare les plus distingués avec des petites médailles d'or.

Les *Toposnich* et les *Narzevizca* avaient tout préparé pour que leur noce fût des plus magnifiques. Mais l'occasion se présente d'éprouver la générosité et la reconnaissance des autres. Chacun fait laver ses mains dans le bassin qu'elle leur offre et avec l'eau qu'elle verse, et doit en même temps jeter dans le bassin quelque pièce de monnaie dont la propriété appartient à l'épouse. Elle peut les rançonner d'une autre manière encore, en tâchant de leur dérober, pendant qu'ils se lavent le bonnet, la pipe ou la bourse. Plus elle escamote de ces meubles, plus elle gagne au rachat de chacun et mieux on augure de son adresse pour le ménage. Mais les convives peuvent le soir prendre leur revanche, lorsqu'elle les déchausse et qu'elle reste chargée de la garde de leurs *opanke*[19] ou souliers. S'ils parviennent à les lui dérober, elle est accusée d'imbécillité et devient sujet à une punition. *Jella* n'en mérita point et reçut des applaudissements de tout le monde. Elle amassa beaucoup de présents et se fit payer quantité d'amendes pour les tours heureux qu'elle sut jouer. *Jella* a de l'esprit, *Jella* est une femme de mérite, disait tout *Morlaque* connaisseur.

Pendant le dîner du second jour, l'épouse rentrée dans la classe des autres femmes se tient debout et remercie par une inclination de tête tous ceux qui boivent à sa santé. Des vers *Morlaques* en impromptu dans une telle occasion n'auraient paru licencieux qu'à l'homme corrompu et soumis aux lois de la bienséance. Ces bonnes gens n'imaginent point que ce qui est bon et honnête à faire ne le soit pas à dire.

Dascia promenait ses regards sur les convives qu'elle servait et les arrêtait tendrement sur sa sœur et son nouvel époux. Elle demanda timidement la permission au beau-père de boire à son tour à la santé des nouveaux mariés et de chanter sur le *guzla* son propre contentement et leur bonheur. La demande fut agréée, et la bonne *Dascia* avec sa douce voix tendrement mélancolique chante les couplets suivants.

19 Il s'agit d'un terme qui se trouve déjà chez Fortis (*op. cit.*, p. 53).

Épithalame de Dascia aux noces de Jervaz.

L'amour de la femme est aussi tendre, aussi doux que le lait de son sein qui se forme près du cœur. L'ardeur de l'époux parcourt et remplit ses veines, comme la liqueur de rakia *en allume le sang qui les gonfle. Le fier hennissement des chevaux précède la bataille.* Radomir *avec sa mâle voix a mené les jeunes époux au combat. Les murmures de la tourterelle annoncent les plaisirs goûtés. C'est la voix caressante d'une femme qui doit chanter le réveil délicieux des nouveaux époux. Au sortir d'entre ses bras l'épouse de mon frère est entrée* dans *mon cœur. Elle y est devenue ma sœur. Elle y est aimée comme mon époux qu'elle y trouve.* Jella, *ton maître t'a ordonné d'être heureuse. Puisses-tu lui obéir toujours de même ! Des songes fidèles sont partis de ta couche nuptiale. Ils ont attendri mon âme, ils ont égayé mon sommeil. Ombres épaisses de mes stériles nuits, couvrez ma honte, cachez ma douleur. Au milieu des ténèbres les féconds embrassements de* Jella *préparent le jour à mes neveux.*

Tu seras mère, ô Jella ; *et tes enfants seront les mi*ens *et mon cœur me trompera en les caressant. L'ombre irritée d'*Anka *notre mère s'est radoucie envers moi. Elle va me pardonner mon crime involontaire. Je l'ai vue sortir de la cabane à la pointe du jour, passer à côté de mon lit et me jeter un regard de compassion. Elle s'est élevée dans les airs au milieu d'un nuage grisâtre. Sa blanche chevelure me renvoyait en flottant les rayons argentés de la lune qui pâlissait. Les yeux et les bras tournés vers le ciel, elle bénissait nos champs et nos cabanes bien plus loin qu'elles ne s'étendent. Le nuage qui l'enveloppait s'est épaissi autour d'elle et l'a dérobée à mes yeux. Le vent du matin le poussait lentement vers la tombe de* Pecirep. *Il a paru y descendre, s'y fondre, se dissiper aux cris joyeux des hirondelles matineuses.*

Oui, les enfants de mon frère, les enfants de mon cœur, reculeront les bornes de notre heureux canton. Ma vieillesse ne me laissera pas assez de forces pour en visiter les extrémités. Père des Narzevizca, *embrasse tes bonnes filles ; l'amour de tes enfants échauffera à l'hiver de ton âge et tu puiseras la vie dans nos cœurs.* Jella, *soulage mes malheurs, comme je partagerai tes travaux. Les fruits de ton sein compenseront mes fatigues et* Dascia *sera ta servante. Amis, repreno*ns *la dan*se *et les jeux. Inondons-nous du vin, dont* Pervan *va remplir nos coupes.*

Dascia finit de chanter. Chacun tendit son bras et présenta son verre. On s'adresse aux époux, on les cherche des yeux… il n'y était plus. Tous burent en s'écriant : Au bon raisin que la vigne embrassant l'ormeau produira pour les fêtes des *Morlaques*.

Jervaz n'oublie, n'omet aucun des usages nationaux. Il se met à la tête des jeunes gens et va courir les cabanes des plus proches parents et des amis. Il emporte ce qu'il peut adroitement dérober. Il leur distribue du vin et donne des pommes à leurs femmes.

Cinq jours encore se passèrent dans les mêmes divertissements. Les repas se succédèrent sans autre interruption que celle de la danse, des jeux et du sommeil. On garda pour le dernier jour la représentation d'une pièce *Morlaque* dont l'esprit paraît être de tourner en ridicule les usages de leurs ennemis et voisins, les *Turcs*[20]. On élit un *Cadi*[21] et on amène devant lui tous les gens de la fête. Il instruit le procès de chacun et condamne selon son bon plaisir les plus bruyants, les moins ivrognes à quelques coups sous la plante des pieds. Ceux-ci moyennant quelque pièce de monnaie esquivent la peine prononcée. Mais l'époux n'a pas cette ressource. Il est condamné, il se sauve à toute jambe. On court après, on tire sur lui des coups de fusil et de pistolet à poudre ; il tombe, il contrefait le mort. *Jella* instruite du rôle qu'elle doit jouer, se prosterne toute éplorée aux pieds du *Cadi*, une poule à la main, et prie qu'on lui rende son époux. Le *Cadi* se laisse fléchir et fait le miracle de ressusciter *Jervaz*. La catastrophe s'ensuit. Les *Svati* placent le *Cadi* sur un char et le mènent en triomphe. Mais au beau milieu de sa pompe on l'entoure de paille et en y mettant le feu on lui ferait la galanterie de le griller, s'il ne se sauvait à travers les cris et les insultes du peuple enchanté de la beauté du spectacle. En l'examinant de plus près, c'est peut-être là leur premier pas vers le genre dramatique. Mais il est probable que les *Morlaques* n'iront pas plus loin. La dernière cérémonie qui termine les six jours, consiste dans la distribution des petits présents que le *Kuum* et les *Diveri* font à la compagnie au nom de l'épouse. Ils offrent à chacun le sien sur la lame du sabre avec une main et un verre de vin dans l'autre, en disant : *L'épouse est venue, elle a laissé le don ; prends-le pour l'amour d'elle.* Les convives en le recevant boivent le vin et jettent dans le verre une petite bague ou une monnaie.

La foule se dissipe à la fin, l'assemblée se sépare. *Jella*, avec son mari et son beau-père, accompagne à cheval le *Kuum* jusqu'à la distance d'une demie lieue. En le quittant elle l'embrasse et en reçoit le dernier don :

20 Cette coutume n'est pas évoquée par A. Fortis. Elle est en revanche décrite par G. Lovrich, *op. cit.*, p. 161.

21 Le cadi est un juge musulman.

c'est un beau voile brodé qu'elle porte sur sa tête durant la première année de son mariage. Après la quinzaine il y a un renouvellement de fêtes pendant trois jours et tout rentre enfin dans l'ordre.

Pervan en avait infiniment, et l'aisance dont il jouissait dans son ménage ainsi que la prospérité de son canton, en étaient les fruits. Né actif, la paresse naturelle à sa nation ne l'avait pas séduit comme les autres. Il avait eu le bon sens de comprendre que l'agriculture est la source de toute richesse, et s'y était appliqué plus qu'aucun autre *Morlaque*. Son terrain était couvert de vignes, de légumes, de blé : il faisait voir par son exemple qu'il ne tenait pas à la qualité du sol que ses compatriotes n'eussent abondamment tout ce qui peut servir aux besoins de la vie et assez de superflu pour l'échanger contre ce qui pouvoir leur manquer. Il avait planté un petit champ d'ail et un de ciboule. Ces légumes, le délice des *Morlaques*[22], leur coûtent des échanges très désavantageux en grains et en bétail, et ils se condamnent par ignorance et par paresse à se les procurer de ceux qui vont les prendre sur les côtes opposées et les répandent ensuite dans les villages intérieurs, tandis qu'avec la culture la plus facile ils pourraient en avoir chez eux plus qu'il ne leur en faut. *Pervan* donne l'exemple, mais quelque utile que puisse être une nouveauté, elle prend difficilement parmi la multitude parce que la multitude ne sait que sentir et ne raisonne jamais.

Il est vrai que *Pervan* dès sa jeunesse s'était trouvé riche. À la mort de son père il se vit maître d'un trésor d'un millier de sequins en argent et de plusieurs armes et habits, restes des rapines de *Pecirep*. L'envie de conserver est souvent aussi active que celle d'acquérir et mène plus loin ; car il n'est pas absolument vrai que l'aisance engendre la paresse. C'est le riche qui devient ou avare ou paresseux ou prodigue. L'industrie, quoi qu'on dise, est rarement l'effet de la misère. Le sauvage ou l'indigent qui doit lutter contre trop d'obstacles à la fois pour suppléer à ses besoins, en rétrécit le nombre le plus qu'il peut ; c'est le désespoir qui le rend paresseux. La masse de ses privations l'effraye et il aime mieux se condamner à les souffrir toutes que d'entreprendre de les détruire une à la fois. L'homme riche, de l'autre côté, pouvant tout avoir, se laisse entraîner par la foule de ses désirs qui renaissent en plus grand nombre à mesure qu'ils sont contentés, et détruit bientôt sa fortune. Quelquefois

22 Voir A. Fortis, *op. cit.*, p. 60.

incertain auquel de ses désirs il donnera la préférence, il appauvrit son esprit par l'incertitude même et finit par enfermer son argent jusqu'à ce qu'il se décide. Le nombre et la réalité de ses privations le mettent de pair avec l'indigent. C'est l'homme aisé, à ce que je crois, qui fournit à la société le plus d'exemples d'une activité bien entendue et profitable. C'est lui qui fait valoir son bien, en appelant les arts au secours de son industrie et pourvoyant aux besoins d'autrui. J'appelle aisance cet état dans lequel l'homme, soit par son bienfond, soit par le produit de son travail, peut suffire à l'entretien de sa personne et de sa famille, selon la condition dans laquelle il est placé : et cela sans souffrir de la cruelle pensée du lendemain. Je veux que cet homme n'ait que la certitude du lendemain. Elle définit l'aisance ; la certitude du surlendemain constitue la richesse ; et l'abandon paresseux s'enfuit. *Pervan*, riche en productions de la terre et en effets, pouvait non seulement satisfaire à tous ses besoins et à ceux de sa famille, mais aussi secourir ses voisins lorsque la grêle avait ravagé leur récolte ou que le feu avait détruit leur cabane ou qu'un mauvais esprit avait répandu dans le bétail quelque maladie épidémique. Ces actes de bienfaisance étaient excités et dirigés par le bon *Staréscina* et se faisaient en commun. À peine apprenait-il un malheur arrivé dans son district ou même dans les cantons voisins, qu'il convoquait les chefs des familles dépendantes de lui et s'imposant à soi-même la taxe la plus forte, il assignait à chacun celle qui était la plus proportionnée à ses facultés. La maladie régnait-elle dans un troupeau, les champs étaient-ils dévastés par la tempête ou par les inondations ? On fixait dans les familles la contribution respective d'un bœuf, d'une vache, d'un mouton, de quelques brebis, de plusieurs mesures de grain. La cabane était-elle brûlée ? On s'empressait aux sollicitations et à l'exemple de *Pervan* de couper les arbres, de les transporter à l'endroit marqué, on amassait le bois, les cailloux et la terre pour bâtir une nouvelle cabane. On fournissait les vêtements, les ustensiles, et souvent la réparation surpassait la perte, *Pervan* de l'air le plus empressé, le plus content présidait à ces libéralités. Donnons, mes frères, disait-il, secourons notre frère malheureux. Que les larmes de la tristesse se changent en larmes de consolation. Notre superflu n'est qu'un dépôt dans nos mains, il est dû aux nécessiteux. Leurs besoins, leurs malheurs ne font-ils pas souffrir nos cœurs ? Ne serons-nous pas heureux d'avoir terminé leurs souffrances et d'être nous-mêmes soulagés du poids douloureux de la compassion ? Quand nous nous sommes bien rassasiés à nos repas, pouvons-nous recommencer au même instant et consommer les provisions qui attendent le besoin ? Les habits qui sont dans nos caisses pèseraient trop sur nos corps. Ne vaut-il donc pas mieux d'en couvrir la nudité exposée au froid ? La mendicité était inconnue dans le quartier des *Narzevizca*. Sans besoins, ces bonnes gens étaient sans vices. Trop éloignés des grandes villes, ils ignoraient l'art de se créer des besoins factices ; et ils n'avaient point d'exemple contagieux. *Pervan Narzevizca* était, il est vrai, le plus aisé de tous ses voisins, mais il en était en même temps le père et le bienfaiteur. On lui voyait des joyaux et des habits, mais c'étaient ceux que chacun lui avait vus en naissant et qu'on lui connaissait depuis trois générations. L'habitude avait rendu cette espèce de magnificence naturelle à cette famille. Le *Morlaque* la regardait du même œil que les ornements consacrés et vieillis dans son église. C'est par les nouveautés que le luxe devient insultant ; et *Pervan* n'avait garde de penser qu'on pût en introduire dans son ménage. Cet argent qu'il avait trouvé à la mort de son père, lui avait été jusqu'alors absolument inutile. Il le tenait dans de vieilles bourses de cuir au fond d'une caisse et n'y touchait qu'aux noces de ses enfants pour acheter leurs femmes et pour distribuer les présents d'usage.

Tous les ans un marchand de *Spalato*, nommé *Draganich*[23], ancienne connaissance de *Pervan*, venait à *Dizmo* vers la fin de l'automne et étalait devant la cabane du *Staréscína* une foire de toutes les marchandises qui pouvaient convenir aux besoins des hommes et au luxe borné des femmes. *Pervan* fournissait le plus aux échanges. Il donnait des bœufs, du grain, du miel, des fromages ; il recevait du gros drap, de la serge, de la toile et des instruments ruraux et de ménage. On ne sait pas jusqu'à quel point la bonne foi régnait du côté de l'étranger dont le gain était très considérable. Quant au bon *Narzevizca*, il n'imaginait pas seulement qu'il pût y avoir la moindre tromperie dans ces échanges. Comment pouvait-il la craindre ? Il n'échangeait pas valeur contre valeur, car il ne connaissait point les rapports entre les prix des choses qu'il fournissait et l'argent ou les objets des pays où le marchand les transportait. Il donnait du superflu pour du nécessaire et de l'utile ; et recevoir bonnement la loi de son correspondant. Les autres en agissaient à peu près de même ; et ce

23 Le patronyme Draganich figure déjà chez Fortis.

commerce n'en était que plus avantageux au marchand forain. Mais ce qui ajoutait encore plus à son profit était le concours des femmes et leur avidité naturelle pour tout ce qui regarde parure et ornements. Quelque avili que soit le sexe parmi les *Morlaques*, ainsi que parmi la plupart des nations barbares, il ne ressent pas moins l'instinct qui le porte à faire valoir la figure et à chercher de plaire pour opposer l'amour à la force. Outre les articles du ménage tels que fil, soie, cordon, aiguilles et tout ce qu'il faut pour la broderie et pour le linge, *Draganich* avait grand soin de leur apporter et d'étaler à leurs yeux une quantité de bagatelles éblouissantes qu'elles achetaient chèrement. Elles troquaient les fruits de leurs pénibles travaux, les fromages, les viandes salées, contre des chaînettes de laiton, des grains de verre, des coraux, des médailles et toute sorte de chiffons dont le premier coup d'œil les frappait toujours jusqu'à la surprise. Aussi l'arrivée de *Draganich* était-elle une véritable fête pour la peuplade. Son chariot chargé de balles et de caisses entrait dans la plaine de *Dizmo* comme le char d'un triomphateur, entouré des jeunes garçons, rencontré par les femmes et accueilli par les acclamations de toute la bourgade. *Draganich* le précédait à cheval ; il tenait sous son bras le paquet des articles plus précieux et plus délicats, il excitait par-là l'impatience de la curiosité. On s'empressait ensuite d'étendre les marchandises, partie sur l'herbe, partie sur des tables, et ce n'était pendant trois jours qu'une foule continuelle d'acheteurs ou du moins de gens qui gambadaient alentour et examinaient tout avec admiration. *Pervan* avait établi un usage très commode pour le vendeur ainsi que pour les acheteurs et qui abrégeait de beaucoup les opérations et le séjour trop dangereux de *Draganich*. Après avoir interrogé les chefs des familles et généralement annoncé aux gens du village qu'on eût à indiquer ce qu'ils souhaitaient que le marchand leur apportât l'année prochaine à pareille époque, *Pervan* lui faisait dresser la note de tout ce qu'on demandait. On appréciait les commissions et l'on chargeait d'avance son chariot et ses gens des articles qu'on donnait en échange. Cet arrangement fort expéditif pour les *Morlaques* était à tous égards très avantageux au commerçant ; mais les bonnes gens ne s'en doutaient pas. Pendant quelques jours c'était une grande occupation, un plaisir très sensible de se montrer les uns aux autres les belles acquisitions qu'ils avaient faites ; et ces petits événements répandaient sur leur vie d'ailleurs très uniforme des variétés agréables.

LIVRE CINQUIÈME

ARGUMENT

Premières couches de Jella – *Arrivée du marchand* Draganich

Un jour toute la famille de *Pervan* était rassemblée autour de lui en s'occupant des travaux ordinaires. Quelques mois s'étaient écoulés depuis le mariage de *Jervaz* et tout le désordre des fêtes avait fait place à la vie paisible du *Morlaque* agriculteur. Mes chers enfants, leur dit-il, notre famille est en bon ordre ; nous n'avons plus que des vœux à former. Il y en a que j'adresse au ciel depuis longtemps sans effet et auxquels il m'est dur, j'avoue, de devoir renoncer. Quelque méchante *Vieschiza*[1] a jeté un sort malfaisant invincible sur ma bonne fille *Dascia.* Non, elle ne pourra jamais me donner des petits-fils. Dix ans de mariage stérile me font perdre l'espérance de voir cet arbre que j'ai planté, pousser de nouvelles branches. *Stiepo,* cet arbre chéri, ne verra pas les rejetons de ses racines germer autour de lui. Son ombre inutile est tombée sur un sol aride infructueux. Mais il faut s'en consoler et ne pas haïr *Dascia.* Son malheur et sa tristesse ne la rendent que trop à plaindre. Il me reste un fils et une fille ; c'est par eux que je vais renaître. *Jervaz* m'a donné ce matin l'heureuse nouvelle, oh *Jella,* que tu vas être mère. Ne t'enorgueillis point, ma fille, de cet avantage. Aime *Dascia* comme ta compagne. Elle règle et soigne la maison avec toute l'intelligence d'une habile ménagère. Le pain que tu manges est pétri par ses mains ; c'est elle qui trait nos vaches et qui t'apprête de si excellents mets avec leur lait. Les poules, les dindons multiplient et prospèrent par ses soins. Son travail entretient l'ordre, la propreté dans la cabane. Tu en jouis, comme les autres et tu en as d'autant plus le temps de t'occuper des ornements propres à ton âge. Tu vois donc qu'elle est utile ; et puis elle est si bonne, elle t'aime tant ! Tu es jeune, *Jella.* Ta sœur pourra t'instruire

1 Voir la note 23, p. 83 et A. Fortis, *op. cit.*, p. 60.

en amie des devoirs de tout état dans le ménage. Écoute-la, ma fille, et réponds à sa tendre amitié pour toi. Que des soins malentendus de tes enfants ne prennent pas le temps que tu dois aux soins de l'homme qui t'a choisie et à ceux qui peuvent te commander. L'enfant du *Morlaque* doit être fort[2]. C'est tout ce qu'on demande de toi. Baigne-le dans l'eau fraîche à peine qu'il sera hors de ton corps et plonge-le souvent dans le ruisseau voisin. L'eau froide endurcira ses membres. Il bravera la rigueur des saisons. Nourris-le abondamment de ton lait ; méprise ses caprices, ne te laisse pas attendrir par ses plaintes, ne t'empresse pas autour de lui lorsqu'il crie. Sa volonté mise en défaut, il en sera plus docile et toi plus tranquille. C'est la volonté qu'il faut réprimer dans ton enfant, jusqu'à ce qu'il lui soit permis d'en avoir une. Ton fils doit dépendre et de moi et de son père, tant que nos yeux seront ouverts. Lorsque tu iras laver le linge à la fontaine ou traire les vaches dans la prairie, prends ton enfant avec toi, abandonne-le tout seul sur l'herbe. Il commencera par s'y rouler, il s'y traînera ensuite. Bientôt il se dressera et s'étonnera de l'aspect du ciel et des étoiles. Si l'envie le prend d'entrer dans la *Cettina*, laisse-le faire. La nature dans le risque lui apprendra à nager, comme elle lui aura appris à ne pas tomber en marchant. Tout animal nage dans le besoin et l'homme de même avant le temps de la réflexion. Qu'il grimpe sur les rochers, qu'il brûle d'envie de courir après ce qui s'échappe, qu'il s'efforce d'atteindre le chevreuil ou le chamois à la course ; il en deviendra plus léger et plus dispos. Que sa poitrine et sa tête soient toujours découvertes au soleil et à la gelée ; que son âme et son imagination soient toujours fermées aux impressions de la peur. Enfin, *Jella*, sache qu'il faut élever un homme et un homme *Slave*. *Jervaz* s'amusera ensuite à lui montrer comment on saute sur un cheval, comme on le fait courir sans frein, comme on manie les armes de nos pères. Dieu fasse, oh ma *Jella*, que cet enfant soit suivi d'autant de

---

2 Les conseils d'éducation qui suivent se trouvent dans l'œuvre de Fortis (*op. cit.*, p. 58-59) ; voir aussi Jean-Jacques Rousseau, *Discours sur l'origine et le fondement de l'inégalité parmi les hommes*, (1755), Paris, Berthier, 1804, p. 36 : « Accoutumés dès l'enfance aux intempéries de l'air, et à la rigueur des saisons, exercés à la fatigue, et forcés de défendre nus et sans armes leur vie et leur proie contre les autres bêtes féroces, ou de leur échapper à la course, les hommes se forment un tempérament robuste et presque inaltérable. Les enfants, apportant au monde l'excellente constitution de leurs pères, et la fortifiant par les mêmes exercices qui l'ont produite, acquièrent ainsi toute la vigueur dont l'espèce humaine est capable. »

frères et sœurs que les grains de cet épi que je tiens à la main. Il donna l'épi à *Jella.* Elle compta avidement les grains ; il s'en trouva quatorze. *Jella* regarda son époux et sourit. Tous battirent des mains et burent à l'accomplissement des souhaits de leur père.

Nika était une des servantes de la maison ou plutôt l'amie favorite de *Jella.* Née dans une famille nombreuse du district, *Pervan,* selon l'usage, l'avait soulagée pour sa part en prenant cette fille chez lui, dans cet esprit d'heureuse égalité qui n'attache aucune idée d'esclavage ou de servitude avilissante à la condition des domestiques.

Nika, ainsi que ses compagnes, aidait aux travaux de la maison et de la campagne : nulle diversité de traitement entre les femmes de la famille et les filles ou femmes étrangères qui en font partie et qui en reçoivent la nourriture et l'habillement en commun avec toutes les autres. *Nika* avait même une sœur mariée au fils de la maison où cette sœur était entrée comme servante et un frère qui, sur le même pied dans une autre famille, allait épouser la fille de son maître. La satisfaction réciproque, l'âge, le goût forment parmi eux les convenances pour le mariage. Lorsque ces mariages remplissent trop la cabane du chef, on leur en bâtit d'autres à côté ; et ce mélange entretient l'égalité tout en obéissant à la nature.

Nika, très attachée à *Jella,* la voyant avancer dans sa grossesse et approcher du terme, la suivait partout aux champs avec une tendre inquiétude qu'elle dissimulait. Son état ne l'empêchait pas de vaquer comme toujours à ses travaux, même les plus fatigants. Elle allait puiser l'eau, préparait le dîner, servait les hommes et n'en était que plus robuste et mieux portante. Mais vers la fin, *Nika* avait soin en la prévenant de couper le bois à sa place. Étant un jour avec elle près du ruisseau, les douleurs de l'accouchement la saisirent tout d'un coup. Sans s'effrayer ni se déconcerter, *Nika,* dit-elle, en lui serrant tendrement la main, je vais avoir besoin de *Kuttlara.* Tu n'ignores pas qu'une femme de nos pays ne doit accoucher qu'à la seule présence d'une vieille du rite latin[3] ; et

3 Voir note de la traduction italienne, *op. cit.*, p. 98 : « *Le Morlacche non si curano di sapere il mese in cui debbono partorire e succede più volte che partoriscano per istrada ed involto il fanciullo nella cintola se lo portano con somma indifferenza a casa. Le Morlacche del rito greco, come Jella, siano facili, ô difficili i parti, non hanno alcuno che le assista, fossero anche al caso di morire, fuorchè una Morlaccha latina.* » (« Les femmes morlaques ne se préoccupent pas de connaître le mois lors duquel elles doivent accoucher, et il arrive souvent qu'elles accouchent dans la rue. Elles enveloppent alors le nouveau-né dans leur ceinture et le portent à la maison

que c'est d'elle qu'elle apprend les devoirs et les cérémonies du moment. Cours vite, ma chère, à la cabane, va la chercher. *Nika* eut de la peine à l'abandonner, mais elle courut comme le vent et revint dans peu de minutes, en traînent avec elle la vieille *Kuttlara*. *Jella* accoucha très heureusement d'un beau garçon qu'elle lava tout de suite dans le ruisseau. La vieille lui indiqua les cérémonies, entre autres celle d'ensevelir sous terre de ses propres mains l'arrière-faix[4]. Après quoi la mère enveloppa l'enfant dans son tablier et sans en souffrir ou avoir besoin de secours se mit en marche vers la maison qui était à quelque distance. Sa joie ajoutait à sa force naturelle. Le bruit s'en était répandu. Les femmes accoururent de tout côté. *Jervaz* ramenait dans ce moment les bœufs à l'étable. Au premier cri confus il vole, il rencontre *Jella* à trente pas de la cabane, il saute à son cou et l'inonde de ses larmes. *Jella* ouvre son tablier, il s'empare de son enfant et le couvre de baisers. Il laisse *Jella* qui le suit lentement et court comme un éclair dans les bras de son père qui allait au-devant de lui. *Jeraz* lève sa main d'aussi loin qu'il le voit et lui montre l'enfant. Mon fils… ton enfant… notre sang. Ce sont les seuls mots que peut prononcer le père hors de lui-même. *Jervaz* ne parle point. Il embrasse tantôt son père, tantôt son enfant, le visage baigné de pleurs. Il va devenir encore plus le favori de son père. *Pervan* avait toujours si vivement souhaité de voir son sang se perpétuer ; et sa joie était excessive. *Stiepo* survient, il embrasse l'enfant, il embrasse son frère et soupire. Il sera le seul frustré du bonheur de la paternité. Mais *Dascia* est là. Il la voit, il l'aime et contraint ses soupirs. *Dascia* et toutes les femmes entourent l'enfant et le père. *Jella* paraît, on la serre de tout côté. Cette heureuse famille se groupe de mille façons. La sensibilité destine et compose bien mieux que l'art. Venez, faibles imitateurs de la nature ; c'est dans la cabane de *Narcevizca* que vous apprendrez à tracer les différentes émotions de l'âme, selon le degré et la qualité de la passion qui l'affecte. Sois honnête homme, s'écrie *Pervan* ; ressemble à mon père, dit *Jervaz*. Sois brave, comme tes aïeux, ajoute *Stiepo*, aime ta mère, comme elle t'aime, prononce à demie voix la tendre *Jella* ; sois mon ami, balbutie *Dascia*. Hommes et femmes implorent sur lui

---

avec une certaine indifférence. Pour les Morlaques de rite grec, comme Jella, que leurs accouchements soient simples ou difficiles, elles n'ont personne pour les assister, même si elles devaient en mourir. »

4 Le placenta et les tissus restants après l'accouchement.

les bénédictions du ciel. On lui désire la haine envers ses ennemis, la force pour leur résister, le plaisir de s'en venger. On le voue d'un côté à la *Sainte Vierge*, d'autre à *Saint Nicolas.* On voit d'avance qu'il sera le plus beau, le plus adroit du canton. *Jella* couchée ayant son enfant aux pieds du lit entend et voit toute la nuit le bruit et les fêtes de la famille et n'en est point incommodée. La satisfaction, le contentement intérieur donnent le repos le plus efficace à l'âme et au corps. Deux jours suffirent à *Jella* pour se rétablir. Au troisième elle est debout. Au quatrième elle reprend les fonctions ordinaires de sa vie. L'enfant est porté à l'église et reçoit de la bouche du *Caloyer* le nom de *Demetry Jervavich.* Les parents, les amis se rendent en foule ce jour-là chez *Pervan.* On comble la mère de petits présents, on se livre aux réjouissances accoutumées qui consistent toujours dans le repas et la danse. *Jella*, l'usage te fait sortir du lit de ton époux et coucher à ses pieds, puisque tu es devenue mère. Mais que cet usage ne t'afflige point. *Jervaz* t'aime : il ne sera pas incommodé des soins qu'exige ton enfant. Il t'appellera auprès de lui et ne voudra pas que tu ailles le prier de te permettre de passer dans son lit, comme la plupart de tes compatriotes l'exigent de leurs femmes.

Le bonheur de cette famille augmentait tous les jours. L'amour et le respect qu'on avait pour le chef unissait tous les individus entre eux et faisait régner dans le ménage la paix et la prospérité. Aimez-vous, mes enfants, leur disait-il, en vous aimant vous contribuerez tous au bien de la famille et chacun en aura sa part. Les eaux réunies dans la rivière portent des grosses barques chargées de poids immense. Les petits canaux qui en sortent et se jettent de côté à travers les champs ne charrient que du sable stérile et peuvent à peine soutenir la nacelle du pêcheur. Le temps viendra, l'heureux temps où la rivière pourra fournir assez d'eau au canal qui s'en séparera pour qu'il puisse offrir les commodités du transport et les avantages de la pêche. L'homme est fait pour vivre avec l'homme et c'est en se rassemblant et en se tenant unis qu'ils s'entraident, bâtissent des cabanes, se garantissent des intempéries, pourvoient aux besoins, jouissent de leur existence et de celle de leurs semblables auxquels ils la donnent. C'est l'union qui opère tous ces prodiges. L'homme isolé serait, comme l'ours, errant, féroce et craintif qui court nos forêts[5]. Cet

5 Pour une vision analogue, voir Rousseau, *Discours sur l'origine et le fondement de l'inégalité parmi les hommes*, éd. citée, p. 106-107 : « Les premiers développements du cœur furent

esprit d'union solide et vraie habite beaucoup plus volontiers les champs que la ville où le froid égoïsme cherche inutilement à se cacher sous des dehors qui ne sont plus trompeurs. Jusqu'aux personnes étrangères à la famille de *Pervan* et faisant chez lui le service partageait cet esprit. Il est vrai qu'on les regardait comme partie de la famille même. Le besoin qu'on avait d'elles était envisagé comme un droit à la bienfaisance et a l'amour des maîtres, le service, les secours que l'on en tirait comme une dette, à laquelle on satisfaisait par mille sortes de bons traitements.

Stiepo sérieux, réfléchi, était observateur. Le peu de connaissances qu'il avait le rendait curieux et avide d'en acquérir des nouvelles. Il aimait à faire des expériences soit dans l'agriculture, soit dans la propagation des troupeaux. Il avait eu autrefois en présent d'un Raguséen hôte chez lui un bouc d'*Angora*[6]. Il s'en était procuré une superbe race, dont il apporta à son père les premiers fruits avec une joie extrême. Leur poil était beaucoup plus long, plus fin et à tous égards plus beau. Il aurait donné deux de ses taureaux pour avoir quelques chèvres de la même espèce. La culture du potager, le soin du bétail et les échanges de grosses denrées avec les voisins, tout cela était sous l'inspection de *Stiepo*. Mais aimant à s'occuper toujours, parlant peu, n'ayant point de distractions, il veillait aussi au labourage, aux semailles, à la récolte, quoique ces travaux fussent du département de *Jervaz*. Celui-ci, plus jeune et d'un naturel plus dissipé, préférait la chasse et la pêche à toute autre occupation. Ses heures de loisir étaient employées à chanter, à sculpter avec la pointe de son couteau des vases de bois sur lesquels il représentait à sa manière des arbres et des animaux. Les autres devoirs en souffraient et le bon *Stiepo* châtiait sa négligence, en faisant lui-même à son insu la portion négligée. Le reproche était senti par *Jervaz*, lorsqu'il revenait d'une longue chasse qui lui avait fait oublier son travail. Il embrassait, il remerciait son frère avec la franchise d'un repentir ingénu. Il se corrigeait

---

l'effet d'une situation nouvelle qui réunissait dans une habitation commune les maris et les femmes, les pères et les enfants ; l'habitude de vivre ensemble fit naître les plus doux sentiments qui soient connus des hommes, l'amour conjugal et l'amour paternel. Chaque famille devint une petite société d'autant mieux unie que l'attachement réciproque et la liberté en étaient les seuls liens ; et ce fut alors que s'établit la première différence dans la maniére de vivre. »

6 *Angora* est une déformation d'Ankara, capitale actuelle de la Turquie. On trouve par exemple une référence à un *chat d'Angora* chez Diderot. Les variétés d'animal qu'on appelle *Angora* sont caractérisées, comme les chèvres de Stiepo, par un poil long et soyeux.

et devenait plus assidu pour un mois ou deux. *Dascia* sérieuse, comme son époux, était aussi active que lui. Tous les soins intérieurs du ménage lui étaient confiés. *Dascia* était une femme unique. Elle avait su rendre la cabane de sa famille la seule qui fût propre, malgré l'habitude nationale du contraire. Le bon sens de *Pervan* avait découvert la salubrité et les avantages de la propreté. La saleté, disait-il à ses enfants, est la cause de la pourriture. Et la pourriture engendre cette quantité d'insectes qui dévorent nos provisions et nous rongent nous-mêmes. *Dascia* avait l'œil à tout ; son travail entretenait ce qu'on avait et ajoutait du nouveau. Elle cherchait à compenser sa stérilité par mille autres produits de son industrie. Tout le monde portait l'ouvrage de ses mains, soit en linge et en habits, soit en ornements de broderie qui en relevaient le prix.

On aimait *Dascia*, mais on chérissait *Jella.* Celle-ci augmentait son mérite de la manière la plus intéressante et la plus sensible au cœur de ses parents. Elle avait donné un second fils à la famille. Moins assidue à l'ouvrage, elle prétextait les soins indispensables de ses enfants, pour s'en exempter. Mais ces soins étaient aisément interrompus lorsqu'il s'agissait de danser ou de chanter au son de la *tambura*[7] qu'elle pinçait aussi bien que toute autre jeune femme du canton. À peine entendait-elle le vers de la belle chanson *Viens dans le rond, ô ô mon âme*, qu'elle posait son enfant à terre et commençait à gambader[8]. *Dascia* lui rappelait les besoins de l'enfant et lui en faisait écouter les cris. *Jella* ne manquait pas de se souvenir alors que le beau-père lui avait dit qu'il n'allait pas accoutumer les enfants à être toujours contentés. Elle quittait, il est vrai, à l'instant la danse, pour la reprendre aussitôt qu'elle pouvait, suivie du petit *Jervavich* qui la tenait par les jupes et sautillait autour d'elle. Son ouvrage favori était la broderie. Il n'y avait pas de fleurs dans la prairie qu'elle ne sût imiter à l'aiguille, en les plaçant sur les manches des chemises, autour du cou et sur les *marâmes.* Elle savait la plupart des chansons amoureuses et héroïques de la nation. C'était toujours en chantant qu'elle travaillait au métier et qu'elle aidait quelquefois *Dascia* dans les autres occupations du ménage, quoiqu'un peu faiblement.

7 Voir note de la traduction italienne, *op. cit.*, p. 105 : il s'agit d'une espèce de mandoline à deux cordes métalliques qui était l'instrument le plus sophistiqué des Morlaques.

8 Jean-Jacques Rousseau, *Discours sur l'origine et le fondement de l'inégalité parmi les hommes*, éd. citée, p. 94 : « [...] le chant et la danse, vrais enfants de l'amour et du loisir, devinrent l'amusement ou plutôt l'occupation des hommes et des femmes oisifs et attroupés. »

Franche, gaie, sans manquer de respect au vieux beau-père, elle avait su prendre avec lui un ton de familiarité que *Dascia* n'osait imiter. On aimait mieux le service de *Jella* ; elle mettait de la grâce, de l'intérêt à tresser les cheveux des hommes, à leur laver les pieds ; et lorsque *Dascia* était occupée, elle la remplaçait dans ces fonctions auprès de *Stiepo*. À l'arrivée d'un hôte *Jella* s'empressait d'exercer envers lui tous les devoirs de l'hospitalité. Lorsqu'il était à table avec les hommes, le sapin allumé brûlait dans les mains de la jeune femme qui se tenait debout et ses propos égayaient la conversation. Propre et prompte à tout, la danse et le chant la récompensaient de toutes ses peines. Elle était adorée de son mari et chérie de toute la famille. Le bon *Staréscina* ne pouvait se passer d'elle ; il cachait sa tendresse autant qu'il lui était possible, pour ne pas faire de la peine à *Dascia*. Mais sans compter les qualités essentielles de la jeune bru, son enjouement et ses manières caressantes, il était naturel qu'il distinguât dans son cœur la belle-fille qui le faisait revivre dans ses petits-fils. C'est aussi pourquoi il saisissait souvent l'occasion de quelque jour de Saint pour donner une fête et la divertir. Toute la jeunesse du village était appelée : un grand repas précédait toujours les amusements. Et quoique le vin n'y fût pas épargné, il n'arrivait jamais de querelle. Soit qu'on s'exerçât à tirer au blanc ou à la course, le vaincu n'osait se plaindre de manière à offenser son rival victorieux. Sil l'eût osé, *Pervan*, d'un mot, savait le contenir. D'un air pénétré et sentencieux, il lui disait : Mon fils, de quoi te plains-tu ? Peux-tu en vouloir au sort qui malgré ton adresse avait décidé que tu perdrais ? Console-toi. Ce sort même a établi que tu gagneras une autre fois. Tout se tranquillisait, les jeux recommençaient. Le respect joint à l'amour pour le *Staréscina* le rendait le pacificateur de toute dispute, l'arbitre des opinions. Il prononçait sur les coups douteux, et sa sentence était reçue, comme l'oracle du destin. Ce principe de nécessité, quelque difficile qu'il soit à concilier avec d'autres, est le plus sensible, le plus frappant sur la masse du peuple même le plus éclairé. Mais il est aveuglément embrassé par les hommes qui tiennent de plus près à l'état de la simple nature, tels que les *Morlaques*. On n'a qu'à appeler au destin. Le *Morlaque* le charge de tout et y gagne l'heureux abandon auquel il se livre toute sa vie.

Le sage *Toposnich* se trouvait toujours à ces fêtes. Il en donnait lui-même quelquefois pour jouir plus souvent du plaisir de revoir sa fille *Jella* et la petite famille. Tandis que la jeunesse des deux sexes, répandue devant la cabane, dansait et jouait, les deux vieillards assis sur l'herbe à l'écart se questionnaient, s'informaient de leurs affaires, se plaignaient et réfléchissaient pesamment sans savoir souvent à quoi, avec des exclamations séparées par de longs intervalles. *Pervan* revenait quelquefois sur son sujet favori, les voyages et les contes de son ami qui avait vu de si belles et de si grandes choses. Il ne cessait alors de l'interroger sur les hauts faits de *Catherina* et se faisait répéter ce qu'il avait entendu sur la grandeur de son empire et sur l'espérance que *Toposnich* annonçait, qu'elle pousserait ses conquêtes sur les Turcs jusqu'aux confins des Vénitiens. *Pervan* connaissait son propre souverain et sentait tout l'ancien attachement de sa nation pour lui. La protection, la défense, les secours dont ses confrères jouissaient ne leur coûtaient qu'une petite taxe. Chaque famille la payait au commissaire du Général de Zara qui venait la percevoir tous les ans. Mais *Pervan* enflammé par les recits de Toposnich souhaitait ardemment ainsi que lui un voisin puissant, tranquille, ami de son prince et professant la même religion, au lieu du barbare ennemi qui de tout temps avait infesté sa patrie et répandu le sang de ses ancêtres. Au milieu de la description des entreprises merveilleuses de *Catherina*, il ne pouvait se persuader qu'elle ne fût qu'une femme. Il la croyait une fée et très souvent il s'écriait : Crois-moi, *Toposnich*, cette femme n'est pas la fille de l'homme. Les plus vaillants, les plus sages parmi nos anciens ont-ils jamais rien fait qui approche de tout ce que tu me contes de cette femme admirable ? En la soupçonnant d'une espèce très supérieure aux femmes communes, il était tenté de l'invoquer. Il la crut digne du culte qu'obtiennent dans l'esprit des *Morlaques* les génies et les fées, par le pouvoir de causer le bien et le mal, pouvoir qu'on attribue à des puissances surnaturelles, lorsque l'ignorance d'un côté et le mérite extraordinaire de l'autre engendrent l'admiration.

Frappé par ce sentiment, *Pervan* imagina une fête encore plus magnifique que toutes celles qu'il avait données et choisit pour cela le temps du retour annuel du marchand *Draganich*. Toute la population du district se rendant alors chez lui pour y faire les échanges ordinaires, il voulut la surprendre et la divertir durant plusieurs jours. Il ne confia son secret qu'à *Toposnich* et à la discrète *Dascia* dont l'adresse lui était nécessaire. Quoiqu'on le vît sortir souvent de grand matin et se trouver avec son vieil ami, les jeunes gens le respectaient trop pour ne pas contenir leur curiosité. L'arrivée de *Draganich* fit une grande diversion.

Le voici, le voici devant la cabane des *Narzevisca*, assis sur son cheval, suivi du chariot, entouré des enfants et du peuple. Les femmes l'aident à descendre, *Pervan* l'embrasse. On décharge les marchandises, elles sont déposées sous le toit du *Staréscina.* Ses domestiques sont logés dans les cabanes les plus voisines. Trois coups de fusil convenus, tirés par *Stiepo* et répétés d'une habitation à l'autre, annoncent la présence du pourvoyeur général et font accourir de tous les côtés de la vallée les intéressés et les curieux. On apporte tout ce qui doit servir tant au paiement qu'aux échanges.

Tandis qu'on étale autour de la maison les richesses nationales, *Draganich* reçoit de la famille de *Pervan* tous les services de l'hospitalité la plus courtoise[9]. Les femmes le déchaussent, le lavent, le peignent ; les hommes transportent et rangent les ballots ; et son vieil ami le questionne de la manière la plus empressée sur sa santé, sur ses enfants et sur les affaires.

L'arbre est vieux, répond *Draganich*, il se courbe et approche de la terre. La terre qui embrasse et presse ses racines qui poussa autrefois son tronc et le soutient encore faiblement va bientôt recevoir sa dépouille. Mais je n'ai pas été inutile sur cette terre. Je laisse après moi de jeunes plantes qui pourront dans peu former une grande forêt. – Encore un fils, *Jervaz ?* En voilà trois que j'embrasse. Je te félicite, ô bon *Staréscina*, tes désirs sont remplis. – Et toi, oh *Stiepo*, es-tu bien riche en veaux ? Tes brebis multiplient-elles toujours de même ? – Ton mari t'aime, heureuse *Jella*, et moi je l'en aime davantage. – *Dascia*, tu es la plus sage des femmes que je connais. Que n'en ai-je une qui te ressemble pour diriger ma maison ! – Un verre de vin, mon ami, lui dit *Pervan*, il répare les forces. Deux et trois à la prospérité de tous les *Narzevizca*, répond *Draganich*, ils ont fait ma fortune. Oui, mon ami, je n'hésite pas

9 Pour l'hospitalité des Morlaques, voir A. Fortis, *op. cit.*, p. 43 : « *basta trattare con umanità i Morlacchi per ottenere da loro tutte le possibili cortesie, e farseli cordialmente amici. L'ospitalità è fra loro tanto virtù del benestante, quanto del povero ; se il ricco v'appresta un agnello, ô un castrato arrosto, il povera vi apparecchia un pollo d'India, del latte, un favo di miele ô tal altra cosa. Questa generosità non è solamente pel forastiere ; ella stendesì su tutti quelli che ponno averne di bisogno.* » (« [...] il suffit de traiter les Morlaques de manière humaine pour recevoir d'eux toute la courtoisie possible et d'en faire des amis cordiaux. L'hospitalité est chez eux la première des vertus, chez les pauvres comme chez les personnes aisées ; si le riche vous sert un agneau ou un rôti de veau castré, le pauvre vous sert une dinde, du lait, du miel ou autre chose. Cette générosité s'applique non seulement aux étrangers, mais encore à tout ceux qui peuvent en avoir besoin. »)

à le dire : le commerce avec ton village, oh *Staréscina*, m'a enrichi et j'ai préparé à mes enfants une subsistance qui pourra ne pas leur coûter les fatigues sans fin, les voyages et les risques que j'ai essuyés. Mais quant à moi, à quoi me serviront ces richesses ? Je travaillais, je souffrirais en les amassant, je ne jouissais qu'en espérance. À présent qu'elles sont amassées, je n'ai plus ni les facultés ni le temps d'en jouir. Le froid de la vieillesse a gelé mes sens et mes désirs. Je me trouve entouré de biens au moment qu'ils me deviennent inutiles. Mes enfants courent les mers pour en acquérir davantage. Je n'entends pas souffler le fier Aquilon[10], que je n'imagine qu'il déchire les voiles, qu'il brise sur les bancs et contre les rochers le vaisseau monté par mes fils. Il me semble que je les vois se rompre et périr, j'éprouve les angoisses de la mort. Mes filles, auxquelles j'ai donné de riches dots, sont établies dans des terres étrangères aussi éloignées de mes yeux que leurs cœurs – hélas ! – le sont du mien. Un de mes enfants a épousé une femme d'une grande ville lointaine. Elle ne daigne suivre son époux chez lui et venir habiter son île paternelle. Je ne connais point mes petits fils ; ils ne verront jamais leur grand-père ; ils ne sauront pas même prononcer son nom. Oh que j'envie ton sort, heureux *Staréscina !* Tes enfants creuseront ta tombe. Ton *Jervaz* gravera sur la pierre des hommes en pleurs, tandis que je n'aurai personne des miens à l'entour de mon lit, pour fermer à jamais mes yeux égarés et mourants qui chercheront en vain dans les autres les regards et les larmes de la nature. Ni mes filles ni les femmes de mes enfants ne chanteront pas sur mon corps la chanson de ma mort ou celle de mes travaux.

Le bon *Pervan* pleurait et la tendre désolation du vieux *Draganich* arrachait des larmes à toute la famille de ses amis : Mais pourquoi, lui dit le *Staréscina*, ne quittes-tu point le commerce et n'obliges-tu pas tes enfants à vivre avec leurs femmes dans ton île ? – Il est trop tard, mon ami ; et je n'ai pas d'ailleurs ce droit dans nos pays. L'obéissance filiale, ce tribut de la nature, le premier de nos devoirs, cède dans les pays policés à mille autres devoirs inventés par la société pour rendre l'homme esclave. Y a-t-il-rien de plus naturel que de dépendre de celui qui nous a donné l'être ? Peut-il celui-ci vouloir autre chose que le bien de l'objet de toute sa tendresse ? Oui, l'homme libre sent et chérit cette douce obéissance ;

10 Vent de tramontane qui vient du Nord ou du Nord-Est.

elle ne le gêne point. Elle ne s'oppose en rien au développement de toute son énergie, de toute sa force. Mais l'homme des villes entouré, chargé de besoins propres à son état est obligé de vivre dans mille dépendances. Il s'aperçoit de bonne heure qu'il lui faut d'autres soutiens qu'un père. Et il envisage bien plus de liens et de rapports que ceux de la simple nature. Les honneurs, les richesses paraissent malheureusement des besoins à ses yeux. Pour les satisfaire, à combien de chaînes ne doit-il pas se soumettre ? Pour amasser du gain, il lui faut vivre au milieu des travaux et des craintes. Il faut qu'il soit en garde contre la tromperie, tout en cherchant de tromper avec succès. S'il veut se distinguer et dominer dans la ville, il doit se faire des protecteurs par l'exercice du plus bas esclavage. Ensuite pour récompense il est réduit à trouver du plaisir dans l'ennui et dans les embarras dont il est accablé par les clients. Les pièges des envieux, l'inconstance de la saveur empoisonnent ses succès. S'il est avide de gloire militaire, il cherche à se mêler des querelles auxquelles souvent ni sa patrie, ni lui ne prennent aucun intérêt ; et sa bravoure mal employée consiste à exposer sa vie au gré de mille supérieurs qui retiennent ses pas ou lâchent ses coups sans qu'il lui soit permis d'être aussi vaillant qu'il voudrait. Au milieu de toutes ses entraves, l'amour de la famille s'anéantit, les liens tendres et sacrés de la nature n'ont plus aucune force. L'obéissance filiale et même l'amour paternel se détruisent les premiers. Mes enfants jetés de bonne heure au milieu d'un monde pareil m'aiment peut-être encore, mais ils savent qu'ils peuvent se passer de moi et de mes conseils. Peut-être moi-même j'ai cru jusqu'à présent que je pouvais me passer d'eux. Mais hélas ! La vieillesse ressemble à l'enfance : elle a besoin de soutien comme elle.

Le bon *Pervan* était touché de l'état de *Draganich* quoiqu'il ne comprît pas la plupart de ses discours. Quitte donc ton commerce et tes pénibles voyages, ô *Draganich* ; viens vivre avec moi. Tu seras mon frère et mes enfants t'aimeront comme moi-même ; ils remplaceront les tiens. *Draganich* à cet offre fixe le *Staréscina* et regarde ensuite autour de soi. Les fils et leurs femmes avaient dans les yeux cette expression de joie que le sentiment ingénu du désir et de l'espérance y peint. Ils aimaient tous le vieux marchand, ses plaintes les avaient attendris et la proposition du père leur avait été extrêmement agréable.

Reste avec nous, lui dit *Stiepo* : je te montrerai les plus belles promenades. Tu m'y suivras, te soutenant avec un bâton, sur lequel j'ai sculpté deux serpents qui entrelacent leurs têtes et en forment le pommeau[11]. Je le garderai pour toi. Je te donnerai le bras et je préparerai un beau siège de gazon pour t'asseoir au bord du ruisseau.

Reste avec nous, poursuit *Jella* : je chanterai toutes les fois que tu voudras la chanson de la belle *Stane*, lorsqu'elle s'échappa des mains d'*Osman*, le fier *Turc* qui l'avait enlevée à sa famille[12]. Reste avec nous, ajouta la bonne *Dascia* : je pétrirai[13] ton pain avec du lait, pour qu'il soit plus tendre. J'aurai soin de tes habits plus beaux que les nôtres. Je tâcherai d'en faire de nouveaux tout à fait pareils. Reste avec nous, lui crie en l'embrassant le fougueux *Jervaz*. Tu assisteras avec plaisir à ma pêche : je poserai à tes pieds la charge du filet.

Ému jusqu'au fond de l'âme, Oui, soyez mes enfants, s'écria *Draganich*. ...Et les miens ? – Ils viendront te chercher ici, ils nous verront tous heureux, ils sentiront qu'eux aussi ne peuvent l'être qu'avec toi et au milieu de nous. – Et l'habitude ? Moi-même qui vous parle, qui suis touché de vos offres, enchanté d'un aspect si ravissant, moi-même je n'ai pas la force de me résoudre. Peut-être l'année prochaine serai-je assez heureux pour vous complaire.

Pervan n'ajouta rien de plus. Il annonça seulement à son ami qu'ayant destiné de faire tondre son petit *Demetry* parvenu à l'âge convenable de quatre ans, il l'avait choisi pour en être le parrain. Il voulait par-là ajouter au lien de leur ancienne amitié celui d'une parenté spirituelle par son propre choix et par celui de toute la famille. *Draganich* accepta en remerciant et ayant fait signe qu'il ne voulait plus boire, *Pervan* lui fit partager son lit, non sans qu'auparavant les femmes l'eussent déchaussé et lui eussent lavé les pieds et les mains.

---

11 Le bâton ressemble au caducée, emblème traditionnel d'Hermès.

12 Osman (mort vers 1323) est le fondateur de la dynastie et de l'Empire ottomans. *Stane* veut dire *sel*. Rien n'indique pourquoi G. Wynne choisit d'en faire un nom de personne.

13 L'orthographe *paitrir* figure dans l'édition originale.

LIVRE SIXIÈME

ARGUMENT

Le marché. – Statue de Catherina. *– Départ de* Draganich.

Le coq a été plus matineux que moi, s'écria *Dascia* en s'éveillant en sursaut. Elle se lève tout doucement, ramasse dans un paquet quantité de choses préparées en secret et cachées dans un coin. Elle le dépose hors de la cabane et va éveiller *Pervan* qui ne se fit pas attendre. Occupé de son projet, à peine de toute la nuit avait-il fermé les yeux. Il suit sa belle-fille et ils s'acheminent tous les deux avec le paquet des hardes[1] vers l'endroit, où ils travaillaient depuis longtemps ensemble sans que personne s'en fût douté. Aux premières lueurs de l'aurore ils entrèrent dans le bois *d'Armaz*, au pied de la belle colline de *Starniz* où serpente le ruisseau de *Radosich*[2], avant de se jeter à travers de la plaine et y grossir en torrent. C'était à un mille de *Dizmo.* La place avait été choisie par les deux amis *Pervan* et *Toposnich.* Leur travail journalier assidu avec le secours de quelques domestiques fidèles était venu à bout d'un ouvrage considérable. En élaguant les arbres moins touffus ils avaient dessiné une place ronde en face de la colline qui la dominait. Vis-à-vis de cette colline ils démasquèrent une longue allée qui joignait les champs et les chemins de communication. Une belle arcade formée par des branches d'arbres entrelacées introduisait dans la place dont le contour était embelli par d'autres arcades qui conduisaient dans le bois. Au pied de la colline ils avaient élevé un petit monticule auquel deux gradins recouverts de gazon donnaient l'accès et servaient en même temps de sièges.

1 Le substantif désigne à l'époque des vêtements, sans nuance péjorative.

2 Radissich est le nom d'un chemin entre Sign et Spalatro, voir. A. Fortis, *op. cit.*, p. 151 : « *Non volendo rifare la medisima strada, in partendo di Scign per ritornare a Spalatro, si può prendere il cammino di Radissich, ch'è un po' più verso tramontana che la Mojanla : [...]* ». (« Si on veut éviter de faire la même route pour retourner de Scign à Spalato, on peut prender le chemin de Radissich, qui est un peu plus vers le Nord que Mojanla : [...]. »

Pervan et *Dascia* achevèrent tous les préparatifs. Elle plaça et arrangea ce qu'elle avait apporté selon les instructions du beau-père. De peur d'être surpris en moins d'une demie-heure ils furent de retour à la cabane et ils y arrivèrent au moment qu'on commençait de tout côté à se rendre au lieu de la foire. Ils se mêlèrent à la foule et personne ne s'aperçut de l'absence qu'ils avaient faite.

Hommes, femmes, enfants accouraient par pelotons, ceux-là traînant des chariots chargés de cuirs menant des bœufs, portant des pots remplis de miel, de cire, de beurre ; les femmes avec des moutons et des fromages ; les enfants avec des paniers et des sacs de fruits séchés. La grande place au-devant de l'habitation principale des *Narzevizca* était couverte de peuple et de denrées, et présentait le désordre bruyant et animé d'un marché de village.

Jella, *Jervaz* et *Stiepo* sortirent de la cabane tenant *Draganich* au milieu d'eux suivis des caisses et ballots qui renfermaient les objets de tant de désirs. Ils rencontrèrent *Pervan* et *Dascia* et leur reprochèrent amicalement de les avoir prévenus. Au centre de la place on dressa une grande table, et les coffres du marchand furent placés tout autour. *Draganich* y monta ; après avoir fait ouvrir ses malles, il en tira ce qu'il voulut étaler aux yeux des *Morlaques* étonnés et ce qu'il devait distribuer selon les commissions reçues l'année précédente. Ensuite s'étant gravement assis sur un petit escabeau à trois pieds et ayant devant lui les *Narzevizca*, comme garants des contrats et présidant à leur exécution, il sortit de sa ceinture la longue liste des commissions et des personnes qui les lui avaient données. À mesure que chacun était nommé il s'approchait de la table et recevait des mains de *Draganich* ce qu'il lui avait commis et déjà payé d'avance. On voyait partir et se répandre sur la place des pièces de toile, du drap, des cuirs travaillés, des instruments d'agriculture, des meubles de cuisine et mille articles variés dont les *Morlaques* ont besoin et dont ils restent constamment privés par leur ignorance et par leur paresse. Chacun rejoignait avec des cris de joie sa charrette ou sa bête de somme pour y déposer la nouvelle marchandise, *Draganich* pour conserver ces bonnes gens dans l'affection envers lui et par conséquent dans la bonne foi, avait la finesse et peut-être aussi la bonté de donner à chacun, après lui avoir fourni l'article de sa commission, quelque bagatelle en présent : c'était un peu de tabac, du *rakia*, une pipe, quelque quart d'aune[3] de

3 Utilisée surtout comme ici pour mesurer les étoffes, l'aune équivaut à quatre pieds.

drap rouge pour faire des *kaipaki*[4] ou bonnets ; et le *Slave* enchanté était au comble du bonheur.

Les femmes vinrent ensuite et l'on s'en serait aperçu au luxe qui paraissait dans les articles de leur compétence. On sortit pour elles avec le même ordre que pour les hommes, des mouchoirs, des colliers, des franges en laine ; il y eut même quelques houppes. Mais elles n'avaient pas oublié les ciseaux, les aiguilles, les pelotons de fil, de soie, l'or filé et mille objets de ménage.

Draganich généreux et galant à la fois ajoutait à chacune le petit présent. Il donnait à la vieille femme une image encadrée, à la jeune mariée un miroir grand comme la main, à la fille une fleur artificielle, une plume de paon.

Après avoir reçu les applaudissements et les remerciements qui s'élevaient en cris autour de lui, *Draganich*, homme en règle et prévoyant, rappela encore en revue tous les hommes qui lui apportaient de la marchandise, en paiement anticipé des commissions qu'on allait lui donner pour l'année prochaine. Son écritoire et sa plume à la main il écrivit le nom de chacun, les effets qu'on lui relâchait et ceux qu'on lui commettait. Après quoi ses gens recevaient dans des huttes construites à cet objet au fond de la place les animaux et les denrées qu'on fournissait d'avance. L'estimation des valeurs et le rapport des prix n'étaient guère calculés ; et le *Morlaque* ne pensait qu'à échanger objet pour objet, ce qui ne gâtait pas les affaires du commerçant. Mais celui-ci savait donner au contrat toute la solennité qui pouvait le mettre à l'abri du reproche ou du repentir. Après avoir dressé sa liste, il relisait à chacun l'article de la commission donnée et de l'objet destiné à l'échange. Il demandait surtout qu'on déclarât à haute voix si l'on était content. Aussi n'entendait-on jamais sortir une plainte de la bouche d'un *Morlaque*. Tous, au contraire, s'en allaient très satisfaits de leurs nouvelles acquisitions et se les montraient les uns aux autres pour s'en féliciter réciproquement. Le désir des superfluités rend les hommes rusés. Quand on les ignore et que l'on a tout ce qu'il faut pour suppléer abondamment aux premiers besoins, on ne calcule pas le superflu, on ne se soucie pas d'attacher une idée juste à la valeur. Le peu de variété dans ce superflu même dispense les *Morlaques* de l'industrie d'évaluer leur propre superflu d'une manière

---

4 Les kapipaki sont des turbans cylindriques à l'usage des Tartares. Voir la note de la traduction italienne, *op. cit.*, p. 119.

à se procurer une plus grande quantité et diversité dans les articles du superflu étranger. Ce peu de variété empêche aussi qu'il ne s'élève parmi eux des sujets de jalousie ou de nouvelles envies difficiles à contenter. *Draganich* avait l'esprit de comprendre qu'il aurait risqué en apportant des nouveautés trop frappantes qu'il valait infiniment mieux pour la tranquillité et la sûreté de son riche commerce qu'il retînt ses chalands dans les bornes de leurs idées accoutumées.

La foire finie et les opérations du commerce achevées, on se rejeta sur le divertissement favori de la nation et de la nature, le repas. Chaque chef de famille rassemble son monde autour d'une motte de terre ou d'un banc, sur des racines saillantes au pied d'un arbre et y étale ses provisions. Tous mangent, boivent et crient. Les femmes servent tour à tour en passant d'une table à l'autre jusqu'à ce qu'il leur soit permis de s'accroupir dans différents coins de manger à leur tour. Les santés, les éloges à *Draganich* montent au ciel avec les hurlements au milieu des tourbillons de fumée de tabac.

Pervan voyant l'heure à propos et les esprits bien disposés, hâte la fin du repas et propose une petite promenade à pied à toute la compagnie sans se séparer. On y consent gaiement, on imagine qu'il y aura des jeux préparés et des prix à gagner selon l'usage pratiqué dans chaque fête. *Pervan* prend par les mains les deux vieillards, *Toposnich* et *Draganich*, et tous les trois précèdent la multitude. Celle-ci s'éparpille en sautant de côté et d'autre pour ralentir la marche. Personne n'aurait osé prendre le pas sur les trois vieux amis qui cheminaient lentement vers le bois d'*Armaz*[5].

Dès qu'ils y furent parvenus et qu'ils eurent découvert la grande arcade d'entrée, ils se tournèrent vers la nombreuse suite et l'invitèrent à venir voir quelque chose de nouveau. Le peuple fondit dedans avec l'empressement le plus curieux et fut très étonné de se trouver au milieu d'une belle place ronde d'environ deux cents pas de diamètre. Les arbres qui en formaient l'enceinte, joignaient leurs branches élevées et laissaient voir à travers de leurs gros troncs l'épaisseur de la forêt au milieu de laquelle la place avait été préparée. Tout le long du circuit deux petites élévations en terre gazonnée paraissaient ébaucher le commencement d'un amphithéâtre. Mais ce qui fixa d'abord les yeux de tout le monde, ce fut une grande statue de femme érigée sur un petit monticule dans le fond de la place à la droite de l'entrée. Elle

5 Le passage qui suit est entièrement supprimé dans la traduction italienne.

était habillée à la *Morlaque* et de la façon la plus magnifique. Un long voile pendait de sa tête sur le dos. Des grandes tresses tombaient sur sa poitrine au milieu desquelles on voyait briller une croix d'argent doré parsemée de pierres. Le cou, les cheveux, la ceinture étaient ornés de toute espèce de joyaux à la *Slave*, c'est-à-dire de monnaies d'argent, de perles de verre, de coraux, de chaînettes. Elle avait à côté le grand sabre de *Pecirep.* Deux beaux pistolets et un riche poignard sortaient de sa ceinture. Ce fier attirail montrait que l'héroïne était guerrière. *Pervan* lui-même rendu ingénieux par son zèle avait eu l'adresse à force de bâtons et de paille de former le noyau de la statue qu'il avait ensuite recouverte de tout ce qu'il possédait de plus riche et de plus parant dans son trésor. L'habit, l'habit de noces de sa chère *Anka* qu'il n'avait jamais voulu donner à aucune de ses belles-filles, revoyait le jour depuis trente ans et habillait superbement la statue. Elle avait sur sa tête une couronne de feuilles d'ormeau mêlées avec des branches de vigne. *Pervan* ignorait sans doute l'usage du laurier. De grosses perles noires de jais étaient à la place des yeux ; et quelques sucs avaient vivement coloré ses joues et ses lèvres. L'industrie excitée par le sentiment et guidée par la seule nature, était venue à bout d'inventer une statue. *Pervan* avait si peu vu qu'il pouvait à bon droit passer pour inventeur de son ouvrage. Elle appuyait la main gauche sur une-grande boule couverte de toile bleue qui devait représenter un globe (les images sacrées lui en avaient appris la signification). Dans l'autre qui était étendue, elle tenait des grands ciseaux. Le tronc d'un gros arbre lui servait d'appui et le sommet en pavillon formait une espèce de dais au-dessus de sa tête. Sur le premier des deux bancs qui étaient à ses pieds, on voyait étalés les prix destinés aux vainqueurs dans les jeux. Des branches proprement rangées dans le contour les soutenaient. Le second banc était préparé pour les juges. Vis-à-vis la statue s'ouvrait la grande allée au fond de laquelle était fixé le but, tant du tirer que de la course.

Toute la population de *Dizmo*, pendant quelques minutes, resta immobile de surprise et d'admiration jusqu'au moment où le sentiment de la dévotion prévalut unanimement et fit tomber tout le monde à genoux devant la statue qu'on allait invoquer.

Arrêtez, s'écria le *Staréscina* debout au pied du monticule étendant ses bras vers le-peuple agenouillé. Oui, adorez à genoux, mes bons enfants, l'image de la grande *Catherina*, telle que j'ai pu vous la représenter mais que votre culte soit seulement celui que l'on doit à la plus grande des mortelles. *Catherina* que vous voyez est la souveraine, la mère de la nation *Russe*, c'est-à-dire de nos anciens frères. Elle régit autant de peuples qu'il y a d'étoiles dans le ciel. Son empire embrasse la plus vaste portion du monde où nous sommes. Le plus fort de nos chasseurs ne pourrait pas en parcourir l'étendue dans plusieurs années. Elle parle notre langue. Ses innombrables sujets ont nos usages, notre religion, ils chantent nos chansons, ils reconnaissent nos mêmes ancêtres, ils sont *Slaves* comme nous et leurs ennemis sont les nôtres. *Catherina* féconde nos désirs communs. Elle envoie à la destruction des barbares Ottomans les enfants de nos anciens pères. Dans peu, nous pourrons revoir en paix les pays où nous ne pouvons à présent mettre le pied que chargés de chaînes[6]. Nous y visiterons nos frères. Nous nous tendrons nos bras rapprochés et nous mêlerons nouvellement par des heureux mariages ce sang qui vient de la même source.

À peine eut-il fini de parler, la foule s'empresse autour de lui et de *Toposnich*, en les accablant des questions. Les femmes voulurent qu'on leur dit premièrement si *Catherina* était belle, si elle était douce, si elle avait des enfants. *Catherina, Catherina*, resonne dans toutes les bouches et plusieurs s'approchent encore de la statue et ne peuvent s'empêcher de fléchir le genou.

Le respectable *Staréscina* fait finir le tumulte et ordonne qu'on se place sur les bancs. Tout le monde obéit. Lui-même ayant à ses côtés les deux vieillards va sur le premier banc aux pieds de la statue et prend entre ses genoux le petit *Jervavich*. Il fait signe à *Toposnich* de monter plus haut et de lever respectueusement de la main du simulacre les ciseaux. Il les reçoit, les baise et les donne à tenir à *Draganich* pendant que debout élevant sa voix le plus qu'il lui est possible, il adresse cette prière à l'image.

Puissante Catherina, *c'est sous ta protection que je vais donner les premières marques de virilité à mon petit-fils pour que le récit de tes grandes vertus et de ton courage mâle lui inspire les qualités dignes d'un de tes enfants et d'un brave* Esclavon.

Puissante Catherina, *la gloire de ton sexe à l'émulation du nôtre, reçois l'hommage d'un peuple qui n'a appris à te connaître que depuis peu, mais qui te chérit et t'honore comme sa mère et sa divinité.*

---

6 Pervan fait ici allusion à l'espoir des Russes, pendant la guerre alors en cours, de reprendre Constantinople et les terres des Turcs.

Puissante Catherina, *ne dédaigne pas, si tu l'apprends jamais, le culte d'une âme pure qui* dans *son obscure retraite te paye le tribut de l'admiration et met à tes pieds ses frères et ses enfants, afin que tu les reconnaisses pour les tie*ns.

Puissante Catherina, *j'ai des neveux. Puisse leur sang teindre les drapeaux victorieux de l'aigle*[7] *et du lion ! Puissant-ils faire disparaître de notre ciel l'infâme croissant et faire briller à sa place la croix du sauveur !*

Puissante Catherina, *le seul désir et le dernier que je ress*ens *à la fin de mes jours est de me jeter à tes pieds et d'y laisser mes vœux et ma vie.*

Puissante Catherina, *s'écrie tout le peuple des* Narzevicza, *écoute, exauce les prières du bon* Staréscina *et les nôtres. Détruis les infidèles, rapproches les frères des frères et nous chanter*ons *tous* ens*emble tes louanges, ô puissante* Catherina.

Au milieu de ces dévotes acclamations *Draganich* coupe les cheveux de l'enfant tout autour de sa tête et ne lui laisse qu'une touffe dans le milieu. Il tire ensuite de sa poche une belle boîte d'argent, y met les cheveux coupés et en fait présent au nouveau petit filleul. Celui-ci par un mouvement aussi naturel qu'ingénu remet le présent à son aïeul. *Pervan* d'un air pénétré et majestueux étend sa grande main calleuse sur la tête de l'enfant et lui parle ainsi à haute voix pour l'instruction de toute la jeunesse.

Sois homme, *Demetry Jervavich*, sois brave et honnête. Aime tes amis et sers-les au prix de ton sang et de ta vie. Verse le sang de tes ennemis et ne leur pardonne jamais celui qu'ils auront versé pour aucun prix qu'ils puissent t'offrir, si tu ne veux que les âmes de tes parents ou de tes amis massacrés viennent troubler ton sommeil pour te demander vengeance. Tu es *Slave* ; tes ancêtres sont les mêmes que ceux des sujets qui obéissent à *Catherina.* Souviens-toi toute ta vie que c'est aux pieds et des mains de cette héroïne que tu as reçu les premières marques apparentes de la virilité et ne fais jamais rien d'indigne d'un commencement si glorieux. Peut-être les saintes ailes du lion[8] qui nous protège vont se déployer et seconder le vol de l'aigle conquérant qui va planer sur le pays immense, séjour florissant de nos pères. Peut-être le bonheur de les suivre t'attend toi et tes frères. Je te dévoue à la gloire de nos maitres, à la délivrance de notre ancienne patrie, aux triomphes de *Catherina.* Mes frères, mes enfants, c'est la voix du mourant qui vous parle. Je vais bientôt entrer dans la demeure de l'éternelle vérité ; c'est elle qui m'inspire ce langage.

---

7 L'aigle représente ici la Russie, comme le lion Venise.

8 Le lion de saint Marc, emblème vénitien, porte des ailes.

Heureux, en vous quittant dans peu, d'emporter avec moi de si belles espérances ! Confirmez-les par vos sentiments : qu'ils éclatent à la face, à la présence imitée de cette femme incomparable, l'honneur de son sexe et le plus admirable objet de l'émulation et des hommages du nôtre.

Le chanteur et poète *Radomir* se plaçant aussi haut qu'il put du côté opposé à la statue suspendit par sa présence et par ses gestes le bruit et s'écria.

Oh *Pervan*, oh cher et bon *Staréscina*, tes paroles sont comme la lumière du soleil ; elles nous éclairent et font passer dans nos veines le feu de la valeur. Nous adorons avec toi dans *Catherina* l'image de la divinité. Nous attendons les effets de sa bienfaisance, comme nous apprenons à connaître ceux de sa toute-puissance par ta bouche. Nos mains sont sur nos sabres et sur nos cœurs ; les uns et les autres sont nos maîtres et à leurs amis. *Draganich*, oh l'ancien ami des Morlaques de *Dizmo*, oh le parrain du premier-né des *Narzevizca*, vois notre fête, notre joie. Emportes-en le souvenir dans les pays lointains et fais en sorte que *Catherina* tourne les yeux vers les pointes élevées de la *Clapavizza*. Là, (qu'on lui dise) tu as d'un côté tes ennemis qui occupent et déshonorent un sol dont la terre est mêlée aux cendres des *Slaves*, les pères de tes sujets et les nôtres ; de l'autre côté tu vois les enfants de ces *Slaves* mêmes éloignés de leurs maîtres et défenseurs, exposés aux insultes, aux violences de la brutalité mahométane, brûlants de joindre les exploits de leur courage aux glorieuses entreprises que tu vas reprendre et consommer pour la destruction de cet ennemi commun. Secoue ta tête, souffle sur lui. Il disparaîtra, comme le brouillard triste et nuisible se dissipe aux premiers rayons du soleil.

Radomir poussa son cri traînant. Il fut suivi de ceux de tous les autres, les bras en l'air et les genoux à terre. *Draganich* immobile, par la surprise et par l'attendrissement, ne put répondre. Il leva au ciel ses mains et ses yeux gonflés de larmes et les laissa tomber ensuite sur son ami *Narzevizca*. Ils descendirent tous les deux se tenant embrassés et *Pervan* annonça que les jeux allaient commencer.

Que les plus forts à la course se montrent, s'écrie-t-il. À ces mots, nombre de jeunes gens jettent leur *kabaniza* ou capote, et leur *kalpaki*[9] ou bonnet qu'ils donnent à garder à leurs amis. Ils doivent parcourir trois

9 Le *kalpaki* est un turban cylindrique. Voir G. Lovrich, *op. cit.*, p. 115.

fois la longueur de l'allée, en doublant chaque fois un arbre marqué au fond de la même allée et un pieu planté au bas du monticule. Le troisième tour finissait aux pieds de la statue et c'est de là que partaient tous les prix. Le premier des trois vainqueurs à la course reçoit deux pistolets garnis en argent, le second un poignard, le troisième un *marâme*. On propose ensuite de tirer au blanc ; dix concourent aux prix. Les juges examinent les coups et celui, dont la balle est le plus près du centre, gagne un habit complet, le second une bague d'argent sur laquelle on a gravé le combat de deux guerriers, le sabre à la main ; le troisième n'a qu'un *kalpaki* neuf. Après, on porte au milieu la grosse pierre à lancer. Huit *Morlaques* des plus robustes se défient, fixent un but et tâchent de l'atteindre. Après avoir soulevé la pierre au-dessus de la tête et l'avoir maniée lentement, chacun jette au loin cette même masse de poids que deux hommes ailleurs pourraient à peine lever de terre. Il y eut tel joueur qui passa même le terme fixé. Un beau sabre damasquiné fut le premier prix, le second deux plaques d'argent à placer sur la ceinture, le troisième une espèce de plume de héron, dont les *Morlaques* ornent souvent leurs bonnets. *Pervan* avait cédé à *Draganich* les honneurs de la fête et *Draganich* distribuait les prix ; mais les fils de *Pervan* n'avaient concouru à aucun parce que leur père les avait fournis. Les quatre frères de *Jella* figurèrent parmi les vainqueurs.

La fête ainsi terminée au contentement de tous, on sortit de l'amphithéâtre rustique, et il n'y eut pas un seul *Morlaque* qui ne pliât le genou en passant devant le simulacre de *Catherina*. De retour à *Dizmo* chacun se sépara pour porter à sa cabane les emplettes de la foire.

Draganich enchanté de ce qu'il avait vu se confirma de plus en plus dans la pensée de venir passer le reste de sa vie avec ses amis. Les deux jours suivants il y eut encore du concours chez *Pervan* pour tenir compagnie au vieux marchand qui était sur son départ. Le quatrième jour celui-ci prépara ses chariots et tout le monde s'empressa de l'aider à se mettre en marche. *Pervan* et *Draganich* dans les bras l'un de l'autre répandirent bien des larmes en prenant congé et promirent de se revoir en pareil temps l'année prochaine. Oui, dit l'étranger, oh cher parent, je serai dans un an ou chez toi ou dans la tombe. Puisse-je la trouver ici et y être déposé par tes bras, accompagné de ta nombreuse postérité ! Puisse la mienne s'y joindre et ne faire qu'un peuple avec les tiens ! Oh *Draganich*, tu t'abusais. Tu embrassais ton ami pour la dernière fois. L'un de ses enfants revint à sa place. Le malheur et la désolation marchaient sur ses pas ; n'anticipons pas sur les événements. *Jella* l'embrasse et ses grands yeux se remplissent de larmes. Garde ces larmes précieuses pour tes disgrâces. Le sang de *Draganich* doit t'en faire répandre de bien plus amères. Les enfants de *Pervan* et d'autres parents accompagnent le vieillard jusqu'à la sortie du village. Il marche avec son butin et en le considérant il calcule déjà la profit qu'il doit en retirer, et ne songe plus à la douceur de finir sa vie en repos dans le séjour de l'innocence. Tous lui souhaitent un heureux voyage, un heureux retour. Il quitte ses amis ; son cœur se taira bientôt et sa tête ne s'occupera plus que de ses comptes et de son commerce. Aidé de ses enfants le bon *Staréscina* construisit une nouvelle cabane à laquelle il chercha de donner, comme il put, l'air d'un temple. Il la destinait à renfermer et à conserver la statue de *Catherina* qui devait désormais présider à toutes les solennités de la population. Il conçut même le projet de s'en procurer une, laquelle à un travail mieux entendu et plus durable joignît le précieux mérite de ressembler à l'original. Quelque talent que l'industrie et l'envie de réussir pussent donner à lui et à ses enfants, il sentait bien que manquant de toute sorte d'instruments propres à la sculpture, il n'aurait jamais pu rien faire ; et que ce n'était pas avec la seule pointe du couteau qu'on pouvoit former quelque chose au-dessus de leurs ouvrages ordinaires. Il fut fâché de n'avoir pas donné cette commission à *Draganich.* Il tardait à son ardeur impatiente d'attendre le retour annuel de son correspondant ; et il rêvait continuellement aux moyens les plus prompts d'avoir cette statue de *Raguse* ou de *Venise.* Probablement dans ces villes y avait-il des personnes auxquelles les traits du visage de cette souveraine étaient connus. Il se doutait bien aussi que ses portraits étaient répandus dans les grandes capitales et que d'après ceux-là on aurait pu lui faire l'image qu'il souhaitait. En attendant quelque heureuse occasion, il ordonna une visite par semaine à la cabane où il avait placé son ouvrage pour veiller à sa conservation. Il renferma les habits et les joyaux qui avaient orné la statue et qui ne devaient plus servir à d'autres usages qu'à parer cette image révérée, toutes les fois que des fêtes nationales ou des événements signalés la faisaient sortir de sa chapelle et présider à la joie publique. Il pensait de laisser ce monument à sa population en se flattant par-là que sa mémoire aurait pu subsister avec celle de *Catherina.* L'ambition d'une renommée après la mort sait même s'insinuer dans l'homme presque sauvage. La tienne était juste, ô *Pervan* ; le souvenir du bien que tu avois fait à tes compatriotes, méritait d'être transmis à la postérité, comme celui qu'a fait *Catherina* à une si grande portion de l'univers. Quelle joie, disait-il a son ami *Toposnich*, lorsque nos frères les Russes après avoir chassé les Turcs viendront habiter les contrées voisines, si je pouvais les invitant chez nous leur montrer l'image de leur souveraine et leur dire elle m'était connue ! Ah, du moins mes enfants la leur montreront sans doute en disant, c'est notre père qui nous fit connaître *Catherina* dont la mémoire durera aussi longtemps que le monde.

Les jours du bon chef des *Narzevizca* se passaient dans une douce sérénité à la manière des anciens patriarches. Une fille dont *Jella* accoucha avait augmenté la famille ; c'était le quatrième des enfants qui en six ans de mariage étaient issus de son fils. À la vue de sa seconde génération robuste et florissante, le cœur du grand-père éprouvait la satisfaction la plus pure et la seule que la nature réserve pour le bonheur de la vieillesse. Plus le *Morlaque*, chef d'une famille, la voit croître en nombre, plus il en est heureux par le sentiment et par le fait. À mesure qu'il avance en âge, les enfants et les neveux redoublent de soins et de respect pour lui. Ils révèrent, ils chérissent d'une manière presque religieuse le principe sensible et vivant dont ils sont descendus ; et ces sentimens sont en proportion du degré d'éloignement de parenté. Une quatrième génération regarderait son trisaïeul vivant comme un Dieu.

C'est de notre père, disent-ils, que nous venons ; et de père en père on remonte jusqu'au premier qui vint de Dieu. Le premier homme qui osa désobéir à Dieu son père, attira sur lui sa malédiction. Obéissons à celui qui nous a donné la vie pour qu'il ne se venge point et ne nous maudisse, comme Dieu a maudit le premier homme. C'est ainsi que l'obéissance filiale et la vengeance sont chez les *Morlaques* pour ainsi dire également d'institution divine.

Toute la famille des *Narzevizca* avait pour son chef une tendre vénération. Les petits enfants le caressaient parce qu'il était à son tour bon et caressant. *Demetry* ne manquait pas chaque jour après dîner de courir chercher la pipe du grand-père et de lui apporter la braise pour l'allumer. Le bon vieillard idolâtrait cet enfant et ne pouvait se passer de lui. La tête et la poitrine nues, une petite camisole de serge sans manches sur le corps, l'enfant courait les champs en le suivant dans ses promenades. S'il s'agissait de passer un ruisseau, *Pervan* encore robuste, appuyé sur son bâton, le traversait et criait à l'enfant de l'imiter. Celui-ci sans balancer s'élançait et ne pouvant atteindre au bord opposé il se trouvait dans l'eau ; le vieillard souriait, l'enfant tout mouillé sortait en riant encore plus et s'amusant du bruit qu'il faisait en marchant avec des souliers remplis d'eau. Jamais le grand-père ni aucun de la famille n'aurait imaginé de le sécher ou de le changer, même au plus fort de l'hiver. Il fallait quelquefois monter la colline pour voir si le raisin était mûr. *Demetry* était après lui. La montée était-elle rude ou le chemin pierreux ; plutôt que de le quitter, il se traînait après lui et le suivait en grimpant. Il connaissait déjà les moutons les plus gras et les indiquait comme les plus propres à être mangés. En rencontrant au pâturage un petit cheval, s'il pouvait attraper sa crinière, bientôt après on le voyait dessus. Il faisait tous ses efforts pour s'y tenir et il y réussissait le plus souvent, malgré ceux du cheval pour s'en débarrasser. Il en tombait quelquefois et la chute l'affligeait plus que la douleur, car il n'était ni plaint ni caressée. Tu es maladroit, lui disait *Pervan*, mais une autre fois tu feras mieux. Monte encore devant moi sur ce cheval : serre-toi bien fort à son cou en empoignant la crinière. Dans les heures de repos, il le prenait entre ses genoux et lui enseignait les chansons d'*Anka* et de *Marco Kralovich*. Quand il le voyait tourmenter ses frères dans la cabane, il allait le tourmenter à son tour en lui disant, Tu fais du mal à tes frères parce que tu es plus fort qu'eux. Et moi qui suis plus fort que toi, je vais t'en faire aussi ; es-tu content ? Cela te paraît-il juste ?

La petite famille grandissait ; on en prévoyait l'accroissement. *Pervan* avait raison de s'applaudir de ses soins économiques et de ses travaux qui préparaient une subsistance aisée à ses descendants parmi lesquels un démembrement devait s'ensuivre peu après sa mort.

Plus l'homme approche de sa fin, plus il se réjouit en contemplant ce qu'il laisse du sien sur la terre. Les enfants, les petits enfants sont des portions de nous-mêmes qui en nous survivant continuent pour ainsi dire notre existence. C'est par eux que nous ne périssons pas entièrement. Dans la société de la pure et simple nature, l'homme dit : Je travaille pour mes enfants. Je ne puis travailler que pour moi seul, dit le sauvage. Lorsque l'animal aussi sauvage que lui a pris tout son accroissement, le père l'abandonne et le laisse pourvoir tout seul à ses nécessités. De même l'homme absolument sauvage qui se procure la subsistance par les seuls moyens pénibles de la chasse et de la pêche, abandonne son enfant, dès que celui-ci est en état d'en faire autant. Errant dans les forêts et aux bords de la mer, il le rencontre et le méconnaît[10]. La société, au contraire, en multipliant les idées, les sensations et par conséquent les besoins, a inventé ou trouvé les moyens de les satisfaire. Cet échange réciproque de soins, ce secours mutuel, cette communauté de jouissances a été le premier lien de la société, et il en est encore la base chez l'homme de la campagne. Mais dans la ville l'esprit et pour ainsi dire l'abus de la sociabilité a dénaturé les hommes. Portant à l'excès le nombre des besoins factices, il ne leur a laissé que les dehors d'une liaison mutuelle très serrée, tandis que réellement il les a ramenés à l'état insouciant et égoïste du sauvage. L'homme pasteur ou agricole a besoin de ses enfants pour les travaux de la campagne ; et il ajoute à l'attachement que la nature lui inspire pour eux, celui de l'habitude qui devient encore plus fort. C'est par cet attachement que le père se fait un besoin, une jouissance de préparer des richesses à ses enfants. L'homme de la ville, au contraire, assiégé par un trop grand nombre de besoins personnels n'a ni le temps, ni les forces, ni l'envie de s'occuper des besoins futurs de ses proches. De là l'égoïsme indolent et l'abandon des soins paternels, à moins que la vanité ne lui tienne lieu de cet amour qui excite ces mêmes soins. De là la division d'intérêts, l'indépendance et tous les maux qui mènent aussi à la destruction de l'amour patriotique et rendent l'homme au milieu de la société aussi insouciant pour les autres, aussi isolé que le sauvage.

Travaillons pour nous et pour nos enfants, disait notre heureux *Morlaque*. Ils travailleront aussi pour les leurs. Ceux-ci les béniront, comme vous me bénissez. Nos vignes nous présentent une riche vendange. Préparons les cuves et les tonneaux que nous avons déjà vidés depuis plusieurs mois. Pourquoi ne pourrions-nous pas nous procurer par un travail plus constant et mieux entendu une quantité de vin qui pût nous suffire toute l'année ? En effet la culture de la vigne n'était pas chez les Morlaques ce qu'elle aurait pu être. En parcourant le vaste terrain depuis la plaine de *Dizmo* jusqu'aux bords de la *Cettina* et aux pieds de la *Clapaviiza*, *Pervan* en reconnaissait de très propre à toute espèce de culture. Il est vrai qu'il n'aurait tenu qu'à lui de défricher des terres incultes qui auraient rendu au centuple ce qu'on leur aurait confié. Mais n'ayant aucune idée du commerce actif qui enrichit et procure

10 On peut trouver des idées similaires chez Voltaire dans son *Essai sur les mœurs et l'esprit des Nations* (1756). Voir notre introduction p. 23.

l'aisance et le superflu et ayant vu par sa longue expérience que la portion cultivée du pays fournissait au-delà des besoins de sa population, ses désirs étaient satisfaits, il n'aurait su en former d'autres. Il prévoyait aisément que sa postérité en augmentant avait sous la main de quoi augmenter aussi les ressources de sa subsistance ; le terrain avait partout l'air fertile et paraissait propre aux productions les plus variées. Chef d'un peuple principalement pasteur et fort peu cultivateur, il en connaissait à sa manière les intérêts et les goûts. L'amour pour le repos, la haine pour le travail, en un mot le goût de la paresse est si naturel à l'homme[11] ! S'il ne fait qu'obéir à la nature, s'il n'en a pas altéré les inclinations, de tous les moyens de subsister il s'attachera au plus commode, au moins fatigant et il s'y tiendra. Le pasteur mène une vie bien plus tranquille que l'agriculteur. On a toujours puisé les images du bonheur dans des tableaux où les personnages qui figurent sont des bergers, des troupeaux qui paissent dans la prairie au bord du ruisseau, tandis que l'heureux pasteur chante l'amour et ses plaisirs. Le *Morlaque* soigne avant tout ses pâturages, erre avec son bétail, fait de ses productions ses plus grandes richesses et travaille le moins qu'il peut au labourage. Il a même une sorte d'aversion pour les arbres. Il les déracine, quand il en rencontre sur un terrain qui lui paraît propre à nourrir ses troupeaux.

11 Pour l'expression d'un sentiment analogue, voir Jean-Jacques Rousseau, *Discours sur l'origine et le fondement de l'inégalité parmi les hommes*, éd. citée, p. 133 : « L'homme sauvage et l'homme policé diffèrent tellement par le fond du cœur et des inclinations, que ce qui fait le bonheur suprême de l'un, réduirait l'autre au désespoir. Le premier ne respire que le repos et la liberté, il ne veut que vivre et rester oisif, et l'ataraxie même du Stoïcien n'approche pas de sa profonde indifférence pour tout autre objet. »

LIVRE SEPTIÈME

ARGUMENT

Arrivé du fils de Draganich. – *Histoire du naufrage et de la mort de son père.*

Le temps approchait auquel le vieux *Draganich* venait tous les ans apporter à la peuplade des *Narzevizca* les marchandises de commission dont il avait déjà dans l'année précédente reçu la valeur anticipée. On était à la fin de novembre sans qu'on le vît paraître. Plusieurs chefs de famille venaient en demander des nouvelles chez le *Staréscina.*

Leurs chemises étaient usées, leurs *opanka*[1] avaient besoin d'un nouveau cuir, leurs camisoles de serge étaient déchirées et leurs femmes oisives. Jamais le *Morlaque* n'avait poussé la précaution plus loin que d'une année à l'autre pour telle sorte de provisions que ce fût. Mais aussi l'année expirait. L'inquiétude se répandit parmi eux et ils ne savaient quel parti prendre. Un voyage à *Scign*[2], à *Spalato* ou à telle autre ville sur les côtes eût été un événement si nouveau qu'on n'aurait su comment s'en tirer. *Pervan* était tout aussi embarrassé que les autres ; et tous les jours, lui ou quelqu'un de ses fils montait à cheval et faisait quelques milles sur le chemin par lequel *Draganich* devait arriver. On parvint au mois de décembre et l'hiver commençait à répandre ses frimas avec violence. *Jervaz* était un jour à la découverte, lorsqu'il vit de loin un chariot s'avancer vers lui. Il pressa son cheval et reconnut de près le petit convoi composé d'une charrette et de quatre hommes à cheval parmi lesquels il aperçut le plus familier des domestiques du vieux *Draganich*. *Jervaz* court à lui en criant : Où est notre ami ? Où est ton maître ? Le domestique ne répond que par des larmes. *Jervaz* soupçonne le malheur arrivé et attend avec impatience que le bon serviteur puisse parler. Oh, fût-il resté chez vous !

1 Il s'agit des chaussures des Morlaques, voir A. Fortis, *op. cit.*, p. 53.
2 La ville croate de Sinj est célèbre pour sa forteresse décorée. Voir la traduction italienne, *op. cit.*, p. 134 et Fortis, *op. cit.*, p. 165-168.

Mon cher maître serait encore en vie. Voilà son fils ; voilà le brave *Erze Dragananich*. Il vient remplir les devoirs de son père et demander l'amitié des *Narzevizca*. *Jervaz* se tourne et voit auprès de lui monté sur un beau cheval un grand jeune homme d'une physionomie aimable.

Ils mirent pied à terre et *Jervaz* prenant l'autre par la main et la lui secouant. Fils de *Draganich*, lui dit-il, tu vois en moi le fils de l'ancien *Narzevizca*, le meilleur ami de ton père. Tu l'as perdu, je t'offre le mien à sa place. Viens chez chez toi, viens te reposer. Tu y trouveras aussi des frères qui t'aimeront, comme les tiens. Suis-moi ; allons pleurer ensemble l'honnête *Draganich* dans ta maison. La maison des *Narzevizca* est la tienne. *Erze* fut touché de l'accueil franc et cordial de *Jervaz*. Et quoique né et habitué dans la ville, il sut répondre : Frère, par les amis que mon père s'était fait, je sens d'autant plus toute ma perte. Je t'accepte pour mon frère. Je brûle d'arriver dans la maison des *Narzevizca*. Ils te ressemblent tous, j'en suis sûr. Allons serrer notre amitié, allons pleurer mon père avec ses amis. Les tendres éloges que les jeunes gens donnent ensemble à leurs pères, sont un moyen des plus forts pour jeter entre eux les fondements d'une amitié vertueuse. Ils se mirent en marche vers le village, suivis du chariot et des domestiques. *Jervaz* pour détourner son nouvel ami des idées tristes dans lesquelles le souvenir et le regret de son père l'avaient plongé, lui indiquait tout ce que la route offrait de plus singulier, en lui apprenant les noms des différents endroits qui se présentaient successivement ou que l'on voyait dans l'éloignement. À droite tu peux apercevoir les bords de la *Cettina*, la rivière qui arrose nos campagnes et désaltère nos troupeaux. Ses sources limpides sont au pied des collines qui joignent les montagnes de *Kozjac*[3], *Dinara*[4] et *Herzovaz*[5]. Des cavernes immenses, de profonds souterrains, des grottes ténébreuses, hérissées de pointes, cachées dans les flancs de la montagne, sont la demeure des fées qui se tiennent à la garde des trois sources principales *Glavasc*[6], *Jarebizca*[7] et *Cotlussa*[8]. Elles se joignent et forment la *Cettina* qui dans une petite étendue recevant les eaux du *Dabar*[9] et

3 Chute d'eau en Slovénie.
4 Voir A. Fortis, *op. cit.*, p. 71.
5 *Ibid.*
6 Première source de la Cettina, voir. G. Lovrich, *op. cit.*, p. 25.
7 Voir A. Fortis, *op. cit.*, p. 73 et G. Lovrich, *op. cit.*, p. 25.
8 Ces toponymes sont mentionnés dans l'ouvrage de G. Lovrich, *op. cit.*, p. 26.
9 *Ibid.*, p. 33.

de la *Perucchia*[10] fond orgueilleusement sur nos plaines et y prend ensuite un cours plus lent et plus majestueux. Regarde à ta gauche ce grand bois. Il monte presque jusqu'au sommet du *Gradaz*[11] et le couvre de son ombre. Là le daim timide et le chevreuil léger se dérobent à nos poursuites. Là le coq amoureux écoutant le cri de sa compagne qui l'invite, ne s'aperçoit pas du chasseur qui s'approche et ne lui laisse plus le temps d'éviter le coup mortel. Hors du temps de ses amours, quelque lourd qu'il soit, il échappe toujours à nos recherches. L'ours terrible fait aussi sa demeure sur ces montagnes que tu peux voir au-dessous du soleil qu'elles vont bientôt nous cacher. Pressé par la faim l'animal féroce descend quelquefois en hiver au milieu de nos plaines, mais le brave *Morlaque* ne se contente pas de défendre ses troupeaux. Il va le défier, l'attaquer, l'abattre dans le bois, en mesurant ses propres forces avec celles de son redoutable ennemi. – Je vois des cabanes, un village, s'écria *Dragananich.* Oui, c'est *Dizmo*[12] répondit *Jervaz*, c'est le séjour de tes amis, de tes frères. La neige tombée depuis peu de jours a recouvert nos toits. Mais elle se dissipera bientôt. Vois comme le soleil se couche radieux et comme il colore de violet et de pourpre les nuages qui l'environnent et paraissent s'opposer à son passage. Il reparaîtra aussi beau demain, il fondra la neige et je pourrai te faire parcourir nos prairies, nos champs et ceux de nos voisins. Vois-tu devant nous ces ormeaux que mon doigt t'indique ? Ils sont hauts et touffus ; mais pas assez pour ressembler à ces vieux chênes qui n'en sont point éloignés et qui forment la forêt de *Branzirtaz.* Regarde sur ta gauche ces grandes pierres, dont tant d'arbres paraissent sortir. Ce sont les tombeaux des *Narzevizca.* Leurs cendres sont mêlées aux racines des arbres qui les couvrent. Un père, un fils, un tendre *Pobratime* a gravé sur chacune de ces pierres les marques de sa douleur et a planté l'arbre qui l'ombrage, a l'honneur du mort chéri. Tu n'y verras pas les actions des braves. Notre Prince[13] qui vit en paix, nous empêche de nous montrer tels et nous n'avons point d'ennemi commun à vaincre. Il fut un temps où nos pères surent se signaler. Le tombeau que tu verras s'élever au-dessus des autres renferme

10 *Ibid.*, p. 35.

11 Cette montagne est décrite dans l'ouvrage d'A. Fortis, *op. cit.*, p. 82.

12 Voir A. Fortis, *op. cit.*, p. 150.

13 Il n'est pas clair à quel prince G. Wynne fait allusion : au XVIIIe siècle, la Dalmatie est divisée entre Venise et l'Empire des Habsbourgs. A. Fortis évoque également à plusieurs reprises des « Princes » qui ne sont pas identifiés.

les restes du Vaivode *Pecirep*, le plus fameux de nos ancêtres. Tu écouteras ses grands exploits de la bouche de mon père qui est la seule digne de les chanter. Il ne convient pas à moi jeune homme d'apprendre à l'étranger la gloire de notre chef. Tout en raisonnant ainsi *Jervaz* se trouva à portée de donner à son père le signal convenu des deux coups de pistolet. *Pervan* avec toute la famille sortit de la cabane au moment que les voyageurs parurent devant elle. *Jervaz* fait signe aux femmes d'aider *Draganich* à descendre de cheval et le prenant par la main s'approche de son père. Voici, lui dit-il, le fils de *Draganich*, il vient remplir les obligations de son père et le remplacer dans nos cœurs. Ce mot suffit pour faire comprendre au vieillard que son ancien ami n'était plus. Il serra le jeune hôte dans ses bras, pencha sa tête sur son cou et ne proféra pas une parole. *Erze* attendri par la douleur touchante du respectable *Staréscina* et par la tristesse qu'il vit peinte sur tous les visages de la famille qui l'entourait ne put retenir ses larmes pieuses. Une larme coula sur la joue de *Pervan*, celui-ci la sentit et relevant sa tête. Fils de *Draganich*, lui dit-il, tu pleures la mort de ton père, tu l'aimes jusques dans le tombeau ; tu es donc digne de l'amitié des *Narzevizca* qui chérissent aussi leurs pères et en révèrent toujours tendrement la mémoire. Je craignais que le séjour des villes n'eût endurci ton cœur, comme l'on m'a dit qu'il arrive. Viens, fils de mon ami, embrasse tes nouveaux frères, tes sœurs et leurs enfants. Tous le serrèrent dans leurs bras et il fut conduit dans la cabane, déchaussé, lavé et placé à la droite du *Staréscina*. Un agneau rôti, entouré d'autres mets, fut servi par les femmes et mangé dans dans un triste silence. *Pervan* dit à l'étranger : Mon fils, je voudrais bien entendre le récit de la mort de ton père. Quelque pénible qu'il soit pour toi, je l'exige de ton amitié pour nous, de ta pieté filiale envers lui. Mais comme il était l'ami de notre population, il est juste qu'elle soit rassemblée pour l'entendre de ta bouche et pour partager nos regrets et les tiens. Sa mémoire nous est aussi chère à tous que nos besoins lui furent à cœur. Repose-toi ce soir et ne crains pas la tristesse qui t'est préparée demain. Notre douleur et nos larmes serviront de soulagement à ton âme assiégée. *Pervan*, mon second père, lui répondit *Erze*, je voudrais bien vous contenter, vous et les vôtres. Mais n'ayant pas été présent moi-même à la mort de mon père, mon récit pourrait attiédir les circonstances de son malheur et dérober en partie à sa mémoire la douleur que ses amis doivent en ressentir. Permettez que le bon *Philippovich*, son domestique, le fidèle compagnon de ses travaux, que vous connaissez tous, vous retrace sa fin. Il travaillait – hélas ! – pour m'enrichir. Il périt sans doute pour avoir voulu rendre ses enfants heureux. Cette pensée qui me fait me regarder moi-même comme la cause de sa mort, me comble d'amertume et me rend la vie bien triste. » – J'accepte ton offre, reprit *Pervan* : *Philippovich* fera à ta place le récit que nous demandons. Rassure-toi et chasse l'injuste pensée qui t'accable. Ton père faisait son devoir, s'il croyait travailler au bonheur de ses enfants. Il en sera récompensé dans le ciel ; et tu n'es pas responsable des excès de cet amour paternel qui ont été peut-être la cause de son désastre mortel. Sois reconnaissant et imite son exemple à l'égard des enfants que tu auras. Mais choisis des moyens moins dangereux, pour ne pas priver trop tôt ces enfants mêmes de leur plus grande richesse, l'amour, les conseils et les secours d'un père. *Pervan* n'eut garde de dire au jeune homme que le vieux *Draganich* avait résolu d'abandonner le commerce, pour vivre en paix et en sûreté le reste de ses jours. Cette circonstance aurait augmenté la douleur du fils. Son père se serait épargné la mort, s'il eût épargné ce dernier voyage. *Pervan* en avait assez entendu pour soupçonner que la mort de son ami avait été violente. Il prit par la main son hôte et le fit coucher avec lui à la place qu'occupait son père. Les domestiques avaient déjà ôté la charge du chariot et déposé les effets dans la cabane qui servait tous les ans de magasin à cette occasion. *Philippovich*, après avoir soupé avec les maîtres, se coucha, ainsi que les autres domestiques, sur des bancs à l'entour de la cheminée, après avoir ôté leurs *opanka*[14] et s'être enveloppés de leur *kabaniza*[15].

La nouvelle de l'arrivée du fils de *Draganich* à la place du père s'était répandue. À la pointe du jour, tous les *Narzevizca*, hommes et femmes, coururent en foule à la cabane du *Skaréscina* apportant selon l'usage de quoi fêter l'étranger. Ils désiraient tous de voir le jeune homme. Le vieux chef le leur présenta en disant : Mes enfants, mes amis, voici le fils de notre ancien ami qui n'est plus et qu'il remplace. Il vient se faire connaître. Il vous demande de lui accorder votre amitié, votre confiance, comme vous l'aviez accordée à son père. Il s'engage de pourvoir, comme lui, à nos besoins. Il est *Slave*, comme nous. Il est notre frère. Mais vous le voyez plongé dans une juste douleur. Respectons l'affligé qui vient à

14 Voir note 1, p. 147.
15 Voir note 4, p. 76.

nous ; qu'il ne nous voie point insensibles à la perte d'un père qui était notre ami ; et qu'on ne parle pas à présent d'échanges. Nous traiterons nos affaires avec lui les jours suivants. Aujourd'hui donnons tout notre temps à regretter *Draganich*, à chanter ses louanges, à plaindre son fils. Mais pour que nos regrets soient plus sentis et nos louanges plus justes, nous écouterons tous le récit de sa mort que son fidèle domestique *Philippovich* va nous faire à la fin du souper et à la pâle lueur du sapin allumé et brûlant dans l'angle de la cabane. La triste obscurité nous fera mieux voir les objets funestes qu'on va nous présenter, et si l'ombre de *Draganich* aime encore ce ciel qui lui fut autrefois si cher et cette cabane qu'il arrosait toujours de ses larmes en partant, elle pourra s'y glisser plus aisément et y errer en liberté. Les ombres se plaisent à la nuit et au silence attentif et immobile de ceux qui écoutent les histoires des trépassés. Ainsi parla le sage *Pervan* et chacun applaudit à son avis. Tandis qu'on rassemblait les provisions apportées par chaque famille et qu'une partie des femmes dirigées par *Dascia* apprêtait le repas, on entoura de toute part le jeune *Erze*. Les uns examinent ses traits et trouvent que ses grands yeux noirs et ses sourcils presque joints le font ressembler à son père. Les autres mesurent sa taille et la comparent à celle des plus grands parmi eux. Les jeunes gens ouvrent les manches de son *jacerma*[16] ou petite veste à boutons d'or, regardent son bras nerveux et cherchent à lui en opposer un pareil. Les vieillards trouvent seulement à redire qu'il n'ait pas la tête rasée, comme les autres de la nation ; et qu'au lieu de n'avoir que la touffe de cheveux au milieu de la tête, une riche et longue chevelure flotte autour de son cou et descend sur ses épaules. Pourquoi, lui dit un des anciens, pourquoi, fils de *Draganich*, as-tu dédaigné de ressembler en tout à tes ancêtres ? Ton père était comme nous et nous l'aimions beaucoup. – Mon père, répondit *Erze*, autorisé par son âge avait accoutumé les *Italiens* chez lesquels il commerçait à le voir entièrement mis à la manière de notre pays. J'habite l'île de Page[17] et tous mes compatriotes qui pour la plupart vont souvent à *Venise* ont adopté l'usage de laisser croître les cheveux pour paraitre moins extraordinaires chez l'étranger. – Si cela est vrai, répliqua l'ancien, tu n'as pas tort de t'être conformé à l'usage reçu ; mais je vois que tu as

16 Veste courte, voir A. Fortis, *op. cit.*, p. 62.

17 Pago, île de l'Istrie alors sous domination vénitienne, voir note de la traduction italienne, *op. cit.*, p. 144.

aussi quitté les *opanka* pour porter une chaussure qui ne peut aller sans bas ; tes jambes sont habillées comme celles de nos femmes, ô jeune homme, jeune homme, souviens-toi que la *Dalmatie* est le séjour des faucons. Ils se ressemblent tous et quelque part qu'ils volent, ils ne sauraient attenter à leur plumage, à leurs ailes, sans se défigurer. *Erze* fut très sensible à ce reproche. Mais il sut dissimuler et ne dit rien. Il songeait à gagner la bienveillance d'une population dont il se proposait de tirer les plus grands avantages. Il était bien loin de connaître et de professer la franchise d'un *Slave* de la *Morlaquie*. Les femmes à leur tour le questionnaient beaucoup sur les usages des femmes de son île. *Erze* voulut s'en divertir, tout en les amusant et pensa en même temps à les mettre de loin dans ses intérêts. Il leur racontait qu'au moment que les pères accordent leurs filles en mariage ils ne manquent jamais de dire à l'époux tout le mal possible de sa future, en le prévenant qu'elle est capricieuse, opiniâtre, méchante. À quoi l'époux répondait qu'il aurait su la corriger de tous ses défauts de la manière qu'il allait indiquer. Et là-dessus il donnait à l'épouse un soufflet ou un coup de poing. L'usage était réellement tel parmi le peuple de son île. Mais *Dragananich* mettait de la finesse à leur conter ces singularités. Il visait à s'attirer l'amitié des maris qui reconnurent dans cet usage leur propre caractère national bien soutenu et exprimé par le mépris des femmes ; et ils en rirent beaucoup. Les femmes aussi prirent la chose en bien et se félicitèrent de ce que leur propre condition était pourtant meilleure que celle de ces pauvres femmes qui commençaient à être battues avant même que la cérémonie ou la possession donnassent aux maris assez de droit ou de dégoût pour les maltraiter. Il ajouta un autre usage fort extravagant aussi qui se pratique, disait-il, dans l'île de *Zlarine* près de *Sebenico*[18]. Le jour du mariage, au moment que les époux vont se séparer de la compagnie, le *Stari-svat*[19], ou chef des amis et parents, doit emporter d'un coup de sabre la couronne de dessus la tête de l'épouse[20]. Je ne sais si c'est pour

---

18 Aujourd'hui Šibenik, en Dalmatie centrale, petite ville fortifiée, voir la note de la traduction italienne, *op. cit.* p. 146.

19 Voir Albero Fortis, *op. cit.*, p. 55 : « *Lo* stari-svat *è il principale personaggio della brigata, e suol essere rivestito di questa dignità il più onorevole uomo del parentado.* » (« Le stari-svat est le personnage principal du groupe. Généralement, l'homme le plus honorable de la famille est revêtu de cette diginité. »)

20 Voir Fortis, *op. cit.*, p. 57 : « *Fra i tratti di varietà che vi s'incontrano è notabile quello dell'isola di Zlarine, nelle acque de Sebenico, dove lo stari-vat [...], nel momento in cui la sposa si dispone*

montrer son adresse ou pour éprouver l'intrépidité de la femme et sa résignation pour les caprices auxquels elle va être exposée ; ou si c'est pour indiquer par une allégorie un peu barbare les risques que la femme court en changeant d'état. Plusieurs des jeunes maris prétendirent en savoir faire autant et ils allaient se défier d'en venir aux épreuves, lorsque le sage *Staréscina* interposa son autorité et défendit cette nouveauté qui pouvait avoir des suites dangereuses. Le Morlaque, dit-il, doit chercher à valoir par la force et non par l'adresse. Apprenez à dompter un cheval, à jeter une masse pésante dans les airs, à frapper de grands coups ; ce doit être là notre genre d'adresse. C'est par la force que le sabre entrera dans la chair de l'ennemi et y fera des blessures profondes. L'adresse de le manier avec légèreté est un jeu d'enfant indigne de nous. Personne n'osa répliquer ; et les femmes déjà effrayées se rassurèrent. On prépara les tables en cercle très près les unes des autres, on servit le repas qui dura jusqu'à la nuit, on alluma le sapin et *Philippovich* assis sur un escabeau à trois pieds plus haut que les autres, commença ainsi sa plainte funèbre pour la mort de *Draganich* qu'il allait conter.

Ô terre, mère commune des humains, toi qui fournis à tous leurs besoins pour peu qu'ils te remuent, toi qui fécondes les semences qu'on te confie et nous donnes les aliments pour la subsistance de tous les êtres errans sur ta surface. Toi qui soutiens et nourris les immenses troupeaux qui nous couvrent de leur laine et nous désaltèrent avec leur lait. Toi dont les rivières, comme les veines de ton grand corps, entretiennent la fertilité et distribuent les humeurs bienfaisantes, toi qui peuples tes eaux, tes forêts d'animaux que tu destines à notre nourriture, à notre secours, pourquoi, ô terre, as-tu permis qu'on déchirât tes entrailles pour y chercher ce funeste métal qui a rendu l'homme esclave de l'homme ? Pourquoi ne t'es-tu pas fermée sur l'impie qui le premier descendit dans tes abîmes ? Pourquoi souffres-tu qu'on coupe tes superbes forêts, pour franchir les mers et porter d'une de tes extrémités à l'autre avec ce même métal la désolation et la mort bien plus souvent que la richesse et les jouissances. Tu présentes à l'homme tes beaux arbres pour qu'il bâtisse sa cabane, pour qu'il en chasse le froid pendant les longues soirées de

---

ad andare col marito, le deve levar dal capo la corona di fiori con un colpo di sciabla nuda. » (« Parmi les variétés qu'on rencontre, il faut noter celle de l'île Zlarine, dans les eaux de Sebenico, où le stari-vat, au moment où l'épouse s'apprête à s'en aller avec son mari, doit lui enlever la couronne de fleurs de la tête d'un coup de sabre. »).

l'hiver pour qu'il en construise la nacelle du pêcheur. Et tu permets qu'il te défigure en arrachant ta belle chevelure, en bouleversant tes travaux éternels ? Mais tu punis l'homme de ses attentats par les maux qu'il s'attire lui-même en courant après les faux biens. C'est la soif de l'or, c'est cette cruelle soif que plus on contente, moins on éteint, qui a causé la mort de mon maître. Il était riche, mais il voulait l'être davantage. L'aspect de votre bonheur, oh *Narzevizca*, lui avait inspiré le désir de renoncer à son commerce et de se soustraire aux périls qu'il entraîne. Ils sont heureux, me disait-il quelquefois, et ils ne possèdent pas d'or. Mais aussi ne connaissent-ils pas les voluptés de *Venise*, les beautés de *Naples*, les agréments de tant de grandes villes, où l'or est nécessaire pour vivre. Oui, mon cher maître ; mais en sont-ils pour cela moins heureux que vous ? Croyez-vous que le peu de moments que vous donnez quelquefois aux plaisirs, si l'oisiveté dans les capitales, vous dédommage des fatigues et des dangers auxquels vous êtes exposé pendant les trois quarts de l'année ? Il soupirait et s'il eût vécu, il n'aurait pas tardé à se détromper et à se rendre parmi vous.

Nous quittions tristement le fortuné séjour des *Narzevizca* et mon maître tournait souvent la tête d'un air pénétré pour le regarder encore. Je n'oublierai jamais qu'au dernier terme d'où l'on ne pouvait plus apercevoir le toit de vos cabanes, *Draganich* mit pied à terre et montant sur une petite colline. Il voulut les découvrir encore une fois, il les contempla quelque temps, les larmes aux yeux et s'écria : Dieu te bénisse, séjour d'innocence, Dieu te bénisse, séjour des braves et des vertueux. Il ne pouvait se détacher de là, comme si son cœur lui eût prédit qu'il jouissait de cette vue pour la dernière fois.

Notre voyage fut heureux. Nous nous arrêtâmes à *Traù*, *Sebenico*, *Zara*, où nous vendîmes ou échangeâmes les denrées que nous avions prises chez vous. De là nous nous rendîmes à notre île de Page avec de l'argent et une charge de suif, de miel et de cire. Après avoir revu et remis en ordre les affaires de la maison, *Draganich* songea à s'embarquer, comme à l'ordinaire, pour le voyage de *Venise* où il allait débiter, tous les ans, ses marchandises. Il fit préparer un bâtiment qui lui appartenait, choisit ses matelots et prit un autre domestique avec moi pour le suivre. Après le souper du congé qu'il donna à ses amis, nous montâmes le vaisseau en chantant. Mon bon maître se mit sur le tillac enveloppé de son manteau, parce qu'il fait toujours froid la nuit sur mer. Nous avancions dans le golfe du *Quarner* par un temps favorable, lorsque tout à coup le vent changea, le ciel se couvrit de nuages, la lune fut obscurcie et le mugissement des flots, qui dans cet endroit resserré par les côtes rapprochées retentit avec plus de bruit, commença à nous intimider. Le vent nous portait vers la terre avec violence et la côte remplie d'écueils nous menaçait du dernier des malheurs. Ce n'est pas tout. On dit que les montagnes dont ces côtes sont hérissées, cachent des serpents énormes qui ont des têtes de bouc armées de cornes. Ils guettent les vaisseaux forcés de passer par là pour en dévorer les hommes, s'ils sont obligés de relâcher à terre. Nous entendions même au milieu de l'orage les cris perçants de ces monstres se mêler aux coups de tonnerre, aux sifflements des vents, au fracas des brisants et nous nous attendions à quelque horrible désastre. *Draganich* intrépide et actif fit baisser les voiles et tâcha de prendre le large. Mais nous ne pouvions pas résister au vent qui nous poussait contre terre. Le vaisseau percé commençait à se remplir, nous allions couler à fond, notre perte était presque inévitable. Nos vœux, nos prières n'étaient pas écoutées. Le ciel était trop couvert par les nuages et le choc des vagues trop bruyant, pour que les cris faibles de quelques pauvres mortels pussent y parvenir. Il ne nous restait que la ressource de chercher à nous sauver dans l'esquif que nous jetâmes en mer. Chacun prit à la hâte ses meilleurs effets et nous y descendîmes au nombre de dix. *Draganich* voulut être le dernier, préférant notre salut au sien et voulant nous voir tous échappés à la mort qui nous menaçait. Jusque-là sa conduite fut digne de l'homme bon et courageux, tel que nous l'avions toujours connu. Il tenait déjà la corde pour se glisser du bâtiment dans l'esquif, lorsque le démon, celui sans doute qui perd les hommes par la soif des richesses, suggéra à mon maître d'aller encore chercher une cassette d'argent qu'il avait à la poupe du vaisseau. Il me cria de tenir un moment la corde qui attachait l'esquif au bâtiment. Je répondis de toute ma voix que les coups de vent allaient nous séparer, qu'il n'y avait pas un moment à perdre – hélas ! – Mes paroles, mes cris portés par le vent du côté opposé ne furent pas entendus. Il était rentré dans le vaisseau au moment qu'une forte vague en poussant l'esquif fit casser la corde et nous éloigna. Nous tachâmes tous à force de rames de nous tenir le plus près qu'il fût possible et de crier tous 'Attendez, attendez'. Un bruit semblable à celui de quelqu'un qui tombe et s'agite au milieu des eaux me fit pressentir le malheur arrivé. Nos efforts furent inutiles.

La mer en fureur nous éloignait de plus en plus du vaisseau que la lueur des éclairs nous faisait encore entrevoir. Bientôt je n'entendis plus rien. Saisi par la douleur la plus désespérante, je m'y abandonnai et ne sus plus rien de ce qui se passait autour de moi. Je fus le reste de la nuit à peu près dans un état pareil à celui où vous voyez actuellement mon jeune maître (en effet le jeune *Dragananich* dans ce moment tenait sa tête appuyée sur ses deux mains et poussait des sanglots déchirants). À la pointe du jour nous nous trouvâmes dans une petite anse environnée de rochers où nous étions en sûreté contre la mer dont la furie commençait à se calmer. Malgré le danger des serpents, nous nous mîmes à courir le long de la côte sur les lieux les plus élevés et voisins du rivage, en poussant des cris dans la faible espérance que notre maître pouvait s'être sauvé à la nage ou que le vaisseau n'avait pas été entièrement submergé. *Draganich*, où es-tu ? Réponds-nous, nous te cherchons. Les méchants sont à terre (et nous l'étions bien en nous comparant au meilleur des hommes). Le bon sera aussi sauvé. Nous sautions de rocher en rocher, comme le chevreuil poursuivi par le chasseur. Le jour parut et ramena un calme triste et silencieux. Malgré nos habits trempés et nos forces épuisées, nos recherches inutiles ne discontinuèrent pas. Je montai une cime plus haute et mes regards errants sur la mer aperçurent des mâts et des planches éparses que l'onde poussait sur le sable. On ne douta plus du naufrage du bâtiment. J'encourageai mes compagnons et nous nous remîmes en mer dans l'esquif, pour chercher au moins le corps et les dépouilles de notre bon maître. Nous n'avions pas fait deux milles en côtoyant, que je vis flotter quelque chose que je crus être le *kabaniza* de *Draganich.* Nous le saisîmes et en le tirant nous découvrîmes le cadavre auquel il tenait encore. Nous reconnûmes la courroie détachée de la cassette de l'argent, l'assassin de notre infortuné maître. Elle entourait encore son bras. Nous comprîmes de là clairement que revenu avec son précieux dépôt sur le bord du bâtiment, perdu dans les ténèbres les plus épaisses, étourdi par le bruit de la tempête, il avait saisi la corde et était descendu, croyant de trouver au bout l'esquif et nos bras qui devaient le recevoir. Hélas ! Il y trouva une mort inévitable. La mer perfide après lui avoir été si longtemps favorable, en lui procurant les richesses qu'il avait amassées, avait voulu presque tout reprendre et lui ôter la vie. Dès que notre douleur nous le permit, nous reprîmes les rames et regagnâmes notre île de *Page* avec la triste et chère dépouille que nous arrosions de nos larmes. Nous la remîmes au fils désespéré pour qu'on lui rendît les derniers devoirs et pour que lui et tous les habitants pussent du moins honorer de leurs regrets la mémoire de notre digne compatriote et pleurer sur ses restes inanimés. On grava sur la pierre qui les couvre, une ancre brisée et une cassette entrouverte, d'où il sort de l'or ; et l'on y traça ces paroles : *Draganich le plus honnête, le plus bienfaisant des SLAVES, ici repose.* J'aurais voulu ajouter : *il amassait l'or pour le répandre et l'or fut la cause de son trépas.*

Le jeune *Draganich* extrêmement affecté par ce récit ne se possédait plus. Il criait, il s'arrachait les cheveux. Le bon vieillard attendri et pleurant le serrait dans ses bras, et posant le visage à côté du sien, ils confondaient leurs larmes et leurs soupirs. Les femmes donnaient aussi les marques le plus vives de leur douleur, en s'écriant : Notre ami n'est plus. Celui qui pourvoyait à nos besoins est disparu de dessus la terre. Le vent de la montagne l'a déraciné, comme il déracine le noisetier qui nous appartient. Sa récolte ne remplit plus nos tabliers, nous n'en régalons plus nos maris après souper. *Draganich* ne nous apportera plus les *marâmes*, les aiguilles et les laines pour les broder[21]. Les hommes s'approchèrent de *Dragananich* et lui dirent : Ton père n'est plus. Sois le fils de *Pervan Narzevizca. Pervan* est aussi bon, aussi tendre que ton père l'était. Tu n'auras pas à craindre qu'il périsse dans la mer qu'il ne verra jamais, à la poursuite de cet or qu'il méprise, de cet or qui a tué ton père. Nous serons tes frères ; reste parmi nous. Transporte ici le tombeau de notre ancien ami. Nous le visiterons tous les ans avec toi. Nous pleurerons sa perte, nous composerons sa chanson de mort et nos femmes la chanteront et l'enseigneront à nos enfants. Le souvenir de *Draganich* et de son malheur passera à la postérité avec ceux de *Pecirep* et de *Pervan Narzevizca.*

Erze touché par les sentiments et les offres de ces bonnes gens se lève, les embrasse, les remercie et promet d'être à leur égard ce que fut son père. Mais l'habitude d'une vie si opposée à celle qu'on lui offrait et l'appas des richesses que son commerce lui faisait prévoir, l'empêchèrent de répondre avec l'effusion d'un cœur reconnaissant qui agréait la proposition. Il ne voulut s'engager à rien. Il leur dit qu'il venait remplir

21 La déploration ne va pas sans rappeler celle qui figure dans la quatrième des *Chansons madécasses* (1787) de Parny ainsi qu'un passage de l'*Élégie dans un cimetière de campagne* (1751) de Gray.

auprès d'eux les engagements de son père, que le double des comptes du défunt s'étant heureusement trouvé chez lui après sa mort. Il avait eu connaissance de ses devoirs ; et que le lendemain, s'ils voulaient tous se trouver à la même place, il distribuerait les effets commis à son père l'année précédente, qu'il accepterait les nouvelles commissions et qu'il jurait de revenir tous les ans visiter ses amis et frères et pourvoir à leurs besoins. Cet offre tranquillisa pour le moment les *Narzevizca* et rappela la bonne humeur que le récit de *Philippovich* avait chassée. Le seul *Pervan* demeura pensif et se proposa de retenir l'étranger le plus longtemps qu'il pourrait, en se flattant de lui faire quitter sa vie qu'il regardait comme pénible et malheureuse. L'assemblée se dispersa et revint le lendemain de bonne heure pour recevoir les échanges. Tout se passa avec le même ordre que du temps du vieux *Draganich.* Hormis que son fils, pour se concilier davantage les esprits de ses nouveaux correspondants, avait renchéri sur les présents accoutumés et en avait apporté une plus ample provision. Outre les fleurs artificielles, les coraux et les aigrettes de verre pour les femmes, il fit présent au vieux *Staréscina* de quelques bougies. Il avait des projets qui tous ayant pour but ses propres avantages, en auraient procuré d'inconnus jusqu'alors aux *Morlaques.* Ils ont été jusqu'à présent aussi heureux que la simple nature peut rendre les hommes. Le seront-ils de même, lorsque l'art leur découvrira des nouveaux objets de jouissance et leur donnera par conséquent des nouveaux besoins ? *Erze* les éblouit un jour par le présent qu'il fit au *Staréscina* de quelques aunes d'écarlate. Accoutumés au plus gros drap bleu ou noir, il ne se lassaient point d'en admirer la finesse et la couleur. Il présenta à *Dascia* une bague d'or, sur laquelle était gravée la façade d'un des beaux temples que l'on admire à *Venise.* À *Jella* il donna deux agrafes d'argent en filigrane d'un ouvrage assez fin, mais qui dût paraître merveilleux. On accablait le jeune *Dragananich* d'embrassements et de caresses. *Pervan* lui-même était à moitié séduit par tout cet étalage de belles choses qui lui donnaient une grande idée des pays d'où venait son correspondant. Il n'osait presque plus lui parler de les abandonner et de leur en préférer un où l'on connaissait à peine les arts nécessaires aux premiers besoins de la vie. Mais mon père et moi, pensait-il, nous avons été heureux, quoiqu'éloignés des pays où l'on fait de si beaux ouvrages, quoique séparés de ceux qui possèdent ces trésors ? Pourquoi mes enfants ne le seraient-ils pas aussi, en vivant comme nous avons vécu jusqu'à présent ? Le jeune et riche *Dragananich* pleure la mort de son père causée par l'inquiétude, par le désir d'avoir ce dont on peut se passer et qu'il est par conséquent heureux d'ignorer. Lorsque je serai forcé de quitter mes enfants avec la vie, ils entoureront mon lit avec leurs enfants. Plus ils auront vécu avec moi, plus mon souvenir me survivra parmi eux. Je mourrai en les bénissant eux et leur postérité. Ils n'auront pas à me reprocher de leur avoir dérobé un instant de ma vie. Ils diront, tel que la branche de sapin qui se consume en nous éclairant et laisse un parfum agréable dans la cabane, notre père a employé à notre avantage tout le temps que la nature avait prescrit à la durée de ses jours ; et notre douleur est tempérée par le calme d'une juste résignation.

Voilà comment le sage, le vertueux *Narzevizca* se soutint ferme contre la séduction. Mais ses fils, ses fils écoutaient trop souvent et trop avidement la voix du jeune homme.

LIVRE HUITIÈME

ARGUMENT

Conversation avec Marcovich. –
Ses campagnes, ses aventures et ses instructions aux deux hôtes Stiepo *et* Erze *pour le voyage en Dalmatie.*

Les jeunes gens du canton se plaisaient beaucoup dans la société de l'étranger. Celui-ci savait les entretenir et se les attacher toujours davantage par mille récits tantôt agréables, tantôt merveilleux. Il échauffait leur imagination, il leur inspirait adroitement du dégoût pour la simplicité de leur état, il excitait dans leurs âmes des désirs confus, de l'inquiétude, du mécontentement. Ce n'était peut-être dans lui que le plaisir naturel de leur faire sentir la supériorité de sa condition et de ses connaissances. Il les voyait avidement suivre ses pas, l'écouter, l'admirer : et ne se doutait point qu'il troublait leur bonheur. Toujours avec lui, ils lui firent parcourir les vastes campagnes des environs et voir les peuplades voisines. Partout l'hospitalité vint à leur rencontre, partout des cœurs vrais, des manières franches intéressèrent le jeune *Dragananich.* On le fit connaître à *Toposnich* le père de *Jella* et à toute sa famille. Ils poussèrent même jusqu'à l'habitation de Marcovich. Ce jour-là *Erze* et *Stiepo* étaient seuls. *Stiepo*, pour amuser son ami, crut qu'il ne pouvait rien faire de mieux que de le conduire chez un homme qui avait voyagé et avec lequel il aurait pu s'entretenir d'une manière satisfaisante pour tous. *Marcovich* en effet était de retour chez lui depuis peu. À sa première campagne avec les *Russes* contre les *Turcs* il avait eu le malheur d'être fait prisonnier à une descente que les *Russes* firent dans une île de l'Archipel. Ceux-ci ayant été obligés de se rembarquer, *Marcovich* ne peut se résoudre à fuir. Il fut enveloppé et resta entre les mains de l'ennemi. Ayant ensuite été échangé à la paix, il retourna chez lui et ses premiers pas le portèrent à la cabane de *Toposnich* dont il n'avait jamais oublié l'aimable fille, la belle *Jella.* Son chagrin fut extrême quand il sut que pendant son absence elle avait été mariée à *Jervaz*, cet heureux rival qu'il haïssait mortellement. Il en fit des reproches amers à *Toposnich*. Mais celui-ci s'excusa sur ce qu'il ne lui avait pas demandé sa parole et qu'il n'y avait eu aucun engagement entre eux. Furieux d'avoir perdu la seule personne qu'il avait aimée, chagrin d'avoir eu la fortune contraire aussi à la guerre, ne se trouvant plus bien ni chez lui ni ailleurs, une humeur sombre et altière avait ajouté à la férocité de son caractère. Il communiquait rarement avec ses compatriotes, rarement était-il de leurs fêtes et il se tenait toujours bien loin des odieux *Narzevizca*. Il faisait de temps en temps quelque voyage, soit pour commercer, soit pour dissiper cette humeur que les contradictions avaient aigrie.

À la vue du frère de l'époux de *Jella* il pâlit. Il sentit réveiller la haine et la rage qui couvaient dans son cœur. Mais la manière franche et confiante avec laquelle *Stiepo* l'aborda et les lois de l'hospitalité si sacrée parmi les *Morlaques* dissipèrent les nuages qui s'élevaient dans son âme. Il se contint et réprima au dedans de lui les premiers mouvements impétueux de sa colère. Je t'amène, dit *Stiepo*, le fils de *Draganich*, l'ancien ami et bienfaiteur des *Narzevizca*. Il a pris la place de son père. Il est notre ami, notre frère. Il nous aime, il cherche à nous connaître, à voir nos habitations. Pouvais-je oublier le vaillant *Marcovich* qui a porté ses armes contre nos ennemis, lui dont les blessures et les liens leur ont coûté si cher ? Veux-tu nous recevoir chez toi ce soir ? Nous sommes trop loin de notre village pour pouvoir le regagner avant la nuit. Si *Marcovich* ne veut allumer le sapin et tuer l'agneau pour notre souper, nous trouverons un gîte ailleurs. – Depuis quand peux-tu soupçonner, *Narzevizca*, lui repliqua-t-il fièrement, que *Marcovich* ferme sa porte à l'étranger ? Mon esclavage n'a pas entrainé la ruine de mes troupeaux. Ils ont même prospéré dans mon absence ; que mes malheurs ne t'inquiètent pas autant que le bonheur d'autrui me rend infortuné. Vous aurez tous les deux de bonnes peaux pour reposer cette nuit. L'agneau sera rôti et j'y ajouterai des poulets frits, assaisonnés au lait et à l'ail. Vous ne boirez pas seulement du lait aigre, mais vous aurez aussi du vin de *Montemoro*[1] que j'ai acheté chez les frères *Albanais*. Nous ne manquerons ni de pommes, ni de noix. Cueillies par mes servantes, elles n'en seront pas moins savoureuses. Je n'ai point d'épouse pour laver vos pieds et

1 Vin d'Istrie très apprécié à l'époque. Voir la note de la traduction italienne, *op. cit.*, p. 164.

tresser demain vos cheveux, quoiqu'il n'y ait pas de *Staréscina* qui ne m'eût donné sa fille… (et il dit cela en fronçant le sourcil et prenant un air fier). Donne-moi la main, *Dragananich.* J'ai connu ton père au festin que le père de ton ami lui donnait tous les ans. Asseyons-nous près de la cheminée ; vos *kabaniza* sont mouillés. Qu'on allume le sapin ; le souper sera bientôt prêt. Vous aurez besoin de repos. Il y a d'ici à l'habitation des *Narzevizca* quinze milles ; et vos chevaux m'indiquent plus que vous la fatigue que vous avez essuyée.

Il prit alors ses hôtes par les mains, les fit asseoir à ses côtés et se sentit plus calme. Il honorait l'hospitalité et les devoirs qu'elle prescrit. Le souper fut servi et pendant que l'on mangeait, on interrogea *Marcovich* sur son dernier voyage. Il soupira et répondit. Le sort n'a pas voulu que je fusse témoin de tous les exploits de nos frères les Russes. Lorsqu'on parla d'une flotte que la *Velika*[2] *Catherina* allait envoyer dans cette vaste mer dont les eaux baignent nos pays ainsi que la plus grande partie de ceux de nos ennemis, ceux-ci furent frappés d'étonnement. Ils ne pouvaient concevoir comment on aurait parcouru avec une flotte et une armée, des mers immenses que les *Russes* n'avaient jamais vues, tandis qu'eux avaient tant de peine à se tenir en état de parcourir et de défendre la mer qui avait de tout temps baigné les terres et les îles de leurs états. Ils osèrent se comparer à leurs ennemis et ils virent bientôt qu'ils s'étaient trompés. Tandis qu'ils cherchaient à se persuader que l'entreprise était impraticable, les *Russes* parurent au milieu des mers et des îles sujettes aux *Ottomans.* Leur épouvante et la surprise des autres peuples furent extrêmes. Je sus la nouvelle et ne pouvant contenir mon ardeur, je rassemblai, tu t'en souviens, *Stiepo*, cent de mes braves compatriotes. Nous nous embarquâmes à *Sebenico* et nous fûmes rejoindre la flotte que nous rencontrâmes près des côtes de la *Morée*[3]. À peine les *Russes* avaient-ils paru que les *Turcs* s'étaient enfuis, les *Grecs*, premiers habitants du pays avaient prêté hommage à l'Amiral et s'étaient mis sous sa protection. Je descendis avec mes compagnons et nous fûmes menés devant le *Knés*[4], le chef de tant de vaisseaux et de tant de soldats. Il était sous une tente doublée d'écarlate

2 *Velika*, dans différentes langues slaves, veut dire *grand.* Il faut donc comprendre *Velika Catherina* comme l'équivalent de *la Grande Catherine.*

3 Jusqu'au XIXe siècle, on appelle *Morée* la région grecque du Péloponnèse.

4 *Knés* veut dire *prince.*

brodée en or. Son habit resplendissait par l'éclat d'une quantité de pierreries. On l'aurait sans cela distingué des autres commandants par la hauteur de sa taille. Je lui adressai la parole : *Knés*, je t'amène cent de mes compatriotes, cent hommes, l'élite de la nation glorieuse. *Slaves* comme toi et les tiens, ils viennent rejoindre leurs frères, pour t'aider à chasser nos ennemis communs. Quoique notre prince soit en paix avec les *Turcs*, nous les haïssons toujours. Exposés tous les jours aux rapines de ces barbares qui se sont emparés de plus belles de nos contrées, nous comptons que le moment est venu de les leur ôter. *Catherina* le veut. Sa main toute-puissante a indiqué à ses soldats le chemin de la mer. Ils l'ont suivi. T'y voilà avec les tiens dont la bravoure égale la nôtre, puisqu'ils sont de notre sang. Nos bras vont combattre pour la gloire de *Catherina.* Ne nous épargne point. Si tu veux nous bien connaître et nous apprécier, expose-nous dans les occasions les plus dangereuses. Nos ennemis parleront pour nous mieux que je ne fais. Il nous suffit que lorsque tu auras chassé le *Turc* dans ses anciens déserts, tu rendes compte à *Catherina* qu'elle a des amis et ses peuples des frères dans la *Morlaquie* qui ont su verser leur sang pour elle et prendre part à l'éclat de ses victoires. Allons battre les infidèles et nous retournerons à nos foyers, en chantant nos exploits et les louanges de *Catherina.*

L'Amiral nous reçut avec joie, nous écouta avec intérêt. Mes braves frères, dit-il et je compris très bien son langage qui différait fort peu du nôtre. Je vous reçois sous les drapeaux de *Catherina.* Vous serez ses amis et les miens. Vous participerez, vous ajouterez à la gloire de ses armes. *Catherina* sera instruite de votre noble dévouement et sa générosité égalera votre bravoure. Il m'embrassa, sortit de la tente et se plut infiniment à voir un à un les compagnons que je lui avais amenés. Il dessina le vaisseau qui devait nous porter. Il donna les ordres pour que nous fussions nourris et habillés à notre manière, mais tous pareillement. Lui-même quelquefois aimait à se montrer habillé à la *Slave.* Je visitai la plupart des vaisseaux et j'y trouvai bon nombre de mes compatriotes animés du même esprit que moi. Des nations entières étaient enfermées dans ces énormes machines et n'en embarrassaient pas la marche. Partout où la flotte se montrait, les *Turcs* fuyaient ou rendaient les armes. Nous fîmes plusieurs expéditions avec le vaisseau que nous montions. Jamais notre courage et nos succès ne démentirent les promesses que j'avais faites au *Knés* à la taille de géant.

La *Morée* et les îles plièrent sous nos coups. Les habitants secondèrent nos efforts et secouèrent le joug de l'oppression et de la barbarie. La flotte ennemie parut enfin devant nous et déploya un plus grand nombre de vaisseaux. Dans toutes les rencontres nous cherchâmes à nous mesurer avec elle malgré notre infériorité, nous remportâmes toujours quelque avantage et nous la poursuivîmes jusqu'à l'extrémité de l'Archipel. Elle ne put échapper [à] un engagement général et il y eut un combat des plus acharnés et des plus meurtriers. Un de nos chefs *Russes* serra de si près avec son vaisseau celui du chef *Bacha* qu'il put y mettre le feu ; mais malheureusement ne pouvant s'en détacher à temps, tous les deux furent la proie des flammes. Après cet accident la bataille recommença et dura jusqu'à la nuit. À la faveur des ténèbres, les *Turcs* maltraités cherchèrent un asile à la côte prochaine de *Natolie*[5] et se réfugièrent au petit port de *Tchesmé*[6]. Nous les y suivîmes et conduits par les guerriers de la mer[7], nous brulâmes leur flotte, nous renversâmes la ville et il ne resta de toutes les deux le lendemain que des cendres et des pierres. Après avoir porté un tel coup à nos ennemis, je crus qu'on se proposait la conquête du siège de l'empire ottoman, l'objet de tous nos désirs. Mais le terme de sa chute n'était pas encore arrivé et celui de mon malheur ne l'était que trop.

Nous étions descendus à *Lemnos*[8] et ne voyant aucun obstacle à surmonter, nous allions en avant moi et mes compagnons avec un parti *russe* pour attaquer la ville. Une embuscade des mieux disposées fit paraître tout d'un coup hors des masures éparses le long du chemin un corps de *Turcs* bien serrés qui le sabre à la main fondirent sur nous avec toute la fureur et la confiance que la grande supériorité du nombre leur inspirait. Cela ne leur aurait pas suffi si nous n'avions commis la faute de marcher négligemment éparpillés. Je fus enveloppé avec quelques-uns des miens. Nous nous battîmes comme des lions, mais accablé par la multitude, forcé par de[s] blessures aux jambes de combattre à genoux, je fus pris et chargé de chaînes. La rage et le désespoir déchiraient mon cœur. J'avais combattu loin des yeux de Commandant. Aurait-il

5 Presqu'île bordée par la Mer Noire et la Méditerranée.

6 Petite ville de l'Asie mineure.

7 « *Le Morlaque* indiquait de cette manière *les Anglais* » [Note de l'auteur]. La locution sera reprise par Germaine de Staël dans *Corinne* (1807).

8 Île grecque au nord-est de la mer Égée.

su que quoique pris en vie, je m'étais comporté en brave *Morlaque* ? Cette affreuse pensée me désolait. J'enviais le sort de ceux parmi mes compagnons qui avaient été massacrés à mes côtés. Vivant et vaincu j'étais en opprobre, en horreur à moi-même. J'aurais pu me tuer, mais cette action est celle d'un lâche qui ne sait ni souffrir ni se proposer la vengeance. Le vaillant meurt par les mains de ses ennemis, après s'être rassasié de leur sang. Je l'avais offert à *Catherina.* Il fallait le lui conserver et je le lui garde pour la première occasion que je hâte par mes vœux. Guéri de de mes blessures, je fus donné à *Hassan Bey*[9] qui me fit servir aux travaux le plus durs. Je les subis comme un châtiment mérité par mon imprudence. Pendant trois ans je n'ai entendu parler de mes amis que par les malédictions que mon chien de maître donnait aux *Russes.* C'étaient les meilleures nouvelles, les plus consolantes que je pusse en recevoir. Ils sont vainqueurs, me disais-je ; s'ils étaient battus, on ne les maudirait point, on s'en moquerait. Après ce terme le maître me fit venir un jour devant lui et me dit d'un air humilié et farouche, tu es libre. Va à la ville, rejoins-y tes compagnons. Tu peux t'en retourner chez toi. J'y courus et j'y revis chez le *Bacha* trente de mes camarades qui avaient été faits prisonniers avec moi. Les autres étaient tous péris les armes à la main. Je m'en consolai. Ils avaient fait voir aux *Russes* qu'ils étaient dignes d'être leurs frères. On nous dit qu'on avait ordre de nous transporter au *Zante*[10] et que là nous devions nous adresser à quelqu'un chargé par le *Knés* de nous recevoir. En effet, il nous lut sa lettre dans laquelle le *Knés* me remerciait au nom de *Catherina* des services que je lui avais rendus. Il me disait que la paix étant faite, il me laissait la liberté de retourner chez moi ou de me rendre à *Pétersbourg*, le séjour de *Catherina* qui m'y aurait vu avec plaisir. L'homme du *Zante* avait ordre de me donner une somme d'argent pour la partager avec mes compagnons et de me faire transporter ou chez moi ou en *Russie.* J'hésitai, je l'avoue. Le désir de voir *Velika Catherina* allait me décider, lorsqu'un souvenir qui ne me quittait jamais, une espérance qui ne m'a que trop quitté… (*Marcovich* se tut alors un moment ; puis se remettant) nous fûmes transportés chez nous, en bénissant *Catherina* et jurant de

9 Le *bey*, dans l'Empire ottoman, est un homme puissant, gouverneur, officier ou grand propriétaire.

10 Zakynthos ou Zanthe, dans les îles ioniennes se trouve sous domination vénitienne depuis le Moyen Âge.

reprendre nos armes pour son service toutes les fois qu'elle aurait eu des ennemis. J'irai, oui, j'irai la voir et lui offrir mon bras. Je quitte ma patrie et je vais porter ailleurs mon désespoir inutile. *Stiepo* le comprit, mais ne voulant pas le lui laisser connaître et cherchant à le distraire, il lui demanda comment avait fini la guerre. J'ignore, répondit *Marcovich*, les raisons qui ont porté *Catherina* à donner la paix aux *Turcs*. Je sais qu'elle a coûté des pertes immenses et de la honte ineffaçable aux uns et qu'elle a valu un surcroît de gloire et plusieurs grandes conquêtes à l'autre. Le repos d'ailleurs est nécessaire aux corps les plus robustes. Il répare les forces du combattant, pour qu'il puisse entrer en lice de nouveau et achever son triomphe. Le nom funeste de l'oppresseur *Ottoman* bientôt ne résonnera plus à nos oreilles. Il ira se perdre dans les déserts lointains, d'où il sortit autrefois pour le malheur des croyants. Quant à moi j'irai au séjour de *Catherina*, je me joindrai à ses guerriers, à mes frères. Nous ferons mordre la poussière aux ennemis courageux comme nous et nous percerons les reins aux lâches fuyards. J'assouvirai le ressentiment qui me dévore, et je me vengerai sur eux des coups qu'une fortune contraire m'a toujours portée.

Les deux amis écoutaient *Marcovich* avec ravissement. *Erze* était au fait d'une partie des grands événements qu'il avait indiqués. Mais tout cela était inconnu à *Stiepo* stupéfait. Son cœur s'élevait, son sang bouillonnait. L'oisiveté dans laquelle il vivait, lui parut un crime, une honte, *Marcovich* un héros. *Dragananich* lui-même en état de voir de près les grands objets qu'on avait présentés à son imagination frappée, excita son envie. Il sentait un remords intérieur d'avoir pu passer les premières années de sa jeunesse dans la plus inutile inaction, ignoré, ignorant, parmi les troupeaux, séparé de tous les pays où de si hauts faits étaient arrivés à l'insu de lui et de ses compatriotes plongés dans la stupidité et dans l'engourdissement. Son âme agitée osa former des désirs. Il souhaita pour la première fois de quitter son pays en s'attachant à l'un des deux dont les discours l'avaient ébranlé et séduit. Ce nouveau poison qui circulait dans ses veines, lui fit presqu'oublier l'objet de sa visite à *Marcovich*. Revenu à lui, Tu vois ici, dit-il, ce jeune homme. Nous voulons le fêter et lui faire connaître les curiosités les plus remarquables qu'on voit dans l'ancien et noble pays des *Morlaques*. Tu connais par tes voyages ce qu'il renferme de plus digne d'être montré à celui qui a vécu dans les grandes villes. Je dois avouer à ma honte qu'une portion du pays que j'habite m'est aussi inconnue qu'à l'étranger que je t'amène. Tu ne pouvais t'adresser mieux, lui répondit *Marcovich* : j'ai parcouru bien des fois notre *Dalmatie* et pour les affaires de mon commerce et pour ramasser la brave jeunesse qui me suivit à la guerre, et plus encore pour satisfaire à mon naturel inquiet et curieux. Tu mèneras, ô *Stiepo*, ton ami aux pieds des monts *Herzovaz* et *Jerebiza*. Aux deux extrémités de la chaîne qu'ils forment ensemble, sortent nos deux plus belles rivières, la *Kerka* et la *Cettina*. Un torrent impétueux et bruyant annonce la sortie de la *Kerka*. C'est par-dessus la caverne qui la vomit, qu'il tombe avec un bruit étourdissant dans le lit de la rivière, ce qui la rend dans sa naissance même orgueilleuse et puissante. Si vous avez du courage, prenez un bateau de pêcheur, creusé dans un tronc d'arbre, et entrez hardiment par cette ouverture dans les entrailles de la montagne. Opposez la force de vos bras au courant et remontez ces eaux souterraines aussi loin que vous pouvez. J'y allais avec trois de mes compagnons, chacun l'éclat de sapin allumé dans notre gauche et un bâton ferré dans la droite pour nous pousser en avant. La lueur du sapin nous découvrit bien des merveilles. Les parois du plus beau marbre parsemés de grands morceaux de cristal, de pierres luisantes et colorées de toutes les manières jetaient une lumière variée parmi les plus profondes ténèbres. La surprise ferma nos bouches, fixa nos yeux. Et sans la nécessité de résister au torrent qui nous aurait fait reculer, nous serions restés immobiles. Nous tachâmes ensuite d'avancer. Tantôt nous avions à peine assez d'espace entre l'eau et la voûte pour y tenir, quoique courbés dans le bateau. Tantôt la voûte s'élevait majestueusement, au point que les ténèbres nous en dérobaient la vue sur nos têtes. Mais la fatigue d'aller contre le courant toujours plus rapide et resserré, le froid et plus que tout, le risque de rester dans l'obscurité, si nos sapins venaient à s'éteindre par les gouttes d'eau qui tombaient de la voûte, nous firent rebrousser chemin. Nous eûmes alors à nous défendre du péril d'être brisés contre les pointes avancées du roc dont les parois sont remplis. Je regrettai beaucoup de ne pouvoir parvenir au séjour de l'esprit malfaisant qu'un Caloyer m'a assuré y être. Je n'aurais pas craint de frapper à sa porte. *Marcovich* n'a jamais redouté ni la vue des *esprits blancs*, ni celle des noirs *Vampirs*[11]

11 Si les vampires ont fait l'objet de travaux qui se veulent sérieux, comme ceux du Lorrain dom Calmet, on considère souvent qu'ils entrent en littérature avec *The Vampyre* (1819) de John Polidori, un proche de Byron et du couple Shelley. Ainsi que le montre ce passage, *Les*

que l'on rencontre errants dans nos campagnes, dès que les horloges de nos églises ont sonné minuit.

Sors de la caverne, *Stiepo*, et marche le long de la rivière. Quand tu seras à la portée de le voir, montre à ton compagnon le château de *Knin* et dis-luis que même les femmes *Morlaques* ont toujours été intrépides. Assiégées anciennement dans *Knin*[12] par les *puissants* de *Rome*, plutôt que d'en devenir les esclaves, elles aimèrent mieux se jeter avec leurs enfants dans le feu et dans la rivière. Tourne ensuite plus bas les yeux à la droite et admire les grandes masses de pierre qui percent encore la terre et les broussailles, dont elles sont à demi recouvertes. Notre pays plut autrefois aux conquérants avides qui des bords opposés de *l'Italie*, leur siège, vinrent y bâtir des villes. Ils étaient les maîtres de l'univers et ils choisirent nos cantons pour y jouir des délices d'un beau séjour. À quoi bon les arcs immenses qui durent leur coûter tant de peine ? Nos cabanes suffissent aux besoins et à la durée de la vie de ceux qui les habitent. Les murs les plus épais construits avec les débris des montagnes, les toits les plus élevés, les plus embellis, prolongent-ils sur la terre le séjour de ses habitants ? Les efforts des hommes sont inutiles contre le temps destructeur. Il en entraîne les ouvrages comme les eaux de la *Kerka*[13] qui se précipitent à *Roncislap*[14] et à *Scardona*[15] détachent les rochers et roulent les blocs énormes jusqu'au fond du gouffre dans la vallée. Les regards d'un *Morlaque* s'attachent plus longtemps sur la cascade de *Roncislap* que sur les arcs de *Suppliacerqua*[16]. La nature élève et abaisse des masses bien plus grandes que les plus étonnants efforts de l'art. Vous verrez tout le long de ce chemin ses horribles bouleversements. Sans doute la terre a secoué souvent son antique surface, en changeant d'aspect aux yeux effrayés du chasseur. Sans doute la guerre

---

Morlaques constitue une étape précoce dans ce qui deviendrait une riche tradition. Nous respectons l'orthographe de Wynne. La source première de la romancière se trouve dans le récit viatique de Fortis (*op. cit.*, p. 49 : « *Credono anche verissima l'esistenza de'vampiri ; e loro attribuiscono, come in Transilvania, il succhiamenteo del sangue de' fanciulli.* » (« Ils croient aussi en l'existence des vampires et leur attribuent, comme en Transylvanie, l'usage de sucer le sang des jeunes filles. »). Voir aussi la note de la traduction italienne, *op. cit.*, p. 167.

12 Ville située dans le Zagora ; voir aussi A. Fortis, *op. cit.*, p. 73 et suivantes.

13 Voir G. Lovrich, *op. cit.*, p. 20.

14 Voir A. Fortis, *op. cit.*, p. 80.

15 *Ibid.*, p. 83.

16 Ruines des Romains composées de cinq arcs. Voir aussi la note de la traduction italienne, *op. cit.*, p. 170.

que les esprits demeurant dans les entrailles des montagnes se font continuellement, est la cause des feux souterrains qui en ont déchiré les flancs. La vue horrible de ce pays qui inspire la terreur suffirait pour en éloigner les habitants, quand ils n'auraient point à craindre les faucons et les vautours voraces qui fondent sur les enfants, sur les agneaux et les emportent dans leurs nids. Vous approcherez de *Scardona*, ville jadis florissante par le nombre de ses habitants et chère à nos anciens tyrans par l'or que ses environs renferment sous terre et que le petit *Hyader*[17] laisse voir en paillettes rarement éparses dans le sable qu'il charrie. Il descend de la montagne de *Promina*[18] où il y a des mines de ce métal funeste. Je ne vous conseille pas de remonter ce fleuve, pour parcourir *Srebrarniza*[19] et ses barbares alentours. Le *Turc* avide et fier des richesses qu'il en arrache est méfiant et cruel. Poursuivant votre course vous approcheriez de la mer et vous trouveriez sur son rivage *Sebenico*[20], *Zara*, *Traù* et leurs ports. Mais *Dragananich* les connaît et son commerce l'y conduit souvent. Pour toi, *Stiepo*, il est inutile que tu les connaisses. Tu y verrais des usages et des mœurs qui ne ressemblent en rien à ta manière de vivre. Que t'importe de savoir que les habitants de *Sebenico* recherchent avidement la truite nourrie d'or dans les eaux de la *Kerka* et les poissons qui s'échappent de la mer dans les embouchures des rivières ? À quoi te servirait-il de savoir que la mer y forme les coraux avec lesquels nous ornons le cou des femmes ? C'est aussi sur cette rive qu'on trouve la race renommée de ces chiens hardis et intelligents qui attaquent avec tant de fierté et le *Turc* infidele et le *Morlaque* indigne et malheureux qui vit dans sa dépendance, tandis qu'ils reconnaissent et épargnent les *Morlaques* sujets aux Chrétiens. Tu n'as pas besoin de ces chiens pour garder tes troupeaux. Le *Turc* est loin de toi et le frère ne vole pas le frère. Tous les *Narzevizca* sont frères et ton père, leur *Staréscina*, les gouverne tous en père. Ne vous approchez pas de *Narenta*[21], ni de ses campagnes envenimées. Vous pourriez avoir avec vous toutes les eaux salutaires. Du fleuve *Traunick*[22], vous ne sauriez-vous garantir de la fièvre contagieuse qui jaunit la peau et ronge les chairs. L'air y est

---

17 Selon la note de la traduction italienne, *op. cit.* p. 171, il s'agit du fleuve Kerka.
18 Cité antique. Voir A. Fortis, *op. cit.*, p. 76.
19 Voir A. Fortis, *op. cit.*, p. 86.
20 Voir note 18, p. 153.
21 Voir A. Fortis, *op. cit.*, p. 119 : fleuve dans le district de Traù.
22 Voir la note de la traduction italienne, *op. cit.*, p. 172 : eau à boire.

infect et putride. Et comment ne le serait-il pas ? Le mont *Rabba*[23] et les autres de cette triste contrée sont remplis de cavernes qui exhalent continuellement des vapeurs enflammées mortifères. Les plus méchantes *Vieschize*[24] y font leur demeure. C'est de ces vapeurs qu'elles composent le philtre, au moyen duquel elles forcent le cœur des enfants à remonter jusqu'à leur bouche lorsqu'ils dorment, pour le leur prendre, l'avaler et les faire mourir en bas âge. Elles aiment à voir couler les pleurs des parents malheureux ; la chanson qui retrace les belles actions de l'homme qui n'est plus, ne peut flatter leurs oreilles et mitiger leurs chagrins. On les voit ces méchantes *Vieschize* errer la nuit dans les campagnes désertes, les cheveux épars, poussant des hurlements affreux. Malheur au passant qu'elles rencontrent. Il perd ses forces, tombe à terre et est entraîné par une main invisible à la suite du monstre jusqu'au fond de sa caverne. Quand vous serez à *Tribouhug*[25], puissiez-vous rencontrer plutôt l'ombre innocente du bon *Papizza*[26]. Il vous chantera encore sur le *guzla* la mort de la belle épouse d'*Asan Agà*[27] ou les amours de *Hali-Begh*[28]. Il répondra à vos demandes par des chansons qu'il invente dans le moment, comme il faisait du temps qu'il parcourait en chantant les îles de *Sebenico* et les bords du lac de la *Urana*[29]. Vous verrez le beau littoral de *Traù* et les débris des demeures magnifiques que les anciens *pussants* y bâtirent. S'il vous arrive en rodant parmi ces ruines d'être mordus, c'est le *pauk*[30], c'est l'insecte venimeux qui vit du sang des hommes. Alors assis en l'air sur une corde attachée aux deux bouts et pendante, agitez-vous pour plusieurs heures. C'est ainsi que se dissipera le poison insinué dans votre sang.

Sortez au plus tôt de là et retournant sur vos pas vers les montagnes du *Prologh*[31], traversez la colline de *Mojanka*[32], nom chéri d'une bien-

23 Voir A. Fortis, *op. cit.*, p. 211.

24 Il s'agit de sorcières. Voir A. Fortis, *op. cit.*, p. 50.

25 Il s'agit d'un village pauvre. Voir la note de la traduction italienne, *op. cit.*, p. 173.

26 Papizza était un célèbre chanteur de guzla. Voir la note de la traduction italienne, *op. cit.*, p. 173-174.

27 Voir introduction, p. 44.

28 Fortis évoque un riche turc nommé Hali-Begh qui a laissé son nom à de beaux jardins à Vrana.

29 Grand lac avec beaucoup de poissons. Voir la note de la traduction italienne, *op. cit.*, p. 174.

30 *Pauk* est le mot croate qui désigne l'araignée. A. Fortis, *op. cit.*, p. 135, l'utilise pour évoquer un insecte nocif.

31 Il s'agit d'une montagne qui divise les territoires sous domination vénitienne de celle sous domination des Turcs. Voir la note de la traduction italienne, *op. cit.*, p. 174.

32 Voir A. Fortis, *op. cit.*, p. 150.

aimée que son amant malheureux perdit dans ces environs et que ses cris douloureux ne peuvent jamais retrouver. On lui répondait, on vous répondra. C'est l'ombre de la jeune *Anka* égarée dans la forêt qui erre autour de sa dépouille dévorée par l'ours affamé ou immolée à la rage malfaisante et jalouse de la *Vieschiza* du lieu. Avant de rejoindre la *Cettina*, élevez vos yeux et vos âmes à l'aspect de *Scign*[33]. C'est sur ses faibles remparts que quelques centaines de nos ancêtres soutinrent et rendirent inutiles les efforts de trente mille *Turcs* assaillants, dont la plus grande partie tomba au pied de la colline qu'ils parsemèrent de leurs cadavres impurs.

La grande peuplade de *Pogliza*[34] habite sur cette chaine de monts qui couronnent la vallée depuis *Clapavizza* jusqu'aux bords de la *Cettina*. Les *Morlaques* s'y ressentent de toute la noblesse de notre origine et la soutiennent. Protégés de nos maîtres et de leurs envoyés, il se gouvernent et se défendent tous seuls. Leur chef est celui que la valeur distingue et que le sort favorise et leur indique, lorsqu'il résiste et s'échappe heureusement aux poursuites de ses compatriotes qui l'éprouvent. Voyez leur taille, admirez leur force, honorez les plus vaillants de nos frères et ne troublez point par une indiscrétion téméraire leurs usages qui diffèrent des nôtres.

Les montagnes escarpées de *Pogliza* pourront épuiser vos forces. N'allez pas vous reposer à l'entrée des cavernes qui renferment les glaces que les siècles y ont entassées. Par un attentat imprudent vous pourriez ouvrir l'issue aux vents que l'éternel y tient resserrés. Ils vous emporteraient en sortant et ravageraient les arbres et les moissons de la vallée. Les cavernes sont sacrées. Il est dangereux d'en violer l'asile et les lois. Malheur au téméraire qui jetterait une pierre contre l'embouchure de la grande grotte sur le sommet du *Prologh*[35]. Le vent impétueux qui en garde l'entrée par son souffle éternel, la repousserait avec bien plus de force et punirait le sacrilège en assommant le coupable. Près des sources de la *Cettina*, l'onde claire du petit torrent de *Perruchia*[36] est propre à vous

33 *Ibid.*
34 *Ibid.*, p. 172.
35 Voir G. Lovrich, *op. cit.*, p. 61.
36 Voir G. Lovrich, *op. cit.*, 35 : « *L'acqua di Peruchia è celebre fra gli abitanti de' suoi contorni, perché eccita assai bene l'appetito, e mi dissero alcuni, ch'è molto opportuna per quelli, che avessero voglia di darsi al celibato.* » (« L'eau de Peruchia est fameuse parmi les habitants de ces contrées, parce qu'elle donne l'appétit. Et quelques-uns m'ont dit qu'elle était bonne pour ceux qui voulaient s'adonner au célibat. »

désaltérer. Quand le jeune *Morlaque* a bu de son eau, il en goûte mieux le repas qu'il mange assis sur l'herbe de ses bords et il en supporte avec plus de retenue l'absence de sa femme.

Surtout n'oublie point, *Stiepo*, de faire voir à ton compagnon dans les différentes courses cette quantité d'anciens tombeaux que tu rencontreras souvent et dont quelques-uns te sont connus. Il y en a qui contiennent peut-être la poussière oubliée des anciens conquérants. Mais le plus grand nombre renferme les restes précieux de nos ancêtres. Montre-lui les armes et les figures dont elles sont sculptées, comme symboles de leur valeur. Reconnais-y toi-même nos habits et que ton sang bouillonne dans tes veines à la vue, au souvenir des grands hommes d'où il tire sa source.

Voilà la route que tu dois tenir et ce que la curiosité du vrai *Morlaque* doit chercher à connaître. La mer immense et orageuse n'est pas pour toi, paisible habitant du pays qui en est éloigné. C'est le champ ouvert à l'industrieux commerçant, comme *Dragananich*, au pécheur né sur ses rivages, à l'homme désespéré comme moi. Je vais m'abandonner encore à ses flots, si tant est que la fortune ennemie n'attache au timon du vaisseau qui m'aura, la tenace *paklara*[37], le poisson malencontreux dont la dent terrible arrête le gouvernail et désespère le pilote. »

Marcovich se tut et ses hôtes le remercièrent de les avoir instruits. *Stiepo* le plaignait dans son cœur et il lui souhaita avec une tendre ingénuité le sort le plus favorable à l'avenir. Ils s'embrassèrent tous les trois et les deux amis s'en retournèrent chargés de quelques bouteilles de *Montemoro* et d'autres provisions que *Marcovich* leur avait données. Celui-ci resta dans sa solitude et s'occupait des dispositions nécessaires à son départ prochain, non sans songer quelquefois avec dépit qu'il avait donné l'hospitalité au frère de son rival. Son naturel farouche lui reprochait dans des accès de rage qu'au lieu de l'accueillir il aurait dû le défier et le combattre. Dans d'autres moments plus calmes, il s'applaudissait d'avoir poussé la générosité jusqu'à le recevoir avec tous les égards dus à l'amitié.

Ah, si au lieu de *Stiepo* le sort m'eût présenté son frère haï, non je n'aurais pu renfermer dans mon sein la rage qu'il y eût réveillée. Je lui aurais dit, Jeune homme, n'entre point dans ma cabane ; l'hospitalité t'y mettrait à couvert de mes coups. Et mon bras veut te faire sentir la

---

37 Une note de la traduction italienne, *op. cit.*, p. 177, évoque ce méchant poisson qui attaque les barques.

force du poids douloureux que tu as jeté sur mon cœur. Oui, les larmes de *Jella* payeront les chagrins que son humeur volage m'a fait éprouver. Non, je ne serai pas le maître de m'épargner tous les crimes que le désir de la vengeance peut me suggérer à sa vue. Que ce sabre, ce poignard, ces pistolets aillent à présent porter par ma main la mort dans le sein de l'ennemi guerrier et digne de moi. La nèfle que nous cueillons encore verte en automne, quand on la laisse mûrir patiemment, devient savoureuse pour nos soupers d'hiver.

Ma haine conservée depuis si longtemps en rassasiera d'autant mieux cette âme altérée du sang de son ennemi.

LES MORLAQUES

par J. W. C. D. U. ET R.

VOL. II

LIVRE NEUVIÈME

ARGUMENT.

Conversation sur les femmes. – Rencontre du Vampir. – Chasse de l'ours.

Les jeunes gens avançaient dans la plaine sur le chemin qui conduit à la cabane de *Pervan*. *Erze* avait remarqué quelque altération dans *Marcovich*, au moment qu'ils avaient paru devant lui. Il en demanda la raison à *Stiepo* et celui-ci lui fit l'histoire des amours et du mariage de son frère, source de la haine que *Marcovich* nourrissait peut-être pour toute la famille des *Narzevizca*. Les femmes, lui disait-il, ont causé bien des maux à nos ancêtres, lorsqu'ils n'étaient que guerriers. Plusieurs de nos chansons nous en ont conservé le souvenir. Rarement l'on célébrait une noce, sans qu'il y eût du sang répandu ; et la plus belle était ordinairement le prix du plus brave et du plus heureux. Il défiait ses rivaux, il les combattait et il aurait eu honte de se présenter aux parents de la fille qu'il désirait, s'il n'eût été chargé des dépouilles de ceux qui la lui avaient disputée. Notre nation n'ayant plus de grandes occasions de faire la guerre perdit dans l'oisiveté ce sentiment d'élévation qui la portait à mesurer son courage et sa force avec l'ennemi, pour ne devoir la victoire qu'à sa propre supériorité. Dès lors, à ce que mon père me raconte, adonnés uniquement au repos de la vie pastorale, aux soins paisibles de l'agriculture, nous apprîmes à faire plus de cas d'une jument ou d'une vache que d'une épouse. Si quelquefois une de nos *Morlaques* obtient la préférence sur ses compagnes, on tâche de l'enlever, de s'en assurer par la ruse, ou par le lâche assassinat ; et voilà comment parmi nous la férocité a pris la place de la bravoure. *Dragananich* loua le bon sens de son ami et convint avec lui que la différence des temps avait fait bien du tort à la grandeur d'âme de ses compatriotes. Rien ne le marquait autant que ce mépris pour les femmes. L'idée qu'on conçoit du mérite d'une nation ne serait peut-être pas mal calculée sur le genre de respect que l'on y a pour le sexe. Il y a eu des peuples qui ont pensé qu'elles avaient quelque chose de divin dans leur essence. La vue étonnante qui perce l'avenir, la science de composer les charmes irrésistibles, le don de la féerie qui les rend si puissantes, paraissent leur appartenir plutôt qu'aux hommes. (*Dragananich* avait quelqu'instruction et il aimait à en faire parade.) J'ai été à *Maïna*[1]. J'ai vu de près ces braves *Grecs*, restes d'une ancienne république, ces *Spartiates* indomptables que rien n'a pu détruire ou déloger. Enclavés dans leurs montagnes qui leur font un rempart assuré, ils ne craignent pas les *Turcs* qu'ils détestent ; et quoiqu'ils ne soient qu'une poignée d'hommes, ils leur ont toujours tenu tête. Les barbares ont inondé souvent le pays et les rivages qui les entourent. Mais ils n'ont jamais pu pénétrer dans leurs retraites. Ils ont dû se contenter d'un petit tribut arbitraire que les fiers montagnards leur jettent du haut de leurs rochers ou qu'ils leur apportent sur le bord de la mer. Ils se gouvernent toujours avec les lois de leurs anciens législateurs, et ces lois ordonnent qu'on honore les femmes. Aussi les *Maïnottes* sont-elles dignes de l'honneur qu'elles obtiennent. Elles ont le courage haut, elles accompagnent leurs maris dans leurs excursions et manient les armes comme eux. Elles partagent tous les travaux des hommes, elles en sont la douce récompense. En est-il de plus flatteuse, de plus chère à l'homme qui s'est distingué par des exploits brillants et des actions utiles à ses compatriotes, que de se voir recherché et préféré par l'objet qu'il recherche lui-même ardemment et qu'il préfère à tout ? N'a-t-il pas raison de chérir ce qu'il y a de plus aimable, de plus touchant dans la nature ? Toutes les fois qu'après un long voyage je retourne chez moi et que je vois mon *Orra* courir jusqu'au bord de la mer, un de mes deux enfants à son sein, l'autre traîné par sa main ; que je vois la sueur couler de son front, que j'entends sa respiration agitée par la vitesse de sa course, que je fixe mes regards sur la rougeur animée de son visage, sur le doux attendrissement de ses yeux mouillés de larmes ; quand elle jette le bras qu'elle a libre, autour de mon cou et que de l'autre elle approche l'enfant de mon visage ; quand je sens ses soupirs et que j'entends ses mots entrecoupés par la joie au moment que son cœur palpite contre le mien. Oui, mon ami, il me semble alors que je dois être fier de mes travaux et que je double le sentiment intérieur d'une

---

1 Ville de Morée qui fait partie de l'ancienne Laconie et est située à l'extrême sud-est du Péloponnèse. Voir la note de la traduction italienne, *op. cit.*, p. 182.

heureuse existence. Il n'y a pas de danger, il n'est point de belle action que je ne fusse prêt à entreprendre à tout prix, pour acquérir encore une telle épouse. *Stiepo* brûlait au feu de cette peinture enflammée. Il aimait *Dascia* tendrement. La privation d'une heureuse paternité qui est le plus beau don de la nature, le lien le plus doux et le plus fort à la fois de l'union sociale, ajoutait à la triste émotion de l'amant époux. *Stiepo* soupira et *Dragananich* poursuivit : Dans les grandes villes, mon ami, où les besoins sont multipliés à l'infini, où la voix chère et sacrée de la nature est étouffée par les cris des passions exaltées, le culte que l'on rend aux femmes est devenu aussi faux que ces mêmes besoins. Elles y jouissent des apparences des honneurs divins. Tout se fait pour elles, mais tout ce qui se fait n'est que bassesse et tromperie. Le commerce avoué et apparent des deux sexes n'est fondé que sur des convenances étrangères aux principes de la nature. Ce commerce dirigé à satisfaire mille autres besoins factices, mille jouissances inventées et imparfaites, cache ordinairement le commerce exigé par la nature. Elle est le plus souvent en contradiction avec les raffinements de la société. Je crois pourtant ce désordre moins grave que celui de mépriser les femmes et de les rejeter presque dans la classe des brutes comme font nos *Morlaques*. – Quoique nos églises soient remplies d'images et de signes ridicules, qui en exprimant mal notre croyance déshonorent la religion, notre piété grossière vaut encore mieux que l'impiété de celui qui ne reconnaît et n'honore pas de quelque manière l'être suprême. – Quand les hommes corrompus par la mollesse n'ont pu avoir sous leur main tout ce que leurs désirs multipliés demandaient à tout moment ; et que la quantité des besoins inventés a surpassé celle des besoins naturels, les échanges ne suffisaient plus à se procurer les uns par le superflu des autres. D'ailleurs la distance des lieux, la difficulté des transports ont rendu ces échanges impraticables. Il a fallu donner à quelque matière un prix imaginaire qui pût convenir à tout comme les caractères de l'écriture ont été inventés pour être les signes de la pensée. L'or et l'argent ont été tirés des entrailles de la terre pour être l'équivalent de tout objet recherché. – Les femmes de même n'ont plus cette valeur intrinsèque et individuelle qu'elles avaient du temps de nos pères. Elles jouissent, il est vrai, de plus de marques extérieures de considération, mais elles n'excitent plus ce noble feu dont les hommes étaient embrasés autrefois pour leurs intérêts. Elles ont, pour ainsi dire, cessé d'avoir ce prix qu'on attachait à la personne et ne sont plus que le représentant de ce qu'elles ont valu, comme l'or est le représentant des besoins de la vie.

Erze raisonnait, comparait et s'expliquait en négociant et en *Morlaque*, qui ne manquait point d'esprit et qui donnant volontiers dans les idées abstraites se croyait philosophe. *Stiepo* lui demanda par exemple d'où venait que les femmes libres et presque souveraines en Europe, étaient esclaves en *Turquie* et dans d'autres immenses pays, s'il en devait croire ce qu'il avait entendu dire. Cet esclavage, lui répondit-il, est encore un effet de la corruption des hommes. Il tient à un autre principe quoiqu'il parte de ce même esprit de dévouement au plaisir. L'*Asiatique* porté à jouir par la beauté du sol, par la douce ardeur du climat, par toute sorte de productions naturelles et de raffinements ingénieux pour exciter et flatter les sens, peut se livrer d'autant plus aisément au plaisir qu'il a moins d'obstacles et de peines pour l'obtenir à cause de la grande facilité avec laquelle il satisfait aux premiers besoins de l'existence[2]. Exempt de tout souci pénible, de tout exercice fatigant, plongé dans la paresse, tous ses désirs ont pour premier objet le plus vif des plaisirs. Tous les autres qu'il imagine, qu'il cherche à varier, à prolonger, en sont des suites et y ont des rapports constants. De là la fausseté de son goût et le dérèglement de son imagination dans la quantité de femmes qu'il croit nécessaires à la quantité des plaisirs qu'il souhaite et qu'il envisage. Paresseux et ignorant signifient la même chose. L'ignorance traîne après elle la crainte, le soupçon, la méfiance. On peut espérer qu'une femme vous aime. Il est difficile de croire qu'on puisse inspirer de l'amour à plusieurs en même temps. Mais plus leur nombre est grand, plus on se propose de plaisir. Comment avoir ce nombre, comment garder et tenir dans l'ordre un pareil troupeau ? L'on enferme ce que l'on a de précieux, ce que l'on craint le plus de perdre, et voilà les femmes enfermées par des hommes avares, insatiables et violents dans leurs passions[3]. Si les *Asiatiques* aimaient moins les femmes, elles seraient plus libres. Vois-tu nos *Caloyers* ? Ne semble-t-il pas que leurs instituteurs ont imaginé que plus ils en renfermaient, plus ils travaillaient à leur bonheur et plus ils

2 La théorie des climats avait été développée longuement par Montesquieu dans son *Esprit des lois* (1748) et sera notamment reprise par Germaine de Staël dans *Corinne, ou l'Italie* (1807).

3 Sur l'imaginaire du harem, dérivé en partie du Montesquieu des *Lettres persanes*, voir Alain Grosrichard, *Structure du sérail : la fiction du despotisme asiatique dans l'Occident classique*, Paris, Seuil, 1979.

les rendaient agréables à la divinité par un exercice plus assidu de leurs devoirs ? Peut-être, interrompit *Stiepo*, ces peuples ont cru qu'à l'exemple du bétail qu'ils menaient paître, un seul bouc devait suffire à plusieurs brebis et qu'il fallait les tenir enfermées dans une étable pour le bon ordre de leur économie. *Erze* sourit à la comparaison et d'un signe de tête l'approuva. *Stiepo* écoutait avec ravissement son ami ; et quoiqu'il lui arrivât très souvent de ne pas comprendre ses idées, il le trouvait très intéressant et par-là même admirable. Tous les moments il sentait à quel point il aurait été heureux de parcourir avec un tel guide des villes et des pays qu'il ne connaissait pas. Il questionnait sans cesse *Dragananich* sur les usages étrangers. Les descriptions qu'il lui en entendait faire, le mettaient hors de lui-même. Son ami voyait l'effet de ses discours et s'en applaudissait de bonne foi. Il croyait rendre le plus grand service à cette population, en procurant des connaissances à celui qui très probablement en deviendrait un jour le chef. Ils avaient déjà fait leur dîner assis sur une motte de terre au pied d'un beau marronnier. *Stiepo* n'avait pas voulu que l'on touchât au vin de *Marcovich*. Portons-le à mon père », disait-il, « il est vieux, il a plus besoin que nous de soutenir ses forces. Le vin n'était pas fort commun parmi les *Morlaques* ; et le bon vin y était très rare. La nuit approchait et la conversation leur avait fait ralentir le pas des chevaux. *Stiepo* s'en aperçut et sachant qu'il leur restait encore une bonne partie du chemin à faire avant d'arriver à *Dizmo*, il pria son ami de hâter la marche. À peine pouvait-on distinguer les objets sur terre. Quelques nuages accumulés sur leur tête les menaçaient même d'une pluie prochaine. À mesure que l'obscurité augmentait, *Erze* remarquait de l'inquiétude, de l'agitation dans les mouvements de son ami. Tout à coup il l'entend s'écrier : Dieu nous aide, nous sommes perdus, voilà un *Vampir*. – Un *Vampir* ? Oui, le voilà. Fuyons, mon ami. Il vient, sauvons-nous. Il va se jeter sur nous et sucer notre sang. Ne vois-tu pas comme il grandit. Sa tête va bientôt s'élever et paraître au-dessus de l'arbre derrière lequel il veut se cacher. Ne passons pas devant lui. Allons-nous-en dire nos prières au plus vite. *Stiepo* tournait son cheval lorsqu'*Erze* le prenant par la bride. Arrête, lui cria-t-il, n'as-tu pas de honte d'avoir peur d'un seul homme qui est à pied ? Voyons ce que c'est. – Un homme ? Par ce temps ? À cette heure ? Moi avoir peur d'un homme ? Y en eût-il quatre qui me disputassent le chemin, ils auraient à faire à *Stiepo Narzevizca*. Mais non, ce n'est pas homme, c'est un *Vampir.* Je le connais à son aspect noir, à la faiblesse, à l'engourdissement qu'il insinue de loin dans mes bras et dans mes jambes. Sans doute il vient de faire violence à quelqu'une de nos femmes et il veut se désaltérer à présent dans notre sang. L'homme en effet s'était arrêté derrière un arbre, ayant cessé de marcher au moment qu'il avait entendu le bruit des voix et des chevaux. *Dragananich* qui ne craignait pas les *Vampirs*, dit à son ami : Tiens mon cheval, je vais approcher de cet homme et lui parler. Que fais-tu ? Tu vas te perdre ; arrête. L'autre était déjà à terre et près de l'arbre. Qui es-tu ? Quel est ton dessein ? Frère, répond l'homme de l'arbre, je suis un pauvre *Morlaque* qui s'est égaré en chemin. Mon nom est *Jerre.* Ma cabane est près de celle du *Staréscina* de *Dizmo* et je mène paître tous les jours un des troupeaux des *Narzevizca.* En comptant mes brebis j'ai trouvé qu'il m'en manquait une et j'ai voulu refaire le chemin de la journée. La nuit m'a surpris dans ces environs et je m'y suis perdu. Je voulais d'abord m'adresser à toi pour demander la route. Mais la peur m'a pris et je cherchais à me cacher. Ah mon frère, aide-moi à retrouver mon chemin. La pluie va tomber et je tremble de rencontrer quelque *Vampir* altéré ou quelque malfaisante *Vieschize.* La conformité de la peur de cet homme à celle de son ami fit beaucoup rire le tranquille *Dragananich.* Viens avec moi, lui dit-il, nous allons chez le *Staréscina Narzevizca* et tu vois ici son fils aîné. Le *Morlaque* ne fit qu'un saut jusqu'au cheval de *Stiepo* en criant : Mon frère *Stiepo*, voici *Jerre* qui s'était égaré. *Stiepo* reconnut la voix du bon homme et tous les deux reprirent courage. *Erze* remonta à cheval et ils continuèrent ensemble leur voyage. Celui-ci voulait faire sentir un peu de honte à son ami de la peur qu'il avait montrée. Mais *Stiepo* n'imaginait seulement pas que l'on pût rougir de craindre une chose aussi terrible que les *Vampirs.* Il en soutint la réalité tout le reste du chemin ; et peu s'en fallut que malgré sa peur il ne souhaitât l'apparition de quelqu'un de ces monstres pour prouver à l'incrédule leur existence. *Jerre* venait à son secours par les récits les plus étranges. Sa propre femme en avait été violentée au commencement de la nuit lorsqu'elle allait puiser l'eau tout près de la cabane. Étant revenu au logis dans ce moment, il avait vu quelque chose de noir qui enveloppait sa femme ; et ce quelque chose était une grande ombre hideuse en figure d'homme. L'ombre en disparaissant l'avait jeté lui par terre et marché sur son dos, en le frappant d'un grand coup malgré les prières de sa femme pour qu'il le laissât tranquille. *Erze* n'osa dire ce qu'il en pensait, mais il souffrait de voir que *Stiepo* rempli de bon sens ajoutât foi à de pareilles extravagances. Les feux follets, les revenants firent ensuite le sujet de la conversation. Ils parlèrent aussi avec le plus grand intérêt de l'esprit *Mazich* qui prend quelquefois en amitié quelqu'un au point de le servir comme le domestique le plus attentif, et d'attirer sur lui et sur ce qui lui appartient tout le bonheur que l'on peut souhaiter. Aussi l'heureux protégé voit-il tellement prospérer ses affaires qu'en très peu de temps il devient le plus riche des siens en pâturages et en troupeaux. On reconnaît aisément *Mazich* à sa beauté et à une jeunesse perpétuelle. Chacun souhaita à soi-même et aux autres la faveur de *Mazich.* Et la conversation roula longtemps sur les différents vœux dont chacun lui aurait demandé l'accomplissement. Ils parvinrent enfin au village et furent accueillis avec les démonstrations de la plus vive tendresse.

Stiepo répéta à son père et à *Jervaz* les beaux détails que *Marcovich* leur avait indiqués ; et *Pervan* qui les avait vu en partie, les confirma. Les deux frères se promettaient à eux-mêmes et à leur ami le plus grand plaisir. Ils allaient sûrement le surprendre et lui faire oublier la ville et ses beautés.

Erze témoignait beaucoup de sensibilité à leur empressement, mais il ne leur paraissait pas animé de ce même esprit de curiosité et d'impatience qui les agitait. Il reprenait à toute occasion son sujet favori ; et insensiblement en éblouissant leur imagination il leur faisait préférer ses peintures séduisantes aux tableaux imposants de la nature.

Un soir il disposa dans la cabane avec un peu d'ordre cinquante bougies sur les tables et aux murailles, et les fit trouver toutes allumées à la fois au moment que la famille rentrait. L'éclat extraordinaire de cette illumination si supérieure à celle du sapin les frappa d'étonnement et leur inspira ensuite la plus grande gaieté. On dansa et le bal eut l'air moins sauvage qu'à l'ordinaire. Les frères *Narzevizca* étaient dans l'enchantement. *Erze* leur dit d'un air tranquille et presque railleur : Mes amis, ce que vous voyez là n'est rien. Des milliers de ces chandelles brûlent à de certaines occasions dans nos églises et dans les maisons des grands. En même temps des voix angéliques secondées par un grand nombre d'instruments font entendre les plus belles chansons. Des boissons délicieuses rafraîchissantes sont présentées en abondance à tout le monde. Des fleurs, des parfumes embaument l'air. Les yeux contemplent des femmes aussi belles que les Circassiennes enfermées dans le sérail du grand Seigneur.

Le coup est porté. Les jeunes gens sont décidés d'aller voir ces merveilles. L'on reposa comme l'on put. Les deux frères ne dormirent point. Ils se cherchèrent et se communiquèrent les désirs qui les tourmentaient. Mais comment en parler à leur père ? Comment obtenir la permission ? Que deviendraient *Dascia* et *Jella* ? *Dascia* aurait pu rester avec leur père ; mais *Jella* ? *Jervaz* ne pouvait soutenir l'idée de s'en séparer. Il lui en parlerait pourtant... mais si elle s'opposait ?... L'absence aurait été courte... Ou bien elle aurait peut-être le courage de le suivre. Ils conclurent d'attendre le temps qu'ils devaient faire le tour du pays avec *Dragananich*. Cette petite séparation leur aurait fourni l'occasion de parler de leur projet au *Staréscina*. L'important était d'obtenir sa permission *Jervaz* se flattait que ce bon père contenterait ses enfants. Peut-être se laisserait-il persuader à venir lui-même. Les frères se séparèrent en s'embrassant.

Le lendemain était destiné à la chasse de l'ours sur la montagne. Vingt-cinq des plus braves chasseurs devaient venir prendre les *Narzevizca* à la pointe du jour et faire voir ensuite à *Dragananich* la force, le courage et la dextérité des *Morlaques*. La matineuse alouette faisait à peine entendre son chant, le triste hibou avait repris le chemin du creux du rocher qu'il habite. Les premiers rayons de l'aurore commençaient à laisser distinguer les objets. La terre couverte de rosée paraissait ornée d'une gaze transparente. Les branches des arbres laissaient dégoutter ces larmes précieuses que l'on croirait que l'absence du soleil leur a fait répandre pendant la nuit, et qu'il allait bientôt essuyer par la douce chaleur de ses rayons : lorsque l'on entendit autour de la cabane du *Staréscina* la voix des jeunes gens qui étaient venus prendre les deux frères et l'étranger. Debout, debout, criaient-ils. Ceux qui aiment à se tenir sur les peaux des moutons, n'en auront point à offrir à leurs amis. Celui qui dormira la matinée sur la dépouille de l'ours, l'usera bientôt et ne pourra la changer. Le long sommeil est nécessaire aux vieillards pour réparer leurs forces. Le long sommeil épuise celles des jeunes gens : debout, debout : nous allons défier le féroce habitant de la montagne. À l'instant les trois amis joignirent leurs compagnons qu'ils trouvèrent armés de gros bâtons. *Jervaz* en avait fait prendre un à *Dragananich* aussi. Outre le bâton ils avaient tous leur poignard à la ceinture. On ne se permettait point d'armes à feu dans cette chasse. Le *Morlaque* se croirait déshonoré s'il attaquait l'ours avec un trop grand avantage. Ils avaient à faire deux milles pour arriver au pied de la montagne de *Crisiza* sur laquelle ils se proposèrent de chasser. Ils en connaissaient tous les affreux recoins, et malgré les dangers qu'ils allaient affronter, ils étaient de la plus grande gaieté et chantaient tous ensemble à la mode du pays.

L'histoire que le *Morlaque* fait de l'origine de l'ours, est très singulière et tient à cette superstition qui caractérise toute leur croyance. Il dit que lorsque Lucifer fut jeté en bas du ciel et condamné aux enfers par Dieu le père, un petit ange qui n'avait pas eu de part à sa rébellion, ne put s'empêcher de rire en voyant la culbute que Lucifer la tête en bas et les pieds en haut fut obligé de faire. Dieu s'en aperçut et se montra très irrité de cette espièglerie et du manque de charité de la part de ce jeune malappris. Pour l'en punir il l'envoya sur la terre et le condamna à errer dans les bois et parmi les rochers sous l'hideuse figure de l'ours, et cela jusqu'à la fin des siècles après lesquels il sera remis en grâce. Pour plus grand châtiment on l'a destiné à servir d'amusement aux hommes par ses grimaces et sa lourde danse, s'il est pris en vie, pour lui apprendre qu'on ne doit pas se moquer de ceux qui sont dans la peine. En effet on voit, disent les *Morlaques*, l'ours traîné de village en village, forcé par les coups, et par la faim à danser, à faire des tours d'adresse que l'homme lui enseigne et qui le rendent l'objet de la risée du peuple, malgré la pitié que son état devrait inspirer.

Ajoutez, poursuivent-ils, qu'il a le malheur d'être doué de beaucoup d'intelligence et de conserver toujours quelque chose de son origine surnaturelle. Il craint l'homme et il s'en défend de toutes ses forces, aimant mieux de mourir que de se soumettre au sort honteux qu'il prévoit. Les vieux ours ne se laissent pas apprivoiser. Difficilement même les a-t-on vivants. La force jointe à la ruse vient plus aisément à bout des jeunes qu'il faut chercher dans leurs repaires. Mais c'est l'entreprise la plus difficile que celle d'enlever des petits ours à leur mère, de tous les animaux celui qui défend ses petits avec le plus de férocité.

Voilà nos jeunes gens remplis d'ardeur et impatients de rencontrer l'ours arrivés à la montagne. Ils se partagent deux à deux, et se répandent dans les bois et parmi les rochers. Les uns se postent sur les sentiers où ils ont reconnu ses traces, les autres grimpés sur un précipice l'attendent à la source d'un ruisseau où ils se doutent qu'il va se désaltérer. Les plus hardis, et parmi ceux-là *Jervaz* et *Dragananich*, vont droit à la forêt et s'enfoncent dans sa plus sombre épaisseur, espérant de trouver le repaire d'une ourse. Tous à la fois frappent sur les arbres avec leurs bâtons. Tous font des cris affreux pour épouvanter la bête et la faire sortir du gîte. Une quantité d'autres petits animaux effrayés s'échappent de leurs retraites. Quelques-uns sont assommés par les bâtons. La plupart se sauvent, faute d'armes qui puissent atteindre de loin. Mais l'ours ne paraît point. Peut-être n'en est-il pas dans cette partie de la montagne. Ou bien a-t-il la lâcheté de ne vouloir pas combattre. Les jeunes gens le défient à leur manière. Viens, si tu as du cœur. Regarde-moi. Je t'attends sans fusil. Je n'ai que le bâton. Ose me l'arracher, enfonce tes ongles crochus dans mon sein. Veux-tu que nous nous mesurions à la lutte ? Embrassons-nous ; que le plus fort des deux terrasse l'autre. Mais tu n'es qu'un lâche, et tu as peur. L'ours ne répond, ni ne se montre et les chasseurs impatients se désespèrent. *Jervaz* et *Dragananich* plus heureux arrivent à l'entrée d'une profonde caverne. Voilà ses pistes ; l'ours y est. *Jervaz* par les cris les plus aigus excite l'animal à paraître. Il attend, mais en vain. Je vais le chercher là-dedans, dit-il à son ami. Non, répond *Erze.* Peut-être est-ce le repaire d'une ourse qui rode dans la forêt pour trouver de la nourriture à ses petits. Attendons-la ici, nous la combattrons à son retour. Elle doit avoir entendu nos cris auprès de sa demeure et ne tardera pas à revenir. Promettons-nous seulement (telle est la généreuse intrépidité du *Morlaque*) que celui qu'elle attaquera le premier, se défendra seul et qu'il ne sera permis à son ami que de le venger, s'il succombe. Je promets tout, dit le bouillant *Jervaz*, mais je ne m'arrête pas, et il court s'enfoncer dans la grotte. *Erze*, alarmé, l'attend à l'embouchure. Mais il n'y est pas cinq minutes que voilà *Jervaz* qui en sort tenant deux oursons dans ses bras. Joyeux de cette prise il la montrait à *Dragananich* et se faisait une fête de la porter à ses enfants, lorsque tout à coup leurs oreilles furent frappées par les hurlements affreux de l'ourse qui s'avançait furieuse à leur rencontre. En voyant ses petits elle allait s'élancer sur *Jervaz.* Celui-ci les jette à terre à l'instant que l'ourse étendait ses griffes et ouvrait sa gueule pour le déchirer. Mais elle fut reçue par un grand coup de bâton que *Jervaz* lui déchargea sur la tête en reculant de deux pas. Étourdie par le coup et furieuse de ne voir plus ses petits qu'*Erze* avait ramassés et cachés, elle se débattait de tous les côtés. Son horrible rugissement attira presque tous les chasseurs au lieu du combat. L'animal écumant de rage semble un moment incertain, sur lequel des ennemis qu'il a devant lui, il portera sa fureur. *Jervaz*, le brave *Jervaz*, d'un saut hardi se présente, jette son bâton, met le poignard en travers dans sa bouche et les bras ouverts reçoit l'ourse qui fond sur lui dressée sur ses pattes. Le robuste *Morlaque* en la serrant de toutes ses forces lui ôte l'usage des griffes, mais il est entraîné par les secousses violentes de la bête au milieu de la lutte et ils tombent tous les deux à terre. Ils étaient près d'un précipice et les spectateurs alarmés virent l'instant où ils allaient y tomber en se roulant, ce qui aurait sûrement coûté la vie à l'homme. Lorsque *Jervaz* poussant sa tête contre le bas du museau de l'animal l'obligea à tendre le cou, alors par un effort étonnant et avec une célérité qui ne laissa pas le temps à l'ourse de se servir de sa griffe, il sort de dessous ses épaules le bras droit, le porte à la bouche, saisit le poignard et l'enfonce dans la gueule du monstre. Les cris de joie des spectateurs qui arrivaient de toute part dans le moment terrible, annoncèrent la victoire et remplirent la forêt. *Jervaz* ne lâcha point prise et tint ferme son couteau dans la plaie dont le sang jaillissait sur son visage et découlait par terre sous lui. Les beuglements de l'ourse étaient effrayants, mais à mesure qu'elle perdait le sang, ses forces l'abandonnèrent et *Jervaz* se releva en la laissant mourante. Rendu de fatigue, couvert de sang et de boue, inondé de sueur, déchiré et meurtri dans plusieurs endroits, mais sans le moindre risque, son aspect était à la fois horrible et intéressant. Un air de triomphe brillait sur son visage ensanglanté, le sentiment de la joie autant que la lassitude, l'empêchaient de parler et presque de respirer. Tous l'embrassèrent, le félicitèrent et il obtint la couronne de la bravoure. On sautait, on dansait autour de lui et de la bête vaincue, en comblant de bénédictions et d'éloges le vainqueur. Une partie de la troupe chargea l'énorme dépouille sur des perches, tandis que l'autre prit *Jervaz* sur les épaules et tous marchèrent ainsi jusqu'à la sortie du bois où ils s'arrêtèrent au bord d'un ruisseau. *Jervaz* s'y lava et but, toujours au milieu des chants de victoire et des acclamations. Après quoi ils obéirent à l'impatience d'aller partager leur allégresse avec la famille des heureux *Narzevizca*. Aux cris de joie que l'on entendait de loin, le vieux *Pervan*, les femmes et les enfants sortirent de l'habitation à la hâte et coururent au-devant des chasseurs. Les femmes reculèrent d'effroi en voyant le monstre qui, quoique mort, inspirait la terreur. Mais quel fut le saisissement de plaisir du bon père, lorsque la marche s'ouvrant il vit son bien aimé *Jervaz* élevé sur les bras des jeunes gens comme le triomphateur ? *Stiepo* et *Dragananich* dansaient devant lui. La basse envie n'est point connue parmi les *Morlaques*. C'est le brave que nous te ramenons, s'écriaient-ils tous à la fois. C'est ton fils qui a défié, combattu et terrassé le fier ennemi dont tu vois le cadavre. Dieu bénisse le brave, Dieu bénisse le père qui lui a donné la vie et la valeur. Et puisse-t-il les bénir encore plusieurs dizaines d'années de suite. Ils posèrent *Jervaz* à terre devant son père. Il se mit à ses genoux. *Pervan* se pencha, embrassa son fils et en silence mouilla son visage de larmes. *Jella* lui succéda avec une ardeur inexprimable. Elle serra son époux contre son sein, elle ne cessait de le couvrir de baisers et de lui demander s'il n'était pas blessé. *Dascia* à son tour vint et jeta sur lui des branches de chêne et de laurier qu'elle avait ramassées à la hâte en voyant venir les chasseurs. Les servantes, les domestiques, tous environnèrent le victorieux *Jervaz* et ceux qui ne purent le serrer dans les bras, voulurent toucher ses habits et ses mains. Les deux enfants enveloppaient ses genoux et criaient pour être levés et portés jusqu'au visage de leur père. *Stiepo* s'approcha et ouvrant son *kabaniza* leur fit voir les deux oursons remplis de vie, en leur disant que leur père les avait pris avec ses propres mains, avant de combattre avec l'ours. Les garçons joyeux, enchantés des petits animaux, s'en emparèrent, et Mon père, s'écria l'aîné, je combattrai avec ces ours, mais je veux attendre qu'ils soient aussi grands que celui que vous avez tué. Le petit penchait sa tête sur eux et les baisait. Tous les deux détachèrent leur ceinture et menèrent en laisse les oursons qui avaient environ six semaines. Ils sautaient autour et c'était à qui les montrerait en disant : C'est la proie de notre père. C'est pour nous que notre père est vaillant. Nous chercherons aussi des petits ours pour l'amuser quand nous serons grands. On racontait le danger que *Jervaz* avait couru, en se roulant avec l'animal et on louait la force et l'adresse avec laquelle il lui avait porté le coup mortel. *Jervaz* disait à *Pervan* : Mon père, je me sens heureux de vous avoir procuré cette consolation. C'est vous qui m'avez appris à mépriser les périls et à me confier dans la force que vous avez donnée à mon bras. Le bon vieillard s'était appuyé à *Jervaz* comme pour se soutenir, mais en effet c'était pour toucher à ce bras victorieux qu'il admirait avec tant d'intérêt. *Jella*, la tendre *Jella* se tenait de l'autre côté. Les enfants faisaient sauter devant eux les oursons. *Erze*, *Dascia* et *Stiepo* s'entretenaient de la bravoure de

Jervaz, et les hommes disaient : Nous en aurions fait autant. Il a été plus heureux que nous. Une autre fois peut-être pourrons-nous montrer aussi notre bravoure. Jouissons à présent de celle de notre frère, applaudissons à ses exploits. On coupa les pattes à l'ourse pour en faire un régal de famille. *Jervaz* fit présent de l'animal à ses compagnons ; et ceux-ci partirent gaiement pour aller courir dans les villages d'alentour, y montrer l'ourse et célébrer la valeur de *Jervaz Narzevizca*.

LIVRE DIXIÈME

ARGUMENT.

Départ des trois amis pour le voyage aux curiosités. – Chute de la couronne. – Chansons. – Jella va trouver la Baornizca.

Erze Dragananich malgré tout le plaisir qu'il ressentait en vivant avec cette bonne famille commençait à désirer son départ. L'amitié qu'il avait conçue pour les deux frères *Narzevizca* lui rendait la séparation pénible. Il souhaitait de leur être utile et il croyait qu'en les amenant avec lui pour quelques mois il leur aurait procuré des connaissances nouvelles, au plus grand profit de leur population. Il s'était aperçu que tout ce qu'il avait dit à ses amis de la beauté des villes, des agréments et des commodités de la vie qu'on y mène, avait fait la plus grande impression sur leurs esprits. D'après les belles choses qu'il leur avait montrées, leur imagination exaltée ne voyait plus que celles dont il leur faisait à tout moment de pompeuses descriptions et qu'il leur donnait à envisager, comme objets d'industrie et propres au commerce dans lequel il les aurait instruits. Aussi ne le quittaient-ils plus, et les questions et les réponses les tenaient dans une agitation continuelle. *Erze* aurait voulu leur complaire, les amener. Mais comment les séparer de leur père ? Comment espérer que le vieillard se privât de ses deux fils à la fois ? Jamais il n'aurait pu lui faire partager ces espérances, cet esprit de curiosité auquel son grand âge, l'habitude de la plus grande simplicité dans ses désirs et son heureuse ignorance s'opposaient. Il sentait qu'il avait à craindre d'être regardé comme un séducteur détestable. Ses amis, ne pouvant plus se contenir, déjà s'étaient ouverts à lui. Ils avaient même voulu l'engager à porter la parole à leur père. Mais *Dragananich* avait refusé de se charger d'une commission si épineuse : Je vous seconderai, leur dit-il, je promettrai de vous tenir lieu de père, quoique jeune. Mon expérience me donne ce droit. Mais je ne puis me résoudre à porter le premier coup de la douleur dans le sein de *Pervan.* Ce serait violer l'hospitalité et me rendre coupable de la plus noire ingratitude. Dans ce projet votre bon père ne verra et ne sentira que la séparation d'avec ce qu'il aime le plus. Il ne saurait voir et sentir de même les biens qui doivent s'ensuivre. Vos idées et les nôtres seraient rejetées, effacées par sa douleur. Vous voyez qu'il serait nécessaire qu'il souffrît, pour que vous fussiez heureux et lui aussi. Pourrait-il voir cela dans l'avenir, lui dont le temps passé a déjà presqu'éteint les regards ? Osez voir pour lui, mes amis. À votre retour il vous remerciera de la résolution que vous aurez prise. – Non, nous n'oserions vouloir sans lui, s'écrièrent-ils ensemble. Mais nous emploierons les larmes, les prières, les promesses pour le toucher. Nous lui dirons qu'il n'y a plus de repos pour nous, s'il nous refuse cette grâce. Notre bon père a toujours voulu notre bien. L'assurance qu'il nous rendrait malheureux en s'opposant à nos désirs ne lui permettra pas de le faire.

C'était à la suite d'une promenade que cette résolution fut arrêtée entre les trois jeunes hommes. Le lendemain ils devaient se mettre en marche pour aller voir les curiosités du pays. Au moment d'en faire part à leur père, ils s'étaient proposés de lui demander en même temps la permission d'accompagner ensuite leur ami dans son retour à *Venise*. Mais lorsqu'ils furent à la présence du bon vieillard et qu'ils eurent parlé de la course qu'ils allaient faire, le courage leur manqua pour ouvrir la bouche sur le projet du grand voyage. Cependant un regard de *Dragananich* allait les remettre, lorsque le *Staréscina* leur dit : Allez, mes enfants ; amusez notre cher hôte, montrez-lui ce qu'il y a de plus beau dans notre patrie. Mais ne perdez pas le temps dans des courses inutiles. Oh, revenez auprès de moi le plus tôt que vous pouvez, mes enfants. Loin de vous je suis triste, je suis seul. Le temps si précieux pour ceux qui craignent de le mesurer, puisqu'ils n'ont plus devant eux que la fin qui les menace, doit être rempli jusque dans ses plus courts moments par tout ce qu'il y a de plus agréable dans la vie. Peut-il n'y avoir rien de si doux pour moi, de si utile pour vous que d'employer le peu de temps qui me reste, à vous confirmer, mes enfants, les leçons que je vous ai toujours données ? À voir tous les jours dans votre obéissance, dans votre sagesse le fruit de mes insinuations ? Mes enfants, vous faites toute ma consolation. Mon amour pour vous est ma vie, mais c'est une vie bien pénible lorsque je ne vous vois pas. Plus j'approche de ma fin, plus je cherche à me survivre dans vos cœurs, à redoubler ma tendresse pour vous, à me sentir moi-même en vous regardant. Ne plus vous voir et mourir seront deux arrêts inséparables qui s'exécuteront d'un seul coup. Cette tendre effusion d'amour paternel glaça les esprits de ses fils. Les larmes leur vinrent aux yeux ; ils n'osèrent plus parler de l'autre voyage. Le père les embrassa, les bénit et leur souhaita un heureux voyage. *Jella* s'était aperçue que quelque chose d'extraordinaire agitait depuis un certain temps l'âme de son bien-aimé. Elle avait tâché d'arracher de sa bouche le secret, en le questionnant le plus adroitement, mais sans succès. Quoiqu'il aimât beaucoup sa *Jella*, il garda le serment, par lequel les deux frères s'étaient engagés de ne point parler du projet à leurs femmes. Ils craignaient leur tendresse indiscrète et leurs larmes. Elles auraient pu en le communiquant au *Staréscina* contrebalancer auprès de lui les prières des fils. *Jella* voyait partir son époux avec inquiétude. Elle l'embrassait en tremblant et lui disait : *Jervaz*, tu n'aimes plus *Jella*. Tu as des secrets pour elle. – *Jervaz* sourit à ce reproche et répond : *Jella*, je t'aime aujourd'hui, comme je t'aimais le jour que je te vis puiser l'eau à la fontaine de la cabane de ton père, ce jour que tout fatigué d'avoir couru jusque là pour te chercher, je ne sentis plus en te voyant ni la fatigue de ma course, ni la chaleur du soleil qui depuis tant d'heures dardait ses rayons sur ma tête. Ta vue, ô ma *Jella*, me rafraîchit, comme la rosée rafraîchit nos brebis, lorsque nous les ramenons lentement du pâturage dans les soirées de juillet. Sois tranquille, ma *Jella*, mon absence ne sera que de cinq ou six jours, et j'espère que je ne me séparerai jamais de toi… – Tu espères, *Jervaz* ? … – *Jella* avait été frappée de ces dernières paroles. *Jervaz* s'empressa de l'embrasser, en lui disant de prendre garde que le lait ne manquât pas aux oursons. Il crut faire une diversion au trouble de sa femme. Je ne te recommande pas nos enfants. Je t'avertis seulement de ne pas trop les contrarier, lorsqu'ils se roulent sur la prairie avec les petits ours. Ne t'en effraye pas. Laisse qu'ils en emportent quelque égratignure. Cela les accoutumera à la douleur et excitera leur courage. Il partit et laissa sa tendre épouse alarmée par le doute de quelque événement qu'elle ne pouvait prévoir. Les jeunes gens entreprirent la tournée du pays d'après les instructions de *Marcovich*.

Jella triste, affligée, chercha du soulagement en faisant part de ses soupçons à *Dascia*, pour laquelle elle avait une sorte de respect qui venait de la différence de leurs âges. Elle lui conta que *Jervaz* était plus pensif qu'à l'ordinaire. Elle avait remarqué qu'il parlait quelquefois la nuit, ce qui ne lui était jamais arrivé. Elle se souvenait de lui avoir entendu répéter en rêvant le vers de la chanson du volage et beau *Selimir*, lorsqu'il quitta sa tendre *Kosara*, pour courir les mers[1]. Nos montagnes sont immobiles. Les montagnes d'eau disparaîtront devant nous. Elle lui avait demandé, quel voyage de mer il voulait faire. Mais il ne lui avait pas donné de réponse. *Dascia* cherchait à calmer les craintes de sa belle-sœur. Sans doute la société de *Dragananich*, les voyages dont il l'entretenait, et entre autres le naufrage de son père, étaient la cause et le sujet des rêves de son ami. L'air occupé lui venait de son empressement à fêter un hôte que toute la famille chérissait. J'aime aussi mon mari, poursuivait-elle. Mais je ne m'inquiéterais point, si je le voyais parler moins qu'à l'ordinaire. Les questions que nous faisons à nos maris, lorsqu'elles n'ont pour objet que notre curiosité, quel que soit le tendre intérêt qui nous les suggère, sont pour eux aussi inutiles qu'indiscrètes. Quand ils nous aiment, ils les préviennent. Quand ils ne les préviennent pas, ils ne sont point disposés à donner les réponses que nous voudrions. Depuis la fatale curiosité d'Ève, qui nous a dégradées dans l'esprit de l'homme, toute curiosité de notre part nous est imputée à crime. Mais malgré tout ce que *Dascia* venait de dire, la jeune femme ne pouvait point chasser cette mélancolie qui s'était emparée de son âme. Jamais elle n'avait vu partir *Jervaz* avec autant d'attendrissement que cette fois. Pour se dissiper elle alla chercher ses enfants, et prit part à tous leurs jeux. Le soir pendant le souper de son beau-père elle chanta, comme à son ordinaire. Mais la disposition de son esprit lui rappela une des chansons les plus tristes, la mort de *Dabromir*[2].

Chanson de mort de Dabromir.

La lumière du jour pâlit. Les ténèbres s'élèvent de toute part. Un grand rideau va couvrir la voûte des cieux.

Affreuse nuit, tu attends le dernier souffle du mourant, pour l'envelopper de ton ombre.

Laisse une issue à son âme, qui s'échappe en fumée, et se mêle au brouillard de l'éternité.

---

1 Si Selimir et Kosara sont des prénoms serbes, la source de l'allusion nous est inconnue.

2 Le prénom *Dabromir* ou *Dobromir*, qui est attesté dans les pays slaves, est composé de deux éléments. Le premier veut dir « bon », le second signifie soit « la paix », soit « le monde ».

La flèche de l'ennemi est dans les entrailles du vaillant Dabromir. *Qu'on ne l'arrache point, avant que son frère vienne écouter ses derniers mots.*

Il court, il tombe sur le frère. La douleur perce son âme. Il étouffe ses cris contre terre.

Je me meurs, dit Dabromir. *Mais tout est fait, c'était mon temps. Le corsaire est pris, vaincu, tué.*

Il teint de son sang les eaux de la mer qu'il infestait. Le rivage que je teindrai du mien, est sûr et libre aux pêcheurs qui nourriront mes enfants et les tiens.

Frère, ne pleure pas. Garde tes larmes et mes adieux pour notre père. Vis pour lui, pour nos enfants, pour ma vengeance, la destruction des infâmes.

Son visage est calme et serein, comme le ciel d'une belle nuit.

Ses yeux roulent avec peine, et cherchent autour de lui ses compagnons que la douleur tient muets et immobiles sur leurs genoux.

Mes amis… braves guerriers… j'ai vécu, comme vous… mourez, comme moi… nous serons ensemble toujours.

Allez à Klanaz[3]. *Vous y trouverez la veuve et les orphelins, dites-leur.*

Dabromir *est loin. Il plane au haut des cieux sur vos têtes, comme l'aigle aux grandes ailes sur son nid.*

Hélas ! Leurs larmes m'auraient fait oublier blessure… je ne verrai plus ni mon père, ni ma femme, ni mes enfants, ni le soleil qui s'est éteint à mes yeux.

Une secousse enfonce le trait mortel. Il expire. Koslar, *ton frère n'est plus. Il ne sent pas tes embrassements, il n'entend point les plaintes des guerriers.*

Le convoi du vaillant est son dernier triomphe. La gloire les suit et s'assoit sur sa tombe.

Père de Dabromir, *tu penches ta tête sur ce corps glacé. Tes bras tremblants le serrent ; et ton œil est sec, ta bouche est muette ?*

Koslar, *c'est à toi qu'il adresse la parole, en te montrant la flèche meurtrière.*

Le sabre de Dabromir *dans ses mains a terrassé nos ennemis. Ils l'ont précédé en foule au séjour de la mort.*

Qu'un nombre pareil tombe sous le tien, le suive, le venge et te précède à ton tour.

Femmes, c'est à vous autres à pleurer le vaillant, à chanter ses victoires.

Tout cédait à ses coups il n'a cédé qu'à celui de la mort. Voilà son heure, dit le destin à la mort. Dirige sur lui une flèche aveugle.

La hache connaît et choisit le tronc qu'elle veut abattre. La foudre soudaine frappe au hazard et renverse le plus bel arbre de la forêt.

---

3 Klanaz se trouve dans la vallée de la Cettina, voir A. Fortis, *op. cit.*, p. 150.

Koslar*, tu diras aux enfants de ton frère. La cendre de* Dabromir *votre père repose ici. Mais les cendres de ses ennemis errent dispersées par le vent sur le rivage de* Mandranor.

Jella se tut. Le bon vieillard et les domestiques qui soupaient avec lui, furent saisis par le frémissement de la peur. Et pourquoi, lui dit *Pervan*, choisir un sujet si lugubre ? Mes enfants sont loin. Leur mâle voix est plus douce et consolante à mes oreilles que le chant du rossignol. La nuit avance. Les ombres des morts à la guerre voltigent dans la campagne autour des tombeaux. Elles se montrent souvent à nos yeux comme des flammes bleuâtres[4]. Pourquoi, ma bonne *Jella*, appelles-tu sur ma couche les rêves sombres et inquiets ? Chante-moi plutôt les enfants de *Kotromane*, et leur sœur *Dianiza* qui fut si chère à Dieu et devint sainte. Nous l'invoquerons tous pour le salut de nos voyageurs.

Jella fit un effort, leva au ciel ses yeux gonflés de larmes, obéit à son pieux beau-père et chanta.

Chanson de la bienheureuse Dianiza[5].

Oh que les trois sapins et le peuplier élèvent leurs têtes altières au milieu de la ville de Jakze *!*

Fils du même sol, égaux en hauteur, leur verdoyante chevelure est également riche et nuancée. Ils entrelacent leurs branches, ils confondent leur ombre.

Mais les plus beaux sapins de la montagne de Krantar *sont moins beaux que les trois guerriers, enfants du vieux* Kotromane.

Le plus beau peuplier des bords de la Vrana[6] *ne l'est pas autant que* Dianiza *leur sœur, promise en mariage au roi* d'Hongrie.

Kotromane, *l'heureux vieillard de* Jakze, *a donné sa force à ses enfants. Ses vieux ans reposent sur eux.*

Méchantes Vieschize, *le bonheur des enfants, l'espérance des pères, vous affligent. La beauté, l'amitié, les doux liens de la nature, qui serrent les humains vertueux, tourmentent vos âmes malfaisantes.*

---

4 Allusion aux feux follets, considérés dans plusieurs traditions folkloriques comme des formes de revenants.

5 Selon Cvijeta Pavlovič, « Morlacchism according to the Novel *Les Morlaques* by Justine Wynne the Countess Rosenberg-Orsini (Venice, 1788) » (*Croatian Journal of Ethnology and Folklore Research* 35 (1), 1998, p. 272), cette « Chanson de la bienheureuse Dianiza » doit beaucoup à la *Pisma od Kotromanovića* (Chanson de Kotromanovich) présentée par Kačić. Il cite un passage en quatrains de décasyllabes rendu en prose par Wynne.

6 Dans la région de Zara, Voir A. Fortis, *op. cit.*, p. 21.

Vada, *l'esprit innocent qui habite la montagne de* Krantar, *redit les chansons et répète les cris des* Slaves *qui la franchissent, a entendu les paroles adressées aux* Vieschize *par leur rein, l'infâme* Pruiska[7] *au bec de hibou.*

Laquelle de vous autres sait le mieux exciter le feu de la discorde, répandre le poison de l'envie, semer la haine virile ?

Celle qui comblera de malheurs la famille de Kotromane *et causera la mort de ses enfants, aura dans sa dépendance le beau pays qui environne le Danube jusqu'au rivage de la grande mer aux ondes bleues.*

Accorde-moi la souveraineté du beau pays qui environne le Danube jusqu'au rivage de la grande mer aux ondes bleues, répond Skarnuska *la meurtrière, et je jure de plonger les* Kotromane *dans l'infortune et dans le crime.*

À l'approche de la nuit elle entre dans Jackze *enveloppée d'un nuage orageux, d'où part la foudre qui détruit les tours élevées par les hommes.*

Elle va souffler sur les frères et sur la sœur le venin le plus subtil, et jette sur eux les sorts les plus funestes. Mais ses efforts sont perdus, sa rage est inutile.

Les bons chrétiens, les fils obéissants, les Slaves *hospitaliers et courageux ne craignent pas les enchantements.* Kotromane *bénissait tous les soirs ses enfants prosternés à ses genoux.*

Skarnuska *vole sur la cime la plus haute des monts, et fait sortir de sa bouche une voix enchanteresse qui charme les oreilles et séduit les cœurs.*

Écoutez, Bans *de la* Bosnie, *illustres guerriers, on conjure contre vous dans la ville de* Jakze. *Les enfants de Kotromane et leur père ont dit entr'eux :*

Nous donnerons notre sœur, la belle Dianiza, *au roi d'*Hongrie. *Son frère* Uladislas *règnera avec nous sur les* Bosniaques.

Les guerriers de la Pannonie[8] *sont à nous. Nous leur livrerons la grande ville de* Jakze.

*La ville et le pays seront la proie des flammes. Les femmes et les trésors seront notre proie. Nous deviendrons les plus puissants de l'*Esclavonie.

Réveillez-vous, Bans *de la* Bosnie, *poursuit Skarnuska, mettez à mort les rebelles indignes qui préparent votre ruine.*

Les Bans *s'assemblent, prennent leurs armes, s'élancent sur leurs chevaux. La poussière s'élève autour des murs de* Jakze.

---

7 Le personnage ni son nom n'apparaissent ni dans l'ouvrage d'A. Fortis, ni dans celui de G. Lovrich.

8 Ancienne région de l'Europe centrale, limitée au Nord par le Danube et située à cheval entre les actuelles Autriche, Hongrie, Slovaquie, Slovénie, Croatie, Serbie et Bosnie-Herzégovine.

Sauvez-vous, enfants de Kotromane. *Emmenez votre vieux père et la belle* Dianiza. *Comment résister au torrent qui précipite et renverse ?*

Sauvez-vous auprès du Ban *d'*Harlouzza. *Cachez votre retraite dans l'antique Épidaure*[9]. *Le mensonge de l'impie va se découvrir.*

Vous rentrerez à Jakze, *après avoir chanté la chanson de mort sur la tombe du décrépit* Kotromane. *Mais vous n'y ramènerez pas* Dianiza.

Elle détourne ses yeux d'une terre ingrate. Elle les fixe dans le ciel. C'est là qu'elle adresse ses vœux, en dédaignant ceux des hommes.

*Je la vois traverser la mer, descendre sur les côtes d'*Italie *et marcher à la ville du saint.*

Elle parcourt les églises de Rome. *Ses faibles genoux, ses bras arrondis se meurtrissent sur les marbres sacrés qu'elle arrose de ses larmes et qu'elle frotte de ses mains.*

Les prières de Dianiza *sont agréables au Seigneur.* Kotromane *qui lui donna la vie, lui doit son salut, ses frères le bonheur de remporter la victoire sur leurs ennemis.*

Dianiza, *tu as coupé ta belle chevelure, tu as changé tes habits d'or contre un sac de toile. Le pauvre te suit, le fidèle te révère et t'invoque.*

La vierge Slave *quitte le séjour de la mort, et du péché. Son âme pure se mêle au chœur des anges.* Rome *connaît trop tard la fille de l'illustre* Kotromane.

Son nom est dans la bouche du voyageur en danger, parce qu'elle a beaucoup erré sur la terre.

Le pèlerin Morlaque lit sur sa tombe, Ci-gît la belle et bienheureuse Dianiza Kotromane, la vierge Esclavonne, chère à Dieu par les malheurs et par ses vertus.

Prions Dianiza, *pour qu'elle protège nos chers voyageurs que nous aimons, comme elle aimait ses frères et le vieux* Kotromane, *son père.*

Jella cessa de chanter. Son tendre souhait émut le cœur du bon vieillard et des assistants. Tous accompagnèrent le vœu de *Jella*, et tous chantèrent à la fois le dernier couplet de sa pieuse chanson.

Pervan loua et remercia sa chère belle-fille. L'âme inquiète à cause de l'absence de ses enfants, il alla remettre son esprit par la prière et par le repos.

Jella se retira aussi dans l'enceinte qu'elle habitait. Lorsque *Jervaz* passait la nuit hors de la cabane, elle se couchait dans le lit de son époux.

9 À Épidaure, dans le Péloponnèse, se trouve le plus important sanctuaire d'Asclépios, dieu grec de la médecine.

Sa tendresse pour lui attachait le plus grand prix à cette petite satisfaction. Ses enfants occupaient au pied du lit la place qu'elle partageait avec eux, quand le mari était présent. Malgré ce tendre raffinement, elle ne pouvait s'endormir. Se tournant et retournant sans cesse sur les peaux qui couvraient sa couche, l'idée de *Jervaz* absent ne la quittait jamais ; et à peine s'assoupissait-elle, qu'il lui semblait le voir nettoyer ses armes, seller son cheval, embrasser ses enfants et prendre un congé mystérieux. Elle se réveillait en sursaut et regardait autour d'elle, comme si en ouvrant de grands yeux elle eût pu dissiper les ténèbres. Enfin épuisée par les fatigues du jour et par l'agitation de la nuit, un sommeil plus profond allait lui donner ce repos que la nature accorde même aux plus malheureux humains, repos qui en réparant leurs forces ne fait quelquefois que les préparer à souffrir davantage, lorsque frappée par quelque chose de piquant tombé sur son visage, elle s'éveilla, y porta la main, et par ce mouvement jeta à terre ce corps inconnu. Effrayée elle se précipite en bas du lit, ouvre la petite lucarne, et à la faveur du jour qui commençait à paraître, elle aperçoit sur le pavé dans l'objet de son épouvante les deux couronnes nuptiales que le *Caloyer* leur avait données le jour des noces, gage et symbole de la durée de son mariage. Les feuilles d'ormeau et de vigne étaient desséchées et presque toutes réduites en poussière. Les branches nues étaient jusqu'alors restées unies, mais la chute les avait séparées. L'effroi, la douleur de *Jella* ne peuvent se concevoir. Désespérée elle se jette sur le lit, et se frappant le visage inondé de larmes. Oh *Jervaz*, oh cher époux, voilà donc notre union finie, voilà le lien de notre mariage dissous. Tu pourras donc quitter ta fidèle *Jella*, briser son cœur, la voir mourir à tes pieds qu'elle a tant de fois embrassés ? Une autre femme à ma place, au son de ta voix, approchera de ton lit ? Une autre que moi peignera tes noirs cheveux, lavera tes pieds, préparera ton repas, changera les peaux, sur lesquelles tu te couches ; et *Jella*, ta pauvre *Jella*, autrefois si chère à *Jervaz*, errante, abandonnée, cherchera un triste asile chez son père, pour peigner ses cheveux gris et tenir la branche de sapin à son souper ? J'aime mon père et mes enfants. Mais, cher époux, n'as-tu pas succédé dans mon cœur à mon père ? N'est-ce pas à toi que je dois ces enfants que nous chérissons si tendrement ? Oui, je t'aime plus que mon père et mes fils. Non, je ne te quitterai jamais. Les couronnes brisées te permettent de choisir une autre femme, il est vrai, mais c'est la chaleur de mes brûlants soupirs, lorsque j'étais couchée auprès de toi, qui les a desséchées. Plutôt que sortir de ta maison, je me traînerai à tes pieds, à ceux de ton père. Il est bon, il ne souffrira pas de m'y voir expirer de douleur. Je resterai au service de *Dascia.* Elle m'aime, elle ne me refusera pas. Une autre épouse à mon *Jervaz* ? Peux-tu désirer d'entendre la chanson de mort de ta première épouse infortunée ? Ne crains-tu pas pour toi, pour ta nouvelle compagne la vengeance du ciel, le châtiment de ta cruauté ? Que vais-je devenir ? Que va-t-il faire ? Dois-je craindre le plus grand, le dernier des malheurs pour moi ? Après ce premier accès de douleur dans un instant de calme son âme entrevoit une lueur d'espérance. Elle se leva tout doucement et alla s'assurer que les enfants étaient plongés dans le plus profond sommeil. Alors elle se mit à ramasser les funestes débris des couronnes, tout en tremblant, et avec cette horreur que lui eussent inspirée la vue et l'attouchement du serpent le plus venimeux. Ses yeux hagards se tournaient à tout moment vers la porte, comme si elle eût craint d'être surprise. Enfin l'amour lui inspirant la plus pardonnable des ruses, elle réunit légèrement dans un voile toutes les branches sèches brisées et répandues dans le lit et par terre, et se hâta de sortir de la cabane. Mais craignant de faire du bruit, elle ne voulut point ouvrir la porte. Elle se glissa tout doucement par la lucarne et se mit à courir à pas précipités aussi loin qu'elle put, dans la campagne. Alors jetant sa vue autour d'elle, et ne voyant personne, *Jella* s'assit au pied d'un arbre et ouvrit le voile, en l'arrosant encore de ses larmes. Avec quel tendre soin cette épouse affligée cherchait dans les feuilles détachées des couronnes à démêler celles qui avaient appartenu à la couronne de son époux d'avec celles qui avaient formée la sienne ? Elle soulevait les premières, les approchait de ses lèvres, les posait sur son cœur, et ses gémissements recommençaient encore. Mais le temps pressait. Elle se lève avec résolution, et d'une main tremblante elle fait choix d'un certain nombre de branches semblables à celles des deux couronnes, et à peu près dans un pareil état de dessèchement, mais tenant encore ensemble de manière à pouvoir en faire deux autres couronnes, assez ressemblantes aux premières. Elle les entrelaça dans le même sens, et eut toutes les attentions, pour qu'elles parussent absolument les mêmes qu'on lui avait préparées le jour de son bonheur. Quelques fils du voile lui servirent à bien lier avec toute l'adresse ce tissu imaginé par l'amour. Elle se dépêchait le plus vite qu'elle pouvait, n'interrompant son travail que par les baisers qu'elle imprimait sur l'ouvrage à mesure qu'il avançait, L'ayant achevé, *Jella* l'admira, et il lui parut que les yeux les plus perçants n'auraient jamais pu soupçonner la fraude. Son cœur se sentit comme soulagé du poids énorme qui l'accablait pour le présent. Ce qui lui restait à faire encore, était d'une exécution facile. *Jella* se leva, et par une superstition délicate en amour elle ne voulut point abandonner au vent les chers débris qui lui avaient coûté tant de larmes. Elle enterra au pied de l'arbre jusqu'au plus petit morceau des vieilles couronnes, et même la poussière qu'elle ramassa dans le voile. Elle recouvrit ces dépouilles du plus beau gazon qu'elle put trouver. Avant de s'en aller, elle marqua l'endroit par un petit bâton planté à côté, et s'étant baissée, imprima sur la place plusieurs baisers. Elle prit les deux nouvelles couronnes et quelques bouts des anciennes qu'elle enveloppa dans un linge ; elle se proposa de les garder soigneusement, son cœur ne pouvant se détacher de ce précieux reste. D'un pas léger retournant à la cabane, elle s'y introduisit par la même lucarne, sans interrompre le sommeil de personne. Une chaise posée sur le lit la fit atteindre au plancher. Elle lia fortement aux anciens clous l'heureux symbole renouvelé, en le plaçant exactement, comme autrefois, et regardant ensuite d'en bas son ouvrage elle s'en applaudit, et par cet innocent artifice elle dissipa les craintes horribles qui l'avaient tourmentée. *Jella* se remit au lit, non pas pour s'endormir, mais pour contempler plus à son aise la couronne avec des yeux qu'elle essuyait de temps en temps, en souriant avec l'air de satisfaction le plus pénétré que jamais des lèvres ingénues en se rapprochant aient exprimé. *Jella* sortit radieuse de sa retraite tenant un de ses enfants dans les bras, et suivie de l'autre qui s'était attaché à ses jupes, et sautillait sur une jambe. – Le premier sentiment de son ivresse un peu ralenti, *Jella* ne put s'empêcher de revenir plusieurs fois dans la journée à ses frayeurs. Elle avait, il est vrai, réparé au plus grand des malheurs, celui d'être séparée de son époux que la chute de la couronne remettait en liberté. Mais cette chute fatale ne lui prédisait-elle pas quelque autre désastre ? Sans doute elle ou *Jervaz* en étaient menacés. Comment le prévoir et le détourner ? À qui confier ses craintes ? À qui parler de cet augure effrayant ? Comment aurait-elle eu la force d'avouer la supercherie dont elle s'était rendue coupable à sa conscience ? *Jella* se souvint d'une fée bienfaisante, d'une *Baornizca*[10]. Sa mère lui en avait parlé souvent. Elle vivait depuis un temps immémorial dans une grotte de la belle

10 Sur cette fée bienfaisante, voir G. Lovrich, *op. cit.*, p. 197. Dans la note de la traduction italienne, elle est décrite comme une fée qui protège contre les sorcières, *op. cit.*, p. 217.

montagne de *Morpolazca*[11]. Ayant remplacé une autre *Baornizca* succédé à une plus ancienne, toujours dans le même endroit, on ne s'était jamais aperçu du changement de la personne, on la croyait toujours la même, on n'avait jamais su quand elle s'y était fixée. Et la grande mère de *Jella* jurait avoir connue dans sa jeunesse la vieille *Baornizca* immortelle. Séparée du commerce des hommes, elle se plaisait à leur faire tout le bien qu'elle pouvait, et s'occupait à détruire les mauvaises influences de ses rivales malfaisantes, les *Vieschize*, si funestes aux *Morlaques*. La mère de *Jella* l'avait consultée une fois, et la fille avait appris à cette occasion sa demeure. En se levant de grand matin, et marchant tout le jour, elle pouvait se rendre à la montagne avant le coucher du soleil. Elle irait la voir, lui ouvrirait son cœur, lui conterait le terrible prodige qui avait effrayé son esprit, et lui demanderait son conseil et sa protection. *Jella* prit cette résolution, et imagina de demander à son beau-père la permission d'aller passer trois jours chez ses parents, auxquels elle faisait quelquefois des visites, puisque son mari ne devait revenir que dans cinq ou six. La peur qu'on vînt à savoir son secret, lui fit employer ce mensonge, le premier qu'elle eût fait de ses jours. Le *Staréscina* lui accorda de grand cœur sa demande, et lui recommanda seulement de partir de bon matin pour ne pas s'échauffer dans la marche, puisqu'elle nourrissait sa petite fille, le dernier de ses enfants qu'elle devait porter en chemin derrière son dos à la manière des *Morlaques*. *Jella* prit une servante, celle qu'elle aimait le plus et qu'elle jugeait la plus prudente et la plus discrète. Elle lui donna un panier à porter, dans lequel elle mit des noix, du raisin à demi sec, des pommes, deux fromages et deux poules blanches, comme neige. Elle plia ensuite bien proprement un beau voile, présent de *Draganich*, dont elle avait brodé les coins en soie cramoisi et en fil d'or. Elle le cacha dans son sein entre l'habit et la chemise. C'étaient les présents qu'elle destinait à la *Baornizca*, pour en obtenir encore plus la faveur et les secours. Ayant reçu le soir de la veille la bénédiction de *Pervan*, elle recommanda ses enfants à *Dascia* qui s'était levée pour la voir partir, les embrassa sans les éveiller, et prenant la petite fille dans un sac attaché à son dos par une courroie, en compagnie de sa servante qui portait le panier, elle se mit en chemin vers la maison de son père. *Jella* marchait pensive, les yeux baissés et ne parlait pas. Quelques

11 La montagne se trouve dans la région de Zara, voir A. Fortis, *op. cit.*, p. 21.

soupirs de temps en temps sortaient de son sein. *Nika*, sa fidèle suivante, la regardait en silence, et n'osait troubler le sien. Mais après une heure de marche, lui voyant prendre un nouveau chemin, et craignant qu'elle ne s'égarât par distraction : *Jella*, ma bonne maîtresse, sans vous demander la cause des soupirs qui sortent brûlants de votre bouche, et chassent devant eux les vapeurs du matin, je vous fais remarquer qu'en prenant ce sentier à gauche vous vous éloignez du village de votre père, au lieu de vous en approcher. *Jella* regardant *Nika* avec des yeux tendrement attristés, lui répondit : Ce n'est point le désir de revoir mes parents qui m'a mise en marche. J'embrasserai après ma douce mère. Aujourd'hui, ô *Nika*, c'est à la montagne de *Morpolazca* que mes pas sont dirigés. Je veux voir la bonne *Baornizca* qui fait là sa demeure éternelle. Je dois lui parler, j'ai besoin de ses conseils. – Le brouillard de la douleur, répliqua la servante, « peut-il obscurcir la clarté des beaux jours de l'épouse chérie de *Jervas Narzevizca*, de la belle-fille du puissant *Staréscina* de *Dizmo* ? Il ne m'appartient pas de vous interroger, et j'ignore les raisons qui vous font désirer de consulter la *Baornizca*, mais vous ignorez aussi peut-être que nous avons encore huit milles jusqu'à la montagne. On ne voit plus de cabanes éparses, nous allons être au milieu des déserts, et le chemin va devenir pierreux et fatigant. Je crains pour vous, ma maîtresse, pour votre santé. Si vous vouliez m'envoyer à votre place chez la *Baornizca*, je pourrais lui parler de vos chagrins, je recueillerais toutes ses paroles, et je vous porterais sa réponse avec cette fidèle exactitude que vous connaissez à votre *Nika*. Plus accoutumée que vous au travail, vous savez que c'est moi qui vais souvent à la forêt charger sur mes épaules le bois, que les hommes y ont coupé ; et que je fais ce chemin plus d'une fois dans un jour, quoique la forêt sait éloignée de deux milles. Vous savez aussi que je ne manque pas d'adresse. *Dascia* m'emploie aux ouvrages de broderie. Et vous, ma chère *Jella*, vous m'envoyez chez votre mère, pour lui porter quelque tourte de lait caillé aussi bien faite par mes mains que par les vôtres. Je remplis alors vos commissions fidèlement, et je vous rapporte tout ce qu'elle fait dire à sa bien aimée *Jella*, sans oublier un mot, car j'ai aussi la mémoire bien bonne. Je sais plus de vingt chansons que le *Staréscina* me demande, lorsque vous n'êtes pas en état de chanter à son souper. Si son secours peut vous soulager, pourquoi n'employez-vous pas votre *Nika* qui vous aime tant ?– Le secret qui pèse sur mon cœur, ne peut pas se communiquer, reprit *Jella*. Je souffre d'avoir quelque chose de caché pour toi. Suis-moi, et je te promets, si la réponse de la *Baornizca* est consolante, de te conter alors mes alarmes, le sujet de notre voyage. *Nika* n'osa plus répliquer, et elles continuèrent à marcher en silence. Après deux autres heures de chemin, *Jella* s'arrêta pour donner le sein à sa petite *Anka* (c'est le nom que son grand-père le *Staréscina* lui avait donné). *Nika* prit ce temps pour tirer les provisions du panier et étendre sur l'herbe un quart d'agneau rôti, une tourte de crème, des pommes et un flacon rempli de lait aigri. Ensuite elle se mit à prier de toutes ses forces *Jella* de prendre quelque nourriture. Mangez, lui disait-elle, ma belle maîtresse, pour conserver sur vos joues la couleur incarnat aussi vive que celle de cette pomme, qui a bu les rayons les plus chauds du soleil d'été. Mangez pour soutenir votre vigueur, et pouvoir danser le *Skozi-gori*[12] avec vos fidèles domestiques à l'arrivée de *Jervaz*. Mangez, *Jella* ; ou lorsque nous arriverons chez la *Baornizca*, rendue de fatigue et faute de nourriture, vous n'aurez ni voix, ni chaleur pour lui expliquer vos chagrins, pour la toucher par vos prières. Cette dernière raison persuada *Jella*. Elle mangea de tout ce que *Nika* lui offrit, quoiqu'elle eût bien moins d'appétit et plus de soucis que sa compagne. Après s'être reposées une demie-heure, elles se remirent en chemin moins tristement vers la montagne. *Nika*, voyant sa maîtresse un peu soulagée, lui proposa de chanter alternativement avec elle. *Jella* n'avait pas assez regagné sa bonne humeur pour cela, et ne voulut point. *Nika* commença toute seule la chanson du roi *Uladimir* et de *Kraglia Stipana*. Mais lorsqu'elle vint au moment du départ de la fille de *Kraglia* qui fut renvoyée à son père, après que le roi de *Bulgarie* en eut eu un fils, *Jella* fondant en larmes. *Nika*, laisse cette chanson, je t'en prie, lui dit-elle, et chante-moi plutôt les plaintes de la vaillante *Krunoslava*, lorsque séparée de son époux *Boinoslar* elle le cherchait en habit de guerrier sur le chemin de *Jackze*. *Nika* ne savait pas cette chanson, et ne voulut point en proposer d'autres, de peur d'augmenter la tristesse de *Jella*. Elles marchèrent longtemps en face de la montagne, en avançant sur une pente douce, parmi les buissons à l'entrée d'un bois qu'elles laissèrent de côté, pour ne pas perdre de vue la cime du *Morpolazca*. Le soleil venait de se coucher derrière les deux voyageuses, et la lune dans son plein étalait à leurs yeux sur le bord de l'horizon à travers le

12 Danse qui dégénère en sauts hauts, voir A. Fortis, *op. cit.*, p. 65.

feuillage sa face rubiconde. La cime des grands arbres dorée par les derniers rayons du soleil promettait la plus belle soirée. Quoique fatiguées d'un si long chemin, les femmes hâtèrent leur marche au clair de lune, en cherchant la grotte de la *Baornizca*. Heureusement pensèrent-elles que son voisinage chassait de là tous les mauvais esprits, ce que *Jella* fit remarquer à *Nika*, qui moins occupée jetait des regards effrayés sur la route et autour d'elle. La petite *Anka* dormait depuis longtemps, ses bras étendus sur le cou de sa mère. L'air était tranquille, le ciel serein, le sentier assez bon. *Nika*, rassurée par toutes les observations de *Jella*, reprit courage et la suivait gaiement. On ne pouvait marquer l'habitation qu'on cherchait. Une touffe épaisse de cyprès, leur avait-on dit plusieurs fois, marquait l'entrée de la caverne, et une chute d'eau à quelques pas de là indiquait par son bruit la direction qu'il fallait tenir. Voilà, voilà les cyprès, s'écria *Jella*. Regarde, comme la lune débarrassée de tous les petits nuages éclaire leurs sommets sacrés. Que leur sombre couleur m'inspire de respect ! Combien cette demeure annonce la majesté, la douce bienfaisance de la fée qui l'habite ! Oh sainte *Baornizca*, je vais porter mes pas craintifs et confiants à la fois, dans l'enceinte qui te cache aux yeux des mortels. Tu n'aimes pas à vivre avec eux, mais tu n'exerces ta puissance qu'en leur faisant du bien. Je t'implore, je me voue à toi, je mérite ta pitié, ta protection. Elles entrèrent dans le bois, et bientôt aperçurent au milieu une grande ouverture qui laissait voir dans le fond un flanc du rocher nu hérissé de crêtes et de pointes saillantes. Le vent agitait lentement le feuillage des arbres. Ce doux frémissement continuel s'unissait au bruit calme de la chute d'eau qui sillonnait un côté de la montagne, et serpentait en torrent parmi les cailloux qu'elle entraînait. Une crainte religieuse s'empara des deux femmes. *Jella* en devenait plus dévote. *Nika* retombait dans la frayeur. Elles ralentirent le pas, et il paraissait que c'était à contrecœur qu'elles approchaient insensiblement de l'entrée de la caverne. Une profonde obscurité marquait son embouchure. Elles n'osaient avancer. *Jella* elle-même hésita, mais ayant fait quelques pas avec effort, elle put entrevoir une lumière qui sortait des fentes d'une porte intérieure. Prenant *Nika* par une main, elle recueillit toutes ses forces et ramassa un caillou, avec lequel elle frappa quelques coups mal assurés contre les planches de la porte. Le retentissement intérieur des coups les fit presque tomber à la renverse. La sueur de leur front devint froide, leurs genoux fléchirent, moins encore par respect que par le tremblement universel dont elles furent saisies. *Jella* avait quitté la main de *Nika*, et celle-ci tenait les siennes attachées aux jupes de sa maîtresse, comme pour la tirer de là. Il n'était plus temps de reculer. Après quelques instants de silence, une voix sonore et douce en même temps du fond de la caverne prononça ces paroles : Qui frappe à la porte du séjour de l'ancienne *Baornizca* de la montagne ? Si c'est un malheureux qu'elle puisse secourir, il entrera. S'il désire le bien, je l'aiderai à le faire. Si c'est un curieux, ou quelqu'un qui souhaite le mal de son prochain, qu'il ne trouble pas mon repos. Qu'il s'adresse aux *Vieschize*, dont les cavernes remplies de flammes sulfureuses et puantes bordent les montagnes empoisonnées qui aboutissent aux plaines de *Narenta*[13]. *Jella* rassurée lui répondit d'une voix plus respectueuse que timide, Vénérable *Baornizca*, celle qui vient implorer ton secours dans son affliction, est la fille de *Toposnich*, la femme de *Jervaz Narzevizca* qui est le fils du bon *Staréscina* de *Dizmo*. Son cœur est innocent, mais navré de douleur, plongé dans l'incertitude la plus alarmante. Daigne la recevoir dans ton asile de paix et de consolation, dans le séjour de la lumière et de la bienfaisance. Daigne prêter l'oreille à ses chagrins, et lui annoncer les volontés du ciel qui t'inspire.

La porte s'ouvrit alors, et la *Baornizca* parut aux yeux étonnés des deux suppliantes.

13 Fleuve en Dalmatie, voir A. Fortis, *op. cit.*, p. 37.

LIVRE ONZIÈME

ARGUMENT.

Visite et consultation de Jella chez la Baornizca. – Chanson de Nika chez Toposnich, *et retour à la maison.*

Que la belle-fille de *Pervan Narzevizca*, que j'honore, soit la bienvenue, dit la *Baornizca* à *Jella*, en la prenant par la main. Entre dans mon habitation, repose-toi. Et ne crains point d'ouvrir ton cœur à celle, qui autrefois consola ta mère et ton aïeule. Toute ma science sera employée pour te secourir, pour seconder tes désirs, car tu ne peux vouloir que le juste. Viens, et rassure-toi. *Jella* entra avec elle. Une grande perche de sapin allumée éclairait le bas de la grotte, et poussait contre la voûte les tourbillons de sa fumée épaisse. Le premier objet, qui frappa les yeux de la jeune *Morlaque* fut l'aspect de la fée. On voyait sur son visage une vieillesse avancée, mais il aurait été difficile d'en fixer l'âge ; pas une ride n'en défigurait les traits, n'en altérait la douceur. Son teint était brun, mais tellement uni qu'il en paraissait presque luisant. De petits yeux remplis de feu lui donnaient une physionomie brillante. Son front était large ; sa bouche grande et vermeille, garnie de dents rares, mais blanches, s'ouvrait par un sourire de bonté qui portait l'espoir dans l'âme des affligés. Les sourcils et les cheveux d'un blanc argenté relevaient la majesté de sa figure. Ceux-ci descendaient en longues tresses sur son cou et sur ses épaules. Sa taille était plus haute qu'à l'ordinaire. Elle portait la tête si élevée qu'elle se jetait même un peu en arrière, comme celle d'une personne accoutumée à regarder souvent dans le ciel. Son habillement coupé dans le costume *Morlaque* avait cependant dans son ensemble quelquechose de très remarquable. L'étoffe était du coton le plus blanc ; et au lieu du bonnet commun d'écarlate, sa tête était enveloppée de plusieurs voiles blancs, dont deux bouts pendaient sur le dos et finissaient en franges d'or : quelques plumes de paon et d'autres rares oiseaux garnissaient cette coiffure. On voyait sur sa ceinture les sept couleurs primitives : une large écharpe, de la couleur de l'azur du ciel, parsemée de coquilles, de médailles d'or et d'argent et de sonnettes attachées à l'extrémité, descendait de son épaule droite sur le côté gauche à chaque mouvement de son corps était sonore. Une grande chaîne d'argent doré entourait son cou, et tombait sur sa poitrine. Elle avait des brodequins tricotés et des *opanke* de bois et de corde, comme les femmes *Morlaques*. On remarquait sur les fermaux[1], qui attachaient sa chemise, des plaques d'argent travaillé, qui représentaient des génies ailés, dont les yeux étaient de beaux grenats enchâssés. *Jella* et *Nika* ne cessaient de la regarder avec une surprise mêlée d'admiration et de plaisir. Ma fille, lui dit la *Baornizca*, je vois que ma figure te plaît. La pureté du cœur, la tranquillité de l'esprit et le régime de vie le plus exact m'ont conservé la santé, et m'ont fait parvenir à un âge dont il n'y a point d'exemple parmi nous. – Mais je veux que tu te reposes, et que tu prennes quelque nourriture. Je te donnerai que ce que je mange moi-même, les mets les plus simples. Je n'ai jamais regretté les repas de ceux qui remplissent leurs ventres avec la chair des animaux. Les animaux étaient autrefois nos frères, puisque dans le paradis terrestre ils conversaient avec nos premiers pères[2]. *Jella* et *Nika* s'étant assises, la *Baornizca* dit à la suivante de prendre la petite *Anka*, sans l'éveiller, de dessus sa mère, et de la coucher sur des nattes dans un coin. Ce qu'elle fit, tandis que la vieille tirait d'une caisse des noix, des nèfles, du lait caillé et du pain ; et qu'elle plaçait tout cela sur une table devant les deux femmes. *Jella* ouvrit aussi son panier, et présenta ce qu'elle avait apporté, déployant d'abord le beau voile destiné à la *Baornizca*. Elle le reçut et le jeta tout de suite sur son cou. J'accepte ton présent, dit-elle, oh fille de *Toposnich*, et tu ne l'auras pas mal employé. Ajoutons de ton fromage à notre souper. Remporte tes poules, je ne saurais qu'en faire. Jamais le sang des animaux ne souilla la bouche, dont Dieu se sert quelquefois pour faire entendre ses volontés aux hommes. *Jella*, en soupant, reprit entièrement son assurance ingénue, et commençait à questionner la *Baornizca* sur bien des choses qui l'étonnaient. Des pots d'herbes odoriférantes étaient placés sur des espèces des consoles de bois sculptées à la pointe du couteau, et distribuées d'espace en espace le

1 Le *Dictionnaire de l'Académie française*, en 1762, définit ainsi fermail : « Vieux mot qui signifiait agrafe, crochet, boucle ».

2 Note de G. Wynne : « Vieux préjugé de la nation. »

long des parois inégales[3] de la grotte, contre lesquels étaient attachées des nattes, pour la garantir de l'humidité. D'autres nattes pareilles couvraient le pavé, et au pied du mur on en voyait d'un travail plus fin, garnies en feuilles sèches de roseaux, pour servir de matelas. Quelques pierres formaient un cercle au milieu : des cendres et des broussailles indiquaient que c'était la cheminée. Deux vieilles caisses de bois également sculpté, quelques escabeaux à trois pieds, deux tables, plusieurs vases attachés par leurs anses à des clous, composaient l'ameublement du lieu. *Jella* observait tout. La fée voyant sa curiosité : Tu t'étonnes, lui dit-elle, de tout ce que tu vois. Les nattes qui couvrent les murs du rocher, sont d'un travail qui t'est inconnu. Je les tiens des *Turcs* de la *Bosnie*, qui viennent quelquefois me consulter. Et pourquoi refuserais-je mon secours aux *Turcs* ? C'est à celui qui a créé tous les hommes à les juger. C'est à nous à les aider, quand ils ne désirent que le juste. Les nattes ainsi faites tempèrent le froid causé par l'humidité. Les excès des saisons qui font prospérer la terre, sont nuisibles à quelques-uns de ses habitants. Un arbre suffit pour mettre à l'abri des grandes chaleurs l'oiseau qui voltige dans les airs. Il sait ensuite se transporter sous des climats doux aux approches de l'hiver. Le creux des rochers sert d'asile aux animaux qui marchent et qui rampent. L'homme, le plus intelligent de tous, construit lui-même ce qu'il faut à ses besoins. Heureux celui, oh ma fille, qui n'en connaît qu'un petit nombre ! Les vases d'herbes odoriférantes que je soigne dans toutes les saisons, épurent l'air de ma grotte et font passer dans mes poumons des vapeurs douces et saines. L'air que je rends par ma respiration, n'étant pas pestiféré par les particules putrides d'une nourriture pourrie, ressort de ma poitrine presqu'aussi pur que celui que j'aspire. Les autres vases que nos bons bergers *Morlaques* s'amusent à sculpter et qu'ils m'apportent en présent, suffisent à contenir le lait qu'une vache que j'ai dans une cabane tout près d'ici, me donne abondamment pour ma nourriture, soit que je le boive, soit que je le laisse aigrir, ou que je le fasse cailler. Les fruits que j'ajoute à mes repas, les toiles et les habits, sont aussi des dons que Dieu m'envoie par la main des hommes auxquels il daigne vouloir que j'interprète ses ordres. Je refuse les peaux qui rappellent le meurtre. Ma tête ne reposera jamais sur la dépouille arrachée par le plus fort au faible

---

3 Nous avons corrigé le texte qui donnait « parois inégaux » alors que le substantif « paroi » est bien donné comme féminin dans le *Dictionnaire de l'Académie française* en 1762.

innocent. Des rêves sanglants troubleraient mon sommeil et souilleraient mon âme[4]. La cheminée que tu vois, n'a jamais été allumée pour moi. Elle réchauffe le *Morlaque* qui vient à moi dans les nuits d'hiver, ou qui s'égare dans la montagne et frappe à ma porte, transi de froid et rendu de fatigue. L'habitude, ma fille, et le mépris des souffrances m'ont donné la force et l'indépendance d'une multitude de ces besoins qui tourmentent les hommes, lorsqu'ils ne sont pas satisfaits, et leur causent tant d'embarras pour l'être. La *Baornizca* se leva alors, posa la table de côté, enferma dans l'une des caisses les restes du souper, et dit à *Jella* : La nuit est claire et tranquille. Veux-tu jouir, ma fille, pour quelques moments de la vue du ciel dans toute sa beauté ? Sortons ensemble de ma retraite. Le temps est doux. J'ai l'habitude d'adresser tous les soirs ma prière au Créateur en plein air ; et lorsque le temps ne le permet pas, c'est du seuil de ma porte que je lui envoie mon hommage. *Nika* dans ce temps se couchera auprès de la petite *Anka*. Nous ne resterons pas longtemps dehors. Tu reposeras ensuite ton corps pour que ton esprit soit calme au réveil. À ces mots, elles sortirent ensemble, et s'avancèrent en silence jusqu'à l'enceinte des cyprès. Arrête-toi, ma fille, dit la fée. C'est demain à la pointe du jour que je t'amènerai avec moi au milieu de cette sainte obscurité. Ici nous tâcherons par des mystères institués par les anciens sages, oubliés depuis longtemps par les lâches humains, d'attirer sur nous les regards de l'éternel. Si ton cœur est pur, son inspiration descendra dans mon âme, et m'indiquera les conseils que je dois te donner pour te préserver du malheur. Ce cœur peut s'ouvrir à moi. Il n'y a que Dieu et moi qui t'écoutent. Tu ne peux lui rien déguiser, mais tu l'offenserais en usant de déguisement envers moi. Lève auparavant tes yeux vers cette voûte superbe, où des millions de flambeaux célestes éclairent son trône immortel. Il remplit ce ciel immense qu'il a bâti et que nous n'avons qu'à fixer pour sentir et entretenir sa toute-puissance. Vois la lune qui jette sur nous sa douce clarté. C'est sans doute un des plus petits flambeaux que le Créateur a placé plus bas et à notre portée. Celui qui voyage sur terre, et celui qui parcourt la surface des mers, est indigne de la lumière qu'il en reçoit, s'il ne l'en remercie point. Ainsi que le soleil, lorsqu'elle se dérobe à nos yeux derrière la montagne, elle va éclairer d'autres peuples. Dieu est le père de tous les hommes, et son

---

4 Selon Lovrich (*op. cit.*, p. 193-194), les Morlaques croyaient au pouvoir prémonitoire des songes.

amour est pour tous. Admirons-le dans la grandeur de ses ouvrages, et attirons sur nous par nos prières sa bénédiction. *Dieu*, disait à haute voix la pieuse *Baornizca, qui vois dans les cœurs des humains. Dieu qui connais nos véritables besoins, nous sommes dans la peine, nos âmes souffrent, nous craignons des maux inconnus. Pardonne-nous, si c'est en punition de nos crimes. Viens à notre secours, si les méchants conspirent contre nous.* Après cette courte prière que *Jella* suivit avec ardeur, la fée lui dit de s'asseoir à côté d'elle sur un banc à l'entrée du bois. Ouvre ta bouche, ô *Jella*, et parle à ta mère. Que ton secret passe dans mon sein. Dieu voudra m'aider sans doute à te tirer de peine. *Jella* alors, les yeux baissés et la respiration agitée, fit à la vieille le triste récit de ses craintes à cause des mots qu'elle avait entendu sortir de la bouche de son mari, et raconta minutieusement la funeste aventure de la chute des couronnes, dont elle lui montra les débris qu'elle avait cachés dans sa ceinture. La *Baornizca* lui dit, Tu as bien fait de les apporter; nous en aurons besoin dans son temps. *Jella* avoua de même à la fée la supposition[5] d'une nouvelle couronne, pour cacher cette chute fatale, et laisser ignorer à son époux le cruel droit qui en résultait pour lui, et qui en alarmant sa tendresse l'aurait toujours tenue dans un état désespérant. Un torrent de larmes accompagnait son discours, que les sanglots interrompirent souvent. La *Baornizca* en l'écoutant toujours avec la plus grande attention voulut que la pauvre affligée soulageât son cœur en exhalant sa douleur sans retenue. Certainement, lui dit-elle, l'événement est de la plus grande importance, surtout ayant été précédé par les paroles que tu as entendu proférer à ton mari, lorsqu'il dormait. Les rêves sont envoyés souvent par la Divinité à ses enfants les plus chéris, pour les avertir des malheurs qu'il peut dépendre d'eux de détourner. Tu ignores le rêve de *Jervaz*, et là-dessus je ne puis te rien dire. Pour la chute de vos couronnes, peut-être n'est-elle pas d'un aussi funeste présage que tu le crois, puisqu'une grande partie de nos Slaves n'y attache pas le droit de séparation entre mari et femme. *Jervaz* qui t'aime n'aurait sûrement pas profité d'un droit que le hasard et non ta faute vient de lui donner. Tu aurais pourtant dû l'instruire de ce qui était arrivé. Tu t'es peut-être privée par ta supercherie, ma fille,

5 Selon le *Dictionnaire de l'Académie française* (1762), le terme supposition comprend parmi ses sens celui de : « Production, allégation en Justice d'une pièce fausse. *La supposition d'un contrat. La supposition d'un testament. La supposition d'un titre.* » Il faut sans doute comprendre l'emploi ici comme désignant la fabrication de la fausse couronne.

du triomphe de te voir choisir une seconde fois pour épouse par ton bien-aimé. Mais il vaut mieux lui en faire toujours un secret. Le manque de confiance et le crime dans les femmes ont quelquefois les mêmes suites auprès des hommes. Ils les punissent également d'avoir mal pensé, comme d'avoir mal agi. Allons-nous coucher, ma chère *Jella.* L'avenir se dévoile souvent au milieu du repos, et brille au sein des ténèbres. Sur la pointe des pieds je m'approcherai de ton oreille, pour ne pas éveiller *Nika* : je consulterai ton âme endormie et plus dégagée des sens. Je ne troublerai point le sommeil de ton corps abattu. Je te promets toute mon assistance. La méditation du passé va m'éclairer sur l'intelligence de l'avenir, et j'y joindrai les augures que la nature à tracés par ses mains éternelles et par l'ordre de son auteur. Calme ton esprit, *Jella.* Répare tes forces. Le soleil ramènera la clarté et la vie sur la terre et dans ton cœur. Elles rentrèrent dans la cabane. La *Baornizca* d'un côté, *Jella* toute habillée de l'autre près de sa fille, se couchèrent dans le silence et dans le recueillement. L'émotion continuelle de l'âme et la fatigue du voyage plongèrent bientôt la jeune femme dans le plus profond sommeil. D'ailleurs les dernières paroles de la fée avaient répandu un baume salutaire sur les plaies de son cœur, et avaient assoupi ses alarmes. Elle ne s'éveilla qu'un instant pour donner le sein à sa petite, et dormit encore jusqu'à ce que la voix douce de la *Baornizca* se fit entendre à son oreille. Lève-toi et suis-moi, bonne *Jella.* Elle obéit sur le champ, et donnant sa main à la fée, d'un pas mal assuré elle sortit de la grotte. La vieille eut soin d'en fermer la porte avec une grosse pierre, pour ne pas être suivies et surprises par *Nika.* Une petite lueur blanchâtre au fond du ciel opposé commençait à peine à dissiper les ombres de la nuit. Les étoiles se retiraient dans l'immensité de l'espace, et la rosée du matin brillait sur les feuilles et sur l'herbe. Les femmes avançaient lentement. Elles allaient entrer dans le bois des cyprès, lorsque la *Baornizca* dit à sa compagne. Élève ton cœur à Dieu, prie-le avec moi d'accueillir nos vœux, de protéger nos têtes contre les malheurs qui les menacent.

Parvenues au milieu d'une petite place, *Jella* y vit trois grandes pierres posées l'une sur l'autre, sur lesquelles on voyait des caractères que la *Baornizca* prononça et expliqua, en disant, *Dieu éternel, Dieu créateur, Dieu rémunérateur.* Les cyprès s'élevaient autour, parmi eux quelques lauriers, deux grenadiers, un petit myrte et d'autres plantes inconnues, mais toujours vertes. La fée s'arrêta devant les pierres, et se tournant vers *Jella* d'un air majestueux : Les mystères de mon-art vont commencer, dit-elle. Je vais tâcher avec l'aide de Dieu de pénétrer dans les secrets qu'il ne révèle qu'aux bons croyants. Les signes manifestent ses volontés aux hommes. Elles sont écrites dans le grand livre de la nature qui renferme la destinée immuable de tout ce qui a été créé. Mais qui peut lire par sa seule science les caractères de l'Éternel incompréhensible ? Les siècles innombrables n'ont appris aux hommes curieux que des erreurs. C'est à l'âme pure bien intentionnée qu'il daigne inspirer l'ardeur de connaître ses décrets, et qu'au bout d'une longue vie qu'on lui a consacrée, il accorde l'intelligence de quelques-uns des mystères indiqués dans le grand livre. J'aurai besoin quelquefois de ton concours. Observe bien tous mes mouvements et sois prompte à obéir. Garde-toi surtout de m'interrompre. Que le silence arrête sur tes lèvres les questions et les plaintes. Le silence est nécessaire au recueillement. Le silence indique la soumission. *Jella* promit d'obéir exactement à toutes ses instructions. La fée lui dit alors d'ôter son bonnet, de le poser à terre et de défaire ses tresses, en suivant son exemple. Puis elle lui fit jeter ses *opanke* et marcher nus pieds. Prends deux branches de cyprès, deux du laurier toujours vert et deux du grenadier. Arrache quelques branches aussi du myrte odoriférant, et dépose tout sur la plus haute des trois pierres. Je vais de mon côté y joindre les feuilles de ces autres plantes qui te sont inconnues. *Jella* exécuta les ordres en silence, et la Baormnizca plaça les branches deux à deux, en croisant un couple sur l'autre, et en y entremêlant les feuilles des plantes mystérieuses. Cela fait, donne-moi, dit-elle, les petits morceaux de bois, restes des branches de ta couronne de noce. *Jella*, les tirant de son sein, les présenta en soupirant à la vieille qui les plaça en croix sur le sommet de la petite pyramide qu'elle venait de faire. S'étant alors arrêtée un moment, comme pour contempler son ouvrage, elle prit dans sa ceinture une boîte dans laquelle il y avait deux petits bâtons de bois sec et dur. Et s'étant mise à les frotter et frapper l'un contre l'autre avec beaucoup de force, il en sortit des étincelles qu'elle dirigea avec adresse sur les branches entassées ; et continua jusqu'à ce qu'elle vit une petite fumée s'élever lentement de plusieurs côtés de la pyramide. Fixe tes regards sur moi, dit-elle à la jeune épouse, allume le feu de la prière dans ton cœur, et n'ouvre pas ta bouche, ne remue pas ton pied. Alors la *Baornizca* levant ses mains au ciel, secouant sa tête chenue, agitant ses cheveux, les yeux immobiles sur l'autel, se mit à tourner tout autour[6], en prononçant des mots qu'il fut impossible à *Jella* de comprendre, quoiqu'ils lui parussent ressembler à la langue du pays. Après avoir fait plusieurs tours, la fée inquiète s'arrêtant tout à coup, et examinant soigneusement la pyramide, dont il ne sortait que de la fumée, dit à *Jella* : Monte sur le bord de la pierre inférieure, détache le *jaçerma*[7] de ton cou, tiens-le étendu avec tes mains d'un côté, tandis que je serai de même à l'autre qu'il reste ainsi déployé sur le bûcher. *Jella* obéit. La fumée devint plus épaisse, lorsque le voile fut placé au-dessus à une certaine distance. La fée baissait de temps en temps la tête comme pour voir si la flamme ne se montrait point, et disait à *Jella* d'y regarder aussi, en continuant toujours d'un air plus égaré, et d'une voix plus forte à prononcer les paroles magiques. La flamme ne parut jamais. Après une longue attente inutile, la *Baornizca* plia promptement le voile enfumé, le cacha dans son sein, et regarda plus attentivement dans le bûcher qu'elle venait de découvrir. Pendant ce temps le soleil commençait à éclairer la cime des montagnes, et tous les objets devenaient visibles. À l'examen minutieux qu'elle fit de la pyramide avec des yeux alarmés, il se trouva que les deux petites branches de la couronne étaient disparues, ou avaient été consumées ; le myrte, le laurier et les autres feuilles étaient réduites en charbon ou en cendre, quoiqu'elles n'eussent pas donné de flamme. Les seules branches de cyprès n'étaient qu'un peu enfumées, et paraissaient toutes entières. Sors de l'enceinte, ma pauvre fille, dit la *Baornizca*, tandis que je consulterai le voile et les tâches de la fumée. Regarde autour de toi, et viens me rendre compte de ce que tu auras vu de remarquable, surtout à ta gauche. *Jella* sortit en tremblant. Le visage de la fée lui paraissait triste et du plus mauvais augure, mais elle n'osait l'interroger. La vieille déploya le *jaçerma*[8], mais quoique très savante dans son art elle ne sut y voir que les tâches de la fumée qui avaient noirci le voile d'un bout à l'autre. Rien de plus sinistre pour *Jella*. Celle-ci rappellée revint et dit qu'elle n'avait rien aperçu à sa droite, et qu'à sa gauche elle avait été frappée de la vue de quelques corbeaux qui paraissaient se disputer des lambeaux de chair. La *Baornizca* soupira en regardant *Jella*. Elle lui rendit son voile, en lui

---

6 Nous corrigeons « tout à tour » qui paraît être une coquille.

7 Petite veste, voir A. Fortis, *op. cit.*, p. 62.

8 Parmi les incohérences typographiques relevées, il y a une inconstance dans les formes entre *jacerma* et *jaçerma* dans l'édition originale.

disant de le laver à la première fontaine, avant que *Nika* soupçonnât l'usage qu'on en avait fait. Elles quittèrent ensemble l'enceinte, et la fée ayant fait asseoir *Jella* sur la même pierre du soir précédent, prit ses mains tremblantes dans les siennes, et lui parla ainsi : Ma fille, partout ce que j'ai pu entrevoir dans l'avenir, par tout ce que Dieu s'est plu de manifester par des signes, quelque malheur s'apprête à tomber sur ta tête, ou sur celle de *Jervaz*, ou sur toutes les deux. Les gouttes de la rosée que tout le feu du bûcher n'a pu faire disparaître de dessus les feuilles de cyprès, montrent qu'il y aura bien des pleurs répandus dans votre famille. La fée ne voulut point dire à *Jella* que les petites branches des couronnes si tôt consumées, et son *jaçerma* teint en noir d'un bout à l'autre dénotaient une catastrophe funeste à l'un des deux époux.

Plie ta tête, ô ma fille, aux décrets du maître suprême ; ils sont immuables. Se révolter avec des plaintes aussi rebelles qu'inutiles, pourrait irriter la Divinité, qui peut s'apaiser, lorsque nous ne l'espérons point. Notre résignation, tout en augmentant nos forces pour supporter le malheur, fléchit quelquefois sa juste colère. Je ne puis t'en dire davantage. Mes faibles yeux ne voient ni plus loin, ni plus clair. *Jella*, sa tête cachée dans le sein de la vieille, inondée de pleurs, étouffant ses sanglots, commençait des lors à ressentir les malheurs, dont elle était menacée. L'incertitude sur la personne qui allait en être l'objet, lui perçait le cœur. Ô ma mère, que *Jervaz* ne m'abandonne point, et que je meure. C'est le seul vœu que j'adresse à ce Dieu, qui ne permet peut-être pas que mes pleurs le fléchissent. – Arrête, ma fille. Il t'écoute. Prie-le seulement de soutenir ton courage, et ne le blasphème point. Peut-être le mal, que tu crains, n'est pas celui qu'on t'annonce. Tu as des enfants, *Jella*. Tu les aime, ils auront besoin de toi. Garde pour eux toute ta fermeté. – Et *Jervaz*, ma mère ? *Jervaz* ne se détachera-t-il jamais de moi, m'en assures-tu ? – Oui, je t'en assure. Tant qu'il vivra, *Jervaz* aimera *Jella*. Ces mots redonnèrent la vie à la tendre épouse. Elle n'avait eu l'esprit frappé que de la perte de son amour, de la crainte de s'en voir séparée. La *Baornizca* ne voulut point l'éclairer sur ce qu'elle avait deviné. Elle savait que l'illusion est le plus grand bien de la vie. La jeune femme aida la fée à rajuster sa parure, refit ses propres tresses, essuya ses pleurs, lava ses beaux yeux à la fontaine, afin que *Nika* ne se doutât point qu'elle en avait versé, embrassa plusieurs fois la vieille, et la pria de lui donner quelque préservatif contre les atteintes nuisibles des méchantes *Vieschize* sur *Jervaz* et sur elle. La *Baornizca* tira de sa poche deux petits paquets de forme triangulaire, et les lui donna en disant que tous les maléfices disparaissaient devant eux ; qu'elle se gardât de porter un œil profane sur la sainte écriture qu'ils renfermaient. Mais qu'elle attachât un des deux paquets à quelque partie de l'habillement de *Jervaz* ; et qu'elle portât l'autre dévotement sur soi. Tant que les deux précieux *Zapisi*[9] auraient été sur eux, ils n'auraient jamais eu rien à craindre des maudites *Vieschize*. *Jella* baisa respectueusement les *Zapisi*, et la main qui les lui donnait, et rentra avec la fée dans la grotte, sans que *Nika* qui dormait encore, se fût aperçue de leur absence. La *Baornizca* l'éveilla ; et mettant sur sa table des pommes, du lait et des gâteaux de froment, elle apprit à *Jella* un chemin qui la conduirait en quatre heures au village de *Toposnich*. Après avoir baigné et remis sur son dos l'enfant, la jeune mère se congédia de la fée, la remerciant de tout ce qu'elle avait fait pour elle, et la priant de la protéger par ses vœux à l'Éternel contre les disgrâces, qu'elle avait à redouter. La *Baornizca* l'embrassa, la bénit et la suivit des yeux jusqu'hors de la première enceinte de sa grotte. Elle se sentait émue de compassion pour *Jella* : sa beauté, sa jeunesse, sa candeur et surtout son amour pour *Jervaz* la lui avaient rendue très intéressante. Mais elle n'avait pu lui être utile, si ce n'était en lui dérobant une connaissance plus détaillée de ce qu'elle avait à souffrir. *Jella* avançait d'un pas léger dans la campagne. *Nika* voyant sa maîtresse un peu moins pensive que le jour précédent, voulut l'amuser en plaisantant sur la parure et la demeure de la vieille. Sans doute, disait-elle, la sorcière avait quelque follet *Mazich*[10] à son service ? Comment aurait-elle pu suffire à laver tout le linge qui l'enveloppait ? Sans la fraîcheur de sa peau, ouvrage aussi du *Mazich*, elle lui aurait donné au moins deux siècles. Les belles médailles qui entouraient son cou, et sa ceinture étaient des présents de l'esprit. *Jella* souriait égayée par les propos de *Nika* ; elle lui fit promettre sous serment qu'elle ne parlerait jamais de la visite qu'elles avaient rendue à la *Baornizca*. Mais tout ce qui était arrivé lui inspirait la vénération la plus profonde pour la fée bienfaisante. Un jour je veux y aller aussi, disait *Nika*, pour savoir si *Vuko* m'épousera l'année prochaine, comme il me le promet. *Vuko* qui jette la grande pierre si loin, et qui me fait sauter si haut, lorsque je danse

9 Voir A. Fortis, *op. cit.*, p. 50 : le zapisi est un talisman sur lesquel est inscrit le nom de saints qui sont censés éloigner le malheur.

10 Le *mazic* n'est mentionné ni dans l'ouvrage de Fortis, ni dans celui de Lovrich. Nous avons redoublé la consonne dans le terme le décrivant : l'édition originale donne « folet ».

à la ronde le *Scotzigori*. Mais la sorcière qui sait tout, que n'a-t-elle su que nous devions aller chez elle ? Pourquoi, si elle le savait, n'a-t-elle envoyé son *Mazich* au-devant de la belle-fille de *Narzevizca*, pour nous épargner le long chemin que nous fîmes hier ? Avec de tels discours et quelques chansons, elles parvinrent plus tôt qu'elles ne croyaient au village et à la cabane de *Toposnich*. Il était sur la porte avec sa femme. À peine aperçut-il sa fille qu'il l'annonça par un cri, et courut l'embrasser, suivi de la vieille et accompagné de plusieurs servantes. La première s'empara de la petite *Anka*, qu'elle porta à la rencontre de la grande mère [*sic*], à laquelle l'enfant souriait déjà. On s'empressa de demander à *Jella* le sujet de son voyage ; et en supposant qu'elle venait en droiture de *Dizmo*, son père lui dit : Pourquoi n'es-tu pas à cheval, ma fille ? *Pervan* ne t'aime-t-il plus ? Refuse-t-il un cheval à la mère de ses petits-enfants ? Comment en si peu de temps as-tu pu faire une course aussi longue ? – Mon père, *Jervaz* est en voyage avec *Draganich*. Eux et leurs domestiques ont pris les meilleurs chevaux. J'ai voulu mettre à profit le temps de leur éloignement pour passer deux jours avec ma famille, et j'ai préféré de partir à pied, plutôt que de ne pas vous voir. Pendant les deux jours qu'elle s'arrêta chez ses bons parents, ce ne furent que fêtes, repas, danses et chansons. On remarquait seulement dans *Jella* des moments de distraction, on la surprenait souvent les yeux fixés sur la terre, ayant l'air très occupé et un peu triste à la fois. On ne douta pas que ce ne fût l'inquiétude et le sentiment douloureux de l'absence de son mari. On ne se trompait point. *Jella* se sentait rongée de temps en temps par des soucis, effrayée par des alarmes qu'elle avait de la peine à combattre et à calmer. Un soir, au souper, une larme involontaire s'échappa de ses yeux. D'un air vif et libre *Nika* secoue le sapin allumé qu'elle tenait à la main, et s'écrie : Fille du bon *Staréscina* de *Dizmo*, écoute ta servante, et non pas ton cœur inquiet qui te tourmente. On soupe loin de nous aussi gaiement et même plus qu'ici. Je vois à cent milles de moi, comme une sorcière la nuit. Rejouis-toi aussi. Je vais te dire la belle chanson de *Tiescimir* et *Vukossava*[11]. Que le *guzla* et la *tambura* accompagnent les justes plaintes d'une tendre épouse, délaissée, et sa joie au retour d'un époux chéri.

---

11 Il existe une chanson du roi Tiésimir (*Pisma od kralja Tješimira*) dans le *Razgovor ugodni naroda slovinskog* (*L'Entretien agréable des peuples slaves*, 1756) du Croate Andrija Kačić-Miošić (voir ci-dessus note 16, p. 67) sur laquelle se fonde en partie Wynne même si, comme l'indique le titre, elle accorde dans sa version un rôle important à l'épouse du roi, Vukossava. Voir Pavlovič, art. cité, p. 272.

Chanson de Tiescimir *et* Vukossava.

Le Ban du Kotar[12] *va frapper les rebelles. Il appelle à son secours le bras robuste du vaillant* Tiescimir, *son gendre.*

Tiescimir *accourt aux combats, comme il accourut au festin de ses noces, lorsqu'il devint l'époux de* Vukossava, *la fille du* Ban *du* Kotar.

Elle pleure bien des mois une absence détestée. Elle maudit les rebelles, et redemande Tiescimir, *avant que sa douleur lui coûte la vie, et celle de l'enfant qu'elle porte dans son sein.*

Pourquoi ai-je reçu dans ma maison les messagers de mon père, qui t'invitait au combat, ô cher Tiescimir *?*

Pourquoi leur ai-je lavé les pieds, et tressé les cheveux, puisqu'ils étaient messagers de douleur ?

Ils m'apportaient des présents de ma mère ; mais ils m'enlevaient mon époux. Tous ses joyaux valaient-ils le trésor qu'elle m'ôtait ?

Je tressaillis à la vue du papier funeste qui l'appelait. Que n'eus-je la force de le déchirer avant qu'on le lût !

Je voulais te retenir, cruel Tiescimir. *Comment en avoir la force après ce que tu me dis, en me tenant dans tes bras ?*

Ton père est dans le malheur. Il demande mon bras contre ses ennemis. Si je ne fais pas couler le sang de ses ennemis, suis-je digne d'avoir reçu le sien dans le présent qu'il m'a fait de toi ?

Retiens tes larmes, oh Vukossava. *Les larmes des femmes affaiblissent les enfants qui sont dans leur sein. Conserve-moi le nôtre. Je jure qu'il sera fort et magnanime, comme ses aïeux.*

Après que la lune se sera montrée six fois dans toute sa grandeur et sera rajeunie et vieillie autant de fois, tu me verras de retour avec mes guerriers.

Tu m'aideras à orner les murs de Trebigne *avec les dépouilles des ennemis de ton père.*

La plus belle robe de l'épouse de Branko, *le chef téméraire des révoltés, sera la dépouille de* Vukossava.

Il dit, il enfonce sur sa tête le casque de ses ancêtres, il prend la lance et il en dirige la pointe vers le Kotar *; mais la première blessure qu'elle fit, fut dans le cœur de son épouse.*

---

12 *Kotar* renvoie peut-être à *Gorski Kotar*, la région montagneuse de la Croatie qu'on appelle parfois la Suisse croate, située entre Budapest et Zagreb. Du temps de Wynne, un commerce florissant se développe entre l'Adriatique et l'intérieur du pays.

Oh que tu étais beau dans ton habit de guerrier ! Tes compagnons chantaient ta force ; peut-être à présent les filles du Kotar *chantent ta beauté.*

Le vin du Kotar *est puissant. Les querelles se succédaient souvent aux festins de mon père. Le vin trouble la raison et fait perdre la mémoire.*

Oh Tiescimir, *mêle la douce eau des sources de* Nadin[13] *au vin que les belles servantes de mon père t'offriront dans le* pakklara *d'argent. Et tu n'oublieras jamais ta* Vukossava.

Six fois j'ai vu naître et mourir la lune. Les épis de nos campagnes ne paraissaient pas encore, lors que tu quittas Trebigne. *La récolte est déjà dans nos greniers, et tu n'es pas de retour.*

Ta mère a donné le festin de la récolte, l'on a mangé les gâteaux composés de froment nouveau et du nouveau miel de tes ruches,

Tu n'y étais pas et ton épouse n'a pas assisté au festin.

Mes servantes ont abattu les tardives noix, les feuilles mêmes tombent de l'arbre, et tu ne parais pas, ô Tiescimir.

Ton enfant remue dans mon sein, il m'avertit qu'il va bientôt sortir de sa prison. Oh Tiescimir, *ton épouse ne te présentera point ton enfant ?*

La malheureuse Vukossava *finira ses tristes jours consumée par ton absence ? Oui, elle n'attend pour mourir que d'avoir mis au monde ce fils qui te fera souvenir de la mère.*

À ces mots Vukossava *laisse tomber sa tête sur son sein et ne parle plus. Ses servantes n'osent la consoler. Elles pleurent autour de leur maîtresse inconsolable.*

Un nuage de poussière s'élève au loin du côté du Kotar, la marche des chevaux, les cris des guerriers se font entendre.

Lève ta tête, oh Vukossava. Crois-en les femmes, les enfants, le peuple dans un joyeux tumulte. Regarde et crois en tes propres yeux.

Change tes larmes de douleur dans les pleurs délicieux d'un bonheur inattendu. Tu es dans les bras du victorieux, du tendre Tiescimir.

À peine l'a-t-elle vu et senti, sa joie lui ôte la vue et le sentiment. Elle revient et se voit au cou le précieux collier de perles de la femme de Branko.

Elle ne reprend la voix que pour pousser des cris tendres inarticulés contre la poitrine de son époux, qui la serre et l'embrasse.

Trois jours après la belle Vukossava *donna un fils à* Tiescimir. *Elle le présenta elle-même à son époux, et le lui entendit nommer* Prélimir[14].

---

13 Nadin est le nom d'un village croate du comté de Zadar qui a été conquis par les Ottomans avant de se retrouver sous domination vénitienne.

14 Certaines sources donnent les noms suivants aux enfants de Tiescimir : Prelimir et Crescimir.

Le fier Branko *était mort. Tous les rebelles étaient dispersés, et leurs maisons brûlées.* Prélimir *dut sa naissance au triomphe et à la victoire.*

Nika fut applaudie et remerciée. *Jella* pleurait de consolation, en goûtant d'avance l'heureux présage.

Le surlendemain on se remit en route pour le retour. La mère de *Jella* lui fit pour la petite *Anka* présent d'un habit complet qu'elle avait cousu elle-même, sans oublier les médailles et les chaînettes qui l'ornaient. Le vieux père accompagna sa fille une heure de chemin. Et les deux femmes achevèrent lestement leur voyage, et se virent rencontrées par les enfants de la cabane qui jouaient à lancer des pierres. À peine les eurent-ils aperçues qu'ils vidèrent bien vite leurs poches, qui en étaient pleines, et coururent au-devant de la mère. Elle n'eut pas le temps de leur prodiguer les caresses qu'elle aurait voulu. Ils se jetèrent sur le panier[15] des provisions, et ce ne fut qu'après l'avoir saccagé qu'ils commencèrent à l'embrasser et à répondre à son empressement maternel. Entourée, tiraillée par les enfants, elle parvint à la porte de la cabane, où elle fut tendrement accueillie par toute la famille.

Jella, soyez la bien arrivée. *Jella*, tu t'es toujours bien portée. *Jella*, nos soirées ont été muettes pendant ton absence. À moins que de parler de toi, nous ne savions que nous dire. Elle était extrêmement aimée pour sa bonté et pour sa douceur. *Pervan* aimait encore en elle les petits enfants qu'elle lui avait donnés. Et quoiqu'il cherchât à ne point affliger *Dascia*, on voyait que *Jella* était sa favorite. Après les bonnes nouvelles données et reçues sur l'état de la famille des *Toposnich*, sait-on quelque chose de *Jervaz* et de ses compagnons, dit l'épouse empressée, croyez-vous qu'ils seront ici demain ? – Il se pourrait, répondit le père, mais je n'attends mes enfants et leur ami qu'après-demain. Que leur donnerons-nous, *Dascia*, pour les régaler ? Ils seront fatigués de leurs courses, quoique les jeunes gens ne se fatiguent guère, quand ils voient du nouveau. Il faut apprêter ce chevreuil que l'on a pris sur la montagne, et ce mouton si gras que j'ai vu dans la grande bergerie. Faites des tourtes de lait, mes filles ; et que le miel n'y manque point. *Dragananich* aime le miel, quoiqu'étranger. Ces apprêts vous occuperont demain, mes enfants, et après-demain nous écouteront le récit des belles choses que vos maris

15 L'édition originale donne « Les panier [*sic*] ». La suite de la phrase indique qu'il faut corriger l'accord de l'article plutôt que du substantif, ce que nous avons fait.

auront vues. Les récits curieux égayent et rafraîchissent l'âme du vieillard. Ils sont pour lui ce qu'un beau rêve du matin est pour la jeune fille, lorsqu'il lui montre des habits nouveaux, ou qu'il lui apprend une nouvelle façon de placer des plumes et des fleurs sur son bonnet.

Jella retirée dans son coin n'eut rien de plus pressé que de regarder au plancher. Ses yeux s'y attachèrent avec inquiétude. Elle examina minutieusement l'aspect de la nouvelle couronne, et fut très satisfaite de voir qu'elle avait tout l'air de l'ancienne.

LIVRE DOUZIÈME

ARGUMENT.

Congé et départ des fils de Pervan.

Vers la fin du sixième jour depuis le départ de nos voyageurs pour la tournée dans le pays on entendit de loin quelques coups de pistolet, le signal de leur retour. Toute la famille court au devant. Ils arrivent. *Jervaz* est à terre le premier, il tombe aux genoux de son père, il se jette au cou de *Jella*, il serre dans ses bras les deux enfants à la fois. Il est impossible d'imaginer un accueil plus tendre et une satisfaction plus vive dans tout ce qui était parent, ami et domestique des *Narzevizca*. Oh mon père, que de merveilles nous avons vues ! Notre pays est beau. Il renferme de grandes curiosités. Mais que la ville est admirable ! Que la mer, sur laquelle elle est située, est étonnante ! Imaginez-vous, dit *Jervaz*, mille et mille fois la largeur de notre *Cettina*, et vous n'aurez *qu'une faible* idée de cette immense plaine que la mer présente aux yeux du voyageur. De grandes barques pourtant la sillonnent, comme nos bateaux traversent ou remontent la rivière, lorsque nous allons pêcher la truite. Les cabanes de la ville sont toutes blanches, bâties avec de belles pierres. On dirait en les voyant qu'il y en a trois ou quatre l'une sur l'autre. Elles sont assez grandes pour contenir cent habitants. Ils y trouveraient un abri commode, s'ils s'y plaçaient, comme nous. Mais ils aiment à s'y cacher, et on a de la peine à trouver l'endroit où ils demeurent. – J'ai vu, dit *Jervaz*, « des boutiques si remplies de draps et de toiles, qu'une seule suffirait pour fournir des habits à tous les *Narzevizca* de notre village. – Nous avons mangé tous les jours, ajouta *Stiepo*, du pain à la place de nos gâteaux, et nous avons bu du vin excellent au lieu de notre lait aigri. La maison du *Staréscina* Vénitien, qui est le père des peuples de la ville, est recouverte en dedans par les plus belles étoffes. Les miroirs que nous connaissons, montrent à nos femmes à peine leurs visages. Nous en avons vus à la ville de si grands, que je pouvais m'y regarder moi de la tête aux pieds[1]. Ce magnifique *Staréscina* m'a parlé en langue *Slave*, et m'a demandé, si je ne désirais point de voir *Venise*, le séjour des grands de la terre. C'est là sans doute, où l'on doit voir bien des merveilles… Le vieux *Pervan* à cet endroit coupa la parole à son fils. Reposez-vous, mes enfants ; que vos épouses lavent vos pieds, et peignent vos cheveux, pendant que l'on apprêtera le souper. Vous me parlerez ensuite des belles choses que vous avez admirées. Les jeunes gens obéirent, et *Pervan* prenant à côté *Dragananich*, lui dit : Pourquoi as-tu mené mes enfants à la ville ? Vois, comme leur cœur s'est enflammé pour des objets qui leur étaient inconnus. Je crains qu'ils ne méprisent leurs cabanes, qu'ils ne désirent des choses qu'il n'est pas en mon pouvoir de leur procurer, et qu'ils n'en soient malheureux. *Erze* s'excuse sur ce que la ville de *Spalato* n'était pas loin de leur chemin, et qu'il n'avait pu résister à la demande que ses compagnons lui avaient faite, de les y mener. Ayant ensuite mis un bel habit, parce qu'il aimait le luxe en jeune homme, et avait l'ambition d'éblouir ses hôtes par ses richesses, il se mit à table. *Jella*, en servant *Jervaz*, lui demanda, si les femmes de la ville étaient belles, et comment elles s'habillaient. Oui, *Jella*, dit-il. J'en ai vu d'aussi belles que toi. Elles sont plus blanches. Leurs habits ressemblent aux nôtres, mais ils sont plus variés par les ornements et beaucoup plus fins. Quelques-unes dédaignent de porter nos *opanke* et renferment leurs pieds dans des chaussures de cuir ou d'étoffe précieuse. Cela gêne leur démarche, et je suis sûr que les femmes de la ville ne pourraient ni danser si lestement, ni courir dans la prairie aussi vite que ma *Jella.* » *Jella* sourit, et embrassa *Jervaz. Dascia*, disait *Stiepo*, que tu serais heureuse de voir la ville ! Tu apprendrais à composer des mets bien plus agréables que les nôtres, et à travailler de bien plus belles broderies. À la ville tout est recouvert d'or et d'argent. Oh *Dascia*, pourquoi n'habiterions-nous pas aussi la ville ! Le sapin allumé et le souper servi, *Pervan* observa que ses enfants mangeaient avec moins d'appétit qu'à l'ordinaire, et gardaient un silence qui ne leur était pas naturel. Il crut remarquer aussi qu'ils s'entreregardaient souvent, et jetaient ensuite leurs yeux sur *Dragananich* avec mystère. Mes enfants,

---

1 Le miroir reste un objet de luxe au XVIIIe siècle et les auteurs s'en servent souvent pour dénoncer l'artifice des citadins face à des sociétés plus primitives, mais aussi plus authentiques, comme le fait Françoise de Graffigny dans ses *Lettres d'une Péruvienne*. Rappelons que Venise est, à l'époque de Wynne, un grand centre de la miroiterie.

dit le bon *Staréscina*, d'où vient que vous ne continuez pas le récit de ce que vous avez vu ? Avez-vous visité le village habité par les *Jerevich*, qui sont si braves et si nombreux ? Vous devez avoir été bien reçus chez les *Franovich*. Leur *Staréscina* a été fêté trois jours chez moi, il y a dix ans. Sans doute la vue de mes enfants l'aura beaucoup réjoui. Ceux-ci ne voulaient pas dire qu'ils s'étaient arrêtés trois jours dans la ville, et qu'ils n'avaient presque rien vu ou remarqué en voyageant. Ils ne mentirent point, mais *Stiepo* dit à son père, que le chemin qu'ils avaient tenu, ne menait pas chez ses amis : Oh mon père, que la ville est superbe ! Le soir toutes les maisons sont éclairées par des lumières semblables à celles que notre ami nous a montrées. Ses habitants jouissent de mille plaisirs que nous pourrions nous procurer aussi. Ils sont *Slaves*, comme nous. Ils ne nous sont pas étrangers. Nous avons vu des frères, mais bien mieux partagés que nous. À ces mots, les deux frères se jettent à la fois aux genoux de leur père, et y posent leurs têtes. *Pervan* effrayé : Que me voulez-vous, mes enfants ?, leur dit-il, qu'allez-vous me demander ? Je ne vous ai jamais vus à mes pieds que pour me remercier. Autrefois vous me parliez franchement. Sans doute ou vous avez commis quelque grande faute, dont vous souhaitez le pardon, ou vous avez quelque demande injuste à me faire. *Jervaz* levant la tête, et regardant son père, Non, dit-il, tes enfants ne connaissent ni le crime, ni la honte. Ils pourront t'affliger, mais ils ne te feront jamais rougir. Il est vrai que nous avons une grâce à te demander. Nous savons qu'elle est juste. Mais c'est à toi à la juger telle. Sans cela, nous préférerons d'être toujours malheureux par ton refus à la plus grande satisfaction sans ton consentement. – Ah *Dragananich*, qu'as-tu fait ? s'écrie le vieillard d'un air pénétré. Tu as perdu ma famille, tu viens d'ouvrir mon tombeau sous mes yeux, tu vas m'y précipiter. – Relevez-vous, mes enfants. Vous ne serez pas malheureux, dût-il en coûter la vie à votre infortuné père. – Non, non, père adoré, nous achèterions votre bonheur au prix de nos jours. C'est pour accroître ce bonheur, en ajoutant au nôtre, que nous vous demandons la grâce de nous permettre de faire un voyage à *Venise*, pour nous instruire, pour vous rapporter mille connaissances utiles, pour rendre vos vieux jours plus heureux par des commodités et des plaisirs ignorés parmi nous. Oh cher père, ne nous refusez pas cette grâce. Nous vous en prions par votre cheval favori, nous vous la demandons par le sabre tranchant qui vous mit en possession de notre mère. Les femmes alarmées entourèrent le beau-père, et fondirent en larmes. Ah malheureux ! Vous voulez donc nous quitter ? s'écrièrent-elles ensemble. *Pervan* leur fit signe de se taire. Levez-vous, dit-il encore en essuyant des pleurs qu'il s'était efforcé de retenir. Asseyez-vous auprès de moi. Vous voulez donc m'abandonner à la fin de mes jours, vous voulez vous exposer à cette mer, sur laquelle mon ancien ami, votre bon père *Draganich*, ô *Erze*, votre père a péri. Et cela pour aller chercher des biens que vous ignorez, et qui jusqu'à ce moment vous ont été inutiles. De quoi vous ai-je laissé manquer ? Nos *cimble*[2] ont toujours été remplis de toute sorte de grains pour les gâteaux et pour les tourtes. Le nombre des troupeaux blanchit nos prés. Le lait coule chez nous, les peaux vous habillent et couvrent vos lits. Jamais ni le drap, ni les *opanke* ne vous ont manqué. Et j'ai toujours là-haut dans une caisse les riches habillements de nos aïeux avec des boutons d'or, pour vous parer aux grands jours de réjouissance. Votre père vous aime, votre père a toujours été content de vous, heureux par vous jusqu'à présent. Que vous manque-t-il ? Si vous êtes las de mon gouvernement, je vais m'en dépouiller en faveur de celui de mes enfants que tous les *Narzevizca* convoqués jugeront le plus digne de leur servir de père. Car il est juste que le peuple choisisse lui-même son chef. Restez, mes enfants ; ne donnez pas à votre père la douleur de songer tous les jours à son réveil, que quand la mort le surprendra, il n'aura pas auprès de lui ses enfants pour les bénir. Ses yeux ne seront pas fermés par leurs mains, la chanson de mort sera chantée par d'autres… Oh mes enfants, faudra-t-il mourir cent fois, faudra-t-il sentir au-dedans de moi ma vie se consumer, s'éteindre au milieu de l'affliction et dans les tourments de l'incertitude sur le sort de mes enfants, qui me laissent avant que la mort m'arrache à leur bras ? Tout le monde pleurait autour du vieillard. *Erze* lui-même se repentait d'avoir inspiré aux jeunes gens le désir de quitter leur demeure. *Jervaz* attendri, emporté, se lève précipitamment, et prenant son père dans ses bras. Non, nous ne te quitterons point, dit-il. Tu viendras avec nous. Tu guideras nos pas, tu veilleras sur tes enfants, et nous veillerons sur ta précieuse conservation. Je préparerai moi-même un chariot qui nous mènera jusqu'à la mer. Je choisirai la barque la plus forte, j'y placerai les meilleures peaux, pour

2 Le grenier est désigné plus haut sous le terme *cimbla*. Les magasins ici sont des *cimble*. Wynne paraît adopter dans ce cas une pluralisation à l'italienne qui sera absente plus loin dans le texte.

que tu y sois couché mollement. Viens avec nous, cher père, à *Venise*, pour ramener dans notre peuplade l'industrie et l'aisance. Tu choisiras mieux que nous, ce qui pourra augmenter notre bonheur. Nous ne te quitterons pas un moment. Tu rapporteras avec toi la statue de la *Velika Catherina*, l'objet de tes désirs que tu feras faire sous tes yeux ; et nous célébrerons la fête de notre retour devant la statue, par des jeux nouveaux, que nous enseignerons à nos amis et à tous les *Narzevizca*. *Stiepo* le pressait aussi dans ses bras, lui baisait le front et les cheveux blancs. *Dragananich* ajouta : C'est moi, c'est moi, qui serai le guide et le gardien de l'ami de mon père, qui lui montrerai les belles choses qu'il mérite de voir. *Pervan* touché de cette marque d'amour qu'il recevait de ses enfants : Non, leur dit-il, mon grand âge ne me permet point de changer de ciel et de terre. Les dernières infirmités viendraient sûrement m'assaillir chez l'étranger, où je laisserai ce corps, loin des tombeaux de mes ancêtres, séparé de leurs cendres sacrées. Oh mes enfants, je n'ai plus de désirs pour moi seul ; ce que vous souhaitez si ardemment n'est pas digne de ma curiosité. Il est inutile que je me déplace et que je m'expose à mille dangers, pour des objets qui peut-être ne me surprendraient pas. Si au contraire ces merveilles méritent que je renonce à mon repos pour les connaître, l'impossibilité d'en jouir empoisonnerait le reste de mes jours. Il faut que vous alliez à *Venise*, ou autrement vous serez malheureux ? Eh bien, vous partirez. Les désirs des jeunes gens, ainsi que le sage *Korotagne* nous disait, sont comme le torrent qui descend de la montagne au temps de la fonte des neiges. Si vous lui opposez des obstacles, il renverse les digues, s'élance dans les campagnes et emporte les cabanes qu'il y rencontre. Si on le laisse se répandre à sa volonté, il cherche les vallées les plus profondes pour s'y jeter, et se creuse un canal de lui-même. Vous partirez ; recevez-en ma parole. Je serai de vœux pour votre retour dans la solitude de ma cabane. Laissez-moi en repos. Demain nous parlerons de votre voyage, de la façon que je désire qu'il soit fait, du temps que vous resterez éloignés de moi, et surtout de votre retour. Les enfants se remirent encore aux genoux de leur père. Et *Dragananich* lui dit qu'il était le meilleur des pères. Les femmes recommencèrent à pleurer, et se retirèrent dans leurs chambres. *Pervan* se traîna lentement vers sa retraite, la douleur dans le cœur. C'était la première fois que ses enfants l'avaient affligé. Il aurait pu les refuser. Mais était-il sage de le faire ? Il prévoyait que probablement ce voyage allait changer les mœurs de ses *Morlaques*. Fallait-il envisager ce changement comme un bien ? Ils avaient été heureux jusqu'à ce jour ; mais ils pouvaient l'être davantage. La providence avait peut-être envoyé le fils de *Draganich* pour exciter cette envie dans ses enfants, pour procurer par leur moyen à toute la population des avantages nouveaux. La postérité allait peut-être ajouter des nouveaux titres à la reconnaissance de ses compatriotes, découvrir des nouvelles sources de richesses, pour se distinguer de plus en plus parmi eux. L'ambition est de tous les états. De toutes les passions elle est la seule qui ne meurt qu'avec nous. D'ailleurs, pensait-il, cela doit être ; ce qui doit arriver est immuable. Il fallait se résoudre à cette cruelle séparation. Il s'occupa toute la nuit à étudier les moyens de rendre ce voyage le plus utile qu'il pourrait, à ses enfants et au peuple qu'il gouvernait. L'idée de voir partir ses fils lui était bien douloureuse. Mais il eut la force de la combattre, et se dit à lui-même : J'aurais également pu être condamné à voir mourir mes enfants, et leur survivre. Enfin je ne me sépare d'eux que pour un temps. Je puis encore les revoir, et à leur retour ils me seront d'autant plus chers que je les aurai perdus de vue quelque temps. Il forma ensuite le plan des ordres qu'il avait à donner le lendemain, et s'endormit du sommeil paisible de l'homme, qui après avoir combattu croit avoir remporté la victoire sur lui-même. *Jervaz* s'étant rendu dans son coin n'y vit point *Jella*, qui était accoutumée de le déshabiller, avant de se mettre au lit elle-même. *Jella*, *Jella*, où es-tu, ma bien-aimée ? *Jella* ne répond point, mais des sanglots mal suffoqués la décèlent cachée au fond de la cabane. *Jervaz* court à elle, et la prenant dans ses bras. *Jella*, dit-il, tu m'as vu partir tant de fois pour des voyages bien plus dangereux que celui-ci, soit en allant défier l'ours de la montagne, soit en assistant à quelque noce éloignée de nos habitations. Tu sais combien de fois le vin allume le feu de la querelle parmi les *Morlaques*, lorsque leurs festins n'ont pas à la tête un aussi sage *Staréscina* que notre bon père. *Jella*, crois-tu que je sois insensible à la douleur de me séparer de toi ? Mais que puis-je faire ? Veux-tu que je devienne un objet de risée pour mon frère et pour mon ami, en montrant que je leur préfère une femme ? – *Jervaz*, tu ne m'aimes plus. *Jervaz*, tu cherches sans doute à me remplacer par quelque femme de la ville, se prit à dire la triste *Jella*. Je t'ai vu aux pieds de mon père, sans être touché de ses larmes, t'obstiner à obtenir cette affreuse permission que tu lui as arrachée. J'étais placée tout près de toi. Mes pleurs coulaient sur ton front, sans que tu daignasses seulement regarder celle qui les répandait. *Jervaz*, tu as vu les femmes de la ville ; quelqu'une parmi elles t'a promis de te donner de plus beaux enfants que ta *Jella*, et t'a offert de broder plus richement tes chemises. Mais demande lui de t'aimer, comme moi, prends garde à toi. bien loin de mourir, comme moi, quand tu te lasseras de ses caresses, comme tu fais des miennes, elle te remplacera aussi durement que tu vas peut-être me remplacer. Ce voyage est funeste à notre amour, je le sais. Oh *Jervaz*, ne pars point. Je t'en conjure par mon amour, par nos enfants, par la mémoire *d'Anka* ta mère, qui voltige éplorée, sois-en sûr, autour de la couche froide de ton malheureux père. – Il n'est plus temps, *Jella*, de changer de résolution. L'homme qui rétracte sa promesse, attire le mépris. Mon amour pour toi est aussi ferme que le roc, sur lequel est bâti le temple, où je t'ai donné ma foi. Je reviendrai, et cet amour fleurira de nouveau à ta vue comme les jeunes pommiers fleurissent au mois de mai. Je t'apporterai des habits plus beaux que celui de ma mère *Anka*, que tu avais le jour de ta noce. Je t'apprendrai des nouvelles chansons, pour t'instruire sur les amours des belles et des braves de l'*Italie*. Leurs amours sont vifs m'a-t-on dit. Mais je jure qu'ils ne sont ni si tendres, ni si constants que celui de ton *Jervaz*. Sèche tes pleurs, ma chère *Jella*. je ne connais d'autre mauvais augure, que ta douleur et tes larmes. *Jella* obéit et parut se calmer. Malgré cela, son sommeil fut inquiet, et vers la pointe du jour il devint terrible. Un rêve affreux agita l'esprit de la malheureuse femme et acheva d'y répandre les terreurs que la chute des couronnes et les paroles de la *Baormizca* avaient fait naître et qu'elle tâchait en vain d'oublier. Un grand spectre de femme toute habillée de noir se présenta devant elle. D'une main elle tenait une branche de sapin allumée qui jetait une lueur pâle et enfumée. De l'autre elle lui montrait dans l'enfoncement une masse immense d'eau que *Jella* prit pour la mer, et sur le rivage une cabane autrement arrangée que la sienne, dans laquelle elle voyait à travers des fenêtres un corps tout sanglant qu'elle ne put pas reconnaître. – Je suis *Anka*, la mère de *Jervaz*, lui dit le spectre d'une voix traînante et terrible ; vois ce qui t'est préparé, en désignant le cadavre étendu à terre. Malheur, malheur, malheur aux *Narzevizca*. L'ombre élevait sa voix en s'éloignant et disparut. *Jella* s'éveilla en sursaut baignée d'une sueur froide, les cheveux dressés et criant malheur. *Jervaz* sauta sur son séant épouvanté et sa femme lui raconta le songe, ou, selon elle, l'apparition qu'elle venait d'avoir. Il ne se troubla point, mais cherchant à la rassurer, il lui dit que l'esprit d'Anka lui était peut-être apparu pour se venger de ce qu'elle l'avait évoqué mal à propos. Si ce rêve eût dû désigner quelque malheur, c'était plutôt au père qu'on l'aurait envoyé comme au maître des démarches de ses enfants ; que pour *Jella* elle devait être tranquille, en se résignant à la volonté du ciel, qui se manifestait par celle du père, dont l'amour pour eux était bien plus sensé et plus fort que celui d'une femme. *Jella* n'osa répliquer. Mais sa frayeur ne diminua point ; et elle ne songea plus qu'aux moyens d'obtenir de son beau-père qui l'aimait la permission d'accompagner son mari. Je veillerai sur lui, se disait-elle, et je l'obligerai de porter toujours sur sa personne le précieux *zapisi*, présent de la *Baornizca. Dascia* de son côté avait aussi répandu bien des larmes. *Stiepo* ne manquait pas de l'assurer d'un souvenir constant et d'un prompt retour. Mais il était moins tendre que son frère ; et *Dascia* n'ayant pas trouvé dans son cœur ces épanchements, qui naissent de la sensibilité et l'excitent dans les autres, s'était habituée à une certaine retenue qui régnait dans toutes ses actions. Elle n'en aimait pas moins son mari. Mais sans ressentir les transports d'une femme plus jeune et plus heureuse par le sien.

Les fils du *Staréscina* à peine levés s'assemblèrent avec *Dragananich* autour de leur père. Il venait déjà de donner des ordres secrets au fidèle *Vuko*, et celui-ci était parti de l'habitation pour les remplir. Des gâteaux, du lait caillé, un peu d'eau de vie, du tabac et des pipes étaient sur la table. Ils s'y assirent tous en silence ; le bon vieillard le rompit de cette manière : Mes enfants, vous allez donc partir, me quitter et abandonner la demeure immobile de vos pères, pour courir sur les plaines mouvantes de la mer orageuse. Vous étiez heureux : trente années, ô *Stiepo*, vingt-quatre, oh *Jervaz*, de paix, de satisfaction ne vous en ont pas convaincus. Vous imaginez que l'acquisition de nouvelles connaissances, d'objets nouveaux vous fera jouir d'un nouveau bonheur. Le pain cuit au four plutôt que sous les cendres, la lumière fournie par la graisse des moutons, plutôt que celle du sapin, et d'autres avantages pareils compenseront-ils les risques que vous allez affronter ? Car, pour vos habits j'espère que vous n'en changerez pas. Ceux de nos ancêtres passeront sur vos corps, comme ils sont passés du corps de mon père sur le mien. Tous les usages de la ville ne conviennent pas aux *Morlaques.* Ne vous laissez pas abuser par leur mollesse. La plume et la laine servent de lit aux corps faibles qu'elles énervent toujours davantage. Le *Morlaque* enveloppé de son *kabaniza*, étendu sur la peau de l'animal qui l'a nourri, dort sur la planche, et son sommeil en est bien plus doux et salutaire, puisque c'est au besoin et non pas à la paresse, à l'ennui qu'il succombe – Allez à la ville, et Dieu vous y bénisse. Examinez avant tout, si les gens qui l'habitent, s'aiment entr'eux plus que nous, s'ils respectent leurs pères plus que nous, si ceux-ci chérissent plus leurs enfants, s'ils repoussent, avec plus de courage que nous, les outrages des ennemis, s'ils en tirent une juste vengeance. Voyez s'ils ouvrent leurs bras et leurs maisons à l'étranger, comme nous, s'ils secourent le prochain malheureux, s'ils rebâtissent la cabane du pauvre consumée par le feu, s'ils lui donnent un troupeau à la place de celui qu'un mal contagieux lui a enlevé. Voilà, mes enfants, ce qu'il sera utile et consolant pour vous d'observer. L'or et l'argent nous est inutile ; c'est aux habitants de la ville qu'il est malheureusement nécessaire, à cause de cette grande quantité de besoins qu'ils ont. Il leur coûte bien des peines pour se le procurer, bien des crimes pour l'arracher à ceux, qui en ont amassé. Mais puisque vous allez à la ville, vous aurez de l'or aussi. Les fils de *Narzevizca* doivent s'y montrer dignement, pour faire honneur à la nation *Morlaque*. Mais souvenez-vous que vous vous êtes toujours passés d'or ; qu'un drap, couleur de feu, ou de rose[3] ne garantit pas mieux de la pluie que le drap bleu, que le bon père de *Dragananich* nous a fourni tous les ans en échange de nos laines. Et que la toile, sur laquelle *Dascia* et *Jella* brodent de si belles fleurs, fait d'aussi bonnes chemises que celle d'Erze, travaillée aussi finement que la toile d'araignée. – *Stiepo*, visite les temples consacrés au Dieu de l'univers. Ce n'est point des dorures ou des étoffes que tu me rapporteras pour orner notre église. Mais si tu entends quelque prière que tu croies plus digne de la divinité que celles que nous lui chantons, apprends-la, mon fils. Tu me l'enseigneras à ton retour. Il sera bien juste que je remercie de mon mieux ce Dieu que j'implore, pour la grâce qu'il me fera de me rendre mes enfants. Le bon *Staréscina* à cet endroit essuya une larme, qui s'était grossie sur sa joue. Les fils baissèrent leurs yeux mouillés. Il ne faut plus ni balancer, ni s'attendrir, reprit *Pervan*. Quand l'homme a pris sa résolution, il doit être aussi ferme que le poirier, sur

3 Il s'agit de deux couleurs qui ont été fort à la mode à l'époque de Wynne et s'opposent aux teintes traditionnelles. Voir les travaux en cours d'Aurélia Gaillard autour du rose.

lequel une branche étrangère entée cherche à confondre le suc et la vie avec la sienne. Il s'étonne d'abord, mais forcé par des liens à souffrir, il adopte ensuite le nouvel hôte au point de rendre cette branche aussi féconde que les autres rameaux ses véritables enfants. – J'ai délibéré sur votre demande, j'ai cédé à vos instances. Je vais tâcher à présent de rendre votre démarche aussi utile qu'il m'est possible. *Jella*.... Lorsque *Jella* s'entendit appeller, elle courut, et se jeta aux genoux de son père en s'écriant : Ah ne me sépare pas de mon époux ! Qui lui parlera tous les jours de son bon père, si ce n'est ta fille ? Qui lui rappellera le souvenir de ses enfants, et le besoin qu'ils auront de le revoir, si ce n'est leur mère ? Voudrais-tu que les pieds de tes fils, fatigués de leurs courses, leurs cheveux mêlés par les vents sur la mer fussent touchés par d'autres femmes que par une *Morlaque* ? *Jervaz* tremblait de la hardiesse de sa femme, et n'osait ouvrir la bouche. Le vieux *Pervan* regarda sa belle-fille avec complaisance, et dit : Lève-toi, *Jella*, tu accompagneras mes enfants. C'est ce que j'avais décidé moi-même. Il est juste qu'ils soient servis par une femme qui les aime. Il est bon qu'ils aient toujours devant les yeux l'objet le plus intéressant de la famille. Tu leur chanteras tous les soirs nos chansons. Ta présence, ton amour, tes soins les tiendront fidèles à la patrie. Tu seras, ma fille, pour nous, comme le ciment qui joint les cailloux des murs de nos églises. *Jervaz* est jeune. La femme est nécessaire à l'homme, ainsi que l'eau à nos bœufs, lorsqu'ils reviennent du pâturage. Si le berger tarde à les mener à la rivière, ils courent s'embourber dans le premier marais qu'ils rencontrent. *Stiepo* moins bouillant pensera à sa *Dascia*, et la privation lui en fera sentir davantage, le mérite. Toi, ma *Dascia*, ne sois pas fâchée de voir partir ton époux. Tu restes avec moi, c'est à toi que mes enfants confient ma personne. Je te confie moi les enfants de *Jervaz*, l'espoir des *Narzevizca*. Veille sur moi, *Dascia* ; parle-moi toujours de mes enfants. Ton oreille est meilleure que la mienne. Tu m'avertiras des coups de pistolet qui annoncent leur retour. *Dascia* inclina sa tête, et baisa la main du vieillard qui l'embrassa au front. Il se leva ensuite avec cet air satisfait et intrépide, que l'homme naturel a toujours, lorsqu'il sent d'avoir fait une bonne action, et qu'elle lui a coûté un effort sur lui-même. Il s'approcha du jeune *Erze Dragananich*, et le prenant par la main il lui dit : Je ne te recommande pas mes enfants. Je croirais t'offenser. Pense que c'est toi qui me les enlèves. C'est à toi que je les redemanderai par mes larmes et mes vœux. C'est autour de toi que mon ombre errante poussera des cris de vengeance, si la douleur de les avoir perdus me plonge dans le tombeau. Que l'envie de voir la ville, ouvrage de ta séduction, ne leur soit pas funeste. Ton père était mon ami, tu l'es aussi, j'en suis sûr. Mes enfants sont dans tes mains. Ton expérience les guidera, ton amitié les protégera. J'accorde à cette cruelle absence le terme de six mois. Ce temps suffit pour contenter leur curiosité, et pour rapporter quelques connaissances utiles. S'ils outrepassent ce terme, je jugerai qu'ils n'aiment plus ni leur père, ni leur pays. Et je descendrai dans la fosse avec moins de regret. *Dragananich* répondit : Si c'est une faute d'avoir fait naître dans tes enfants le désir de s'instruire pour être plus utiles à leur patrie, que le ciel m'en punisse. Je les prends sous ma garde, et je donne ma parole de te les ramener avant le terme prescrit tels que tu me les confie. Prenant alors ses deux fils par la main, *Pervan* monta avec eux au magasin, et ouvrait la grande caisse qui renfermait ses richesses. Il en tira d'abord deux superbes habits complets, qui avaient appartenu à son grand père, avec les ceintures et les bonnets, qui en dépendaient. Voici les habits d'un des grands hommes de notre race. Celui-ci je l'ai porté le jour de mes noces avec votre mère ; cet autre je l'ai mis le jour que je fis couper les premiers cheveux à mon aîné. Ménagez-les, pour que vos enfants puissent aussi les porter dans leurs jours solennels. Vous vous en parerez quelquefois à Venise, lorsque vous irez voir quelqu'un des *Staréscina*, qui gouvernent cette grande ville. Vous leur direz : Nous sommes les fils du fidèle *Staréscina* de la peuplade des *Narzevizca* à *Dizmo*. Voyez-en la beauté. Les boutons en sont d'or massif, travaillés à *Byzance*, avant que les Turcs en fussent les maîtres. Les bottines garnies en argent, les écharpes en soie et en cordons d'or, les ceintures de cuir recouvertes de pointes d'argent en beau dessein, sont le complément de ces habits. C'est ici la bourse pour le tabac, et une autre que vous ne porterez pas vuide. À ces mots *Pervan* cherchant dans le fond de la caisse, en tira un sac de peau rempli de vieux sequins, qu'il versa sur le plancher. On en compta six cents qu'il partagea également entre les deux frères. Voyez-vous cet or ? Il était là depuis plus de cent ans, toujours inutile aux *Narzevizca*. Puisse-t-il cesser de vous être nécessaire, dès que vous retournerez dans mon sein. Un grand bonnet de drap rouge fait à cylindre, entouré d'une belle pelisse, compléta l'habillement de chacun. Ils descendirent chargés de ce riche équipage, en remerciant leur père. Celui-ci prit *Dascia* à part, et lui dit à l'oreille d'aller choisir un habit complet de femme, le plus magnifique qu'il y eût dans la caisse, après celui qui avait paré la statue de *Catherina*, et de le mettre, dans le ballot de *Jella* à son insu, parce qu'il voulait la surprendre, et lui donner la satisfaction de briller autant que les hommes. *Dascia* ne devait pas en être jalouse. Au retour de *Jella*, les habits retournaient au magasin commun, à la disposition du *Staréscina*, qui en accordait l'usage à de tels jours seulement et à de telles personnes.

Il détache ensuite des parois de la cabane deux sabres damasquinés et deux paires de pistolets, qu'il remit aux deux frères, en disant : Que les armes de nos ancêtres servent à votre défense ! La force est dans le bras, mais le courage est dans le cœur. Prenez ces armes. Ne soyez jamais les premiers à les tirer, mais aussi ne soyez jamais les premiers à les remettre. Il ajoute deux poignards à manche d'argent doré, dans lequel on avait enchâssé plusieurs pierres colorées. Les ordres sont donnés, dit-il, et vous partirez demain. Vous aurez un chariot pour le bagage et pour *Jella*, qui doit prendre avec elle la petite *Anka*, ainsi que le second des enfants. Je garde avec moi les deux autres. Chacun de vous sera à cheval, et aura son domestique. *Vuke* vous accompagnera jusqu'à *Venise*, où il ne restera que trois jours ; et il reviendra me rendre compte de leur voyage, de leur arrivée et de leur état. Dès que je vous saurai à *Venise*, je cesserai de songer à votre départ, et je ne penserai plus qu'à votre retour. Vous aurez des provisions jusqu'à la mer. J'ai pourvu à tout, rien ne doit arrêter à présent l'exécution de votre projet. Je n'ai point de temps à perdre, si je veux le voir accompli. Mes enfants, je vous éloigne de moi le plus tôt que je puis, pour vous regagner de même et abréger ma douleur. Vous le saurez à votre tour. Le chagrin consume le cœur, comme le vinaigre ronge le fer, malgré sa dureté et son épaisseur.

Toutes ces dispositions avaient rempli la matinée, et l'on était prêt à se mettre à table, lorsque tout à coup une quinzaine de vieux chefs des familles principales des *Narzevizca* se présenta à la cabane de *Pervan*. Nous avons reçu ton ordre par *Vuko*, disent-ils, que nous veux-tu, ô *Staréscina* ? – Mes amis, mes parents, je vous ai convoqués, pour que vous veniez souhaiter un heureux voyage à mes enfants. Le désir de voir la ville les conduit à *Venise* sous la garde de notre ami *Erze Dragananich*. Cette curiosité n'est pas un caprice de jeunes gens. J'aurais su l'empêcher. Ils entreprennent ce voyage pour s'instruire, et vous communiquer ensuite ce qu'ils auront appris de plus utile pour vous. Ils vont apprendre à construire des fours, pour que vous ayez du pain meilleur ; à semer et cultiver l'ail et la ciboule, nos mets favoris, que nous recevons tous les ans contre tant de moutons et de fromages. *Jella* les accompagne. Elle se charge de bien connaître la manière de cultiver le lin, et de le travailler mieux que nous ne faisons. À son retour, elle montrera à vos femmes des ouvrages de broderie nouveaux, et de nouvelles façons d'assaisonner les mets de notre table. – *Staréscina*, répondirent les vieillards, nous prions Dieu que les *Vieschize* étrangères ne nuisent point à tes fils. Pour ce qui est des choses nouvelles, qu'ils veulent nous enseigner, nous n'en avons pas besoin. Nos pères ont toujours vécu, comme nous, et nous ne nous soucions pas que nos enfants vivent autrement. Si pourtant tu crois, ô sage *Staréscina*, qu'ils peuvent nous rapporter le secret de vivre plus longtemps, d'avoir plus enfants, de tirer plus de lait de nos vaches, tu fais très bien de les envoyer à la ville, et nous te remercions de ce que tu te prives pour notre bonheur de ceux, dont la présence fait le tien. Le vieux *Pervan* soupira, et vit toujours plus clairement l'inutilité de ce voyage par rapport au profit, que la nation en aurait retiré. Mais il dissimula. Je dois vous dire encore une chose, mes amis, avant que mes enfants me quittent. Si vous avez tous été contents de la manière, dont j'ai rempli jusqu'à présent les devoirs de ma charge, si j'ai fait prospérer vos troupeaux par le soin que j'ai eu de nos pâturages, si j'ai veillé avec tout le zèle à votre tranquillité, si enfin j'ai réussi à terminer parmi vous ces anciennes inimitiés, qui nous ont coûté tant de sang, je vous prie de me donner pour successeur celui de mes enfants que vous croirez le plus digne et le plus capable d'être à la tête de vos affaires. – Vis, ô bon *Staréscina*, notre père, notre juge, s'écrièrent à la fois tous les chefs des *Narzevizca*, vis pour voir les enfants de tes petits enfants, et pour leur choisir des épouses nouvelles. Vis pour la joie de tes frères, pour le bonheur de toute la population. Dieu ne permettra pas qu'une autre main que celle de tes fils ferme tes yeux, qu'une autre bouche que la leur entonne ta chanson de mort, et fasse le récit des belles actions de ta vie, que tout le village chantera jusqu'à la fin du monde ; ni qu'aucun autre grave sur ta tombe le *Kalpak* de *Vaivode*, marque de ta dignité. Vis, et chante plutôt toi-même l'une après l'autre les chansons mortuaires de chacun de nous. Nous te jurons pourtant tous au nom de nos enfants, les compagnons de *Stiepo* et de *Jervaz*, que lorsque cette lumière de sagesse, qui nous éclaire à présent, sera éteinte, lorsque tu ne seras plus, ô digne *Staréscina*, nous choisirons l'un de tes enfants pour te succéder et nous gouverner. Le poulain fils de l'étalon Arabe en hérite le feu et la beauté. *Pervan* remercia, embrassa tous les chefs, et leur fit embrasser ses enfants. Il leur présenta ensuite ses petits-fils, et voulut qu'ils amusassent les vieillards par les tours qu'ils avaient appris aux oursons, présent de leur père. Peut-être fut-il bien aise de leur rappeler ainsi la bravoure de *Jervaz*, et de faire pencher la balance en sa faveur. Il savait combien le mérite de la bravoure était imposant auprès de ses compatriotes. C'était bien plus à son duel avec le rival, dont il triompha au temps de ses noces, qu'à ses vertus et à sa sagesse, que *Pervan* devait son élévation. Mais le dîner qu'il fit servir, et le vin qu'il répandit avec plus de générosité qu'à l'ordinaire, achevèrent de lui gagner tous les cœurs, et assurèrent à ses enfants la charge en héritage. – Vers la fin du repas il ordonna solennellement à ses enfants de lui apporter la statue de *Catherina*, qu'il voulait ériger dans le lieu destiné aux divertissements et aux spectacles de la nation. Les chefs applaudirent. On pria *Dragananich* et les jeunes gens de choisir un habile sculpteur, et on les prévint de ne pas épargner l'argent. À la somme que *Pervan* aurait pu dépenser, chacun d'eux ajouta la valeur de deux moutons, et tous crièrent : Vive la *Velika Catherina* qui régit les *Slaves* du *Septentrion* et du *Levant*.

Après le repas les vieillards voulurent coucher dans la cabane pour voir le départ des fils du *Staréscina*, et le consoler dans les premiers moments de sa douleur. Les domestiques posèrent les bancs autour du feu, et les couvrirent avec des peaux. *Pervan* se coucha en rond avec les vieux pour leur faire honneur. Les femmes se retirèrent, *Dascia* le chagrin dans le cœur, *Jella* joyeuse d'accompagner son mari et d'aller voir des objets nouveaux, quoique fâchée de devoir quitter deux de ses enfants et son beau-père. *Nika* et *Vuko*, destinés à suivre les voyageurs, après avoir préparé et mis les hardes sur le chariot de *Jella*, allèrent aussi se coucher pêle-mêle avec leurs maîtres.

Le hibou de mauvais augure[4] avait poussé ses cris funestes toute la nuit sur la cabane des *Narzevizca*. Un des vieillards l'ayant entendu réveilla le *Staréscina* : Mon frère, écoute la voix de l'oiseau de mort, et

4 Si depuis le Moyen Âge au moins les hiboux et chouettes ont été considérés comme des oiseaux de mauvais augure, ni Alberto Fortis, ni Giovanni Lovrich ne mentionne cette superstition comme caractéristique des Morlaques.

empêche tes enfants de partir : car le malheur plane sur eux. *Pervan* affligé lui répondit : Si le sort le veut, leur perte est inévitable. Je connais mes enfants ; et s'il est dit qu'ils doivent périr, ils périront également du chagrin d'être forcés de rester, comme du malheur, dont ils sont menacés. J'ai promis, et ma parole est un arrêt du sort. Ma vie est attachée à celle de mes enfants. Je mourrai, s'ils ne reviennent point. Je mourrai, si je les vois languir devant moi, et s'attrister de n'avoir pu contenter leur désir. Le désir frustré du jeune homme violent est semblable au poison, qui fait dépérir et sécher sur pied le jeune arbrisseau.

Un autre vieillard, qui était poète, imagina d'égayer la conversation, en improvisant une chanson, dont les refrains étaient :

Les vaillants se mettent en marche. Ils converseront avec l'étranger, mais ils n'y chercheront pas de nouveaux frères.

Les vaillants partent dans le temps des frimas, parce qu'ils sont robustes.

Les vaillants reviendront au printemps pour danser avec les femmes Morlaques sur la prairie verte. Le père des vaillants verse des larmes de douleur au départ de ses fils : il en versera de joie à leur retour.

Mais la belle n'a pas voulu quitter les vaillants. La vigne traîne parterre, si elle n'est pas attachée à l'ormeau.

Les jeunes gens furent sur pied à l'aube du jour, et suivis de *Dragananich*, de leurs femmes et des gens de la suite, ils entourèrent à genoux le bon *Staréscina*. Plongé dans la tristesse, se relevant sur le banc et laissant tomber quelques larmes involontaires, il posa ses deux mains sur les têtes des enfants. Je vous bénis, mes fils, comme Dieu bénit notre premier père au moment qu'il venait de le créer. Je vous bénis par les étoiles qu'il a allumées sur nos têtes, par les épis qu'il fait sortir de la terre à nos pieds, par le feu qui soutient ma vieillesse. Je vous bénis sur la terre, sur la mer, dans les champs, dans la ville. Je vous bénis dans mon sein, comme vous avez été bénis par *Anka* au moment que vous êtes sortis du sien. Je vous bénis jusqu'à ma dernière heure, et pour tout le temps que je ne pourrai plus vous bénir. Tous les spectateurs fondaient en larmes. *Jella* s'approcha de lui. Il l'embrassa, et lui dit : Pars, mère des *Narzevizca*, sois gaie et obéissante, pour que mes enfants préfèrent ta compagnie à celle des femmes étrangères. Parle-leur toujours de ma douleur, pour qu'ils désirent de la terminer au plutôt. Je ne te dis pas que tes enfants auront besoin de toi. Quoiqu'absents, ils parleront eux-mêmes à ton cœur. – *Stiepo*, aime ton frère. Il est plus jeune que toi. Excuse-le dans ses erreurs, soutiens-le par tes conseils. – *Jervaz*, dépends de ton aîné. Je lui donne toute mon autorité paternelle. Vous avez d'ici à *Traù* trois jours de marche. *Vuko* connaît les villages de nos amis, il vous y mènera. Vous coucherez ces nuits dans des cabanes habitées par des *Morlaques*, chez lesquels le *Staréscina* de *Dizmo* est connu. Pendant les repas, vous entendrez mon nom dans les chansons, on vous y rappellera quelque événement de ma jeunesse : l'image de votre père se retracera dans votre sommeil, et le premier moment de votre réveil sera pour lui. – *Erze*, tu me vois, tu m'entends et c'est assez. Renvoie Vuko dès que tu seras à *Venise*. Il me parlera de votre arrivée. Partez, mes enfants. Je vais vous cacher mes dernières larmes. Il se retira au fond de la cabane avec quelques-uns de ses anciens amis, qui voulurent rester auprès de lui. Les femmes montèrent sur le chariot, les hommes furent à cheval dans l'instant, mais le barbe de *Jervaz* ne voulait partir. Quoique doux et accoutumé à le porter, il paraissait ne vouloir pas le souffrir. Tantôt se cabrant, tantôt reculant il vint à bout de se défaire de son cavalier. *Jervaz* se relevant sur le champ ne sentit dans cet accident que la honte d'avoir été jeté par terre, mais il n'en fut pas de même des autres spectateurs alarmés. Leurs cris firent accourir le vieux *Pervan*. Les autres le suivirent. Il voit le jeune homme irrité et confus, et le cheval qui s'échappe vers l'écurie. Son cœur se serre, il frissonne et s'adressant à *Jervaz* : Mon fils, il est encore temps, lui dit-il, reste avec ton père. *Jervaz* interdit jeta un regard sur la compagnie prête à marcher, et ne répondit autre chose que Mon père, l'on m'attend. Le *Staréscina* rentra, *Vuko* ramena le cheval, qui cette fois fut tranquille, et toute la troupe prit le chemin de *Starnazza*.

Ni les caresses des petits enfants, ni les discours des amis ne pouvaient consoler ou distraire *Pervan* abîmé dans la douleur. Sa tête penchée vers la terre, ses cheveux blancs abattus sur le visage, il était immobile, il n'écoutait rien. L'image de *Jervaz* renversé par le cheval au moment de son départ le frappait vivement, et ses derniers mots : Mon père, l'on m'attend retentissaient à son âme dans le sens le plus funeste. Malheureux père, fais seller ton cheval, présent du *Bacha Osman*[5], lorsque tu lui ramenas la fille que les *Haiducs* lui avaient enlevée, et que tu sus leur reprendre aidé

5 Non identifiable.

par les autres *Narzevizca*. Ce cheval, qui court comme le vent, atteindra bientôt tes enfants dans la marche. Arrête-les, défends-leur de partir, et tu sauveras ton bien-aimé. C'est ainsi qu'une fée propice parlait à son cœur. Mais en même temps quelque cruelle *Vieschize*, qui prévoyait les désastres de cette famille, et s'en réjouissait, lui fit sentir qu'il donnerait un exemple de faiblesse à ses enfants et à tous les *Narzevizca*, s'il allait se repentir de ce qu'il venait de faire. Prévoir le malheur et ne pouvoir l'empêcher, est une des conditions misérables de la nature humaine, source d'inquiétudes mortelles que la règle du seul instinct épargne, à ce qu'il paraît, à tous les autres animaux.

LIVRE TREIZIÈME

ARGUMENT

Voyage des frères Narzevizca. – Funérailles. –
Arrivée à Traù *et à Zara. – Rencontre avec* Marcovich. *– Éclipse.*

Jella regarda derrière elle tant qu'elle put distinguer sa cabane. En agitant son voile en l'air, elle faisait des signes à *Dascia* qui se tint immobile longtemps sur la porte. Les arbres et l'éloignement achevèrent la séparation. J'ai tant désiré d'accompagner mon époux. Je suis avec lui, je le vois, et malgré cela, d'où vient, ma chère *Nika*, que je me sens oppressée par un chagrin que je ne sais motiver ? Il est lui-même triste et rêveur. J'ai pourtant cousu ce matin le *zapisi*, présent de la bonne *Baornizca*, dans sa ceinture, et je ne dois craindre aucun sortilège pour lui avec un tel préservatif. *Nika* cherchait à rassurer sa tendre maîtresse, tandis que les jeunes gens conversaient entre eux. Notre père nous a permis, disait *Jervaz*, de rester absents six mois. Mais je te prie, *Stiepo*, ne le soyons que cinq. Quelle joie pour lui que la surprise de nous voir de retour un mois plutôt qu'il n'espère ! – N'employons le temps qu'à nous instruire. Rapportons du voyage des connaissances utiles et allons les mettre en pratique le plutôt possible pour le bonheur de nos frères. Le premier jour ils traversèrent lentement la belle plaine de leur district et parvinrent le soir au village des *Brancovich* au pied de la montagne de *Crisiza*. Le lendemain fut employé à la franchir et ils se reposèrent le soir dans la cabane du vieux *Zaostrog*[1], *Staréscina* de *Cozigne-Berdo*[2]. Ce village est situé à l'entrée de *Drazzaniza*[3] la pierreuse, vallon stérile et ingrat. *Vuko* les y avait précédés et ils furent rencontrés par le chef et sa famille. Ils trouvèrent partout l'accueil le plus hospitalier des caresses,

1 Plutôt qu'un anthroponyme, Zaostrog est un toponyme. Il s'agit du lieu natal de Kačić Miošić.

2 Lieu situé entre Clissa et Scign, dans la région de Spalatro, voir Fortis, *op. cit.*, p. 150.

3 Vallée près de Clissa, voir Fortis, *op. cit.*, p. 150.

des soupers, des petits présents. Les *Morlaques* poussèrent la délicatesse jusqu'à célébrer dans les chansons du soir la valeur et la prudence de *Pervan Narzevizca*, dont la réputation s'étendait à vingt milles à la ronde.

Le troisième jour *Erze Draganich* voulut devancer ses compagnons à *Traù*[4] sur la mer, pour y préparer leur logement et y arrêter le vaisseau. Les jeunes gens avançaient peu dans leur marche ralentie par le chariot et par les dangers d'un chemin étroit, pratiqué sur des éclats du roc qui sortaient des flancs de la *Clapavizza*. Dès qu'ils eurent passé les précipices, ils firent halte, et à la vue du beau pais qui s'ouvrait devant eux ils dînèrent[5] sur un terrain en pente au bord d'un ruisseau qui descendait en serpentant. Leurs discours ne roulèrent que sur Dizmo, sur leur bon père, sur *Dascia* et les enfants et sur les occupations qu'on supposait à chacun dans ce moment-là. Leurs cœurs n'étaient pas encore partis de chez eux. L'aspect d'un nouveau ciel et d'un horizon inconnu ne leur avait point jusque-là causé une diversion de sentiments. L'après-dîner ils firent plus de chemin et ils étaient déjà à un quart de mille de l'habitation de *Marnan*, d'où l'on voyait la forteresse de *Clissa*[6] s'élever sur le roc, lorsque *Vuko* venant à leur rencontre, Nous arrivons, dit-il, dans un temps de deuil et de malheur chez les amis de votre père. *Marnan*, l'ancien *Staréscina* de *Rostar* est mort depuis hier. Ses enfants sont auprès de son corps et le pleurent. Ils invitent les enfants de l'ami de leur père à le pleurer avec eux et à chanter sa chanson de mort. Les *Narzevizca* se hâtèrent d'aller remplir les devoirs funèbres que tout *Morlaque* doit rendre aux trépassés. Ils ne furent reçus par personne en entrant dans la cabane. Toute l'assemblée, hommes et femmes, était assise autour du cadavre qu'on contemplait en silence. Au moment que *Jella* et les deux frères parurent sur la porte, les cris et les lamentations recommencèrent. Les nouveaux arrivés se mirent immédiatement d'accord, et les femmes de Dizmo crièrent aussi haut que la veuve et les orphelins de *Rostar*. *Jervaz* s'approcha du mort et prit place auprès du fils, pour l'aider de sa voix à pousser des hurlements plus sonores. Le corps était étendu par terre au milieu de la cabane, enveloppé de linge blanc, la tête nue et le visage découvert. Deux grandes moustaches en relevaient l'air

4 Ville sur la côte croate. Voir Fortis, *op. cit.*, p. 119-135.

5 Le dîner est le repas du milieu de la journée à l'époque de Wynne.

6 Situé en arrière de Salona, il s'agit d'un terrain peu accessible et dangereux pour les chevaux. Voir la note de la traduction italienne, *op. cit.*, p. 180.

majestueux. De temps en temps un cri plus long et soutenu annonçait qu'on allait chanter à la louange du mort et c'était quelqu'un de la compagnie, dont la douleur et les talents payaient au défunt ce tribut d'amitié et de respect.

Chanson de mort pour le Staréscina
de Rostar[7].

Qui nous guidera encore sur les frontières des Turcs, *pour leur enlever le bétail ?*

Qui jugera des meilleurs coups et donnera le prix au bras le plus robuste ?

Qui mènera l'épouse à l'époux avec pompe et joie, si notre chef est mort ?

Qui nous éclairera de ses conseils, comme notre père, dont la prudence égalait la clarté des flambeaux qui dissipent les ténèbres ?

Que t'avons-nous fait, Marnan, *pour que tu nous quittes ? Nous t'aimions, nous obéissions toujours à tes ordres, ô brave Staréscina.*

Mes frères, il nous écoute, il nous entend. Nos voix descendent jusqu'à lui, mais la sienne ne peut plus monter jusqu'à nous.

Les femmes se levaient de temps en temps et allaient parler bas à l'oreille du mort. Les hommes avaient leur tour et s'approchaient de l'oreille opposée. C'étaient des commissions pour l'autre monde. On portait à la ronde des viandes rôties, des gâteaux, de l'eau de vie. Les uns mangeaient et buvaient, tandis que les autres continuaient à crier, et les lamentations ne furent jamais interrompues pendant toute la nuit. Le lendemain de grand matin les parents les plus éloignés et les amis vinrent prendre congé du mort.

Tu nous forces à te quitter, tu ne veux plus rester avec nous. Que la paix éternelle soit avec toi ! Ne viens pas troubler notre repos, en errant

7 Nodier cite intégralement ce chant de deuil dans sa présentation élogieuse des *Morlaques* au sein de ses *Mélanges tirés d'une petite bibliothèque* (1829) après avoir salué l'ensemble des chansons comprises dans le roman de Wynne : « Les morceaux de poésie esclavonne sont généralement bien choisis, et le style de la traduction a quelque chose de la naïveté, du nerf et de la couleur de l'original. Il seroit à souhaiter que nous eussions de tous les pays qui peuvent nous intéresser par l'originalité de leurs mœurs, et fournir à nos muses fatiguées de nouvelles inspirations, des tableaux aussi fidèles et aussi agréables. » Charles Nodier, « Rectifications de quelques méprises bibliographiques sur un livre précieux. – Considérations sur les Poésies primitives. – Exemples tirés de la Littérature slave », *Questions de littérature légale. Du plagiat, de la supposition d'auteurs, des supercheries qui ont rapport aux livres*, Paris, Crapelet, 1828, p. 192.

sur les bords du marais. Ne frappe pas nos yeux par la flamme bleuâtre qui s'élève à la rencontre du voyageur nocturne et qui t'annonce au *Morlaque* épouvanté. Nous avons veillé et nous veillerons sur ta dépouille jusqu'au moment de la déposer dans le tombeau : nous empêchons qu'aucun animal ose la souiller en passant sur elle. Nous craindrions que devenu *vampir* altéré tu ne vinsses sucer le sang de ta postérité et de tes compatriotes. Reste avec nos perès, et prépare-nous un bon accueil, lorsque nous viendrons te rejoindre.

Les prêtres parurent et demandèrent à enlever le corps, ce qui fit redoubler les lamentations et les hurlements. On l'accompagna en grand cortège à l'endroit de sa sépulture, et les *Narzevizca* voulurent en être. Chacun jeta de l'eau bénite sur le mort ; et les femmes, toujours plus énergiques dans l'expression du sentiment, laissèrent sur lui des éponges qui en étaient trempées, pour que la provision lui durât plus longtemps. Ensuite à mesure que chacun jetait un peu de terre sur le cadavre, il lui recommandait sa commission et se retirait. Sur la pierre sépulcrale on voyait gravé le *Kalpak*, marque de la dignité de *Staréscina* et un sabre qui coupait un croissant en deux, pour indiquer qu'il avait souvent battu les *Turcs*.

Les voyageurs suivirent la compagnie de retour à la cabane, mais ne voulurent pas rester au grand repas par lequel les obsèques et les devoirs funèbres se terminent. On le commence par une reprise de cris et de plaintes, et il finit souvent par une ivresse générale.

Les enfants de *Marnan* embrassèrent et remercièrent les *Narzevizca* qui en partant ne lâchèrent point les coups de pistolet à cause de la circonstance.

Ceux-ci menés par le diligent *Vuko* arrivèrent avant le soir aux portes de *Traù* où ils furent rencontrés par *Dragananich* qui les ayant promenés par la ville, les logea dans une maison commode où ils furent reçus et servis avec des façons toutes nouvelles pour eux et surtout pour *Jella*. Celle-ci était dans un étonnement continuel. Sa curiosité ingénue lui suggérait à tout moment des questions ; souvent elle n'était pas contente des réponses, soit qu'elle ne comprît pas les explications, soit qu'elle ne les trouvât point de son goût. Quoiqu'*Esclavonne*, la ville de *Traù* ne diffère pas beaucoup dans les objets qu'elle présente et dans ses usages de toute autre petite ville d'*Istrie* ou d'*Italie*. Les meubles des maisons, les boutiques des métiers et des objets en vente, les variétés dans l'aspect et dans le costume des habitants, quoiqu'à d'autres yeux leur habillement eût beaucoup de rapport à l'habillement *Morlaque*, tout cela fournissait une matière inépuisable à l'admiration ou du moins à la surprise de *Jella* et à l'intérêt des jeunes gens.

Il y eut bien des choses qu'elle sut trouver à sa manière déraisonnables et incommodes. Elle jeta loin d'elle des souliers de femmes, le corps de baleine qu'elle vit à la maîtresse du lieu et plusieurs ornements, dès qu'en voulant tout essayer elle rencontrait quelque chose qui la gênait. En ouvrant son lit, prête à s'y coucher, elle ne l'osait. Il lui paraissait que c'était dommage de déranger de si belles choses. Enhardie par l'exemple de son mari, s'y étant mise : Oh je veux que nous portions à notre père une couche pareille. Qu'il sera heureux de reposer ses membres aussi mollement ! Le foin nouvellement coupé, le gazon de la prairie, ne sont pas aussi tendres que ce banc si vaste et si joli.

Pendant les trois jours qu'on s'arrêta à *Traù*, les hommes moins neufs dans la ville s'accoutumèrent aux objets et ils en étaient moins affectés. *Jella* les divertissait toujours, surtout ne dissimulant jamais ni sa surprise ni son ignorance, ce qui ne leur arrivait point, parce qu'ils avaient plus de vanité et moins de bonne foi. *Jervaz* lui présenta un gobelet vide du plus beau cristal. La jeune femme empressée le laissa tomber et fut au désespoir de le voir brisé en morceaux. Revenue du saisissement et consolée par les autres, elle en ramassa les plus petits éclats qui lui paraissaient tous précieux. Elle ne manqua pas tout de suite d'en prendre un autre, mais bien serré entre deux mains, au travers duquel elle regardait tantôt son mari, tantôt son beau-frère. C'est plus luisant, disait-elle, que la rosée du matin, plus blanc que la neige sur le toit de notre cabane, plus dur que les glaçons répandus sur nos lacs.

Le maître du bâtiment ayant averti les jeunes gens que le vent était favorable pour la traversée du golfe, *Vuko* s'achemina au port avec le bagage, après avoir confié les chevaux et le chariot en des mains sûres. *Jella* s'habilla de son mieux. Les regards avides des curieux, les regards envieux et malins des autres femmes avaient éveillée dans la jeune *Morlaque* l'instinct naturel de la coquetterie, c'est-à-dire l'envie d'être trouvée jolie par les hommes et la prétention de valoir autant qu'une autre femme. Elle plaça avec grand soin une belle plume sur son bonnet, y arrangea un *marâme* élégant, dont les bouts joliment brodés pendaient sur le devant de sa jupe. La ceinture était plus riche qu'à l'ordinaire en coquilles, médailles et boutons. Mais aussi n'avait-elle pas oublié les petites croix d'étain, pour garantir sa personne et celle de son mari, en le tenant par le bras, du mal qu'il y aurait à craindre des *Vieschize* de la mer. L'on traîna plutôt que l'on ne fit marcher *Jella* jusqu'au port.

Tout ce qu'elle voyait de nouveau pour elle et presque tout l'était, lui faisait arrêter le pas et tourner ses yeux avides de tout côté. Mais l'aspect du port et de la mer, le bruit des vagues et les cabanes flottantes[8] (nom qu'elle donna aux vaisseaux) achevèrent de la confondre. La quantité et la variété du monde répandu sur le rivage détermina sa curiosité impatiente. Elle adressa librement la parole plusieurs fois à ceux qui l'entouraient. S'ils ne lui répondaient pas, faute de la comprendre, et s'ils répondaient dans une autre langue que la sienne, elle les quittait avec mépris. Si c'était quelqu'un des siens ou qui sût l'*Esclavon*, elle s'écriait avec une grande joie : Il parle, il parle. Comment t'appelles-tu ? Combien êtes-vous ? Je suis *Toposnich.* Nous sommes quatre-vingts. Mon mari est *Narzevizca.* Ils sont plus de cent. Elle vit des marrons, du fruit sec. Elle en prit en passant. Le vendeur courut après pour être payé. *Jella* se fâcha. N'as-tu pas de honte de demander de l'argent pour m'avoir offert à manger ? Viens chez nous, lui dit-elle, et tu auras des gâteaux, des pommes et du mouton pour rien jusqu'à satiété. Nous te remercierons même d'en avoir pris plutôt chez nous que chez d'autres. *Erze* riait, les deux frères étaient honteux de la simplicité de leur compagne. Les premières atteintes de la corruption avaient entamé leurs âmes ; sans cela, auraient-ils pu rougir de l'ignorance de *Jella* ?

Au moment que nos voyageurs allaient s'embarquer, un autre bâtiment tout à côté levait l'ancre pour partir. Le Capitaine debout sur le tillac regardait les étrangers qui montaient dans le vaisseau joignant au sien. Mais que devint *Marcovich* (car c'était *Marcovich* lui-même qui se rendait à *Venise* pour passer à Pétersbourg) lorsqu'il reconnut *Jervaz* et *Jella* ? La vue de sa maîtresse[9] lui fit monter d'abord le sang au visage. L'instant d'après son sang se porta au cœur pour résister aux mouvements impétueux de sa colère et il devint pâle comme un spectre

---

8 Comme Jella, Zilia, l'héroïne des *Lettres d'une Péruvienne* de Françoise de Graffigny, décrit le bateau qu'elle découvre sous le nom de « maison flottante ». Les auteures mettent ainsi en scène le « regard étranger » des prétendus sauvages ; voir F. de Graffigny, *Lettres d'une Péruvienne*, éd. Rotraud von Kulessa, Paris, Classiques Garnier, 2016, Lettre 3, p. 74.

9 Le terme « maîtresse », d'après le *Dictionnaire de l'Académie française* (1762) : « se dit des filles et des femmes qui sont recherchées en mariage, ou simplement aimées de quelqu'un. »

irrité. En fixant cette jeune femme il sentit que le temps n'avait en rien diminué la violence de sa passion. Le dépit de l'avoir perdue la lui fit même paraître embellie. D'ailleurs les âmes féroces aiment rarement plus d'une fois dans leur vie. *Jervaz* d'un air tendre et empressé donna la main à *Jella* pour monter dans la barque. *Marcovich* à cet aspect éprouva toutes les fureurs de la jalousie. Il porta précipitamment la main sur la garde de son sabre et fit quelques pas vers le bord du vaisseau pour aller massacrer son heureux rival. Au même instant *Jella* ayant jeté les yeux sur lui s'écria : Voilà *Marcovich*, l'ami de notre père. *Dragananich* et *Stiepo* élevèrent en même temps leur voix : Dieu te garde, *Marcovich*, et te donne un bon voyage. *Jervaz* se contenta de le saluer par un signe sans lui rien dire. Ces mots d'amitié, le souvenir du vieux *Pervan* et la satisfaction de se voir amicalement reconnu par *Jella*, opérèrent une révolution subite dans l'âme de *Marcovich*. La main qui serrait déjà la poignée de son sabre, se porta par un mouvement involontaire sur son cœur. Il ne fit aucune réponse aux jeunes gens, mais se retirant à la hâte dans la chambre du bâtiment il cria : Éloignons-nous d'ici, Capitaine. Lève l'ancre le plutôt qu'il est possible. *Erze* et *Stiepo* remarquèrent l'acte incivil de *Marcovich* qui n'avait pas répondu à leur salut, mais ils ne voulurent point le relever, connaissant la vivacité de *Jervaz* et l'ancienne querelle qu'ils avaient eue ensemble. Heureusement il était occupé alors à bien placer son épouse et n'avait pas pris garde à ce qui s'était passé. *Jella* dit qu'elle avait trouvé *Marcovich* bien vieilli depuis le temps qu'elle ne l'avait vu : Oh ma *Jella*, il s'en est passé beaucoup, lui répondit *Jervaz*, depuis l'heureux moment que tu me donnas la préférence sur lui. Je te remercie de toute mon âme de ce que tes enfants m'appellent leur père. Chère *Jella*, tu pouvais donner des enfants à *Marcovich* et tu as voulu être la mère des *Narzevizca*.

Le vaisseau de *Marcovich* s'éloignait à pleines voiles et bientôt on ne songea plus à lui. Quelques heures après, nos voyageurs se virent au large aussi, et *Jella* paraissait déconcertée de ne plus voir devant elle que ciel et eau. Non, disait-elle, il n'est pas possible que nous regagnions jamais la terre. La vie d'un homme ne suffirait point à franchir cet espace immense de mer que je vois autour de moi. Au moins sur ma *Cettina*, même dans les endroits où je n'entendais plus les voix de mes compagnes au bord opposé, je voyais toujours la terre, Oh mes amis, où sommes-nous ? De quel côté sont nos pères, nos enfants ?

Où est la terre qui les porte ? Elle est disparue. Pourrons-nous jamais la retrouver ? Les deux frères étaient aussi frappés de crainte par la nouveauté de l'aspect et à cause des exclamations de *Jella* désespérée. Mais la honte et un peu plus de force les rendaient muets, *Dragananich* les assurait que ce n'était qu'un petit trajet, dont ils verraient bientôt le terme ; et qu'avant d'arriver à *Venise*, il les ferait encore descendre à terre. Croyez à votre ami qui a bien plus fait de chemin sur la mer que vous n'en avez fait dans les champs. Une grosse vague poussée par le vent favorable n'en faisait pas moins tressaillir *Jella* qui jetait les hauts cris, et frissonner tout bas les deux *Morlaques*. La jeune femme éperdue ne savait plus que faire. Tantôt elle invoquait les saints et la *Baornizca*, tantôt elle disait des injures à *Dragananich :* Sans toi, nous ne serions pas ici exposés à devenir la proie des monstres qui nous attendent au fond de l'eau. Si les lacs de *Knin* sont habités par de grands poissons velus qui ont effrayé quelquefois nos frères, sans doute ce lac immense que vous appelez la mer, doit contenir des bêtes horribles et assez grandes pour engloutir la barque entière. Elle vit alors les deux frères abattus et souffrants par le roulement du vaisseau. Vous voilà punis de votre curiosité. Je ne souffre pas moi qui ne vous ai suivi que par obéissance. *Erze* tâcha de lui expliquer la chose et de l'encourager par son exemple, en lui promettant que ce mal allait bientôt cesser, puis que dans peu ils reverraient la terre et y descendraient. La petite île de *Zuri*[10] n'était pas loin et il dit au Capitaine d'y relâcher, pour rassurer ses amis et y charger de l'huile et du vin.

Le vieux *Pervan* dans ce temps-là allait, venait, visitait ses amis et retournait chez lui le soir toujours plus triste. Sa cabane lui était devenue insupportable depuis qu'il n'y voyait plus ses enfants. Les caresses de ses petits-fils, les attentions de *Dascia* ne pouvaient calmer son inquiétude. Où sont nos amis à présent ? disait-il à *Dascia*. Le temps est beau ; mais l'est-il aussi sur cette mer qu'un voyage de plusieurs jours sépare de notre pays ? N'as-tu pas entendu quelquefois le tonnerre gronder sur nos montagnes, et n'as-tu pas vu la pluie fondre sur nos vallées, tandis que notre plaine était éclairée par le plus beau soleil ? – Sans doute ils pensent à nous, ô mon père, répondait *Dascia*. Le bourdonnement de mes oreilles m'en avertit souvent pendant le jour. Et la nuit j'ai déjà

10 Il s'agit de l'île appelée Surium chez Pline. Voir la note de la traduction italienne, *op. cit.*, p. 290.

senti plusieurs fois ma joue échauffée comme par l'haleine de quelqu'un qui s'approchait de moi. Mon époux me désire, je ne puis en douter.

Un soir le bon *Staréscina* dans les champs au clair de la lune montrait à ses petits-enfants la manière de lancer un caillou en l'air, lorsque tout à coup il fut frappé par la vue du phénomène le plus effrayant pour les *Morlaques*. C'était une éclipse lunaire complète. Au milieu d'un ciel pur et étoilé, la lune s'obscurcit et devint d'un rouge noirâtre comme du sang caillé. Au lieu de répandre la lumière, elle paraissait elle-même une tâche dans la grande voûte. Environné de ténèbres, saisi d'épouvante, *Pervan* prit ses enfants par la main et se sauva au plus vite dans la cabane en s'écriant : Nous sommes perdus, nous sommes perdus. Quel que grand malheur va nous arriver. *Dascia*, les femmes et les domestiques se serrèrent autour du vieillard dans la plus grande consternation. Ô mes enfants, mes enfants, je ne vous verrai donc plus ! Toutes les fois que la lune ou le soleil se sont obscurcis à mes yeux, comme à présent, le malheur a causé des ravages dans ma famille. *Anka* mourut un mois après une pareille apparition et une, autrefois le feu du ciel brûla trois de mes *cimbla* remplis de grain. Mes enfants, mes enfants, je ne vous verrai donc plus ! Peut être allons-nous périr tous. La lune est éteinte. Le soleil même qui nous donne le jour, n'est plus qu'une partie d'un des trois grands flambeaux qui éclairaient l'univers. Dieu, mes amis, en avait créé trois. Ils s'échangeaient, ils se succédaient tour à tour. Les saisons étaient également bonnes et agréables. Il n'y avait point d'hiver. Différents degrés de chaleur entretenaient toujours la terre échauffée. Elle produisait tout ce qui est nécessaire à l'homme sans avoir besoin d'être remuée à la sueur de son front. Le serpent[11], ennemi de la clarté et de l'homme, ayant été puni par l'Éternel du mal qu'il nous fit au commencement de la création, voulut se venger. Il alla sur les plus hautes montagnes. Il y prit des ailes et s'élança contre les soleils qui parcouraient le ciel. Il en avala deux et tenait déjà dans sa bouche le troisième, lorsque Dieu s'en étant heureusement aperçu lui fit lâcher prise. Le serpent ne put en engloutir que la moitié, et forcé d'ouvrir la bouche laissa sortir l'autre moitié du soleil que nous voyons, et qui nous épargnerait aussi la moitié de nos fatigues, s'il était entier. Dieu irrité de la méchanceté du serpent lui ôta les ailes et le condamna à se cacher dans les antres et

11 G. Wynne tire ce mythe de l'ouvrage de G. Lovrich, *op. cit.*, 189-190.

à ramper sur la terre. Le serpent est toujours notre plus grand ennemi, mais nous n'avons plus à craindre de sa part rien de semblable. Ainsi d'où nous vient ce nouveau malheur sinon de Dieu qui va répandre les ténèbres de la désolation sur les *Morlaques* ? Oh mes enfants, prions-le de suspendre sa colère, de faire grâce aux *Narzevizca*. Ils tombèrent tous à genoux et la lumière commença à reparaître. Les prières et les cris redoublaient. La lune se débarrassa et remplit le ciel de sa brillante et douce clarté. Les bonnes gens sortirent de la cabane transportés de joie et persuadés de devoir le salut à leurs prières. Ce ne furent plus que des actions de grâce, des chansons et de la danse.

Le seul *Pervan* ne peut prendre sur lui de se réjouir avec les autres ni de surmonter le chagrin intérieur qui le rongeait. Pour peu que la superstition et l'imagination s'accordent avec la sensibilité, les effets tristes en sont inévitables. La raison n'y est pour rien, même lorsqu'elle pourrait tirer parti de la superstition même pour détruire une crainte ou adopter une espérance. En un mot une âme très sensible et alarmée explique tout en mal et rejette tout moyen de se rassurer. Quelques jours après, la tristesse regagna la cabane comme auparavant. Un morne silence régnait partout et les enfants mêmes s'ennuyaient. Le vaisseau des voyageurs était arrêté à *Zuri*[12]. L'éclipse fit impression sur eux aussi, mais plus distraits par la nouveauté de leur situation et rassurés par le ton plutôt que par les raisons de *Dragananich* qui tâcha inutilement de leur expliquer le phénomène, ils furent bientôt remis de leur frayeur. *Jella* après avoir couru quelque temps sur le rivage et vu de près des arbres et des cabanes, revint souper au vaisseau. Après quoi, *Dragananich* voyant son monde endormi et le temps favorable, fit remettre à la voile pour se tirer de cette multitude de petites îles qui bordent la côte de *Pacossiane*[13] et s'approcher de *Zara*. *Jella* à son réveil, ne voyant plus la terre que l'on avait quittée, se retrouvant encore au milieu des eaux, retomba dans la surprise. Mais son mari et son beau-frère n'étant plus si malades, elle-même s'était un peu plus accoutumée. Le désespoir et les alarmes des premiers jours diminuèrent. Elle imagina même que tout cela s'opérait par enchantement et que leur ami *Erze* avait quelque bonne et puissante fée pour *Poséstrime*. Son opinion fut approuvée et reçue

---

12 Île dans la région Sibenico, voir A. Fortis, *op. cit.*, p. 110.

13 Voir la note de la traduction italienne, *op. cit.*, p. 293 : lieu mal famé, près du lac de Vrana.

par les deux frères ; et l'on y gagna d'être plus tranquille et courageux le reste du voyage. Vers le soir la côte reparut et montra à leurs yeux le port et la ville de *Zara*. Le coup d'œil était nouveau pour eux. La quantité des barques, l'affluence du peuple et des matelots, et l'aspect d'une ville plus considérable que tout ce qu'ils avaient vu jusqu'alors, leur causa autant de plaisir que d'étonnement. Ne pouvant pas sortir du vaisseau avant le lendemain, selon les règlements du port, *Erze* appela un batelier et l'envoya en ville avec des ordres secrets. Une heure après l'homme de retour lui remit plusieurs paquets que les *Narzevizca* prirent pour des provisions. C'était des feux d'artifice avec lesquels il voulait fêter pendant la nuit son heureuse arrivée jusque-là et surprendre en même temps ses amis par un spectacle qui leur était sûrement inconnu.

Dans ces entrefaites, voilà un autre bâtiment plus petit que celui d'*Erze*, qui arrive et se place à sa droite. Le Capitaine de celui de *Dragananich* le fit tout de suite remarquer à ses passagers, en leur disant : Voyez le Capitaine *Tricolaz* qui mène *Marcovich*. Son bâtiment est plus petit que le nôtre. Il est parti avant nous et malgré cela nous sommes ici deux heures avant lui. *Marcovich* qui est fier, sera furieux d'être arrivé le dernier. *Marcovich* connut aussi le bâtiment qui portait *Jella*, et se sentit piqué de ce que les *Narzevizca* eussent aussi sur lui le petit avantage de l'avoir devancé dans cette course. Cet accident ne laissa pas d'augmenter sa mauvaise humeur.

Dragananich content et joyeux fit servir un bon souper à ses amis et voulut que le Capitaine et les matelots prissent part à la satisfaction qu'il éprouvait, en se voyant avancé heureusement dans son voyage, et se flattant que son projet allait réussir par la docilité et le profit qu'il remarquait dans ses élèves.

Le vin anima bientôt toute la compagnie. On commença à chanter et des chansons on passa à la danse en rond. *Jervaz*, dans l'accès de sa joie, avait répandu de l'argent parmi les matelots. Les *Vive les Narzevizea, vive la belle Jella*, remplissaient l'air silencieux de la nuit et frappaient souvent les oreilles de *Marcovich.* Quelquefois les matelots s'avisèrent aussi de crier *Vive notre Capitaine qui a devancé Tricolaz*. Tout cela ne laissait point d'aigrir les esprits dans le vaisseau voisin. Mais *Marcovich* n'avait encore entendu aucun cri offensant de la part des *Narzevizca.*

L'accident le plus imprévu, le plus léger fut la cause du plus grand des malheurs. *Dragananich*, ayant donné le signal à l'un des matelots, plusieurs fusées partirent tout d'un coup et causèrent l'étonnement le plus stupide dans les deux frères et dans la jeune femme. Un petit sifflement qui annonçait et suivait la trace brillante d'une belle lumière ; la longueur, l'élévation de cette espèce de foudre ; son développement au plus haut des cieux ; la quantité d'étoiles éblouissantes qui en pleuvaient ; tout cela, selon *Jella*, ne pouvait être que l'ouvrage de la fée *Poséstrime* de *Dragananich*. Revenue de la première surprise, elle sautait, elle criait, elle paraissait vouloir s'élancer après. Les jeunes gens échauffés par le vin, égayés jusqu'à la folie par ce nouveau spectacle réjouissant, faisaient un bruit épouvantable ; et leur joie rongeait l'âme envenimée de *Marcovich*. Sa pensée était de sang, ses désirs étaient de mort[14]. Il ne pouvait bientôt plus se contenir. *Jervaz*, curieux, s'approche du matelot qui faisait partir les fusées, lui prend la mèche des mains et veut mettre le feu à une qu'*Erze* lui présente. Il ne réussit pas bien à la première qui tomba dans l'eau. Mais ce fut bien pis à la seconde qui malheureusement alla crever droit sur la voile du bâtiment de *Marcovich* et y mit le feu au moment que les matelots étaient occupés à la rouler. *Marcovich* toujours les yeux sur les *Narzevizca* avait très bien distingué la main de *Jervaz*. Sa fureur monta au comble. Il crut que c'était à dessein qu'on avait dirigé sur lui la funeste fusée. Un hurlement sortit de son sein, il court au cabinet pour prendre ses armes. Le Capitaine s'en aperçoit et le retenant fortement entre ses bras : Arrête, brave *Marcovich*, lui dit-il. La nuit est sombre. Tu pourrais manquer ta vengeance. Il vaudrait mieux nous jeter dans notre esquif et aller attaquer et punir ces impertinents qui nous insultent. Mais ils sont le double de nous et du haut de leur tillac ils peuvent nous assommer avant que nous puissions les atteindre. – Non, je n'attendrai pas, disait *Marcovich* en se débattant. Tu ne sais point l'injure qui m'a été faite par ces *Narzevizca*, mes plus cruels ennemis. Le sang de *Jervaz*, que dis-je le sang ? Les tourments les plus affreux, les plaies les plus profondes doivent signaler la vengeance de *Marcovich* sur ses lâches adversaires. Laisse-moi. Je vais me jeter à la nage. Je n'en veux pour le moment qu'à *Jervaz* le premier. Je tuerai ensuite tous les autres parce qu'ils sont ses amis. Que *Jella* le voie expirant sous mes coups, qu'elle apprenne à connaître celui qu'elle a négligé. – *Marcovich*, arrête-toi. La vengeance de l'homme sage ne doit pas être compromise au hasard. Tu la tenterais

14 Pour la vengeance de sang, voir Fortis, *op. cit.*, p. 47.

inutilement à cette heure ; et tes ennemis qui doivent pleurer, riraient bientôt des pleurs que ta rage inutile te ferait répandre. Je suis offensé, comme toi. Comme toi, je veux du sang. Écoute-moi, et nous aurons celui des *Narzevizca*. Laisse débarquer ces étourdis. Nous les suivrons, nous les rencontrerons, ils tomberont massacrés par nos mains, eussent-ils cherché leur asile aux pieds de l'autel. – Oui, dit *Marcovich*, je me rends. J'attaquerai *Jervaz* en plein jour, pour voir jaillir son sang. J'enfoncerai ma main dans ses blessures, je porterai moi-même sa tête à *Jella*, je la ferai rouler aux pieds de la cruelle qui se rit de ma peine. Enferme-moi, Tricolaz. Ne me laisse plus voir les infâmes qui m'outragent. Lorsqu'ils seront descendus à terre, tu viendras me délivrer. Je me précipiterai sur leurs pas. J'aurai *Jervaz* sanglant, mourant sous mes pieds. Oui, tu dis bien. L'homme qui ne tue point son ennemi, n'est pas digne de voir le jour. Les querelles sont pour les jeunes gens qui ont besoin d'éprouver leur courage. La vengeance de l'homme prudent doit être complète.

Jervaz, *Stiepo*, *Jella* ne se doutaient pas du malheur qui les menaçait. Ils avaient bien remarqué que la fusée était tombée dans le vaisseau de *Marcovich*, ils avaient même entendu quelques cris. Mais ils criaient si fort eux-mêmes et ils étaient si occupés de leur joie qu'ils ne pensaient à autre chose qu'à la prolonger. Enfin ils se couchèrent et leur sommeil fut tranquille, *Stiepo* seul crut entendre une voix qui lui disait : Retourne, retourne en *Morlaquie*. Il s'éveilla et le dit aux autres. *Jervaz* s'en moqua et railla son frère sur le vin qu'il avait bu. *Jella* n'en fit pas de même. Cet accident rappela toutes ses craintes qui n'étaient qu'assoupies par les distractions. Ô mon frère, ô mon époux, c'est sûrement la voix du ciel qui a parlé. (Elle n'osait dire de la *Baornizca* dont elle n'avait pas oublié les prédictions). Voilà un grand voyage que nous venons de faire, des villes que nous avons vues et quantité de belles choses que nous avons appris à connaître. Ne nous éloignons pas davantage. C'est assez ; allons, allons consoler notre bon père. Le cœur me dit que ce voyage ne sera pas heureux. Contentons-nous de ce qu'il l'a été jusqu'à présent. Les jeunes gens ne l'écoutèrent point. En même temps on annonça le bateau que *Dragananich* avait fait venir pour descendre à terre. Toute la famille y entra avec les domestiques, et leur ami les mena chez un de ses correspondants dans une maison des plus apparentes et des mieux situées de la ville. Il avait besoin de faire quelque séjour à *Zara* pour son commerce et voulait même commencer là à donner quelque instruction à ses amis. Après avoir tantôt contenté, tantôt retenu la curiosité impatiente de *Jella* que chaque boutique, chaque habillement nouveau pour elle arrêtait ; après lui avoir acheté un miroir, quelque morceau d'étoffe et des fleurs artificielles, il parvint enfin à les placer dans leur petit appartement composé de trois pièces au-rez-de-chaussée avec des fenêtres basses sur la rue. *Jella* courut s'y poster et ne se lassait pas d'admirer, d'interroger et de montrer des envies aussi ingénues qu'impossibles à satisfaire. Pauvre *Jella*, tes beaux jours sont finis. Cette ville, ce séjour qui t'enchante aujourd'hui, sera bientôt pour toi plus horrible, plus exécrable que l'enfer. *Dragananich* plein d'activité avait en attendant préparé ce qu'il fallait pour faire tourner au profit de ses amis le peu de temps qu'il se proposait de les arrêter à *Zara*. Voilà comment il avait arrangé la matinée. Il faut nous partager pour faire plus de choses utiles. Un de mes amis va venir ici. Il est de *Traù* et habite depuis longtemps cette ville. Il mènera avec lui *Stiepo* et lui expliquera le commerce qu'il fait ici et à *Venise* en chandelles, fromages, mouton salé, miel et cire qu'il tire de la Dalmatie et des pays voisins du vôtre. Il lui fera voir ses magasins, et lui enseignera la manière d'employer ces objets dont les *Narzevizca* abondent chez eux. *Vuko* les accompagnera et s'instruira en même temps. Cet homme de *Traù* retourne chez lui après demain et pourra faire parvenir aisément au bon *Staréscina* des nouvelles de ses enfants. *Jervaz* viendra avec moi pour choisir du bon drap et quelques pièces de toile que nous enverrons à votre père. La femme de mon ami de *Traù* tiendra compagnie à Jella et lui montrera l'art de faire le pain. Il y a de la farine et un tamis dans la maison, pour qu'elle apprenne à en séparer facilement le son. Elle la verra pétrir, en faire du pain et le cuire au four mieux que sous les cendres. Les jeunes gens verront ensuite comment l'on construit et l'en chauffe les fours. *Jella* aurait beaucoup mieux aimé de sortir avec son mari. Elle l'en pria même, mais celui-ci lui dit : Donnons, ma chère, ces premiers moments à la connaissance des choses utiles, premier objet de notre voyage et premier souhait de notre père. Nous pourrons nous amuser après, et nous serons toujours ensemble. *Jella* se tut. L'homme et la femme de *Trau* arrivèrent, et chacun se mit en devoir de suivre le plan tracé par *Dragananich*. On fixa pour rendez-vous la maison à l'heure du dîner et les premiers partirent. *Jervaz* allait partir aussi après avoir embrassé sa femme. Reviens bientôt, lui cria-t-elle, je suis étrangère dans cette cabane, je ne connais personne.

En te voyant partir, je vais me croire abandonnée. *Jervaz*, arrête-toi un moment. Regarde tes enfants, ils veulent encore t'embrasser. Ce n'était pas pour être séparée de toi que j'ai voulu te suivre. *Jervaz* ne put résister. Il retourna sur ses pas et redoubla de caresses envers sa femme et ses enfants. *Jella* le suivit à la porte, courut à la fenêtre avec la plus grande vivacité, et tant qu'elle put, ne le perdit point de vue. Au moment qu'elle cessa de le voir, les forces lui manquèrent et elle se laissa aller sur une chaise sans parler. Quelque chose de sombre s'empara de son âme. La femme de *Traù* lui parlait. Elle ne l'écoutait point. Les enfants criaient. *Jella* leur donnait ce qu'ils paraissaient demander et ils criaient encore. Elle dit à *Nika* : Je ne me porte pas bien. Je voudrais être de retour chez nous. *Nika*, écoute cette bonne femme qui doit nous instruire. Il m'est impossible de rien faire.

Lève-toi, lève-toi, dit à *Tricolaz* le furieux *Marcovich* éveillé à la pointe du jour. Vois le beau ciel. Le soleil va sortir plus resplendissant qu'à l'ordinaire, pour éclairer mon triomphe. Ils sont partis, ils sont à terre. Je les ai vus moi-même monter dans l'esquif, lui dit *Tricolaz* ; déjeune et partons. – Je ne veux pas déjeuner, réplique *Marcovich*. Je jure de ne manger ni boire que ma fureur ne soit assouvie, que ma vengeance ne soit achevée. La faim et la soif ne rongeront jamais mon estomac comme la rage déchire mon cœur. Si des délais cruels me forcent à sentir ces aiguillons, ils feront galoper ma fureur, comme les éperons font galoper la monture du cavalier qui brûle de parvenir à son gîte. Il examine ses armes, polit son sabre, aiguise la pointe du poignard et recharge les pistolets qu'il place à sa ceinture. *Tricolaz* ne se fit pas attendre. Tous les deux descendirent à terre, se rendirent à la place et se mirent à parcourir les rues principales de la ville. Sans doute, disait *Marcovich*, *Erze* fera sortir de bonne heure ses amis. Il voudra leur faire voir d'abord la place et les beaux quartiers. Ils ne tarderont pas à paraître dans ces environs. Toi, *Tricolaz*, regarde à ta droite. Je regarderai à ma gauche et devant moi en même temps. Il n'est pas vrai que la rage soit aveugle. Je reconnaîtrais mon ennemi dans la nuit la plus obscure. Mon sang bouillonnerait à son approche.

Ils se promenaient toujours tantôt à côté l'un de l'autre, tantôt chacun à une des extrémités de la rue, *Tricolaz* observant en silence, *Marcovich* jurant et trouvant la matinée d'une longueur éternelle. Ils marchaient, s'arrêtaient, demandaient souvent aux passants, s'ils n'avaient pas vu *Erze*

Draganànich que tout le monde connaissait, accompagné de quelques jeunes gens. Personne ne les avait rencontrés. Où sont-ils, où sont-ils ? s'écriait le *Morlaque* enragé. Seraient-ils instruits de mon projet ? Se cachent-ils à ma fureur ? Le vieux *Staréscina* serait-il apparu en songe à ses enfants et les aurait-il avertis de la mort que je vais donner à son bien aimé *Jervaz* ? Ou bien quelque *Baornizca* qui les protège, les rendrait-elle invisibles à mes yeux ?

Plusieurs heures d'une promenade tantôt lente, tantôt pressée auraient fatigué tout autre homme que *Marcovich*, mais l'attente inutile ne faisait qu'augmenter sa fureur. On aurait pu lire sur son visage le crime qu'il brûlait de commettre. La bouche desséchée, haletant, l'air égaré et farouche, la marche agitée et inégale, tout faisait voir dans lui un homme ivre de colère et possédé du démon de la vengeance et du meurtre.

LIVRE QUATORZIÈME

ARGUMENT

Combat de Jervaz *contre* Marcovich *à* Zara.

Les deux jeunes amis avaient employé presque toute la matinée aux affaires de commerce et à examiner, à choisir les objets qu'ils comptaient envoyer en présent au *Staréscina.* Impatients de rejoindre *Stiepo* le plutôt qu'il leur fût possible, ils se rendirent à la place. Pendant qu'ils l'attendaient, un marchand ami de *Dragananich* le pria d'entrer avec lui dans une boutique, pour arranger ensemble des commissions d'achat et de vente. Avant de s'arrêter, *Dragananich* pensa à son ami qui restait seul et lui dit : J'ai à parler avec cet homme que voici pour un quart d'heure. Veux-tu m'attendre ou me devancer à la maison ? Voilà le chemin. Tu ne peux pas te tromper. Je vais te suivre bientôt, à moins que tu n'aimes mieux t'ennuyer ici tout-seul, jusqu'à ce que *Stiepo* paraisse. Peut-être le rencontreras-tu dans le chemin du logis que je t'indique. Va-t-en toujours, si tu veux, en regardant ce qui est nouveau pour toi et ce qui peut intéresser tes regards. *Dragananich* retourne sur ses pas avec le marchand ; et l'infortuné *Jervaz* s'achemine du côté de la maison, poussé par le désir de revoir sa famille et retenu de temps en temps par l'envie de regarder ce qu'il voyait pour la première fois de sa vie. Au moment qu'il sortait de la place, *Marcovich* en frémissant arpentait la rue et venait à sa rencontre. Le bonnet *Morlaque* parut bientôt de loin à des yeux, dont la rage aiguisait la vue. Et doublant le pas il reconnut l'homme qu'il cherchait depuis si longtemps. Le voici, le voici, s'écria-t-il, je te remercie, oh sort. Et tirant son sabre dans trois sauts il fut sur Jervaz. Reconnais *Marcovich* et défend ta vie, ô *Narzevizca,* contre le plus furieux de tes ennemis qui vient te l'arracher. *Jervaz* surpris de l'action de *Marcovich* lui répondit : Tu m'étonnes sans m'effrayer. Jamais le sang des *Narzevizca* ne ressentit la crainte. Oui, je vais te disputer ma vie au prix de la tienne. Mais dis-moi la cause qui te rend mon ennemi. Si tu n'as pas oublié l'ancienne querelle que nous eûmes chez *Toposnich*, je ne t'en veux point de mal. Il ne tient qu'à toi que je l'aie oubliée ou non. – Et moi depuis longtemps je te hais et t'ai toujours haï, reprit *Marcovich*. Tes pareils oublient également les injures qu'ils font et qu'ils reçoivent, parce qu'ils sont trop faibles pour en tirer vengeance. L'injure que tu m'as faite, est là (mettant la main sur son cœur). Tu m'as enlevé *Jella*, *Jella* que j'avais daigné choisir parmi toutes les filles *Morlaques* pour être la mère de mes enfants. La préférence qu'elle t'a accordée, est ton crime et son tort à la fois. L'orgueil que tu en ressens, t'a fait insulter à ma personne hier au soir. Tu as jeté des fusées dans mon bâtiment. Tu as méprisé *Marcovich*. Je veux ta mort. Et mille anges t'enveloppassent-ils avec leurs ailes, mon sabre les mettrait en morceaux, comme je vais te mettre toi-même. *Jervaz* alors tira son sabre et l'élevant au ciel. Je t'ai obéi, oh mon père, s'écria-t-il. Mon sabre a été tiré le dernier. Puisse-t-il aussi rentrer le dernier, teint du sang de l'injuste qui m'outrage. *Tricolaz* s'avançait aussi contre le jeune homme. Arrête, lâche, lui cria l'autre, un *Marcovich* vaut dix *Narzevizca*. À ces mots, *Jervaz* piqué attaque son ennemi. Les deux sabres frappent l'un contre l'autre et jettent des étincelles. Ils se croisent, et poussés également des deux côtés, s'arrêtent quelques instants. Des gens s'enfuient, d'autres font un grand cercle autour des combattants et n'osent les séparer. La crainte qu'inspirent à une populace désarmée les *Morlaques* de l'intérieur des terres, la fierté de leurs traits, leurs moustaches, leurs armes et leur réputation retient les spectateurs effrayés et curieux. Les deux ennemis reculent en même temps quelques pas, se fixent un moment et se chargent avec une fureur nouvelle. *Jervaz* était plus grand et plus leste que son rival. Il est sur lui. Tous ses coups sont dirigés à la tête. L'autre la couvre, la détourne. Mais le sabre de *Jervaz* glisse et tombe sur l'épaule de *Marcovich*, fend ses habits et lui fait une blessure, dont le sang coule à ses yeux sur le bras et teint le sabre de *Jervaz*. Tu es blessé, *Marcovich*. Es-tu content ? Mon bras est aussi fort que le tien : soyons amis. – Amis ? répondit le tigre, ta mort, ta mort seule peut m'apaiser. Que les enfers s'ouvrent sous mes pieds. Je m'y jetterai, si je puis t'y entraîner avec moi. En même temps il fond sur lui en désespéré et frappe à coups redoublés sur le sabre que *Jervaz* tournait en rond au-dessus de sa tête. Un sentiment naturel de magnanimité envers son ennemi blessé avait changé dans le bon et vaillant jeune guerrier la manière de se battre. Et il paraissait vouloir uniquement se tenir sur la défensive. *Marcovich* enragé de sa résistance, furieux de voir son bras gauche couvert du sang qui ruisselait de son épaule, s'avisa d'une ruse qui n'eut malheureusement que trop d'effet. Ayant compris que son adversaire trop généreux se contentait de défendre sa vie et qu'il pensait peut-être le vaincre en épuisant ses forces défaillantes, il se laisse joindre. Déjà les poignées des deux sabres se heurtent. Il recule en résistant et cache à son ennemi quelques marches à descendre. *Marcovich* en connaissait le nombre et la hauteur. *Jervas* le voyant reculer crut qu'il allait succomber et se rendre. Il fit le mouvement précipité de se baisser en se penchant vers lui, pour le saisir au milieu du corps et le forcer à s'avouer vaincu. Ce fut au moment de descendre les marches que *Marcovich* franchit d'un saut en arrière et que l'autre n'aperçut point. Le terrain lui manquant sous les pieds, il tomba le visage contre terre. *Marcovich* jette son sabre, tire son poignard et court sur *Jervaz*, qui tout étourdi de la chute se retournait en s'appuyant sur le coude. L'infortuné jeune homme vit le poignard étinceler à ses yeux et s'écria : *Marcovich*, pour l'amour de *Jella* je te demande la vie. – Pour l'amour de *Jella*, reçois la mort, répond le scélérat assassin et lui enfonce le poignard dans le côté. *Jervaz* ne peut que prononcer : Dieu ! Je me meurs, et retombe à terre dans le sang qui sortait à gros bouillons de son flanc déchiré. Le peuple saisi d'horreur et d'indignation, allait se jeter sur *Marcovich*. Mais celui-ci ayant ramassé son sabre, soutenu par *Tricolaz* qui s'était approché le sabre nu à la main, et avant de mettre son poignard ensanglanté à la bouche, s'écria : Que personne n'avance, ou je vais le traiter comme ce jeune téméraire. La foule se dispersa. Un parti suivit de loin le farouche *Marcovich* jusqu'au vaisseau. Les autres s'empressèrent autour de *Jervaz* qui ne donnait aucun signe de vie.

Erze Draganich avait fini sa conversation avec le marchand et se hâtait de rejoindre ses amis, lorsqu'il aperçut la foule du monde assemblé dans la rue, sans qu'il pût voir ce qu'on y considérait avec tant d'attention. Ayant demandé ce que c'était, on lui répondit qu'on venait d'assassiner un jeune *Morlaque*. À ces mots, un pressentiment funeste le fit tressaillir. Il sent la presse dans la plus forte agitation de son cœur et voit son malheureux ami étendu par terre et noyé dans son sang. Il se jette sur lui et par les pleurs et les sanglots commence à déplorer son sort. C'est moi, c'est moi qui t'ai tué. C'est moi qui ai suggéré ce voyage fatal. Ô mon vieil ami, ô l'ami de mon père, voilà comment je te rapporte le dépôt sacré que tu m'as confié. Oh *Jella* infortunée, *Jella*, que vas-tu devenir ? Oh *Stiepo*, comment te rendre ton frère chéri ? Quel est le barbare, le scélérat, dont la fureur l'a mis dans cet état ? Il s'arrachait les cheveux, il se frappait le visage ; sa douleur pénétrait les spectateurs. On lui dit qu'on avait entendu prononcer souvent entre lui et son adversaire les noms de *Marcovich et* de *Jervaz*, mais qu'on n'avait pu comprendre le sujet de leur querelle. On lui raconta l'accident, par lequel le jeune homme avait succombé et la manière, dont il avait été percé à terre par son barbare ennemi. *Dragananich* en fureur se leva pour aller chercher *Marcovich*, lorsque le chirurgien qu'on avait appelé, trouva au blessé quelques restes de vie. Il le fit prendre par quatre hommes et suivi du chirurgien, entouré de peuple, le fit porter vers la maison. *Jella* était à sa fenêtre. Une inquiétude mortelle l'agitait sans relâche. Elle reconnut bientôt *Dragananich* qui marchait devant. Mais elle ne vit point l'homme que l'on portait lentement après lui. Une frayeur mêlée de curiosité la fit courir et ouvrir la porte elle-même, au moment que *Dragananich* arrivait pâle, défait et presque sans respiration. *Jella* devina tout d'un coup son malheur et tomba à la renverse en s'écriant : L'on m'a tué *Jervaz*. *Nika*, les domestiques, les gens de la maison accoururent et s'empressèrent de la relever. Elle jetait dans un morne silence des regards farouches autour d'elle et l'on ne fut pas à temps d'empêcher qu'elle ne les fixât bientôt sur le plus terrible des spectacles, son mari que l'on portait mourant devant elle. À cette vue, elle s'échappe des bras qui la retenaient, s'élance et se précipite à bras ouverts sur le corps sanglant de son époux. *Jervaz*, mon mari, est-ce toi ? Tu n'es plus ! Tu ne réponds pas ! Tu abandonnes ta *Jella* ! Non, je vais mourir, je veux être avec lui. Elle allait se saisir du poignard de *Dragananich* pour l'enfoncer dans son cœur. Attends, *Jella*, attends pour mourir avec *Jervaz* que nous l'ayons vengé. *Marcovich*, l'infame *Marcovich* a été son assassin. – *Marcovich !* Oui, je vivrai jusqu'à ce que je lui aie rendu la mort qu'il me donne. Où est-il, où se cache-t-il le monstre ? Où vais-je assouvir ma rage, en déchirant son corps, en dévorant son cœur ? Que je périsse noyée dans le sang qui sortira de ses veines ouvertes par mes mains ! Tandis qu'elle se débattait au milieu des siens, on posa le moribond sur le lit dans une petite chambre au rez-de-chaussée près de la porte. Le chirurgien cherchait à étancher le sang du blessé, pour lui faire reprendre connaissance ; mais ayant sondé la plaie, il la trouva inévitablement mortelle. Il ne fit qu'y mettre une compresse pour ne pas tourmenter le mourant qui ne donnait encore aucun signe de vie. *Jervaz*, ouvre tes yeux, regarde encore ta *Jella*, écoute le serment qu'elle fait de tirer vengeance de ton ennemi, de la poursuivre au prix de sa vie qu'elle perdra pour te rejoindre le moment après qu'elle se sera abreuvée du sang de *Marcovich*. Ton père… ô malheureux père !… ô vieillard infortuné !… C'est à toi que je devais raconter la chute des couronnes … Perfide *Baornizca*, voilà à quoi m'ont servi tes *zapisi*… Impitoyable *Marcovich*, c'est moi, c'est moi seule qui t'avais offensé… C'est sur moi que tu devais porter ta main traîtresse et meurtrière… Justice du ciel, tu souffres le forfait du scélérat, la mort de l'innocent, mon état pire que la mort !… Le poignard de l'assassin tranche la vie du vaillant et ta foudre n'éclate pas !… Un prêtre accouru tâchait de calmer *Jella*, en lui parlant des devoirs qui lui restaient à remplir envers ses enfants. À ces mots, elle court les saisir avec un mouvement impétueux et d'un œil farouche égaré. Voyez, voyez, leur dit-elle, votre père qui se meurt. C'est la main de *Marcovich* qui le tue, c'est par lui que vous serez de malheureux orphelins. Du coup, dont il a massacré votre père, il va mettre au tombeau votre mère infortunée… Mais malédiction sur vos têtes, si vous ne trempez pas les mains dans le sang de *Marcovich* et des siens. Oui, que tous les *Marcovich* soient exterminés et je mourrai contente. Elle meurtrissait son sein, elle tordait ses mains, elle arrachait ses cheveux et poussait des gémissements qui fendaient les cœurs de tous les spectateurs.

Marcovich, dans ce temps, alla au vaisseau pour bander sa plaie ; mais à peine y était-il entré que l'affreuse idée lui vint que peut-être *Jervaz* étant secouru à temps aurait pu ne pas mourir du coup qu'il lui avait porté. Son âme enragée lui fournit encore de nouvelles fureurs. Allons, dit-il, allons à la maison de l'ennemi ; et s'il vit encore, que j'aille éteindre jusqu'à son dernier souffle. Heureux, si je puis entendre les pleurs et les cris de son indigne *Jella* ! Ses plaintes seront à mon oreille plus douces et plus agréables que ne l'eût été la chanson de mes noces avec elle. Il dit, et quoique *Tricolaz* lui représentât les dangers auxquels il s'exposait, il n'écouta rien et s'achemina vers la demeure des *Narzevizca* avec son ami et trois matelots bien armés, pour faire tête au secours que *Stiepo* rentré aurait pu lui opposer. Au moment qu'il approchait de la maison, *Jervaz* donnait quelque signe de vie. Il avait faiblement ouvert les yeux et cherchait à fixer son regard mourant sur *Jella*. *Marcovich* allait forcer la porte, *Tricolaz* le retint et ayant remarqué une fenêtre basse, il y jeta les yeux et vit dans la chambre *Jervaz* étendu sur le lit et tout le monde rassemblé autour de lui. Il put même entendre la voix de *Jella* qui disait : Il n'est pas mort, il respire. Oui, il vivra, il se vengera lui-même. *Marcovich*, averti, pensa qu'il aurait pu tirer sur le mourant par la fenêtre et déliberait avec *Tricolaz*, s'il devait l'achever de cette manière, ou entrer de force et le frapper au milieu de ses défenseurs. *Nika* avait entendu le bruit du dehors et s'étant approchée de la fenêtre elle reconnut *Marcovich*. *Jella*, *Jella*, s'écria-t-elle, voici nos ennemis. Ils viennent consommer le crime. *Jella* se lève précipitamment, regarde autour d'elle, saisit les deux enfants et court les poser sur la fenêtre (a)[1]. Avance, dit-elle à Marcovich, viens, et que la balle que tu as préparée pour mon malheureux époux, perce en passant les poitrines de ces innocentes victimes de ta lâche fureur. Ou bien marche sur leurs corps et viens déchirer à mes yeux les entrailles de celui que tu as assassiné. Elle se jette ensuite sur *Dragananich* qui voulait sortir avec les domestiques pour combattre *Marcovich*, et le retient de toutes ses forces. Le faible espoir que le retour de *Jervaz* à la vie inspirait, lui suggéra de remettre sa vengeance à d'autres temps. *Marcovich*, à la vue des enfants qui se tenaient embrassés et remplissaient la fenêtre, recula d'horreur. Tout féroce qu'il était, le spectacle de ces petites créatures abandonnées à sa rage le rendit immobile. Quoi ! Je tuerais des enfants, je m'avilirais à ce point ! Il courut à la porte, il tâcha de l'ouvrir, mais on venait de la barricader. Il retourna à la fenêtre et frémit de nouveau en voyant des petites mains levées au ciel et en écoutant les cris de la peur. Il écumait de rage, il se repliait comme un serpent et son pistolet à la main, il n'osait attaquer ce redoutable rempart. *Jella* derrière ses fils pour l'insulter s'écriait : Approche, tigre altéré de sang ; en voilà qu'il est bien aisé de répandre. Les ennemis que tu as devant toi, sont dignes de ta valeur. Tu peux les couper en morceaux et faire couler jusqu'à la dernière goutte du sang de *Jervaz*. *Marcovich* avançait, reculait

---

1 Note de Giustiniana Wynne : « (a) Ce trait incroyable, ainsi que le combat et la mort du jeune *Morlaque* avec les circonstances principales qu'on rapporte, est arrivé à *Venise*, il y a peu d'années, devant une quantité de témoins, sur le grand quai dit des Esclavons. Cet événement tragique excita ma curiosité et mon intérêt pour cette nation peu connue et occasionna cet ouvrage aussi singulier peut-être que les *Morlaques* mêmes. »

en rugissant ; et ne pouvait surmonter la nature, dont la force et pour ainsi dire la majesté déployées dans le groupe attendrissant des deux enfants agissaient invinciblement sur lui. Il s'enfuit en courant, furieux, maudissant les fils, la mère, le mourant et sa propre faiblesse qui ne lui laissait pas achever sa vengeance.

Jella reprit alors ses enfants et les plaça aux pieds de *Jervaz*. Le pouls était un peu revenu. Il paraissait avoir repris connaissance. On lui voyait faire des efforts inutiles pour parler et il serrait faiblement la main à son épouse.

Stiepo depuis longtemps se promenait avec l'homme de *Trau* par la ville ; et ne voyant pas paraître au rendez-vous de la place ni son frère, ni *Erze*, quoique midi fût passé, il dit à son compagnon qu'il voulait aller à la maison, où les jeunes gens l'avaient peut-être déjà précédé. Autrement il craignait que quelque accident ne leur fût arrivé. À mesure qu'il avançait vers la maison, un trouble secret s'élevait dans son cœur. Il passa par le lieu du combat. Il y vit du sang dont les traces l'accompagnaient toujours dans son chemin. Le sang répandu à terre paraissait agir sur celui de ses veines et le faire frissonner. Il court, il frappe à la porte. On le fait attendre. Une main tremblante lui ouvre, un visage en pleurs se présente, il entend du bruit dans la chambre à côté, entre et voit d'un coup d'œil l'horrible tableau du malheur arrivé. *Jervaz* expirant, *Jella* aussi pâle que la mort, jetée sur le même lit et soutenant la tête du moribond, les enfants à ses pieds, le terrain et le lit ensanglantés. *Erze* courbé à terre et cachant son visage dans ses mains, *Nika* et les autres domestiques gardant un profond silence interrompu par les sanglots. *Stiepo* pétrifié, demeure immobile et fixe son frère. *Jella* se tourne et crie : Il meurt, il meurt assassiné par *Marcovich*. Un tremblement de fureur, une convulsion de rage s'emparent de *Stiepo*. Il avance vers son frère ; le voit tourner tantôt sur *Jella*, tantôt sur lui des yeux mourants ; il l'entend prononcer d'une voix éteinte ces mots : Consolez mon père… n'oubliez pas *Jervaz*… *Marcovich* m'a ôté la vie… Oh mes enfants… oh *Jella* … Une faiblesse succède à ces paroles, et c'est la dernière. Il expire, dit le chirurgien. – *Jervaz* expire, s'écrièrent tous à la fois. *Stiepo*, dans ce moment ne se connaissant plus, agité par toutes les furies se jette sur son frère, arrache le bandeau qui couvrait sa plaie, (les assistants le regardent avec frayeur et n'osent l'interrompre) il pose sa main sur la blessure, l'en retire toute souillée et tenant dans son creux du sang déjà figé, il se lève, tire son sabre du fourreau, le passe à plusieurs reprises sur la main dégoutante de sang, l'élève au ciel et s'écrie d'une voix terrible. Je jure que ce sang sera toujours sous mes yeux jusqu'à ce que le sang du traître assassin, en sortant de son cœur percé par ma main, lavera mon sabre et effacera ces traces. Toutes ses forces l'abandonnèrent à la fois dans l'excès de sa douleur, il tomba sans connaissance sur la couche de son frère. *Jella* avait jeté les bras au cou de son mari et ne remuait plus. Le corps roide, la bouche ouverte, le regard immobile, on crut qu'elle allait expirer aussi. Avec les plus grands efforts on les porta tous les deux en haut, on les posa sur un lit et l'on parvint à les rappeler à la vie. *Stiepo* se lève, se promène à grands pas dans la chambre et veut courir après *Marcovich. Jella* revient et fond dans un torrent de larmes. Je l'ai perdu... il n'est plus... Laissez-moi auprès de lui, laissez-moi voir encore le seul homme qui soutenait ma vie... Oh *Jervaz*, tu meurs loin de ta patrie, loin de ton vieux père !... Qui pleurera dignement sur ta malheureuse dépouille ?... Enterré dans une terre étrangère, les larmes de tes enfants n'arroseront pas ta tombe... Ta femme, ta femme infortunée... Non, elle ne quittera jamais les restes inanimés de son époux chéri... *Stiepo*, *Dragananich*, mes amis, ou que je sois enterrée avec lui, ou si vous voulez que je vive avec mes enfants pour les élever à la vengeance, n'abandonnez pas un dépôt si précieux pour moi loin de la demeure de ses pères, de ses enfants, de sa veuve désesperée. *Stiepo* répondit : Mes amis, nous emporterons avec nous les restes de *Jervaz.* Notre malheureux *Staréscina* pourra les arroser de ses larmes paternelles. Cette promesse et le signe qu'il fait à tout le monde de s'armer, redonnent un peu de force à la femme abattue. Il prend par la main *Dragananich*, regarde ses gens et dit à sa sœur : Nous nous en allons pour ne revenir qu'après t'avoir vengée. – Oui, courez, cherchez le monstre, saisissez-le, mais, je vous en conjure, ne le tuez pas. – Amenez-le-moi tout vivant, pour qu'il reçoive les premiers coups mortels par les mains faibles des orphelins, fils de l'innocent qu'il a massacré en traître. Tous étaient prêts à sortir, lors que l'homme de *Trau* qui avait suivi de loin *Marcovich* pour pouvoir rendre compte à ses amis du lieu de sa retraite, les arrêta à la porte et leur dit : Où courez-vous ? *Marcovich* est déjà bien loin. Malgré l'horrible tempête qui agite la mer à présent, il est parti sur le vaisseau de *Tricolaz* en tournant vers *Trieste.* Les ondes irritées vont peut-être l'engloutir ; rejeté, brisé contre les écueils d'*Uglian*[2], peut-être le scélérat paye son crime par les tourments et la mort. *Stiepo* écumant de rage : Non, s'écria-t-il, tu ne m'échapperas point. Si tu rentrais dans le sein de ta mère, je le déchirerais pour t'en retirer. Partons, volons tous à *Trieste*, *Dragananich*. – Et laisserons-nous le corps de *Jervaz* entre des mains étrangères, pour courir après une vengeance incertaine ? Crois-tu que Marcovich s'arrête à Trieste ? Perdrons-nous en courses inutiles le temps que nous devons employer d'abord à soutenir ton malheureux père contre le coup terrible, dont il va être frappé ? Écoute-moi : que notre ami de *Traù* s'embarque à l'instant et suive *Marcovich*, qu'il ne le perde jamais de vue jusqu'à ce qu'il soit sûr du lieu où le monstre fera quelque séjour ; et que tout de suite il vienne nous en avertir chez ton père. – Oui, répond *Stiepo*, nous aurons le temps de suivre ton conseil. Mais je n'écoute à présent que la rage qui me dévore. Allons toujours au port, demandons, cherchons les traces de l'assassin. *Jella*, garde ce dépôt sacré et implore du ciel la vengeance, la plus juste qu'il puisse ordonner. Mes amis, regardez ce cadavre et suivez-moi. Ils sortent tous et se précipitent vers le port, comme des forcenés. Ils y arrivent, ils interrogent le peu de mariniers qui manœuvraient pour garantir les vaisseaux de l'orage qui grossissait à l'entrée de la nuit ; on les assure que *Marcovich* a forcé *Tricolaz* de partir, malgré le mauvais temps. Le lâche infâme cherche à se soustraire à ma fureur. Mais ne perdons point de temps. Le vent qui seconde sa lâcheté, secondera aussi ma poursuite. Courons l'atteindre avant qu'il se cache en abordant. Il veut s'embarquer, mais le vent est trop fort. Il prie, il offre, il menace. Personne n'ose remuer. *Dragananich* cherche à calmer le furieux *Stiepo*, en lui faisant remarquer que *Marcovich* ne pouvait pas avoir fait beaucoup de chemin par un aussi mauvais temps, et qu'en partant le matin ils étaient sûrs de le rejoindre. *Stiepo* se calme un peu et après avoir arrêté une barque légère pour les mener à Trieste aussitôt que le temps l'eût permis, il s'en retourna chez lui, et d'un ton affligé, il conte à sa sœur le malheureux accident qui le force à suspendre les effets de sa rage impatiente.

Erze Dragananich pénétré de l'état désolant de toute une famille qu'il aimait, brûlant aussi de venger son ami dont il se reprochait la mort, s'avança au milieu de la chambre et prenant *Stiepo* par la main :

2 Il s'agit d'une île dans le canal de Zara. Voir la note de la traduction italienne, *op. cit.*, p. 321.

Je jure, dit-il, par mon père et par le tien, dont il était l'ami, que dès ce moment je ne t'abandonnerai jamais, jusqu'à ce que je n'aie puni avec toi le crime exécrable qui nous rend tous malheureux. Puisse le ciel me donner la mort et les tourments que j'épargnerai à l'infâme auteur de notre infortune.

Jella ne voulut jamais quitter pendant toute la nuit le corps de son mari ; et tous se placèrent en cercle à la manière *Morlaque* autour du lit.

Stiepo chanta la bravoure, la valeur de son frere, *Jella* l'amour qu'il avait pour elle et pour son père. *Erze* célébra la douceur, la bonté de son ami. Tous mêlèrent les larmes, les gémisséments, les cris à ses louanges.

Chanson de la mort de Jervaz[3]

Les Narzevizca *n'avaient pas d'ennemi, chantait* Stiepo. *On les craignait autant qu'on les aimait.*

Mais la moitié de leurs forces est détruite. L'autre moitié accablée par le malheur ne se relèvera pas, qu'elle n'ait été arrosée par le sang de son ennemi.

Les graines avaient germé. La faux de l'ennemi a coupé nos moissons.

Le beau pommier du jardin a été déraciné par le vent de la montagne noire.

Le vieux jardinier ne verra plus devant lui les doux fruits qui consolaient sa vieillesse.

Ce fier coursier, l'honneur de notre race, tombe frappé par la main traîtresse de l'envieux. Sa jument ne donnera plus les beaux poulains qui ressemblent au père.

Oh frère chéri, ta mort empoisonne ma vie ; et ta plaie saignera toujours dans mon cœur. Je ne chanterai plus que le chant de la douleur et du regret.

Vieux Narzevizca, poursuivait Dragananich, *l'ouragan précipite de la montagne et tombe en fureur sur ta cabane.*

Le plus fort des piliers qui la soutiennent, est à bas et ne sera jamais relevé.

Le miel est bien agréable, lorsqu'on le mêle avec le lait, ajoutait Nika.

La plus belle ruche a été renversée par la sorcière haineuse qui se cache dans les cavernes du Karmar. *Nous n'aurons plus de miel dans nos repas.*

Ici les sanglots de la jeune femme éplorée interrompirent le chant lugubre. Elle se calma et resta quelques minutes profondément ensevelie dans sa douleur, que les autres partageaient et respectaient en silence.

3 Ernouf (art. cité, p. 1011), sans indiquer aucun fondement pour son affirmation, voit dans ce chant « une improvisation poétique de la veuve du jeune Morlaque assassiné à Venise en 1781, improvisation recueillie à la veillée funèbre ».

Ensuite, d'une voix presqu'éteinte, la tête penchée en avant, les yeux stupidement attachés sur le cadavre, les bras allongés, les mains entrelacées, elle commença ainsi sa plainte amère et désespérée.

Jervaz… *mon époux… les bras de la mort t'arrachent donc pour jamais aux miens ?*

Ta bouche est muette, tes yeux fermés, ton cœur immobile auprès de ta Jella *?*

Tu ne me reviendras plus, les soins de ton épouse sont inutiles, la destruction, le néant vont s'emparer de toi ?

Tu causes ma douleur, tu allumes les feux de l'enfer dans mon cœur ; ils y brûleront tant qu'il palpitera dans mon sein.

Mais tu ignores mon état et tu es bien moins malheureux que moi. Ô toi qui m'as rendu autrefois la vie si heureuse, prend pitié de mes souffrances, ouvre tes bras froids, serre-moi contre ta poitrine et glace mon sang comme le tien.

Oh mort, ne peux-tu changer ta victime ? Donne-lui ma vie que je t'abandonne ; que je meure de sa mort, qu'il vive de ma vie et qu'il l'ignore.

Dieu qui m'écoutes, la mort n'est-elle pas le châtiment le plus fort du crime ? Qu'ai-je fait pour mériter des tourments pires que la mort ?

Ciel noir et funeste, tombe en éclats sur la tête d'une femme désespérée, achève et finis son malheur.

Elle s'arrêta un instant, elle frémit. Un torrent de larmes inonda tout à coup son visage, sa douleur s'attendrit et sa plainte devint plus douce.

Oh cher époux que l'on m'a ravi, ô mon père, ô mes enfants, Jella *est une insensée,* Jella *est l'objet de la compassion, de la pitié.*

Je la demande à Dieu et aux hommes, ma raison n'est que douleur, mon langage n'est que désespoir. Je ne sais, je ne veux que mourir.

Jervaz, *m'entends-tu ?* Ne *m'appelles-tu pas auprès de toi ? Tu es mort innocent, tu es certainement parmi les justes, parmi les heureux. Mais comment peux-tu l'être sans ta* Jella *?*

L'idée de mes souffrances ne trouble-t-elle pas ton repos ? Non, *ta récompense n'est pas complète. On te punit de tes fautes par mon absence, par ma douleur.*

La punition est terrible, elle finira bientôt. Demande, obtiens que je vienne accomplir, partager ton bonheur.

Jervaz… Jervaz… *Oh Dieu… la mort.*

Après ces cris à demi suffoqués, *Jella* retomba dans son état de stupidité et sans changer d'attitude, passa le reste de la nuit dans des convulsions intérieures, indiquées par la respiration continuelle la plus agitée.

Quand le jour parut, on songea à placer et arranger le corps dans une caisse pour être transporté. *Jella* ne pouvait s'en détacher. En imprimant sur son front le dernier baiser, elle lui dit : Viens, *Jervaz*, souvent m'appeler la nuit dans la cabane. Ta triste voix retentissant dans mon cœur le dessèchera plus tôt ; et la mort que j'implore, ne tardera pas à finir mes souffrances. – Repose en paix, dit le frère, chère portion de notre sang indignement versé ; ton ennemi nous le rendra, lorsque nous verserons le sien sur ta tombe. – Adieu pour toujours, brave et malheureux *Jervaz*, s'écria *Dragananich.* Ton père a perdu un fils. Je te jure de le lui redonner ; je vais te remplacer et je ne quitterai plus *Pervan Narzevizca.* Ils sortirent tous de la chambre, épuisés par la douleur et dans le plus profond abattement.

LIVRE QUINZIÈME

ARGUMENT.

Mort de Marcovich. – *Retour à* Dizmo. –
Mort de Pervan. – *Conclusion.*

Le vent soufflait toujours. *Stiepo* se désolait. Aucune nouvelle n'arrivait du port et la matinée avançait. *Jella* avec *Nika* changeait les *marâmes* blancs en noirs, en les arrosant de ses larmes. Les hommes taciturnes comptaient les heures, regardaient le temps et rêvaient à la vengeance, lorsque l'on entendit frapper un grand coup à la porte. *Dragananich* ouvre. Deux matelots *Esclavons* entrent, un grand paquet à la main, et demandent à parler à *Stiepo Narzevizca*. On les conduit dans la chambre, où la famille était rassemblée. Alors un d'eux prend la parole et dit : Quel présent me feras-tu, si je te donne la nouvelle que tu souhaites le plus au monde ? *Marcovich*, ton ennemi, l'assassin de ton frère, est mort. – *Marcovich* est mort ? Non, il ne doit mourir que de ma main. Apprends-moi seulement où il est : je payerai ce service de tout mon bien. – Oui, *Narzevizca*, et c'est son propre ami, notre capitaine *Tricolaz* qui·l'a massacré. – Ciel, tu es juste enfin. Le traître a subi le châtiment qui lui était dû, par les mains de celui dans lequel il se confiait le plus. Mais dis-moi, sa mort a-t-elle été cruelle ? A-t-il été déchiré par la rage impuissante et désespérée ? S'est-il senti mourir ? Parle et dis vrai. Le mensonge est boiteux et ne va pas loin. Crains le juste ressentiment de l'affligé, si tu le trompes. – *Marcovich* voulait partir hier au soir. Soit qu'il craignît les recherches de la justice ou votre vengeance, il dit à *Tricolaz* de lever l'ancre et de le mener à *Trieste.* Il voulait faire, disait-il, un long voyage par terre et il serait allé si loin qu'il aurait été aussi impossible aux *Narzevizca* de venger la mort de *Jervaz*, qu'il leur avait été impossible de dérober de ses mains l'ennemi qu'il poursuivait. *Tricolaz* lui représentait inutilement que le vent était contraire et que son faible vaisseau ne pouvait pas affronter une mer aussi orageuse. *Marcovich* tirant son sabre et menaçant en furieux, obligea par ses emportements le capitaine à sortir du port. Laissez-vous aller à la mer, lâches que vous êtes, dit-il, ce que je crains le plus est la terre. S'apercevant ensuite que *Tricolaz* qui était au gouvernail, tâchait d'approcher de la rade d'une petite île, il sauta sur lui et le prenant au milieu du corps le jeta à trois pas de là sur le tillac et s'empara du timon. Le capitaine outré de rage se leva et cachant sa colère fit semblant de rajuster quelque chose, pour attendre le moment que *Marcovich* tournât le dos. Alors il lui déchargea un tel coup de sabre sur la tête qu'il la lui fendit. Tout le monde frappa des mains et sauta de joie, parce qu'on le haïssait. Le monstre en se débattant à terre souffrit longtemps les approches d'une mort qu'il avait méritée et provoquée. Aucun de nous n'eut pitié de son état. Nous laissâmes son âme errer sur la blessure avant qu'elle se précipitât aux enfers. Après quoi nous jetâmes le cadavre à la mer. Elle l'engloutit et se calma. Voici la dépouille ensanglantée de ton ennemi que nous t'apportons, ô *Narzevizca*, pour garant de ce que je t'ai dit. *Marcovich* est mort. Puisse *Jervaz* du haut des cieux insulter aux tourments de son assassin plongé dans les enfers et s'en réjouir avec les bons anges ! Ils montrèrent les habits du mort qu'on reconnut et qu'on trouva tous tachés de sang. À peine *Jella*, *Stiepo* et les autres les virent-ils qu'ils se jetèrent dessus, comme des loups affamés sur la proie et les déchirèrent en mille morceaux. Les dents, les ongles, les poignards, tout fut employé à soulager leur rage ranimée par la vue de ce qui retraçait à leurs yeux l'auteur détestable de leurs malheurs. *Stiepo* cherchait les endroits sanglants, les suçait et y passait son sabre. *Jella* montrait ces lambeaux à ses enfants et donnant au garçon une grande épingle à cheveux, lui indiquait ceux qu'il devait percer. Vaine vengeance que le désespoir ingénieux suggérait à son âme enivrée de douleur. Après avoir assouvi leur rage, ils récompensèrent et renvoyèrent les matelots. *Stiepo* renferma dans une cassette ces débris, pour les rapporter chez lui. Que les mains tremblantes et les yeux affaiblis de mon malheureux père cherchent les traces du sang de l'infâme qui a répandu le nôtre ! Nous brûlerons ensuite ces restes du plus exécrable des hommes sur la tombe de *Jervaz* et l'âme de mon frère se réjouira en voltigeant autour de la fumée que ces lambeaux imbus du sang du traître élèveront jusqu'au trône du Dieu qui a vengé l'innocent.

Le corps de *Jervaz* fut enfermé, couvert d'un drap noir et porté dans la chambre de *Jella*. Elle fit poser un matelas à côté et se coucha auprès du cercueil, en tenant toujours sa tête appuyée dessus. Le lendemain on l'embarqua et la veuve reprit sa posture et s'y tint immobile. Le même vaisseau avec lequel les infortunés étaient venus de *Trau*, les y ramena. Mais hélas ! Quelle différence ! Les bons gens autrefois si gais, si contents étaient plongés dans un morne silence, effet du plus profond abattement. *Jella* seule conservait toujours assez de forces pour souffrir plus que les autres et faire retentir ses plaintes. Je retourne donc seule et abandonnée dans ma patrie. Moi, l'objet autrefois de l'envie de toutes les femmes du canton, je vais être celui de leur compassion. Choisie par le plus beau, par le plus brave de nos jeunes gens, mes jours se sont écoulés d'abord dans la joie et dans les plaisirs. Il n'est plus, et le reste de ma vie est consacré à la douleur et aux larmes. Je pleurerai à mon triste réveil, ne te voyant plus, oh *Jervaz*, dans ton lit. Je pleurerai aux moments que je lavais tes pieds, que je peignais tes cheveux, que j'apprêtais ton dîner. Les chansons, les danses, les jeux, tout est fini pour moi, hors les souffrances et la tristesse inconsolable. Je n'entendrai plus que le cri funeste du hibou. Le jardin ne m'offrira que des épines. Je ne lèverai mes yeux au ciel que lorsqu'il sera aussi noir et ténébreux que mon âme. La seule prière que je lui adresserai, sera d'implorer ma mort. Pourquoi tarderais-je à te suivre, ô mon doux *Jervaz* ? Nos enfants n'ont plus besoin que je les élève à la vengeance. Ton ennemi n'est plus et le sort n'a pas même voulu accorder à ma douleur le soulagement de te venger par mes mains. Que je voie ton corps déposé dans le tombeau auprès de ceux de tes pères, que j'écoute ta chanson de mort, que je verse sur ta pierre les tristes pavots mouillés de mes larmes. Et il ne me restera plus qu'à te suivre dans la demeure des morts. Des pleurs continuels, peu de nourriture, point de sommeil avaient rendu la belle *Jella* méconnaissable. À peine la tendresse maternelle obtenait d'elle de se souvenir de la petite *Anka* que *Nika* lui présentait de temps en temps. *Stiepo* ne desserrait pas la bouche. Les yeux fixés à terre, il grinçait les dents et des secousses instantanées le faisaient tressaillir comme s'il eût été surpris par des accès de frayeur. C'était sûrement l'affreuse idée de paraître devant son père et de lui présenter l'horrible convoi qu'il amenait. Il tremblait qu'à son âge il ne pût résister au coup. *Dragananich* le comprit et tâcha de le rassurer, en lui disant qu'il se chargeait de faire au vieillard le récit de la catastrophe et d'employer toutes ses forces et toute l'adresse possible pour en empêcher les premiers effets. Aux différents lieux, où le bâtiment aborda, personne de la famille ne voulut descendre. On parvint sans accident à *Trau*, et *Vuko* alla à terre, pour y préparer le chariot et les chevaux. *Jella* ne voulut ni mettre le pied dans la ville ni bouger de sa place, jusqu'à ce que tout fût prêt pour continuer le voyage par terre. Lorsqu'on vint annoncer qu'il était temps de quitter le vaisseau, beaucoup de monde s'était rassemblé au port pour voir cette famille infortunée, dont les désastres avaient été racontés par les matelots. Tous les assistants furent émus jusqu'aux larmes du spectacle affligeant de leur douleur : tous voulaient aider à placer le cercueil sur le chariot. *Stiepo* et *Dragananich* s'en chargèrent seuls. *Jella* les suivait lentement, les mains croisées sur sa poitrine, les yeux attachés à la terre et le visage inondé de pleurs et défiguré. *Nika* et *Vuko*, tenant chacun dans leurs bras un enfant, la soutenaient en marchant. Ils posèrent les enfants sur le chariot et y placèrent ensuite leur mere à côté. Elle s'y coucha et appuyant sa tête sur le cercueil ne la souleva point ni pour voir la foule des spectateurs qui l'entourait ni pour les remercier de l'intérêt qu'ils prenaient à son malheur. Elle ne voyait et ne sentait que son état. Les hommes montèrent à cheval et la triste caravane se mit en chemin suivie longtemps par le peuple attendri qui plaignait leur sort et maudissait la mémoire du meurtrier *Marcovich*.

En passant par les mêmes villages où ils s'étaient arrêtés la première fois, nos voyageurs y reçurent le même accueil et y excitèrent toute la compassion qui était due aux circonstances. Mais *Jella* ne voulut passer la nuit dans aucune cabane, ni recevoir aucun soulagement de la part des *Staréscina* et de leurs femmes. Ne pouvant l'arracher à ce cercueil qu'elle tenait embrassé, on eut soin la nuit d'élever des branches au-dessus du chariot et de le couvrir avec des peaux et des *jaçerma*, pour garantir la mère et les enfants du froid de la nuit. Elle ne répondait aux caresses de ses hôtes que par de profonds gémissements. On passait une partie de la nuit autour du funèbre dépôt et l'on obligeait ensuite les hommes de prendre un peu de repos dans la cabane. Les femmes restaient avec *Jella* qu'une extrême lassitude forçait quelquefois à fermer les yeux quelques instants.

Le bon *Pervan Narzevizca*, toujours occupé de ses fils absents, commençait à compter sur le re tour de *Vuko* qui devait lui apporter la nouvelle de leur arrivée à *Venise*. Son impatience l'agitait et lui faisait croire que le retard était trop long. Des craintes s'élevaient dans son cœur. Il avait remarqué que du côté de la mer il avait fait mauvais temps les jours passés ; que ses enfants étaient déjà probablement à Venise, mais que *Vuko* aurait pu essuyer quelque malheur dans son retour. Il questionnait *Dascia* cent fois par jour ; et son inquiétude augmentait à tout moment. Les ombres de la nuit se communiquaient à son âme et le soir il était toujours accablé d'une profonde mélancolie. *Dascia* fit venir *Toposnich*, espérant que sa conversation pourrait distraire le vieillard affligé. Ô *Toposnich*, ce furent ses premiers mots en le voyant, que fait-il ce cruel *Vuko* ? Que ne vient-il consoler son maître que l'incertitude et la crainte rongent, comme les vers attachés au tronc du vieux chêne ? Il m'aime, il sait combien je chéris mes enfants, il doit se figurer mon état. Serait-il péri dans cette mer funeste qui nous enleva notre ami *Draganich* ? Le mauvais temps des jours passés aurait-il retardé l'arrivée de mes enfants à *Venise*, ou causé de plus horribles malheurs ? – *Dascia*, mon ami, je tremble, je souffre. N'avez-vous pas remarqué quelque présage qui vous indique ce que nous avons à craindre ou à espérer ? – Non, mon père ; tout se tait autour de moi. Je n'entends que la voix du désir impatient qui sort de mon cœur et remplit mon âme le jour et la nuit.

Le vieillard désolé allait, venait, refusait la nourriture et le repos, et restait assis la plupart du temps à la porte de sa cabane, tantôt les yeux fixes au ciel, tantôt attachés sur le chemin qui vient de la mer.

Le moment fatal arriva et *Pervan* tout d'un coup se lève et appelle sa belle-fille. *Dascia*, *Dascia*, le bruit du pistolet n'a-t-il pas frappé ton oreille ? – Attends – encore un coup. – Non, je ne me suis pas trompé. Pourquoi un seul coup à la fois ? – Pourquoi cette distance de l'un à l'autre ? – Ciel ! Un troisième ! – Soutiens-moi, *Dascia*. Le malheur est tombé sur nos têtes. *Dascia* n'avait que trop entendu les trois coups, annonce usitée du désastre. Mais elle n'osait en convenir. Elle soutenait en tremblant la tête du vieillard sur son sein ; il ne put rester debout et se laissa tomber sur le banc de pierre. Non, *Dascia*, je ne me trompe point. Ce sont nos chevaux qui hennissent. Des chevaux étrangers ne se réjouiraient pas à l'approche de *Dizmo*. J'entends le bruit du chariot. C'est *Vuko* sans doute, mais *Vuko* messager de l'infortune et de la mort. À peine avait-il achevé ces mots que le convoi tourne et paraît en face de la cabane. *Dascia* aperçoit son mari, mais n'ose abandonner son beau-pere. Voici *Stiepo*, s'écria-t-elle, je vois aussi notre jeune ami *Erze*. – Et *Jervaz*, le vois-tu ? Donne-moi la main, *Dascia*. Mes yeux se troublent. Je me sens opprimé. – Aide moi à aller à leur rencontre. » Il fait plusieurs efforts pour se lever, mais il retombe chaque fois. *Stiepo* s'était précipité du cheval et tombait aux genoux de son père qu'il serrait sans dire mot. Le chariot était devant ses yeux. *Jella*, une main élevée au ciel, de l'autre lui montre le cercueil sur lequel elle est appuyée : *Jervaz* n'est plus, s'écrie le vieillard, et retrouvant ses forces, il s'élance vers le chariot. *Dragananich* le soutient, l'embrasse et lui dit : *Jervaz* est dans le ciel. Mais il est vengé, et l'assassin *Marcovich* a payé son crime de sa vie. *Pervan* n'entend plus rien. Il est grimpé sur le char, il tombe sur le cercueil. *Jervaz*, mon fils, mon bien aimé n'est plus. Il étend ses bras autour de la caisse ; il y pose sa tête, ses cheveux blancs se renversent sur elle. Un long gémissement sort du fond de sa poitrine, et pénètre tous les cœurs. Ses bras pendent aux deux côtés, et il reste sans mouvement. *Jella* jette un cri : Notre père se trouve mal – notre père se meurt. Tout le peuple répète avec des hurlements : Notre père se meurt. *Stiepo* monte sur le chariot. La foule se serre alentour, on crie de couper les habits du *Staréscina*, on verse de l'eau sur sa tête, on l'arrache du cercueil, mais il ne donne plus aucun signe de vie. Les cris des spectateurs se font entendre dans la plaine : Notre père, notre *Staréscina* est mort. Il l'était en effet ; la douleur l'avait suffoqué, tant elle est puissante dans l'état de nature. *Stiepo* hors de lui-même tire son poignard et veut s'en percer. On le désarme, mais il est furieux, et se roulant sur le cadavre de son père, frappant de sa tête contre le terrain, pousse des rugissements de douleur et cherche à se tuer. *Jella* évanouie tombe renversée à côté du cercueil, *Dascia* égarée s'agite et appelle du secours par ses cris désespérés.

Toute la population accourt et environne cette scène effrayante. Les trois coups de pistolet partis de la cabane du *Staréscina*, signe du malheur, avaient alarmé le village et attiré une foule d'hommes en armes, de femmes et d'enfants autour du funèbre convoi. On apprend bientôt le nouveau malheur et le peuple en tumulte commence à crier de toute part. La douleur a tué notre pauvre *Staréscina.* Le poignard de l'assassin a percé deux cœurs à la fois. Malédiction à sa mémoire, à ses frères, à sa génération, dont tout le sang ne peut payer celui qu'il a versé et la vie qu'il arrache à notre père. Oui, que tous les infâmes *Marcovich* périssent », s'écrie *Stiepo* en se réveillant tout d'un coup de son abattement et se débattant en furieux, que ce nom odieux soit à jamais éteint, oublié. Qu'une juste vengeance aille leur rendre les pertes, la douleur, la désolation, la mort qu'un scélérat de leur race a répandus parmi nous. Non, mes amis, non, mes frères, vous n'avez jamais aimé votre bon *Staréscina* et vous ne méritez pas le nom de *Slaves*, si vous ne vous unissez à moi pour venger vos torts et les miens par le sang de nos ennemis. Vous seriez l'horreur et l'opprobre de la nation des illustres ; on marcherait sur vous, comme sur le ver qu'on écrase, parce qu'il rampe. Si vous me suivez, si nous punissons cette race odieuse, si nous nous vengeons, l'âme de celui qui fut votre père et le mien protégera ses enfants et fera prospérer notre population : l'âme de celui qui fut mon frère et le chef de la brave jeunesse de *Dizmo* raffermira vos bras contre l'ennemi qui résiste en face et détournera les coups du traître qui tue sans risque. Si je reste seul, je vais chercher ma vengeance au prix de la vie que je perdrai volontiers, pour ne pas survivre à ma honte et à la vôtre.

Ce discours mit le comble à la fureur du peuple. Ils tirèrent tous à la fois leurs sabres et s'écrièrent : Oui, *Stiepo*, sois notre *Staréscina*, guide-nous, nous allons te suivre, et ils se tournèrent pour marcher vers le canton habité par les *Marcovich.*

Erze Dragananich vit le moment qu'un affreux massacre allait désoler le pays et qu'une guerre civile allait répandre ses horreurs dans toute cette vaste plaine, dont les différents districts se seraient armés pour soutenir les oppresseurs ou les opprimés.

Malgré son propre risque, il eut le courage de s'opposer, en élevant sa voix à la tête du peuple et à côté de *Stiepo* qui le précédait.

Que faites-vous, mes frères ? À quoi penses-tu, mon ami ? *Jervaz* est mort, son père l'a suivi dans le ciel pour le rendre encore plus heureux, son assassin est précipité à ses yeux dans les enfers, pour y être puni de son crime, et vous parlez de vengeance ? N'est-ce pas des frères innocents, des femmes désolées, des enfants malheureux que vous allez immoler à votre rage inutile ? Ont-ils participé à la trahison de leur frère infâme, l'ont-ils seulement connue ? Tout le sang que vous allez verser vous rendra-t-il une goutte de celui que vous regrettez ? Les larmes des femmes des *Marcovich* plongées dans les horreurs du veuvage et de la misère, en effaceront-elles une seule de celles que la douleur fera répandre tout le temps de la vie à la famille infortunée de *Pervan Narzevizca* et à ses amis ? Non, mes bons frères, ne vous livrez pas à la rage brutale qui vous entraîne. La justice de Dieu a vengé *Jervaz* sur l'auteur de sa mort. *Pervan* a succombé à sa propre douleur. Il a fini sa vie au moment, où elle cessait d'être heureuse, après avoir duré le terme ordinaire que la nature accorde aux hommes et qui est toujours trop court dans ceux qui lui ressemblent. Oui, *Stiepo*, je sens les blessures horribles de ton cœur déchiré. Tu es le plus malheureux des hommes, le plus injustement malheureux. Mais veux-tu devenir aussi le plus criminel, le moins à plaindre parmi les malheureux ? Regarde-moi : je t'offre ma jeunesse, ma douleur, mes regrets, ma vie. Au lieu de l'indigne vengeance que tu allais exercer, achève la tienne sur moi ; reçois mon amitié, ma compagnie, mes services pour le reste de mes jours. Vois, comment je venge, comment je cherche à réparer les pertes précieuses que nous venons de faire. Plions ensemble la tête sous l'infortune que Dieu verse sur nous et n'y ajoutons pas le crime. Mes amis, c'est de Dieu et du temps que l'affligé doit attendre les forces et l'habitude de supporter son malheur.

Que la douleur accable un vieillard affaibli par l'âge et tarisse dans lui les sources de la vie ; que la douleur plonge les femmes dans un stupide anéantissement ! Les hommes sont agités, battus par les infortunes, comme les chênes par les vents. Ils soutiennent les coups, ils résistent et le ciel redevient calme et serein. – Oublions notre injuste ressentiment, mes amis, allons tous secourir les femmes, les enfants d'une famille chérie. Allons rendre les derniers devoirs… *Stiepo*, retire-toi, apaise tes fureurs, reprends ta bonté, ta raison et embrasse ton nouveau frère. Il sauta à son cou et allait l'entraîner dans une autre cabane.

À mesure qu'*Erze* parlait, les armes baissaient, le peuple s'arrêta et parut hésiter. Mais il frémissait encore.

Les premiers accès de la douleur, et les préjugés de la nation avaient d'abord enflammé le vieux courage de *Topofnich*. Mais frappé par le discours du jeune étranger, sa bonté naturelle et son âge lui firent aisément ressentir la raison et la justice.

Oui, cria-t-il vers la foule, les genoux à terre, les bras en l'air, ses cheveux blancs dans le plus grand désordre et son visage en pleurs, où l'on voyait à la fois la rage, la douleur et la pitié, oui, le ciel a lancé sa foudre sur la tête du méchant : elle l'a consumé ; ses cendres ont péri, et ne souilleront pas une tombe, dont il était indigne. Le ciel est juste et il nous a vengé. Que pouvons-nous lui demander ? Que la mort inexorable nous rende ses victimes, que l'inévitable destinée révoque ses arrêts ? Mes frères, mes enfants, l'esprit du bon *Draganich* a parlé par la bouche de son fils ; l'esprit de votre cher *Staréscina* a parlé par la bouche du fils de son ami. C'est du haut des cieux, où ces bienheureux esprits voient la verité, la justice et la bonté, qu'ils en ont inspiré le langage au jeune *Erze*. Pleurons sur nos malheurs, aidons nos frères, épargnons l'innocent.

Et toi, famille infortunée que le destin le plus cruel accable sous les coups de son bras impitoyable, il a pu t'arracher le plus respectable des pères, le plus chéri des frères, mais il ne pourra jamais arracher la plus tendre compassion de nos cœurs, qui la préfèrent à la vengeance.

Stiepo, ton peuple t'a nommé son *Staréscina*, son père. Que le tien que tu as perdu soit remplacé dans ton cœur par tous ces enfants qui vont te devoir leur bonheur obscur et tranquille, tel qu'ils le durent à ton père.

Erze Dragananich, le soleil bienfaisant qui éclaire les villes, la nature qui répand ses richesses autour d'elles, n'oublient point les *Morlaques* et les bords de la *Cettina*. Que la curiosité t'instruise toi et tes avides compagnons ! Elle nous a été fatale et nos enfants y renonceront pour toujours.

Si tu nous as bien connus, dis-nous toi-même, que pour être plus heureux que tes riches citoyens au milieu de leurs délices, il ne manque aux *Morlaques* que de soumettre la bravoure à la raison et à la justice.

FIN

ANNEXE 1

Documents biographiques

GIUSTINIANA WYNNE
À SON AMIE ELISABETTA MOSCONI-CONTARINI,
DU 24 JUIN 1790[1]

La présente lettre de Giustiniana Wynne à son amie, Elisabetta Mosconi-Contarini, témoigne du fait que la romancière entretient des rapports étroits avec la diplomatie étrangère, et plus précisément avec l'ambassadeur français. Elle semble avoir soutenu Benincasa dans son rôle de confident des Inquisiteurs de la République de Venise.

Padova, 24 de Juin 1790

Oui ma charmante amie, je me fais une idée des plus ravissantes, une de ces idées, qui ont encore le droit de remuer mon âme presque desséchée au bonheur du séjour que je compte de faire auprès de vous à votre campagne. Pas plus tôt comme je vous l'ai dit au commencement d'aout. Je dois ce temps à mon frère et à sa famille. Ma pauvre belle-sœur n'obtient le moindre soulagement à ses maux par le régime qu'elle suit constamment depuis trois mois. Elle maigrit à vue d'œil, elle ne mange rien, mais absolument rien et souffre des douleurs continuelles. Le Dr Bognolo qui la soigne est effrayé de son état, et ne sait plus qu'en croire. Mon frère commence peut-être à s'y accoutumer, et les petites filles ignorent la grandeur la perte dont elles ont menacée [*sic*]. La plaie n'est point faite mais tous les symptômes que la force des remèdes ne peuvent point dompter annoncent la catastrophe la plus funeste. Je la

1 Le manuscrit se trouve à la bibliothèque du Musée Correr, à Venise. Une transcription de cette lettre se trouve également dans Brunelli, *op. cit.*, p. 269-270.

vois souvent, j'ai tout oublié, et je tache de lui donner du courage, après la force de la religion. Ma belle-sœur me dit hier, croyez que sans cette religion que je vénère j'aurais déjà mis fin à mes souffrances.
Oh que ce monde a peu d'attrait pour moi ma douce amie, et que ma destination future au contraire présente à mon esprit la nourriture la plus saine, et la plus sûre ! Je vous remercie ma chère [Betsy] des peines que vous vous êtes données avec Mr Bernini. J'attends impatiemment une réponse de son ami. L'on peut manquer à une femme selon la morale de quelques-uns, mais l'on ne peut point manquer à l'honneur. Je n'entends plus rien aux hommes et je suspends mon jugement. Mais, mais… n'en parlons plus. Je vous verrai, et je verserai dans votre sein, et mes chagrins, et mes doutes. Sachez que jusques à ce moment je n'ai eu de réponse à ma lettre envoyée à Mr. Bernini. S'il a reçu de moi-même faite en sorte que je le sache. Nous avons un détestable Opéra, ce qui m'empêche honnêtement d'y aller. L'ambassadrice et l'ambassadeur de France sont ici, je vis beaucoup avec eux au milieu de leurs enfants et de mes petites nièces. J'ai besoin de vivre un peu avec vous et de me trouver dans l'amitié des consolations qui me sont partout ailleurs refusées. Querini e Benincasa vous font leurs compliments. Embrassez pour moi vos charmantes filles.

À Madame la Comtesse Mosconi, née Contarini à Vérone

LETTRE DE BARTOLOMEO BENINCASA À GIUSEPPE GRADENIGO, 22 AOÛT 1791[2]

Bartolomeo Benincasa accompagne fidèlement sa compagne lors de sa dernière maladie. Le lendemain de son décès il envoie une nécrologie élogieuse à Giuseppe Gradenigo, inquisiteur d'état. Pendant les années 1791 et 1792, Benincasa est en effet aux services de l'Inquisition d'état, à qui il adresse quasiment tous les jours ses rapports sur les étrangers, et notamment les émigrés français qu'il fréquente, à Venise et à Padoue.

Padoue, 22 août 1791

Cette nuit est décédée l'incomparable Comtesse de Rosenberg. Est mort avec elle ce qu'il y a de plus rare. Peut-être un ensemble unique des qualités les plus difficiles à connaître dans une même personne. De grands talents et un grand cœur, les grâces de l'esprit, l'usage fin du monde, un tact exquis, des connaissances choisies, une grande culture et la modestie la plus spontanée et sincère dans une grande abondance, le délice de toute société, l'ornement de son sexe et personnage de mérite à Venise. Si seulement elle avait pu arriver à un âge plus avancé. La nature nous a volé au moins vingt ans de cette douce compagnie. Elle est décédée à l'âge de 54 ans et sept mois.
Je me suis abandonné au transport et je vous demande pardon de cet oubli. Il sert à tempérer et à nourrir ma juste douleur.

---

2 Inquisitori di stato, busta 551, Bartolomeo Benincasa, « *Padova, 22 agosto 1791. È mancata stanotte l'impareggiabile Contessa di Rosenberg. E merito in lei il più raro. Forse l'unico complesso delle qualità più difficile a conoscere in una stessa persona. Grand'ingegno, bellissimo cuore, grazie di spirito, finissimo uso di mondo, squisitezza di tatto, scelte cognizioni, venustissima coltura, e la più spontanea sincera modestia in tanta dovizia, delizia d'ogni società, ornamento del sesso, e opportunissimo Personaggio a Venezia, avesse pur'ella potuto giungere alla più avanzata decrepitezza. La natura ci ha rubati almen vent'anni della dolcissima sua compagnia, essendo morta in età di 54 anni e 7. mesi. Mi sono lasciato trasportare, e le domando perdono di questo sfogo : serve a temprar, nutrendo, il mio giustissimo dolore. Dopo pochissime giorni di respiro, mi rassegnerò ai commandi verso il fin della settimana, prevenendo a tempo, per essere da lei ricevuto. [...]* »

Après quelques jours de repos, je reviendrai à vos ordres en fin de semaine, vous prévenant à temps pour être reçu [...].

Bartolomeo Benincasa

ANNEXE 2

Réception des *Morlaques*

COMPTE RENDU DES *MORLAQUES* PAR CESAROTTI

Melchiorre Cesarotti (1730-1808), célèbre surtout comme traducteur d'Homère et d'Ossian et défenseur de la langue italienne, divulgue et défend les idées des Lumières françaises et britanniques en Italie. Proche, comme Wynne du Sénateur Quirini, il collabore parfois au Nuovo Giornale Enciclopedico, *un périodique dirigé par Elisabetta Caminer Turra et Alberto Fortis, et dont le titre fait programme. Il y offre le seul compte rendu connu de l'édition originale des* Morlaques[1]. L'Esprit des journaux *livre une traduction de cette recension dans son numéro de juillet 1790. Nous la retranscrivons ci-dessous.*

Les Morlaques ; par M. J. W. C. D. U. & R.
2 volumes (*[2]).

Si nous étions encore aux temps où un texte d'Aristote et l'exemple des Grecs étaient les oracles de l'art poétique, l'ouvrage que nous annonçons maintenant, aurait dû subir un procès juridique, et peut-être ce qui fait son mérite principal, serait devenu pour lui le premier chef d'accusation au tribunal du préjugé.

Le titre et la nature de cet ouvrage, la classe dans laquelle on devait le placer, eût produit une foule de questions sévères, et la pédanterie de la chaire l'eût relégué parmi ces productions bizarres et hétérogènes, qui

1 Melchiorre Cesarotti, « Les Morlaques », *Nuovo Giornale Enciclopedico*, Venise, juillet 1789, p. 37-64.

2 Melchiorre Cesarotti, « *Les Morlaques ; par M. J. W. C. D. U. & R.* 2 volumes », *L'Esprit des journaux*, juillet 1790, p. 225-249.

servent à entretenir la curiosité plus qu'à augmenter les richesses de la nature. Est-ce une histoire ou un roman ? De la prose ou de la poésie ? Si c'est un poème, où sont les vers ? De quelle espèce, dirons-nous, est cet ouvrage ? De quel caractère ? Quel est cet assemblage d'épique et de lyrique ? Ce mélange d'héroïque et de familier, cette alternative de cothurne et de comique ? Heureusement, toutes ces questions ne sont plus de saison ; et quand même quelques-uns voudraient intenter aux Morlaques un procès *de statu*, nous répondrions tranquillement que c'est un ouvrage original, que nous laissons aux docteurs le soin de lui retrouver un nom, et de l'adapter à ceux qui l'auront défini, ou de le laisser encore, s'ils le veulent, sans titre ou sans définition, pourvu que les lecteurs de goût le trouvent intéressant et sublime ; nous croyons au reste que c'est justement parce qu'il n'appartient à aucun genre, qu'il réunit toutes les bonnes qualités, et mérite collectivement les éloges qui conviennent, séparés à chaque espèce des productions du génie.

Cet ouvrage a toute la véracité de l'histoire, et tout le vraisemblable et l'unité artificielle que demande la fable, la simplicité de la prose et la sublimité de la poésie ; l'admirable non emprunté découle naturellement des coutumes et des opinions, et l'enthousiasme lyrique, les passions de la tragédie, la simplicité intéressante de la comédie sombre, tout germe sans effort du fond d'une relation non ambitieuse et uniforme en apparence, étendue dans un style sans prétention, mais toujours pittoresque, animé, varié, parce qu'il est toujours celui de la chose et de la nature.

L'illustre comtesse de Rosenberg, après avoir dépeint, avec ce succès connu de tout le monde, les coutumes artificielles et les sentiments raffinés des sociétés cultivées, voulut exposer au public un tableau d'un genre directement opposé et tout à fait neuf ; tableau d'autant plus difficile, que, pour le bien représenter, elle devait d'une certaine manière se séparer d'elle-même, en oubliant quelques-unes de ses qualités les plus essentielles, c'est-à-dire, sa culture brillante et son esprit. Imaginons-nous un petit Amour qui veut se déguiser en Satyre ; il le contrefait si bien, qu'il parvient à tromper sa mère. Voici l'idée des *Morlaques* et de l'auteur même. Un court avis préliminaire nous donne le sujet de cet ouvrage.

« On peut regarder les peuples de la Morlaquie intérieure comme les vrais indigènes ; ou du moins comme les habitants les plus anciens de la formidable Illyrie, aujourd'hui l'Esclavonie. Quoique ce vaste pays soit si proche de l'Italie, et soumis la plus grande partie à la république de

Venise, il offre l'image de la nature dans l'état de société primitive, telle qu'elle devait être dans les temps les plus reculés, et telle qu'elle s'est trouvé au milieu des habitants les plus inconnus de quelques îles de la mer pacifique. Avant qu'une nouvelle révolution ne change la nature et l'aspect de ce pays, faisons en sorte qu'il soit vu dans son état actuel, beaucoup plus intéressant que celui de la civilisation la plus complète, dont les biens et les maux sont déjà depuis longtemps connus de nous. La suite naturelle des événements ordinaires d'une famille morlaque, nous mettra au fait des coutumes et des usages de cette nation, d'une manière plus sensible que ne ferait la relation froide et méthodique d'un voyageur. On n'a point cru devoir recourir au romanesque ou à l'admirable, les faits sont vrais, et les détails que l'on donne de cette nation fidèlement exposés. Les coutumes, les usages, les préjugés, les caractères, les circonstances locales, tout résultera des événements et personnages mis en action. »

Les circonstances singulières d'un fait tragique arrivé, depuis quelques années, à Venise, entre quelques Morlaques, intéressèrent l'auteur, et, en réveillant sa curiosité sur un peuple si peu connu, donnèrent naissance à cet ouvrage, qui, pour la singularité du mérite, le dispute à celle de la nation.

Cet ouvrage est dédié à Catherine II. Il était bien juste qu'une femme, qui honore son sexe par ses talents, fît hommage des productions de son esprit à une autre femme qui honore le trône et la nature humaine par ses qualités éminentes. Il est divisé en deux parties, qui ensemble forment 15 livres. Une courte idée de chacun, suivie à la fin de quelques réflexions, suffira pour exciter dans le lecteur cette anticipation de goût qui donne envie de le satisfaire par la lecture de l'ouvrage même.

Livre 1. La vallée de Dizmo, au pied de la montagne de Crisiza, vers les rives de la Cettina, canton le plus cultivé et le plus riant de toute la Morlaquie, est habitée par la famille des Narzevizca, qui forme le village entier, dont le *Starescina* ou chef était *Pervan*, nom célèbre dans les chansons nationales. À la tête des Haidukes, race de Morlaques féroces, avides de proie et de sang, il se rendit redoutable aux Turcs, et se fit craindre de ses voisins : enfin chargé de butin et couvert de gloire, il se radoucit, s'arrêta à Dizmo, devint le chef et le bienfaiteur d'une nombreuse population, et mourut chéri et pleuré. Pervan, sorti de ce sang, respectable par sa bonté, sa justice et sa réputation d'ancienne valeur, était père, juge, arbitre de sa tribu, et y faisait régner la paix, le bon ordre et l'observance des vertus nationales. Veuf de la belle Anka, il avait deux fils, Stiepo et Jervaz, tous les deux vertueux et aimables, mais le premier n'ayant point d'enfants depuis plusieurs années de mariage avec la vertueuse Dascia, accablait son père de tristesse; Jervaz étoit la seule espérance, comme les délices de la famille. Heureusement il était devenu amoureux d'Iella, fille de Toposnic, autre Starescina d'un district peu éloigné. Jervez en était devenu épris dans une de ces solennités religieuses qui, chez les Morlaques, consacrent l'amitié : lui et le fils de Toposnic s'étaient jurés devant les autels une fraternité indissoluble avec le nom de Pobratimes, mais en voyant la sœur de son ami, le cœur de Jervaz lui jura un amour éternel et le cœur d'Iella l'entendit.

Livre 2. La cérémonie fut suivie d'un festin chez Toposnic, père du nouveau Pobratime. Parmi les conviés se trouvait un certain Marcovic, d'un district voisin, homme riche, respecté par sa valeur, mais d'un caractère féroce et altier. Ayant autrefois servi dans la flotte vénitienne, il se regardait au-dessus des autres, et affectait une bravoure insoutenable. Quoiqu'il ne se fût point déclaré amant d'Iella dans les formes, il avait néanmoins des vues sur elle, et il ne cessait, pendant le festin, de l'importuner par un ton de familiarité offensante pour un jeune homme qui la regardait déjà comme son épouse. Jervaz s'en offensa, quoiqu'en dissimulant le vrai motif : des paroles piquantes les deux champions en viennent aux voies de fait, et la table aurait été ensanglantée, si Pervan n'avait réprimandé son fils, et fait pour lui une réparation à Marcovic, qui se calma un peu en noyant dans le vin une colère qui devait être plus terrible. Pervan retourné chez lui, et informé de la passion de Jervaz pour Iella, déclare qu'il est content de la faire sa bru; pourvu qu'elle y consente, et permet à son fils d'aller d'abord la consulter. Jervaz et Iella se rencontrent seuls à seuls, et l'offre est acceptée avec transport. Selon les usages de cette nation, on va ensuite solennellement la demander au père, qui consent volontiers à cette alliance : plusieurs jours se passent dans les formalités très curieuses du contrat; enfin au jour fixé pour le mariage, toute la maison de Pervan est en; on l'embellit pour recevoir dignement l'épouse.

Livre 3. Pervan n'est cependant pas tranquille. La querelle de Jervaz avec Marcovic lui revient à la mémoire; il appréhende tout des desseins et du caractère de celui-ci. Il veut s'en éclaircir, et va visiter Toposnic auquel il communique ses craintes. Toposnic le rassure : Marcovic montra bien de l'affection pour Iella, mais il ne l'a jamais demandée solennellement ; ainsi le père est libre ; mais bien plus, il était parti depuis plusieurs jours. Ayant appris la belle expédition des Russes contre les Turcs, il s'enflamma de l'ardeur de la guerre, et alla chercher de la gloire en amenant avec lui une troupe d'Esclavons au secours de leurs frères les Russes contre leur ennemi commun. Pervan consolé et tranquille, accepte avec plaisir un repas hospitalier ; mais sa curiosité est piquée touchant les Russes, dont il avait à peine entendu le nom ; il s'étonne de l'ancienne fraternité des Russes avec les Esclavons, et il désire d'être instruit des faits de ces deux nations. Toposnic s'en excuse sur la faiblesse de sa mémoire ; mais un Calojero, son ami et son hôte, venu alors de Pétersbourg, pouvant y satisfaire, est prié de s'en acquitter. Le bon Calojero, qui ne demandait pas mieux, raconte l'histoire des anciens Esclavons, explique les différentes dénominations de leurs tributs, leurs séparations, le trajet et l'établissement de quelques-unes dans l'occident ; et ce qui leur arriva jusqu'à ce que la tribu des Esclavons vint avec le nom de Morlaques, sous la douce protection du pacifique lion vénitien. Puis remontant aux Russes, il raconte les révolutions de leur empire jusqu'à Pierre-le-Grand, ensuite venant à Catherine II, il en fait un éloge pompeux ; il représente les entreprises admirables en temps de guerre et de paix, on parle avec cet enthousiasme qu'inspire un sujet qui sera l'étonnement de l'histoire, et il la préconise comme celle qui a ruiné la puissance ottomane, comme celle qui fait honneur à l'humanité, enfin la vraie divinité des Esclavons. Les deux vieillards prêtent une oreille attentive, et comme en extase s'embrassent avec transport en invoquant le nom de Catherine, les larmes aux yeux et le visage de feu. Pervan ne peut se retenir, il jure à Dieu qu'il ira la voir sur la route qu'elle saura s'ouvrir jusqu'à la grande ville des infidèles ; il repart tout hors de lui, et fait beaucoup plus de caresses qu'à l'ordinaire à ces femmes, trop avilies par les Morlaques, ayant appris à respecter un sexe qui peut produire un tel prodige.

Livre 4. Arrive le jour des noces, dont les cérémonies sont décrites d'une manière étendue ; description intéressante par beaucoup de singularités curieuses et piquantes. La plus remarquable est celle de la couronne. Le prêtre donne aux époux une couronne d'orme et de vigne, symbole de l'union conjugale. Un des époux met la sienne sur la tête de l'autre :

ensuite ils doivent attacher au-dessus du lit ces couronnes entrelacées ensemble, et malheur si elles viennent à se diviser ou à tomber ! dans ce cas les conjoints sont libres, et leur mariage s'évanouit comme la poussière qui tombe des feuilles sèches des couronnes. Iella l'attache d'une main tremblante au-dessus du lit, en jettant les yeux de temps en temps sur Jervez, qui met toute son attention à en bien assurer toutes les branches. Deux épithalames poétiques, l'un de Rodomire, improvis[at]eur, (car ce don est commun aux Morlaques comme aux Celtes d'Ossian) l'autre de Dascia, belle-sœur d'Iella, mettent la gaieté parmi les convives. Leur caractère est différent, comme les personnes qui font le sujet de ses chants. Le premier, adressé plus particulièrement à l'époux, a beaucoup de vivacité et exhale les plaisirs de la circonstance ; l'autre très touchant, adapté à l'humiliante stérilité de la vertueuse Dascia, est d'un goût tout à fait original, et peut-être comparé aux beaux morceaux de la poésie ancienne et moderne. Après toutes les cérémonies nuptiales, et après que les parents ont été congédiés, les époux restent seuls avec leur famille, modèle de paix et de félicité domestique. Pervan veillait au bien de tous les individus ; chacun avait des devoirs particuliers ; ils s'occupaient plus à cultiver la terre que n'ont coutume de le faire les Morlaques. La mendicité était bannie du village, chacun avait en abondance tout ce qui était nécessaire à la vie, et Draganic, marchand de Spalato, ami et hôte de Pervan, y portait régulièrement chaque année les provisions pour les habillements des hommes et des femmes, qui se payaient des productions du pays. L'arrivée de Draganic formait chaque année une foire parmi les Morlaques, et la voiture du marchand entrait à Dizmo comme en triomphe, environnée des habitants.

Livre 5. Iella devient mère. Tableau incomparable de joie domestique. Préceptes d'une bonne éducation morlaque. Iella, par ses qualités, se fait adorer de tout le monde, surtout du vieux Pervan. Caractères, occupations, exercices des divers membres de la famille. Toposnic va souvent visiter sa fille ; il est amusé par des jeux et des fêtes : les deux vieillards ne peuvent se rassasier de parler entre eux des grandes entreprises de Catherine II. Pervan ne peut se persuader qu'elle soit proprement une femme, il la croit une fée bienfaisante, digne pour cela du culte que les Morlaques rendent à ces génies. Pénétré de cette idée, il médite une fête magnifique et d'un nouveau genre en l'honneur de cette impératrice ; mais pour l'exécuter il attend l'arrivée de Draganic, époque à laquelle tous les Narzevizca se ressemblent chez Pervan pour y faire leurs provisions. Il choisit ce moment pour surprendre la nation par un spectacle extraordinaire. Les préparatifs sont secrets ; ils ne sont connus que de Toposnic et de Dascia. Draganic arrive et est accueilli avec enthousiasme. Conversation touchante et caractéristique entre lui et Pervan. Le spectacle de la félicité domestique de son ami attendrit Draganic, et lui cause une douce envie. Il est riche, mais il ne jouit pas du fruit de ses richesses, il craint pour ses fils éloignés qui commercent sur mer, exposés à mille dangers, et il plaint son état. Pervan, ému jusqu'aux larmes, s'efforce avec sa famille de la déterminer à abandonner son commerce et à rester chez eux. Draganic déchiré par les plus vifs contrastes entre la raison et l'habitude, ne sait à quoi se résoudre, et remet enfin la chose à l'année suivante. Pervan cesse d'insister, et lui annonce seulement qu'il veut se lier avec lui par une parenté spirituelle. Son petit neveu Jervaz, parvenu à l'âge de quatre ans, on devait, selon l'usage des Morlaques, lui donner la marque de la virilité en lui coupant les cheveux : Draganic est choisi pour parrain dans cette cérémonie solennelle.

Livre 6. Pervan ayant choisi le lieu médité pour la fête de Catherine, fait tous les apprêts nécessaires pour ce spectacle. Foire de Draganic, concours, allégresse et achats. Dîner général sur l'herbe, après lequel Pervan, voyant les esprits préparés, invite les Narzevizca à la promenade ; ayant pris par la main Draganic et Topisnic, il s'avance lentement vers la place préparée. Un bel arc de rameaux entrelacés en formait l'entrée : le peuple ne s'attendait qu'à être introduit aux préparatifs ordinaires. Quelle fut sa surprise, lorsqu'il vit paraître sur une petite colline la figure d'une femme ou plutôt d'une déesse magnifiquement ornée ! C'était Catherine : l'enthousiasme de Pervan lui avait fait imaginer et ébaucher grossièrement une statue habillée à la Morlaque ; elle avait au côté le sabre du grand Pecirep, était vêtue de l'habit nuptial et sacré d'Anka sa femme, une couronne d'orme et de vigne ceignait sa tête, sa main droite était appuyée sur un globe ; elle tenait dans la gauche des ciseaux, deux perles noires formaient ses yeux, ses joues étaient colorées avec des sucs vermeils, tous les joyaux de la magnificence esclavonne la couvraient de la tête à la ceinture. Le peuple demeure immobile de surprise, puis ils se jettent tous en même temps à genoux, croyant que c'est l'image de l'une de leurs divinités. Pervan leur explique ce qui en est, et fait l'éloge de Catherine de la manière la plus énergique ; son nom est reçu avec acclamation et invoqué universellement. Le vieillard présente à Catherine son neveu Jervaviz ; enfin il lui offre par une prière pleine d'enthousiasme les hommages et les vœux de la nation. Après cela Draganic ayant pris respectueusement les ciseaux des mains de Catherine, coupe les cheveux au jeune enfant, auquel l'aïeul attendri donne la première leçon de la vertu. Le chanteur Radomire ajoute à la cérémonie par ses acclamations poétiques à la divinité de la fête, qui finit par différents jeux avec la distribution des prix. Chacun retourne chez soi. Après quelques jours Draganic se sépare au milieu des larmes de la bonne famille des Pervan, et promet que dans un an il sera auprès d'eux ou dans la tombe.

Livre 7. Le froid se faisait sentir, les Morlaques avaient besoin d'un nouveau vêtement, et Draganic n'arrivait point. Enfin un jour Jervaz découvrit de loin le chariot et le domestique de Draganic, mais au lieu du vieux marchand, il n'aperçut qu'un jeune inconnu. C'était son fils Erza. L'affliction peinte sur sa figure annonçait assez que son père n'était plus : il venait pour le remplacer dans l'affliction [*sic*] qu'il portait aux Narzevizca, et continuer son commerce. Jervaz l'accueillit comme un frère, l'introduit dans le village, et le présente au vieux Pervan, qui lui atteste sa sensibilité de la manière la plus délicate et la plus touchante. Il veut entendre l'histoire de la mort d'un ami si cher, mais il désire que tous les Narzevizca soient présents, pour que ce récit soit honoré de pleurs générales [*sic*]. Erza, pressé le lendemain de faire le récit de la mort de son père, s'en excuse, sur ce qu'il n'en fut pas le témoin, mais, il en charge Philippovio, son domestique, et le compagnon de ses travaux. Draganic, à peine hors de Dizmo, monta sur une colline, pour contempler encore ce séjour de la paix, comme un présage qu'il ne le reverrait plus. Après avoir visité toutes les villes de la Dalmatie en trafiquant ses marchandises, il s'embarqua pour son voyage ordinaire de Venise ; une bourrasque, décrite avec toute la force poétique, l'accueillit dans le globe de Quarnaro, où il fit naufrage ; il aurait pu se faire sauver à tems dans l'esquif, mais se rappelant une caisse d'argent qu'il avait laissée dans le navire, il voulut malheureusement y retourner, et périt avec lui. Pendant ce récit Erza fondait en larmes, se regardant comme la cause de la mort de son père, qui ne cherchait à acquérir des richesses que pour mettre son fils dans l'aisance. Cette histoire est suivie d'une lutte générale. Pervan et tous les siens s'appuient de ce triste exemple pour engager Erza à fixer sa résidence chez eux, et devenir un membre de la famille. Erza en fut attendri, mais non persuadé ; outre l'habitude, sa manière de penser le détournait de cette résolution, son âme était un peu moins *morlaque* que celle de son père ; il était plus cultivé, avait des idées plus raffinées des arts et des usages de la société. Il ambitionnait un plan de commerce plus lucratif et plus étendu ; dans ce but il cherchait à exciter parmi les Morlaques le désir des choses en usage dans les pays policés. Ses discours et quelques dons de manufactures italiennes répandus parmi les femmes et jeunes gens, éblouirent les esprits les moins sages. Pervan même put à peine résister à la séduction, mais il en représenta les conséquences, et se détermina de son côté à entretenir Erza le plus qu'il pouvait, pour lui faire goûter toujours davantage les délices d'une vie simple, tranquille et satisfaite des biens innocents de la nature.

Livre 8. Mais les récits merveilleux d'Erza font une vive impression sur les fils de Pervan, et éveillent en eux une foule d'idées confuses et de désirs. Un jour Stiepo se promenant avec son hôte, et le présentant à ses parents et à ses amis, se trouve près de la maison de Marcovic, revenu depuis quelque temps de la guerre, et croit faire plaisir à Erza en l'introduisant chez un homme qui, par ses voyages et ses aventures, pouvait faire un échange de connaissances et d'idées. Dans sa première campagne, Marcovic surpris par les Turcs, et dédaignant de fuir, était demeuré leur prisonnier, et il n'avait été relâché qu'à la paix : aussitôt après son retour il s'enquit d'Iella ; ayant appris son mariage avec Jervaz, il en éprouva un dépit mortel ; mécontent de la fortune, et de lui-même, il se tenait dans la solitude, renfermant une profonde tristesse, et surtout évitant la rencontre des odieux Narzevizca. Quel fut son dépit lorsqu'il se vit en présence du frère de son rival abhorré, et contraint par les lois sacrées de l'hospitalité de lui faire un bon accueil ! On l'interroge à table sur les aventures de guerre. Il raconte l'histoire de ses malheurs, avec une noble fierté qui intéresserait par son caractère, si l'on ne craignait pas en lui l'ennemi de l'aimable Jervaz. Il lui échappe quelques traits qui ne sont entendus que de Stiepo, qui le plaint au fond du cœur, ne cesse de l'admirer, et le regarde comme un héros. Stiepo, s'étant proposé de faire connaître à Erza tout ce qu'il y a de remarquable dans les différentes terres des Morlaques, demande à Marcovic des notions exactes sur le voyage qui devait être entrepris ; celui-ci lui ébauche un itinéraire en lui offrant par des traits courts, pittoresques et énergétiques toutes les curiosités physiques et morales de son pays. Après son récit, il se montre disposé à tenter encore le sort de la guerre comme un désespéré qui n'a plus rien qui l'attache. Ses hôtes prennent congé de lui en la remerciant ; et Stiepo lui fait avec une tendresse ingénue des souhaits heureux. Marcovic, resté seul avec lui-même, exhale librement sa haine renfermée au fond de son cœur, par des paroles qui font présager quelque terrible catastrophe.

Livre 9. En retournant, Stiepo et Erza s'entretiennent des femmes, des coutumes des différentes villes, et sur d'autres sujets dans lesquels Erza paraît une espèce de philosophe, et excite toujours dans l'autre son plus grand désir de s'instruire en voyant le monde. Stiepo raconte à sa famille les notions que lui a données Marcovic, et communique à Jervaz sa passion, qu'exalte toujours plus Erza par quelques tableaux des spectacles et des usages de l'Europe cultivée. Les deux frères enchantés se déterminent de parcourir toutes les grandes villes, mais ils croient pour lors devoir cacher leur dessein. On destine le lendemain à la chasse de l'ours. Tradition singulière des Morlaques sur cet animal. Description vive et animée de cette chasse. Jervaz lutte avec l'ours ; après un combat périlleux, il lui enfonce son poignard dans la gueule, et est reconduit en triomphe et accueilli aussi en triomphe toute sa famille.

Livre 10. Les deux frères, sur le point de partir avec Erza pour l'intérieur du pays des Morlaques, se déterminent à l'accompagner dans son retour à Venise, pour acquérir des idées de culture et de commerce. Mais comment en obtenir la permission de leur père ? Leur embarras. Ils s'expliquent ; Pervan les décourage par un discours plein de tendresse paternelle, mais il leur conseille de faire un voyage dans le pays. Iella s'aperçoit que Jervaz est plus agité et plus pensif que de coutume. Son inquiétude et tendre séparation des deux époux. Après le départ de Jervaz, Iella s'abandonne à la tristesse, craint de le perdre, et est agitée par des songes et des pressentiments. Elle s'était à peine abandonnée au sommeil, qu'elle est éveillée par je ne sais quoi de piquant qui lui tombe sur le visage ; elle ressaute toute tremblante, et reconnaît les deux couronnes, gage de l'union conjugale, lesquelles desséchées et réduites en poudre étaient tombées de l'endroit où elles étaient attachées. Le lecteur se rappelle bien qu'un tel malheur donnait à l'époux le droit de rompre les nœuds, et imagine la désolation de la triste Iella. Ses manies, ses angoisses, son désespoir sont peints avec les couleurs les plus fortes. Par une ruse bien pardonnable, elle substitue une nouvelle couronne semblable à l'autre, pour se soustraire au danger auquel l'expose cet accident ; mais craignant qu'elle ne soit le présage de quelque nouveau désastre, elle se résout à aller consulter la Baornizca, espèce de divinité bienfaisante, qui habitait dans une grotte éloignée du commerce des hommes. Sous prétexte d'aller passer trois jours chez son père, elle obtient de Pervan la liberté de partir, se met en route accompagnée de Nika sa fidèle suivante, qui demande vainement le sujet de la tristesse auquel paraît être en proie sa chère maîtresse, et s'efforce de la consoler. Description du séjour de la divinité ; horreur religieuse et tremblement qu'éprouve Iella en approchant ; paroles augustes de la Baornizca dans l'intérieur, et réponse pieuse d'Iella.

Livre 11. La porte s'ouvre. Aspect vénérable de la divinité. Peinture de son habillement et du lieu de sa résidence ; sa nourriture composée de végétaux : sa conversation avec Iella : culte qu'on lui rend et prières qu'on lui adresse. Iella lui confie ses angoisses. Description des cérémonies magiques pour savoir l'avenir et tristes présages qui en résultent. La divinité prépare Iella par un discours sage et qui lui pronostique quelque malheur, elle ne lui spécifie point lequel, mais elle l'assure que Jervaz, tant qu'il vivra, ne se séparera point d'elle. Cette réponse qui rassure Iella sur le point le plus intéressant pour son cœur bannit un peu la tristesse. Elle repasse chez son père et deux jours après retourne chez Pervan, elle demande bientôt si l'on a des nouvelles de Jervaz. Pervan ne l'attend que dans deux jours ; la famille s'apprête à en fêter le retour ; mais Iella retirée dans un coin, ne cesse de porter un œil inquiet sur sa nouvelle couronne et elle se plait à voir qu'elle a toute l'apparence de la première.

Livre 12. Retour de Jervaz et des autres. Ils avoient été à Spalatro. Ils paraissent inquiets et confus. Discours interrompus et admiratifs sur les beautés et les usages de cette ville ; leurs distractions, leurs signes mystérieux à Erza troublent Pervan et le remplissent de craintes. Tout à coup Stiepo et Jervaz se jettent aux genoux de leur père, et le prient de permettre qu'ils s'embarquent avec Erza pour Venise. Pervan frappé de cette demande fait tous ses efforts pour les dissuader de ce voyage ; contraste très touchant entre le père et ses fils. Enfin le vieillard malgré sa répugnance leur accorde cette grâce. Iella est désolée : conversation pathétique et pleine de délicatesse entre Iella et Jervaz. Songe terrible d'Iella. Elle demande et obtient de Pervan d'accompagner son époux. Discours très sensé de Pervan sur les dangers de la vie aisée et civile, et sur la vanité des coutumes et des idées raffines de la société. Préparatifs du voyage, dons et instructions du vieillard à chacun. Pervan invite les principaux vieillards à accompagner de bons augures le départ de ses fils. Leurs paroles pleines de sens sur l'utilité supposée de ce voyage. Les voyageurs sont prêts : bénédiction patriarcale du père, et avis qu'il donne à ses fils. Le cheval de Jervaz le jette à terre. Pervan frémit à ce triste présage, il cherche encore à détourner son fils de sa résolution, Jervaz est interdit ; il regarde son père, mais il est attendu par ses compagnons, il ne peut se décider à rester. Il part. Pervan agité entre le désir de le retenir et la crainte de se montrer faible, se retire enfin pénétré de la plus profonde douleur.

Livre 13. Le voyage commence sous des hospices [*sic* pour « auspices »] funestes. La compagnie devant passer la nuit chez un hôte de Pervan, le trouve mort et assiste au deuil et aux obsèques. Nos voyageurs arrivent à Trau, où un grand nombre d'objets nouveaux surprennent la simplicité d'Iella. Là sur le point de s'embarquer pour Venise ; ils aperçoivent à côté d'eux un bâtiment prêt à lever l'ancre. Rencontre funeste ! Ils reconnaissent Marcovic qui était à charge à lui-même, et voulait dissiper sa tristesse en retournant à Pétersbourg. La vue d'Iella et de Jervaz, et leurs caresses lui troublent l'esprit : salué, il ne rend point le salut, fait lever l'ancre à la hâte et s'échappe à leur vue odieuse. Aspect de la mer ; son impression physique et morale sur nos voyageurs : abattement et inquiétude d'Iella : Erza tente de les rassurer et les fait embarquer à la petite île de Zuri. État de Pervan pendant ce temps-là, il survient une éclipse de lune. Terreurs et pressentiments de Pervan : idées singulières des Morlaques sur l'état primitif du monde. Erza prenant le temps que ses compagnons étaient endormis, fait mettre de nouveau à la voile et arrive au port de Zara. Ne pouvant sortir du vaisseau jusqu'au lendemain, il se munit secrètement de feux d'artifice, pour surprendre et réjouir ses amis. Un bâtiment plus petit arrive et se place à côté du sien. C'était le bâtiment de Marcovic ; fâché d'être arrivé plus tard, contraint de passer la nuit vis-à-vis de son rival et d'être témoin de la joie de ses ennemis, il sent son âme rongée de rage et de jalousie. Une fusée allumée par Jervaz vient éclater sur la voile du bâtiment de Marcovic et y met le feu.

Marcovic ne doute pas que ce ne soit une insulte que lui a faite exprès Jervaz. Sa fureur est à son comble, il veut une vengeance et ce n'est qu'avec peine qu'il se laisse persuader par son pilote de la remettre au lendemain. Jervaz et les autres débarquent à Erza ; Erza les place dans un petit appartement et laisse Iella dans une maison ; il sort avec les deux frères en vue de mieux les instruire de différents arts, divise entre eux les occupations de la journée et recommande Stiepo à un ami non moins instruit que lui-même, et accompagné de Jervaz il parcourt la ville, en lui montrant les choses les plus dignes d'observation. Tristesse et craintes d'Iella restée seule. Marcovic qui a débarqué cherche les traces de Jervaz. Peinture terrible de celui-ci et ses discours à Triculaz dans lesquels il ne respire que la vengeance et le sang.

Livre 14. Erza quitte un moment Jervaz ; celui-ci dans l'impatience de revoir son épouse s'achemine à son logement : il est rencontré et assailli par Marcovic. Combat intéressant. Marcovic est blessé : générosité de Jervaz ; fureur brutale de Marcovic ; Jervaz est tué par supercherie et perfidie. Marcovic s'étant retiré, arrive Erza qui voit Jervaz, nageant dans son sang ; sa surprise et sa douleur. Jervaz respirant encore est rapporté à l'auberge. Désespoir inexprimable d'Iella à cette vue. Marcovic, près de bander ses plaies, songe que Jervaz peut encore être vivant, et suivi de quelques mariniers, il court furieux pour enlever un reste de vie à son rival. Par une fenêtre fort basse il voit la famille désolée autour de Jervaz ; il consulte s'il doit le frapper par la fenêtre ou forcer la porte. Nika, ayant entendu une rumeur, court au balcon et s'écrie : voici Marcovic ! Iella épouvantée, hors d'elle-même, saisit ses enfants, les pose sur la fenêtre, et défie Marcovic d'assouvir sa fureur sur ces innocents. Scène incomparable. Convulsions de Marcovic entre la nature et la fureur. Il tente en vain de briser la porte, il va et tourne autour de cette fenêtre, enfin il fuit, la rage dans le cœur, maudissant la mère, les enfants et sa faiblesse qui ne le laisse point se livrer à toute sa cruauté. Stiepo survient. Tableau tragique. Paroles de Jervaz expirant et sa mort. Trait terrible et jurement de Stiepo. Lamentations pathétiques d'Iella. Stiepo et Erza courent sur les traces de Marcovic ; ils apprennent qu'il est parti pour Trieste malgré une bourrasque. Ils remettent au lendemain à le poursuivre et retournent près du corps de Jervaz, qui après divers chants funèbres et des protestations sacrées de vengeance est déposé dans un coffre pour être transporté à Dizmo.

Livre 15. Deux mariniers apportent à Stiepo la nouvelle de la mort violente de Marcovic tué par son pilote Tricolaz, et lui en présentant la dépouille. Iella et les autres exhalent sur elle leur vengeance. Pervan inquiet et agité attend le retour de ses fils. Il entend les signaux de leur arrivée, mais elle s'annonce avec des marques funestes. Le convoi paraît ; Pervan cherche des yeux Jervaz, on lui montre le coffre : Ah ! mon Jervaz n'est plus ! il tombe et expire sur la bière. Stiepo survient, expose la mort de son frère, engage le peuple à la venger sur toute la race de Marcovic. Fureur générale. Stiepo est nommé Starescina, et ils tirent tous leur sabre. Erza, malgré le risque qui court ose les retenir par un discours délicat et vertueux, et les détourne d'un massacre d'innocents qui produirait la ruine totale de la nation sans être utile à ceux qui n'existent plus. Le vieux Toposnic, les yeux mouillés de larmes, fortifie le conseil d'Erza, calme le peuple, console la famille et termine son discours par une invitation au peuple et à Erza elle-même d'apprendre par ce terrible exemple combien de maux découlent d'une extrême curiosité et du mécontentement de son état, en s'éloignant des simples biens de la nature.

Dans cet aperçu nous n'avons donné qu'une ébauche informe d'un tableau très animé, plein de chaleur, de mouvement et de vie. Il est nécessaire ici d'observer que le sujet des Morlaques n'est pas seulement une action épique ou dramatique, mais une histoire des usages nationaux que l'on met en action. Cette réflexion suffit, à notre avis, pour répondre à une objection que nous entendrons faire par plus d'un critique, que cet ouvrage renferme des détails minutieux, inutiles au sujet ; mais si ces détails ne servent point à l'action proprement dite, ils sont néanmoins très importants à l'objet principal, qui est celui de faire connaître les coutumes et les idées des Morlaques ; d'ailleurs ils servent tous indirectement à rendre beaucoup plus saillante l'action même, en jetant un jour très vif sur la physionomie des personnages. Quant au reproche de trivialité, que l'on pourrait peut-être hasarder aussi, il ne peut être fait que par ces *Zerbini* de la littérature comme de la société qui ne savent point sortir par l'imagination hors de leurs cercles du *bon ton*, et prétendent que la nature ne doit se montrer, ainsi que leurs belles, qu'avec l'incarnat. On a même souvent reproché aux poètes de France que leurs héros soit Turcs, Chinois ou Américains, ne sont dans le fonds que les François déguisés. Ici, au contraire, tout ce que l'on voit et que l'on entend est *morlaque*, tout est convenable, tout est dans les *coutumes* et dans la vérité. Loin donc que le reproche de bassesse, ou de trivialité soit fondé, l'ouvrage mérite un grand éloge par l'air de naturel ingénu qui y domine, et par cent traits de cette vérité précieuse, que l'on exalte tant chez les Grecs. Du reste l'action non enveloppée, mais progressive, s'achemine d'abord lentement, ensuite elle augmente peu à peu de chaleur, de célérité, d'intérêt, jusqu'à ce qu'elle se précipite dans la catastrophe, indiquée, préparée, exécutée avec un art qui ferait honneur aux plus fameux professeurs de l'art tragique. Les passions sont peintes, tantôt avec un pinceau de feu, tantôt avec un pinceau qui arrache les larmes. Les fureurs de Marcovic ne le cèdent point à celles d'Achille, et les lamentations d'Iella peuvent être comparées à celles de la veuve d'Hector. Les caractères sont si bien variés et distingués, ou par des couleurs entièrement opposées, ou par des gradations de teintes très fines ; toutes néanmoins vraies, intéressantes, prononcées et soutenues avec force, et surtout saillantes fort souvent, par ces traits exquis que j'appellerai des éclairs caractéristiques, parce qu'ils font passer rapidement à l'esprit du lecteur toute l'âme du personnage qui semble lui échapper sans s'en apercevoir. Les épisodes sont très bien introduits : les opinions fabuleuses des Morlaques sur les divinités malveillantes et bienfaisantes, sur l'écho, les éclipses, l'ancien état du monde, et diverses autres répandues çà et là pour l'instruction et l'ornement, produisent un très bon effet. Les discours du vieux Pervan sont remplis de proverbes, de comparaisons et de paraboles. C'est le caractère originaire de la poésie primitive et de la philosophie même, qui était et devait être toute poétique, mais chez les anciens il est très peu de comparaison et d'images qui, comme celles-ci, présentent autant de justesse dans les idées et un goût aussi épuré. Toutes les harangues en prose de différents genres, et celles qui sont de la plus grande beauté, peuvent hardiment être citées pour les modèles de cette poésie, appelée autrefois orientale, que l'on découvrit de nos temps être commune aux nations qui étaient dans un état de société, mais encore grossier et barbare. Elles montrent encore évidemment que la poésie, pour se maîtriser les cœurs et les enflammer du plus vif enthousiasme, n'a pas besoin de la versification, comme Vénus pour se faire aimer de Pâris, n'avait besoin ni de ses vêtements ni même de sa ceinture. Nous terminerons cet article en disant que, quand bien même Catherine II, impératrice de Russie, n'eût point agréé l'offre d'un tel ouvrage, il serait toujours accueilli favorablement du public ; nous croyons que M[a]d[am]e de Rosenberg peut absolument et sans condition s'appliquer cette devise de sa dédicace : *Sublimi feriam sidera vertice.*

(*Giornale encyclopedico di* Vicenza)

RECTIFICATIONS DE QUELQUES MÉPRISES BIBLIOGRAPHIQUES SUR UN LIVRE PRÉCIEUX[3]

Charles Nodier (1780-1844), écrivain et bibliophile, s'intéresse aux Morlaques *à la fois parce que les exemplaires en sont rares et parce qu'il a une expérience personnelle de l'Illyrie, ayant résidé à Ljubljana, alors sous pavillon français, et dirigé le* Télégraphe officiel des Provinces Illyriennes. *Son roman* Jean Sbogar *témoigne de sa sensibilité à la culture dont Giustiniana Wynne s'est inspirée.*

Les Morlaques, par *J. W. C. D. U. et R.* 1788, in-8. ; mar. rouge.

Il a été fait mention de cet ouvrage pour la première fois dans l'*Esprit des Journaux* de 1790. C'est sur cette indication que M. Barbier l'annonce dans le *Dictionnaire des Anonymes. La Biographie des Contemporains*, et quelques auteurs qui l'ont suivie, s'accordent à dire qu'il n'a pas été mis dans le commerce, et qu'il est devenu fort rare ; mais il y a une erreur presque évidente dans leur description, où ce volume in-8. est désigné comme un in-4. de deux tomes en un volume. Le biographe ajoute, je ne sais sur quels fondements, que les *Morlaques* doivent être attribués au comte de Benincasa, l'ami ou le sigisbée de madame la comtesse de Wynne, et il est copié en ce point par M. Querard, qui se trompe de 70 ans sur la date. Enfin, tout le monde répète d'après la *Biographie*, que les *Morlaques* sont un livre fort mal écrit, qui n'offre rien de bien neuf, et de toutes ces assertions, il n'y en a point qui m'étonne davantage.

Le volume que j'ai sous les yeux est bien in-8. Il contient un alphabet presque complet de signatures en feuilles de 16 pages. Le tout ne comporte que 358 pages qu'on ne verrait aucune nécessité de diviser en deux volumes, ce qui n'est pas l'usage d'ailleurs pour un livre de vingt-trois ou vingt-quatre feuilles, et les chiffres se suivent du commencement

3 Nodier, Charles, « Rectifications de quelques méprises bibliographiques sur un livre précieux. – Considérations sur les Poésies primitives. – Exemples tirés de la Littérature slave », *Mélanges tirés d'une petite bibliothèque, ou variétés littéraires et philosophiques*, Paris, Crapelet, 1828, p. 187-194.

à la fin, sans suspension et sans faux titre. Les *Morlaques* auraient-ils été imprimés deux fois, ou tirés de deux manières ? Alors, cela aurait valu la peine d'être dit, mais les deux seuls exemplaires qu'on ait pu voir passer dans les ventes, sont conformes au mien. Cette édition in-4. en deux parties est donc un être de raison. Ce qui me confirme dans cette opinion, c'est que mon exemplaire est certainement un exemplaire de choix. Il a appartenu à lord Glenbervie qui a écrit sur le premier feuillet qu'il lui avait été *donné par l'auteur*, et il est tout à fait improbable au reste qu'une production de ce genre, qui n'était point destinée au public, ait occupé la presse deux fois dans la même année. Il résulte au moins de cette fausseté d'indications, qu'il s'agit ici d'un ouvrage extraordinairement rare puisqu'il a été si peu vu par les personnes qui avaient mission pour en parler.

L'hypothèse qui attribue *Les Morlaques* au comte de Benincasa n'est pas flatteuse pour madame la comtesse des Ursins, qui a signé ce livre de ses initiales, et qui, dans un feuillet gravé ajouté à mon exemplaire, s'est même entièrement dévoilée. En voici le contenu : « À CATHERINE II, IMPÉRATRICE DE TOUTES LES RUSSIES. J. Wynne, comtesse des Ursins et Rosenberg. *Sublimi feriam sidera vertice.* Hor. 22 janvier 1788. » Cette femme distinguée, dont le souvenir n'est pas effacé au nord de l'Italie, devait être à l'abri d'une pareille supposition. Elle a produit d'autres ouvrages sans le secours du comte de Benincasa, et peut très bien être l'auteur de celui-ci, qui porte partout le sceau du talent et de l'imagination d'une femme.

« Il n'offre rien de bien neuf », disent les mêmes écrivains, pour lesquels on connaît sur tout autre point ma sincère déférence. Ce livre, qui n'offre rien de bien neuf, est le tableau le plus piquant et le plus vrai des mœurs le plus originales de l'Europe, et j'ose dire qu'il n'existait rien d'aussi complet en aucune langue sur cette matière. « La suite naturelle des événements dans une famille Morlaque, dit l'auteur, va nous mettre au fait des mœurs et des usages de la nation, d'une manière plus sensible que la relation froide et méthodique d'un voyageur. On n'a pas cru avoir besoin de recourir au romanesque ou au merveilleux. Les faits sont vrais et les détails nationaux fidèlement exposés. Mœurs, habitudes, préjuges, caractères, circonstances locales, tout résultera des événements et des personnages mêmes, mis en action. C'est peut-être la plus agréable façon de donner l'idée juste d'un peuple qui pense, parle et agit d'une manière différente de la nôtre. » Ce peu de lignes contiennent tout le plan de l'ouvrage, et, si je ne me trompe, elles donnent une idée satisfaisante de son intérêt, car les Morlaques ont des mœurs aussi tranchées, aussi singulières, aussi pittoresques, si l'on peut s'exprimer ainsi, et cependant mille fois moins connues que celles de ces peuples sauvages de la mer du Sud, dont l'histoire jette un attrait si vif sur les *Voyages de Cook*, et de ces *Natchez* de l'Amérique, dont M. de Chateaubriand nous a si poétiquement retracé les usages. Avant madame de Wynne, personne n'avait donné à la langue française des renseignements développés sur cette intéressante nation, et l'extrême rareté de son livre n'a pas permis qu'ils devinssent très populaires. Il serait donc très difficile de ne pas les trouver neufs. Jusqu'à elle, on ne connaissait que l'abbé Fortis qui se fût occupé avec un peu de détails des habitants de la Dalmatie, et de cette poésie d'institutions et de croyances qui les distingue aujourd'hui entre toutes les races européennes ; aussi, dans un temps où l'ouvrage de madame de Wynne ne m'étoit connu que par son titre, je me permis d'en parler, avec toutes les réserves d'une conjecture modeste, comme de la paraphrase un peu étendue d'un chapitre du *Viaggio in Dalmazia*, et ma témérité fut aigrement relevée par un savant bibliographe qui voulut bien apprendre à l'univers que ce livre était tout bonnement un roman. On vient de voir que mon illustre critique s'éloignait pour le moins autant que moi de la vérité, et madame de Wynne, qui me paraît avoir toutes les qualités suffisantes pour décider entre nous deux, semble s'être appliquée à éclaircir cette difficulté en terminant sa préface. « Les circonstances singulières d'un fait tragique arrivé parmi des *Morlaques* à *Venise*, il y a quelques années, excitèrent, dit-elle, de l'intérêt et de la curiosité sur cette nation si peu connue. Les informations de plusieurs parmi ceux que les emplois publics ou les affaires particulières ont fait demeurer dans cette contrée ; quelques conversations avec les Esclavons des contrées voisines ; la lecture du peu d'anciens écrivains sur ce sujet ; et *celle d'un excellent moderne*, M. l'abbé Fortis, *dans son* Voyage en Dalmatie, *ont été les sources où l'on a puisé.* » Il est évident d'après cela que je n'étois pas tombé dans une erreur trop grossière : *et voilà justement comment on écrit l'histoire* et la bibliographie.

Il ne me reste plus de parler que du style des *Morlaques*, que la *Biographie* dit mal écrits. J'avoue que je ne serais pas étonné qu'une dame étrangère, qui a bien voulu prendre notre langue pour interprète de ses pensées, ne se fût pas acquittée de cette tâche avec la correction et l'élégance d'un écrivain de profession, et cette considération m'aurait peut-être assez disposé à l'indulgence pour que je dissimulasse volontiers une partie des outrages que son inexpérience aurait fait à la grammaire, si j'avais été appelé à juger son livre. Je n'aurais donc osé déclarer qu'il était *mal écrit*, qu'après m'être bien assuré qu'il ne méritait réellement aucune pitié. Il s'en faut de beaucoup que les *Morlaques* justifient une pareille rigueur. Ce livre n'est sans doute pas exempt de cette simplicité souvent un peu triviale, et de cette pompe souvent un peu affectée, qu'il est si difficile d'éviter dans la prose poétique, surtout quand on emploie une langue dont on ne possède pas toutes les ressources ; mais ces défauts ne sont pas tellement dominants, qu'on ne puisse lire l'ouvrage avec beaucoup de plaisir. Les morceaux de poésie esclavonne sont généralement bien choisis, et le style de la traduction a quelque chose de naïveté, du nerf et de la couleur de l'original. Il serait à souhaiter que nous eussions de tous les pays qui peuvent nous intéresser par l'originalité de leurs mœurs, et fournir à nos muses fatiguées de nouvelles inspirations, des tableaux aussi fidèles et aussi agréables ; et je pense qu'on serait moins fondé à reprocher leurs folies aux bibliomanes, si elles n'avoient jamais pour objet des livres plus méprisables que celui dont il est question ici. J'approuve assez la coutume du vieux bibliothécaire Du Verdier, qui annonçait rarement un livre remarquable sans en apporter des longs extraits. C'est en effet la manière la plus sûre et la plus naturelle de faire connaître l'auteur dont on parle ; mais ce luxe de citations siérait mal dans des notices aussi superficielles que les miennes, et si je copie, avant de terminer cet article, une des pièces de poésie esclavonne recueillies par la comtesse des Ursins, c'est que cette illustration me fournit le double avantage de répondre à ce reproche de mauvais style qu'on lui a injustement adressé, et de varier un peu l'aride monotonie de ces discussions de dates et de noms, dans lesquelles je ne puis me dispenser d'entraîner à tout moment le lecteur. Ce petit poème est l'hymne de mort chanté aux funérailles d'un ancien chef slave, le *Starescina* de *Rostar*.

Qui nous guidera encore sur les frontières des Turcs, pour leur enlever le bétail ?

Qui jugera des meilleurs coups et donnera le prix au bras le plus robuste ?

Qui mènera l'épouse à l'époux avec pompe et joie, si notre chef est mort ?

Qui nous éclairera de ses conseils, comme notre père, dont la prudence égalait la clarté des flambeaux qui dissipent les ténèbres ?

Que t'avons-nous fait, Marnan, pour que tu nous quittes ? Nous t'aimions, nous obéissions toujours à tes ordres, ô brave *Starescina* !

Mes frères, il nous écoute, il nous entend : nos voix descendent jusqu'à lui mais la sienne
ne peut plus monter jusqu'à nous.

Il y a là cette poésie de sentiment dont on retrouve de traces chez tous les peuples primitifs, et qui rappelle le chant des Madécasses comme ceux des Scandinaves, parce qu'elle a son type universel dans le cœur humain et dans la nature. Il est d'un excellent goût de traduire de pareilles choses avec une extrême simplicité, parce qu'ici le mérite de l'expression n'est rien, ou plutôt parce qu'il y résulte d'une vérité naïve et tout à fait dépouillée d'ornements. Un écrivain qui s'amuserait à mettre du beau style sur ces pensées de la douleur, prouverait admirablement qu'il ne les a pas comprises, et voilà tout.

MARCO DE CASOTTI, *IL BERRETTO ROSSO OSSIA SCENE DELLA VITA MORLACCA*, 1843[4]

Le petit roman (en 145 pages et 7 chapitres) dans lequel le narrateur s'adresse aux lecteurs à la deuxième personne du pluriel, reprend le genre du roman de mœurs de Giustiniana Wynne. Il raconte le destin du jeune Morlaque, Paval, défavorisé par le destin. Les maintes péripéties servent à avancer des réflexions au sujet de la providence et avant tout à décrire les mœurs et le caractère des Morlaques. Comme dans l'ouvrage de Giustiniana Wynne, une grande place est accordée aux chansons populaires des Morlaques qui y sont en partie reproduites et Paval, blessé grièvement dans un combat, finit ses jours comme guzlaro.

Dans l'obscurité d'une caverne, illuminée seulement par une chanson, sinon sombre et très obscure, ces concepts ressemblaient à un mysticisme solennel de poésie, toujours et partout vierge, dans les formes comme dans les figures originaires, dans lequel chaque parole est une pensée. Une pensée équivaut à cent idées et devra toujours émouvoir ; parlant le langage de la nature, elle restera la véritable poésie[5].

---

4 Casotti, Marco de, *Il berretto rosso ossia scene della vita morlacca*, Venise, Gio. Cecchini, 1843.

5 *Ibid.*, p. 113 : « *Nell'opacità di quell'antro, solo in un canto illuminato, del resto cupo ed oscurissimo, quei concetti parevano una mistica solennità di poesia, che vergine sempre e dovunque, nelle forme e nelle figure originaria, in cui ogni parola un pensiero, un pensiero cento idee, dovrà sempre commuovere, e parlando il linguaggio della natura, resterà la vera poesia.* »

LA VIRGINIA. DRAMMA SERIO IN MUSICA. CON BALLI DA RAPPRESENTARSI NEL TEATRO DI REGGIO. LA FIERA DELL'ANNO 1805[6].

En 1805 est représenté, le ballet, Le nozze dei Morlacchi, ossia Gli antichi slavi*, inspiré du drame éponyme de Camillo Federici, représenté pour la première fois, en 1793, à Venise. Le ballet, qui compte une trentaine de personnages, fut conçu et dirigé par Gaetano Gherardini. Le livret décrit l'action comme suit :*

[….]

Sujet

Elena, fille di Marcovich, chef d'une tribu de Slaves est tiraillée entre l'amour secret pour un jeune guerrier du pays, Serizsca, et le désir digne d'une fille de vouloir satisfaire la volonté du père qui l'a promise à Dusmanich, chef d'un autre village. Le jour du mariage, elle n'arrive plus à dominer sa passion et elle suscite la plus vive surprise auprès des spectateurs quand elle donne à l'improviste la main à Serizsca au lieu de la donner à Dusmanich. Le ressentiment et la jalousie induisent les deux rivaux à se battre en duel ; mais c'est Dusmanich qui en sort vainqueur et Seriszca est blessé. Elena est alors sujette aux lois du vainqueur. Un étrange incident qui aurait dû causer son trépas, contribue finalement à la sauver du malheur. Orcano Mesnadière, chef d'un groupe de Turcs, est lui aussi épris de la beauté d'Elena et projette alors son enlèvement. Il tente une embuscade et en sortant, de manière inattendue, d'un antre, il l'enlève. Poursuivi par les Morlaques, il est contraint de se retirer sur les rives de la Cettina où il est vaincu par Dusmanich. Alors qu'il veut traverser un pont, avec la jeune fille dans ses bras, il tombe dans l'eau. Serizsca se jette courageusement dans les flots, sauve la femme aimée et veut la remettre dans les bras de Dusmanich. Mais le rival est tellement ému par la grandeur de cet acte, et poussé par la plus vive générosité, il cède Elena à son sauveur.

6 Un exemplaire du livret se trouve à la Fondazione Cini à Venise.

La surprise est générale, les époux jubilent ; et tout se termine dans la plus grande joie avec des danses festives[7].

7 « *Argomento : Elena figlia di Marcovich Capo di una Popolazione dei Slavi à combattuta da un secreto amore concepito per Serizsca giovine guerriero di quelle Contrade, e dal filial desiderio di condiscendere alla volontà del Padre, che gli aveva proposto in isposo Dusmanich Capo di un'altra Popolazione. Nell'atto di prestarsi agli Sposali non potendo più ritener l'impeto della passione alla presenza dell'oggetto, che ritraeva tutti i di lei affetti diede luogo ad eccitare la più viva sorpresa dei Spettatori, risolvendosi improvvisamente a dar la mano a Serizsca in vece che a Dusmanich. Il risentimento, e la gelosia inducono i due Rivali a sfilarsi fra loro ; ma nel conflitto rimane superiore Dusmanich, e Serizsca ferito ; ed ecco quindi Elena soggetta alle leggi del vincitore. Un'estraneo accidente, che pur sembrava doverla rendere più oppressa contribuisce a sottrarla da ogni sventura. Orcano Masnadiere Capo di uno stuolo di Turchi invaghito esso pure della bellezza di Elena disegna d'averla nelle sue mani : le tende un imboscata, e sortendo improvvisamente da un antro la rapisce. Inseguito dai Morlacchi è costretto battersi sulle rive del Cettina. Ivi superato da Dusmanich, mentre vuol trasportar seco la rapita donzella nel passaggio di un ponte cade con lei nella sottoposta corrente. Serizsca coraggiosamente si getta nell'acqua ; salva l'amante, che consegna a Dusmanich. Il rivale vinto da tanta grandezza dell'animo, e dal sentimento della più viva riconoscenza cede generosamente Elena al suo liberatore ; la sorpresa è generale ; gli Sposi giubilano ; indi intrecciano di comune gioja lieta, e festiva danza.* »

PROSPER MÉRIMÉE, « TRISTE BALLADE DE LA NOBLE ÉPOUSE D'ASAN-AGA[8] »

Prosper Mérimée consacre son ouvrage La Guzla ou choix de poésies illyriques, recueillies dans la Dalmatie, la Bosnie, la Croatie et l'Herzégovine *aux chants folkloriques des Balkans. Comme dans le roman de Giustiniana Wynne, les chansons relèvent avant tout de l'invention de l'auteur, exception faite de celle d'Asan-Aga, désormais célèbre.*

Prosper Mérimée, *Triste Ballade de la noble épouse d'Asan-Aga*
Qu'y a-t-il de blanc sur ces collines verdoyantes ? Sont-ce des neiges ? Sont-ce des cygnes ? Des neiges ? Elles seraient fondues. Des cygnes ? Ils se seraient envolés. Ce ne sont point des neiges, ce ne sont point des cygnes : ce sont les tentes de l'aga Asan-Aga. Il se lamente de ses blessures cruelles. Pour le soigner, sont venues et sa mère et sa sœur ; sa femme chérie, retenue par la timidité, n'est point auprès de lui[9].
Quand la douleur s'est apaisée, il fait dire à sa fidèle épouse : « Ne me regarde pas dans ma maison blanche, ni dans ma maison, ni devant mes parents. »

La dame, entendant ces paroles, se renferme dans son appartement toute triste et accablée. Voilà que des pas de chevaux retentissent près de sa maison, et la pauvre femme d'Asan-Aga, croyant que son mari s'approche, court à son balcon pour se précipiter. Mais ses deux filles ont suivi ses pas :

« Arrête, mère chérie ! Ce n'est point notre père Asan-Aga, c'est notre oncle Pintorovich-Bey. »

L'infortunée s'arrête ; elle serre dans ses bras son frère chérie.

---

8 Mérimée, Prosper, « Triste ballade de la noble épouse d'Asan-Aga », *La Guzla et dernières nouvelles*, Paris, Levrault, 1827, p. 180-184.

9 [Note de Mérimée] Il nous est difficile de comprendre comment la timidité empêche une bonne épouse de soigner un mari malade. La femme d'Asan-Aga est musulmane, et, suivant ses idées de décence, elle ne doit jamais se présenter devant son mari sans être appelée. Il paraît que cette pudeur est outrée, car Asan-Aga s'en irrite. Les deux vers illyriques sont remarquablement concis, et par cela même un peu obscurs : / *Oblaziga mater i sestriza ; / A gliubovza od stida ne mogla.* : Vinrent la mère et la sœur, / Mais la bien-aimée par honte ne put.

« Ah ! Mon frère, grande honte ! Il me répudie, moi qui lui ai donné cinq enfants ! »

Le bey garde un morne silence ; il tire d'une bourse de soie rouge un écrit qui lui rend sa liberté[10]. Maintenant elle pourra reprendre la couronne de mariée, aussitôt qu'elle aura revu la demeure de sa mère.

La dame a lu cet écrit ; elle baise le front de ses deux fils et la bouche vermeille de ses deux filles ; mais elle ne peut se séparer de son dernier enfant, encore au berceau. Son frère, sans pitié, l'arrache avec peine à son enfant, et, la plaçant sur son cheval, il rentre avec elle dans sa maison blanche. Elle resta peu de temps dans la maison de ses pères. Belle, de haut lignage, elle fut recherchée bientôt par les nobles seigneurs du pays. Entre tous se distinguait le cadi d'Imoski.

La dame implore son frère : « Ah ! Mon frère, puissé-je ne te pas survivre ! Ne me donne à personne, je t'en conjure[11] ; mon cœur se briserait en voyant mes enfants orphelins. »

Aly-bey ne l'écoute point ; il la destine au cadi d'Imoski.

Elle lui fait encore une dernière prière : qu'il envoie au moins une blanche lettre au cadi d'Imoski, et qu'il lui dise : « La jeune dame te salue, et, par cette lettre, elle te fait cette prière : Quand tu viendras avec les nobles svati, apporte à ta fiancée un long voile qui la couvre tout entière, afin qu'en passant devant la maison d'aga, elle ne voie pas ses orphelins.

Quand le cadi eut lu cette blanche lettre, il rassembla les nobles svati. Les svati allèrent chercher la mariée, et, de sa maison, ils partirent avec elle tout remplis d'allégresse.

Ils passèrent devant la maison de l'aga ; ses deux filles, du haut du balcon, ont reconnu leur mère ; ses deux fils sortent à sa rencontre, et appellent ainsi leur mère : « Arrête, mère chérie ! Viens gouter avec nous ! »

La malheureuse mère crie au stari-svat : « Au nom du ciel ! Mon frère stari-svat, fais arrêter les chevaux près de cette maison, que je puisse donner quelque chose à mes orphelins. »

---

10 [Note de Mérimée] *Knigu oprochienja.* Mot à mot, un papier de liberté ; c'est l'acte de divorce.

11 [Note de Mérimée] Pintorovich-Bey, comme chef de famille, dispose de sa sœur, comme il pourrait le faire d'un cheval ou d'un meuble. / Cette ballade, si remarquable par la délicatesse de ses sentiments, est véritablement *traduite.* L'abbé Fortis en a publié l'original, accompagné d'une traduction, ou plutôt d'une imitation en vers italiens. Je crois ma version littérale et exacte, ayant été faite sous les yeux d'un Russe qui m'en a donné le mot à mot. / M. Ch. Nodier a publié également une traduction de cette ballade, à la suite de son charmant poème de Smarra.

Les chevaux s'arrêtèrent près de la maison, et elle donna des cadeaux à ses enfants. À ses deux fils elle donne des souliers brodés d'or ; à ses deux filles des robes bigarrées ; et au petit enfant, qui était encore au berceau, elle envoie une chemisette.

Asan-Aga a tout vu, retiré à l'écart, il appelle ses deux fils : « Venez à moi, mes orphelins ! laissez là cette mère sans cœur qui vous a abandonnés ! »

La pauvre mère pâlit, sa tête frappa la terre, et elle cessa de vivre aussitôt, de douleur de voir ses enfants orphelins.

BIBLIOGRAPHIE

MANUSCRITS

Costumi dei Morlacchi, Cicogna, Bibliothèque du Musée Correr, Venise.

Lettre de Bartolomeo Benincasa à Alberto Fortis, 2 décembre 1786, Bibliothèque du Musée Correr, Venise.

Lettre de Bartolomeo Benincasa à Giuseppe Gradenigo, Padova, 26 maggio 1791, Archivio di Stato, Venise, Inquisitori di stato, 551.

Lettre de Giustiniana Wynne à Elisabetta Mosconi-Contarini, 24 juin 1790, Bibliothèque du Musée Correr, Venise.

Lettres de L'abbé Pedrini, 24 octobre 1791 et 25 octobre 1791, Archivio di stato, Venise, Inquisitori di stato, Busta 622.

Lettre d'Angelo Quirini à William Beckford, Venise, 11 décembre 1784, Bodleian Library, Oxford, MS Beckford C 34, 93-96.

Lettres de Giustiniana Wynne à Aurelio de' Giorgi Bertola, Biblioteca Saffi, Forlì, Raccolte Piancastelli, Carta Romagna, B. 62/39-58.

Lettres de Giustiniana Wynne à Elisabetta Mosconi, Biblioteca Saffi, Forlì, Raccolte Piancastelli, Carta Romagna, B. 62/59-120.

Lettres de Giustiniana Wynne à William Beckford, Biblioteca Nazionale di Firenze, Florence, carte varie, 56-96.

ÉDITIONS ET TRADUCTIONS DES *MORLAQUES*

WYNNE, Giustiniana, *Les Morlaques*, s.l. [Padoue], 1788.

WYNNE, Giustiniana, *Les Morlaques, roman historique, descriptif et poétique en prose*, Modène, Société typographique, 1788.

WYNNE, Giustiniana, *Die Morlaken*, traduit par Samuel Gottlieb Bürde, Breslau, Gottlieb Löwe, 1790.

WYNNE, Giustiniana, *Jella oder das Morlachische Mädchen*, Leipzig, Sommersche Buchhandlung, 1797.

WYNNE, Giustiniana, *Costumi dei Morlacchi*, Padova, 1798.

AUTRES ŒUVRES DE GIUSTINIANA WYNNE[1]

À André Memmo Chevalier de l'Étoile d'or et procurateur de St Marc, à l'occasion du mariage de sa fille aînée avec Louis Mocenigo, Venise, Stamperia Giuseppe Rosa, 1787.

Alticchiero. Par Mad^e J.W.C.D.R., Padoue, 1787.

Caro Memmo, mon chère frère. Seduzioni espistolari di una giovane Angloveneziana in viaggio per l'Europa nel tempo di Casanova. L'inedito carteggio di Giustiniana Wynne ad Andrea Memmo (1758-1760), éd. N. Isenberg, Treviso, Editrice Elzeviro, 2010.

Du séjour des comtes du Nord à Venise en janvier MDCCLXXXII. Lettre de Mme la comtesse douairière des Ursins, et Rosenberg à Mr Richard Wynne, son frère à Londres, Venise, 1782.

Pièces morales et sentimentales de Madame J.W. C-T-SSE DE R-S-G. *Écrites à une campagne, sur les Rivages de la Brenta, dans l'État Vénitien*, Londres, Chez J. Robson, New Bond Street, 1785.

OUVRAGES CONSULTÉS

ARTUSI, Giulio, *Le nozze de' Morlacchi farsa del signor abate Giulio Artusi tratta da una commedia di questo titolo del signor Federici e posta in musica dal signor maestro Vittorio Trento da rappresentarsi per la prima volta nel nobilissimo nuovo Teatro di Padova la fiera del Santo l'anno 1802*, Padoue, 1802.

---

1 Pour l'intégralité des œuvres imprimées et une bibliographie critique autour de Wynne et de l'ensemble de ses œuvres, voir Nancy Isenberg, *op. cit.*, p. 36-38.

BAASNER, Frank, *Der Begriff der ‚sensibilité' im 18. Jahrhundert. Aufstieg und Niedergang eines Ideals*, Heidelberg, Universitätsverlag Winter, 1988.

BAJAMONTI, Julije, « Il morlacchismo d'Omero », *Nuovo Giornale Enciclopedico d'Italia*, Venise, mars 1797, p. 77-98.

BARBIER, Antoine-Alexandre, *Dictionnaire des ouvrages anonymes et pseudonymes composés, traduits ou publiés en français, avec les noms des auteurs, traducteurs et éditeurs* 1806-1809, Paris, Paul Daffis, 1875.

BECKFORD, William, *Dreams, Walking Thoughts and Incidents*, éd. Robert G. Gemmet, Rutherford, Fairleigh Dickinson University Press, 1971.

BEŠKER, Inoslav, *I Morlacchi nella letteratura europea*, Rome, Il Calamo, 2007.

BIGNANI, Giuseppe, *Mademoiselle X.C.V., Introduzione alla figura e all'opera di Giustiniana Wynne Contessa di Rosenberg e Orsini*, Gênes, Pirella, 1985.

BIZZOCCHI, Roberto, *Cicisbei. Morale privata e identità nazionale in Italia*, Rome, Laterza, 2008.

BRUNELLI, Bruno, *Un amica di Casanova*, Palermo, Remo Sandron, s.d.

CAPACI, Bruno, « Giustiniana Wynne », *Prosatori e narratori del Settecento*, éd. A. Battestini, Rome, Istituo Oligrafico, 2006, p. 39-120.

CAPACI, Bruno, « "Un sorriso destramente misurato". Gli opuscoli morali e sentimentali di Giustiniana Wynne », *Écrire dit-elle. Scrivere lei disse*, éd. P. Caraffi, Bologne, I libri di Emil, 2015, p. 79-95.

CAPACI, Bruno, « 'Che vuoi che io faccia della tua sola ammirazione, se ti amo ?', Epistolario e autobiografia di Giustiniana Wynne », *I cantieri dell'Italianistica. Ricerca, didattica e organizzazione algi inizi del XXI secolo. Atti del XVIII congresso dell'ADI*, éd. Guido Baldassarri, *et al.*, Rome, Adi Editore, 2016, p. 1-8.

CASANOVA, Giacomo, *Histoire de ma vie*, éd. Gérard Lahouati et Marie-Françoise Luna, avec la collaboration de Furio Lucchichenti, Alexandre Stroev et Helmut Watzlawick, Paris, Gallimard, « Bibliothèque de la Pléiade », 2013.

CASOTTI, Marco de, *Il berretto rosso ossia scene della vita morlacca*, Venise, Gio. Cecchini, 1843.

CESAROTTI, Melchiorre, « Les Morlaques », *Nuovo Giornale Enciclopedico*, Venise, juillet 1789, p. 37-64.

CESAROTTI, Melchiorre, « *Les Morlaques ; par M. J. W. C. D. U. & R.* 2 volumes », *L'Esprit des journaux*, juillet 1790, p. 225-249.

CHEMELLO, Adriana, « Le 'Conversazioni letterarie' attraverso i carteggi femminili : alcuni esempi nel Veneto tra fine Settecento e fine Ottocento », *Salotti e ruolo femminile in Italia tra fine Seicento e primo Novecento*, éd. M. L. Betri, E. Brambilla, Venise, Marsilio Editore, 2004, p. 253-283.

CHURCH-DUPLESSIS, Véronique, *Vertueuse, mondaine, intellectuelle la féminité selon Giustiniana Wynne di Rosenberg-Orsini ou une perspective sur le genre à Venise au XVIIIe siècle*, Mémoire maîtrise en histoire, Université de Montréal, 2008.

CHURCH-DUPLESSIS, Véronique, « Entre fiction et non-fiction : le roman anthropologique pour une autre condition féminine », *Narrations genrées. Écrivaines dans l'histoire européenne jusqu'au début du XXe siècle*, éd. Liselotte Steinbrügge et Suzan Van Dijk, Louvain – Paris, Walpole, 2014, p. 227-244.

COCCHIARA, Giuseppe, *Storia del folklore in Italia*, Palerme, Sellerio, 1981, t. 1.

CRONIA, Arturo, *La conoscenza del mondo slavo in Italia*, Padoue, Officine grafiche Stediv, 1958.

DUCHET, Michèle, *Anthropologie et histoire au siècle des Lumières*, Paris, Albin Michel, 1971.

EICKHOFF, Ekkehard, *Venedig spätes Feuerwerk*, Stuttgart, Klett-Cotta, 2006.

ERNOUF, Alfred-Auguste, baron, « Notice sur la vie et les écrits de Justine Wynne, comtesse des Ursins et de Rosenberg », *Bulletin du Bibliophile*, 1858, p. 997-1012.

FABER, Eva, « Die Ehe der Gräfin Giustiniana Rosenberg-Wynne (1737-1791) », *Adel im 'langen' 18. Jahrhundert*, éd. Gabriele Haug-Moritz, Hans Peter Hye et Marlies Raffler, Vienne, Österreichische Akademie der Wissenschaften, 2009, p. 289-310.

FEDERICI, Camillo, *Gli antichi Slavi, ossia Le Nozze dei Morlacchi*, Turin, Mairesse, 1793.

FORTIS, Alberto, *Reise in Dalmatien*, Berne, Typographische Gesellschaft, 1776.

FORTIS, Alberto, *Travels into Dalmatia*, Londres, Robson, 1778.

FORTIS, Alberto, *Viaggio in Dalmazia*, éd. Gilberto Pizzamiglio, Venise, Marsilio Editore, 1987.

FORTIS, Alberto, *Voyage en Dalmatie*, Berne, Société typographique 1778.

FREEMANTLE, Adam (éd.), *The Wynne Diaries (1789-1920)*, Oxford, Oxford University Press, 1952.

GIOJA, Ferdinando, *Morlacchi. Ballo di carattere in tre atti d'invenzione di Gaetano Gioja e riprodotto da Ferdinando Gioja, nell'I.E.R. Teatro in via della Pergola nel Carnevale dell'anno* 1829, Florence, Nella Stamperia Fantosini, 1829.

GIOJA, Gherardini, *I Morlacchi. Ballo di carattere*, Milan, Teatro della Scala, 1809.

GHERARDINI, Gaetano, *Gli antichi Slavi ossiano Le Nozze dei Morlacchi. In Ballo, La Virginia. Dramma serio in musica. Con balli da rappresentarsi nel Teatro di Reggio. La Fiera dell'anno 1805*, 1805.

GOETHE, Johann Wolfgang von, *Über Serbische Lieder* (1824), J. W. Von Goethe, *Ästhetische Schriften* 1824-1832, éd. A. Bohnenkamp, Francfort-sur-le-Main, Deutscher Klassiker Verlag, 1999, p. 124-132.

GOLDONI, Carlo, *La Dalmatina* (1758), éd. Anna Scannapieco, Venise, Marsilio, 2005.

GOMIS, Estelle Valls de, *Le vampire au fil des siècles : enquête autour d'un mythe*, Coudrey-Macouart, Cheminements, 2005.

GONZÁLEZ, Kathleen Ann, *A beautiful Woman in Venice*, Venise, Supernova, 2015, p. 192-200.

GOZZI, Carlo, *Mémoires inutiles*, Paris, Phébus, 1987.

GRAFFIGNY, Françoise de, *Lettres d'une Péruvienne* (1752), éd. R. von Kulessa, Paris, Classiques Garnier, [2]2016.

INFELISE, Mario, *L'editoria veneziana nel'700*, Milan, Franco Angeli, 1989.

ISENBERG, Nancy, « Seduction, Introspection, Experimentation. The Epistolary Code-Switching of Giustiniana Wynne », *Le français, langue de l'intime à l'époque moderne et contemporaine*, éd. Madeleine van Strien-Chardonneau, M.-C. Kok Escalle, Amsterdam, University Press, 2017, p. 107-122.

JACOB, Therese Albertine Luise von, *Volkslieder der Serben, metrisch übersetzt und historisch eingeleitet*, Halle, Renger, 1825/1826.

KAČIĆ-MIOŠIĆ, Andrija, *Razgovor ugodni naroda slovinskog* (*L'Entretien agréable des peuples slaves*), 1756.

KOHL, Karl-Heinz, *Der entzauberte Blick. Das Bild vom guten Wilden und die Erfahrung der Zivilisation*, Berlin, Medusa Verlag, 1981.

KORFF, Henri, baron de, « Lettre sur quelques ouvrages de la comtesse des Ursins et de Rosenberg », *Bulletin du Bibliophile* 1858, p. 1226-1227.

KULESSA, Rotraud von, « La traduction italienne de la tragédie *Les Amazones* de Mme du Boccage par Luisa Bergalli Gozzi », *La traduction du discours amoureux 1660-1830*, éd. Annie Cointre, Florence Lautel et Annie Rivara, Metz, Centre d'Études de la Traduction, 2006, p. 255-267.

KULESSA, Rotraud von, « Elisabetta Caminer Turra. Traductrice, médiatrice et "organisatrice culturelle" », *Femmes écrivains à la croisée des langues 1700-2000*, éd. Agnès Fidecaro, Henriette Partzsch, Suzan van Dijk *et al.*, Genève, MétisPresses, 2009, p. 55-66.

KULESSA, Rotraud von, « Les *Lettres d'une Péruvienne* de Françoise de Graffigny en Italie et la Querelle des femmes », *Revisiter la Querelle des femmes : Les discours sur l'égalité/inégalité des femmes et des hommes, à l'échelle européenne de 1400 à 1800*, éd. R. von Kulessa, A. Dubois-Nayt et M.-É. Henneau, Saint-Étienne, PUSE, 2015, p. 193-204.

KULESSA, Rotraud von, « Elisabetta Caminer Turra (1751-1796) e *L'Europa letteraria* : alcune riflessioni sulla traduzione », *Circula : revue d'idéologies linguistiques*, nº 1-2 (2015).

KULESSA, Rotraud von, « Bartolomeo Benincasa e le sue lettere all'Inquisizione di Stato : tra romanzo di spionaggio e realtà storica », *Natura Società Letteratura*, éd. Andrea Campana, Fabio Giunta, Atti del XXII congresso dell'ADI-Associazione degli Italianisti (13-15 2018 settembre a Bologna), Roma, ADI Editore, 2020.

KULESSA, Rotraud von, « *I Morlacchi*. Polifonia musicale e *transfer* culturale a partire da un romanzo veneziano del Settecento », *Polifonia musicale. Le tante vie delle melodie italiane in un mondo transculturale*, éd. Dagmar Reichardt, Domenica Elisa Cicala, Donatella Brioschi, Mariella Martini-Merschmann, Firenze, Franco Cesati, 2020, p. 45-54.

Kulessa, Rotraud von, « Eine anglo-venezianische Protofeministin des späten 18. Jahrhunderts : Giustiniana Wynne Gräfin Rosenberg Orsini », éd. Marina Hertrampf, *Wiederentdeckungen und Neulektüren europäischer Autorinnen des 17. und 18. Jahrhunderts*, Berlin, Frank & Timme, 2020, p. 197-221.

Kulessa, Rotraud von, « Giustiniana Wynne von Orsini Rosenberg. *Les Morlaques* (1788). Il romanzo in viaggio e il viaggo nel romanzo nel tardo Settecento veneziano ». *Migrazioni letterarie nel Settecento italiano : dal movimento alla stabilità. Atti della Sezione del XXXV. Romanistentag (Universität Zürich, 9-10 ottobre 2017)*, éd. Sara Garau, Frankfurt a.M., Peter Lang, 2020, p. 129-150.

Locke, Geoffrey N.W., *The Serbian Epic Ballads. An Anthology*, Belgrade, Tanesi, 2011.

Lovrich, Giovanni, *Osservazioni sopra diversi pezzi del Viaggio in Dalmazia del Signor Abate Alberto Fortis, coll'aggiunta della vita di Soçivizca, A sua Eccelenza S. Maffei Albrizzi, Gravissimo Senatore Veneto*, Venise, Francesco Anzoni, 1776.

Maggs, Barbara, « Three Phases of Primitivism in Portraits of Eighteenth-Century Croatia », *The Slavonic and East European Review*, vol. 67/4 (1989), p. 546-563.

Maixner, Robert, « Traductions et imitations du roman *Les Morlaques* », *Revue des études slaves*, t. 32, fascicule 1-4 (1955), p. 64-79.

Martin, Angus, Vivien Mylne et Richard Frautschi, *Bibliographie du genre romanesque français 1751-1800*, Paris – Londres, France Expansion – Mansell, 1977.

Mérimée, Prosper, « Triste ballade de la noble épouse d'Asan-Aga », *La Guzla et dernières nouvelles*, Paris, Levrault, 1827, p. 180-184.

Molmenti, Pompeo, *Epistolari veneziani del Settecento*, Venise, Supernova, 2005.

Montecuccoli degli Erri, Federico, « Cammei Casanoviani. Personaggi ed eventi legati a giacomo Casanova visti e narrati in base a documenti inediti », *L'intermédiaire des Casanovistes*, n° 6, Genève 2006, p. 75-81.

Moravia, Sergio, *La scienza dell'uomo nel Settecento*, Rome, Laterza, 1978.

Neigebaur, Johann Daniel F., *Die Südslaven und deren Länder in Beziehung auf Geschichte, Kultur und Verfassung*, Leipzig, Costenoble & Remmelmann, 1851.

Nodier, Charles, « Rectifications de quelques méprises bibliographiques sur un livre précieux. – Considérations sur les Poésies primitives. – Exemples tirés de la Littérature slave », *Mélanges tirés d'une petite bibliothèque, ou variétés littéraires et philosophiques*, Paris, Crapelet, 1828, p. 187-194.

NODIER, Charles, *Jean Sbogar*, Paris, Gide fils, 1818.

PAVLOVIC, Cvijeta (1998), « Morlacchism according to the Novel *Les Morlaques* by Justine Wynne the Countess Rosenberg-Orsini (Venice, 1788) », *Croatian Journal of Ethnology and Folklore Research* 35 (1), p. 255-274.

PIZZAMIGLIO, Gilberto, « La Dalmazia tra viaggio e romanzo : da Alberto Fortis a Giustiniana Wynne », *Questioni odeporiche. Modelli e momenti del viaggio adriatico*, éd. Giovanna. Scianatico, Raffaele Ruggiero, Bari, Palomar, 2007, p. 353-369.

POIRIER, Jean, *Storia dell'etnologia*, Rome, Lucarini, 1987.

PRETO, Paolo, *I servizi segreti di Venezia. Spionaggio e controspionaggio ai tempi della Serenissima*, Milan, Il saggiatore, 2016.

PROVOST, Audrey, « Le luxe, les Lumières et la Révolution », *Dix-Huitième Siècle* n° 46 (2014).

RICALDONE, Luisa (éd.), *Al mio caro ed incomparabile amico. Lettere di Elisabetta Mosconi Contarini all'abate Aurelio De' Giorgi Bertola*, Padoue, Editoriale Programma, 1995.

RICORDA, Ricciarda, « Giustiniana Wynne in viaggio », *Lumi inquieti. Amicizie, passioni, viaggi di letterati nel Settecento. Omaggio a Marco Cerruti*, Turin, Accademia University Press, 2012, p. 45-57.

ROBILANT, Andrea di, *Un amore veneziano*, Milan, Mondadori, 2003.

ROSA, Monica de, « Ossian, Omero, Bajamonti, il bardo morlaccho e l'influenzo di Cesarotti sulla cultura dalmata del XVIII secolo », *I cantieri dell'Italianistica. Ricerca, didattica e organizzazione algli inizi del XXI secolo. Atti del XVIII congresso dell ADI*, éd. Giudo Baldassarri *et al.*, Rome, Adi Editore, 2016.

ROSSI, Giuseppe Augusto, *I Morlacchi, opera seria in due atti*, Graz, Tanzer, 1817.

ROUSSEAU, Jean-Jacques, *Discours qui a remporté le prix à l'Académie de Dijon en l'année 1750, sur cette question par la même Académie : Si le rétablissement des Sciences et des Arts a contribué à épurer les mœurs*, Genève, Barillot, 1750.

ROUSSEAU, Jean-Jacques, *Discours sur l'origine et le fondement de l'inégalité parmi les hommes* (1755), Paris, Berthier, 1804.

SAJKOWSKI, Wojciech, « *Les Morlaques* de Justine Wynne Rosenberg-Orsini. Le prélude à la fascination romantique par le monde des Slaves du Sud et l'influence de Jean-Jacques Rousseau », *Rousseau et Diderot traduire, interpréter, connaître*, éd. I. Zatorska, Varsovie, WUW-Wydawnictwa Uniwersytetu Warszawskiego PU, 2016, p. 197-206.

STAËL, Germaine de, *Corinne ou l'Italie* (1807) in *Œuvres*, éd. Catriona Seth, Paris, Gallimard, « Bibliothèque de la Pléiade », 2014.

TORCELLAN, Gianfranco, *Una figura della Venezia settecentesca. Andrea Memmo*, Venise – Rome, Istituto per la collaborazione culturale, 1963.

TORCELLAN, Gianfranco, « Bartolomeo Benincasa », *Dizionario biografico degli Italiani*, Rome, Instituto dell'Enciclopedia italiana, 1966, t. 8, p. 518-522.

VIENNOT, Éliane, « Revisiter la Querelle des femmes : mais de quoi parle-t-on ? », *Revisiter la Querelle des femmes : Discours sur l'égalité/inégalité des femmes et des hommes, de 1750 aux lendemains de la Révolution*, dir. É. Viennot, avec la collaboration de N. Pellegrin, Saint-Étienne, PUSE, 2012, p. 7-29.

VOLTAIRE, François-Marie Arouet, *dit*, « La philosophie de l'histoire », in éd. J. H. Brumfitt, *Œuvres complètes*, vol. 59, Oxford, Voltaire Foundation, 1969.

WOLFF, Larry, « The Innocence and Natural Liberty of Morlacchia : European Identity, Enlightenment Anthropology and the Ambivalent Significance of Gender among North Savages », *Dialectic Anthropology*, n° 27 (2003), p. 93-104.

WOLFF, Larry, « Venice and the Slavs of Dalmatia : The Drama of the Adriatic Empire in the Venetian Enlightenment », *Slavic Review*, vol. 56/3 (1997), p. 428-455.

WOLFF, Larry, *Venice and the Slavs. The Discovery of Dalmatia in the Age of Enlightenment*, Stanford, University Press, 2001.

YOURCENAR, Marguerite, *Nouvelles orientales*, Paris, Gallimard, 1938.

ZIMMERMANN, Margarete, « The *Querelle des femmes* as a Cultural Studies paradigm », *Time, Space and Women's Lives in Early Modern Europe*, éd. A. Jacobson Schutte *et al.*, Kirksville, Truman State University Press, 2001, p. 17-28.

ZORIĆ, Mate, « Croati e altri slavi del sud nella letteratura italiana del '700 », *Revue des études sud-est européennes*, X/2, 1972, p. 289-321.

INDEX

TABLE DES MATIÈRES

LES MORLAQUES

VOL. II

IMPRIM'VERT®

Achevé d'imprimer par Corlet Numéric,
Z.A. Charles Tellier, Condé-en-Normandie (Calvados), en février 2021
N° d'impression : 170702 - dépôt légal : février 2021
Imprimé en France